P9-ARC-789

Diccionario de sinónimos y palabras afines

Dirección editorial
Raquel López Varela

Coordinación editorial
Ana Rodríguez Vega

Autora
Carmen Gutiérrez Gutiérrez

Revisión de contenido
Patricia Martínez Fernández
Eduardo García Ablanedo

Revisión ortotipográfica
Patricia Martínez Fernández
Beatriz Pérez Jiménez
Raquel López Fernández

Maquetación
Carmen Gutiérrez Gutiérrez

Ilustraciones
Zocolate

Diseño de cubierta e interiores
Francisco Morais

No está permitida la reproducción total o parcial de este libro ni su tratamiento informático, ni la transmisión de ninguna forma o por cualquier medio, ya sea electrónico, mecánico, por fotocopia, por registro u otros métodos, sin el permiso previo y por escrito de los titulares del *copyright*. Reservados todos los derechos, incluido el derecho de venta, alquiler, préstamo o cualquier otra forma de cesión del uso del ejemplar.

© EDITORIAL EVEREST, S. A.
Carretera León-La Coruña, km 5 - LEÓN (España)

ISBN: 978-84-441-1004-3
Depósito legal: LE. 722-2009
Printed in Spain - Impreso en España

EDITORIAL EVERGRÁFICAS, S. L.
Carretera León-La Coruña, km 5 - LEÓN (España)

www.everest.es

Atención al cliente: 902 123 400

Presentación

Con nuestro *Diccionario de sinónimos y palabras afines,* pensado para cubrir las necesidades del estudiante de 1.er y 2.º ciclo de ESO, hemos pretendido elaborar un diccionario especial para que no sea solo la sucesión de palabras ordenadas alfabéticamente. No queremos quedarnos ahí, porque hasta ahí ya han llegado muchos, demasiados diccionarios.

Nos proponemos dar un paso más, no tanto en los contenidos como en su presentación. Porque ¿quién ha dicho que un diccionario no puede ser divertido? ¿Quién ha dicho que los niños no pueden disfrutar con un diccionario en sus manos? ¿Por qué el diccionario no puede ser leído además de consultado?

Con el *Diccionario de sinónimos y palabras afines* tenemos la certeza de haber logrado una auténtica obra de referencia escolar. No hay que olvidar que la lengua, y con ello las palabras, es algo cambiante y evoluciona constante y diariamente, por eso el diccionario cuenta con las últimas aprobaciones y actualizaciones que recoge ya la RAE en su versión *online*.

EDITORIAL EVEREST

Cómo utilizar este diccionario

Ya en un primer acercamiento visual, se perciben las peculiaridades de este diccionario: un corpus central que ocupa la mayor parte de la página y dos columnas laterales con tipografía y color diferente.

El corpus central es la columna vertebral de nuestro libro y está formado por las palabras y sus definiciones y ejemplos que contextualicen cada definición. ¿Qué palabras? Puesto que la base del diccionario es un diccionario de sinónimos, seleccionaremos aquellas palabras que ofrezcan la posibilidad de ser sustituidas por un sinónimo, palabra o expresión afín. Por eso, para cada significado se presentan sinónimos o palabras afines que pudieran aparecer en contextos similares a aquellos en los que aparece la palabra definida. Se trata, sin duda, de un instrumento útil tanto para ampliar vocabulario como para facilitar la redacción y elaboración de textos escritos, tarea que a nuestros niños y jóvenes suele suponer bastante dificultad.

En las columnas laterales radica la parte más original de este diccionario. En ellas se presenta información relacionada con alguna de las palabras definidas. Las posibilidades son variadas y van desde apuntes gramaticales enfocados a evitar errores en el uso de esa palabra, hasta comentarios históricos, geográficos, sociales, etc. que amplíen el bagaje cultural del lector. Pero, sobre todo, lo más frecuente es que estas columnas sean ventanas abiertas al mundo de la literatura, a los clásicos de la literatura infantil y juvenil, a los libros de reciente publicación que más han asombrado a los jóvenes lectores, a las fábulas de siempre, a los poemas más ingeniosos… Y una sorpresa: dentro de nuestro diccionario cobrará vida la historia de Marena, una muchacha dispuesta a sumergirnos en un mundo de aventuras que, esperamos, atrape la atención del lector a la vez que le ayuda a comprender el significado de las palabras.

Y no podemos olvidar un recurso que, sin duda, es una apuesta segura: las ilustraciones, que salpicarán las páginas de colores, recrearán situaciones sugeridas en el libro y, sobre todo, contribuirán activamente a conseguir nuestro objetivo: que el acercamiento al diccionario no sea una tarea impuesta, y casi siempre rechazada, sino una experiencia positiva.

Guía de consulta

COLUMNA CENTRAL

Formada por la voz o entrada y su definición.

Incluye ejemplos que contextualizan cada definición.

También incluye los sinónimos o palabras afines que pudieran aparecer en contextos similares a los presentados para cada definición.

COMENTARIOS históricos, artísticos, geográficos, sociales... que aumenten el bagaje cultural del lector y fomenten su curiosidad.

APUNTES GRAMATICALES para evitar posibles errores en el uso de las palabras. Se indica con ✔

CITAS LITERARIAS que proceden tanto de los clásicos de la literatura infantil y juvenil como de las más recientes publicaciones. Se indica con ✲

Gracias al efecto invernadero, la temperatura de la Tierra se mantiene ya que los gases de la atmósfera que intervienen en este efecto retienen parte de la energía que proviene del Sol. En los últimos años ha aumentado la concentración de esos gases, lo que hace que retengan más energía, que la Tierra se caliente, que el hielo de los Polos se derrita y que aumente el nivel de los océanos.

En la acepción 2, ***calidad*** aparece en la construcción ***en calidad de***.

Envuelto en un cálido abrigo de piel blanca y con los pies dentro de un par de botas forradas de lana. Marco siguió a la muchedumbre hasta la cima de una colina [...].

El planeta de los Árboles de Navidad

calentar *v.* **1.** Calentar es hacer que algo o alguien tenga más calor. También v. prnl. ✲ **SIN. Caldear, templar. 2.** Calentar es pegar a alguien. *Si me vuelves a insultar te caliento.* **SIN. Golpear, apalear. 3.** Y poner nerviosa a una persona. También v. prnl. *Cuando oí todas esas barbaridades, me calenté y me fui.* **SIN. Exaltar, acalorar. 4.** Calentamos nuestros músculos haciendo ejercicios suaves antes de practicar un deporte. *Hay tres jugadores calentando en la banda.* **SIN. Estirar.**

calibrar *v.* **1.** Calibramos un instrumento cuando hacemos los ajustes necesarios para que mida con precisión. *Calibra el altímetro antes de comenzar a escalar.* **SIN. Ajustar. 2.** Calibrar es medir la importancia de algo. *Antes de tomar una decisión, calibra las ventajas y los inconvenientes.* **SIN. Sopesar, valorar.**

calidad *s. f.* **1.** La calidad de una persona o de una cosa es la propiedad o el conjunto de propiedades que permiten valorar si son más o menos buenas o más o menos importantes. ✲ **SIN. Cualidad, condición. 2.** La calidad es también la función que alguien desempeña. *A nuestra llegada, Mabel nos recibió en calidad de anfitriona de la fiesta.* **SIN. Condición, papel.** ✔

cálido, cálida *adj.* **1.** Cálido es lo que está caliente o produce calor. ✲ **SIN. Caluroso, templado. 2.** También, lo que es afectuoso, acogedor. *Tras ganar el Óscar, al cineasta le esperaba un cálido recibimiento.* **SIN. Cariñoso, entusiasta. 3.** Y lo que resulta agradable. *El cálido sonido del violín acompañó la velada.* **SIN. Suave, placentero.**

Comencé por Las tinieblas de la palabra. Era una mirada al pasado, a un pasado muy lejano, a un pasado en que los hombres, que hasta ese momento solo utilizaban gestos y gruñidos para comunicarse, comienzan a emitir palabras, breves, confusas, pero palabras.
No sabría decir si el libro estaba bien o mal escrito, ni si poseía o no calidad literaria; solo podía decir que su lectura me atrapó.
Y así sucedió con el resto. Y fueron muchos.

HISTORIA de Marena. Un relato lleno de misterio y emoción que, además de atrapar la atención del lector, ejemplifica el uso de algunas palabras.

ILUSTRACIONES que recrean situaciones presentadas en el libro y que llenan sus páginas de color.

a a a

a A a

a a a

Marena no había dormido demasiado bien. Abandonar su casa, su colegio, sus amigos... Otra vez... No iba a ser fácil.
Desde la ventana de su cuarto, sus ojos abarcan los tejados de las casas, las agujas de la catedral y la muralla romana que en su día protegió la ciudad.
Ya llevaban cuatro años en esta ciudad y Marena, por fin, sentía que pertenecía a un lugar. Y ahora...

abalanzarse *v. prnl.* Abalanzarse es ir hacia alguien o algo con fuerza. ✪ SIN. **Tirarse, lanzarse, echarse.**

abandonar *v.* 1. Abandonar a una persona o a un animal es dejarlos solos o no cuidar de ellos. *Los animales abandonados pueden volverse agresivos.* SIN. **Descuidar, desatender.** 2. Abandonar un lugar es marcharse de él. ✪ SIN. **Dejar, irse, ausentarse.** 3. Abandonar una actividad o una costumbre es dejar de hacerlas. *Tras ser elegido presidente, abandonó sus aficiones favoritas.* SIN. **Renunciar, desinteresarse.** // **abandonarse** *v. prnl.* 4. Una persona se abandona cuando deja de cuidar su aseo, su salud o sus obligaciones. *Desde que perdió su trabajo, Neil se ha abandonado bastante.* SIN. **Dejarse, descuidarse.**

abarcar *v.* 1. Una cosa abarca a otra si la contiene dentro de ella. *La Península Ibérica abarca España y Portugal.* SIN. **Comprender, incluir, englobar.** 2. Una persona abarca una cosa cuando pone los brazos o las manos a su alrededor. *El tronco de este árbol es muy grueso y mis brazos casi no pueden abarcarlo.* SIN. **Rodear, estrechar, abrazar.** 3. Con nuestra mirada abarcamos un lugar si podemos verlo entero. ✪ SIN. **Alcanzar, dominar con la vista.**

abarrotar *v.* Un lugar abarrotado es el que está totalmente lleno de personas o cosas. ✪ SIN. **Colmar, atiborrar, llenar.**

abastecer *v.* Abastecer es proporcionar las cosas necesarias a personas o lugares. *Las plantas desaladoras abastecerán de agua muchos pueblos y ciudades.* SIN. **Aprovisionar, proveer, suministrar.**

[...] perdiendo de repente el dominio de sí misma, se abalanzó corriendo sobre mi esposa, le echó los brazos al cuello y rompió a llorar sobre su hombro.

Las aventuras de Sherlock Holmes

Su voz se alzó por encima del estruendo de la multitud que abarrotaba ya el estadio [...].

Harry Potter y el cáliz de fuego.

Estaba muy abatido; tenía apretado el corazón y el valor me abandonaba.

David Copperfield

abatir *v.* **1.** Abatir algo es bajarlo o hacerlo caer. *Los asientos traseros de mi coche se pueden abatir.* SIN. **Tumbar, tirar, inclinar. 2.** Abatir es también hacer que alguien se ponga triste. ✨ SIN. **Deprimir, desanimar, decaer.** // **abatirse** *v. prnl.* **3.** Abatirse es lanzarse desde un lugar alto y con mucha fuerza sobre algo o alguien. *El águila se abatió sobre su presa con gran destreza.* SIN. **Tirarse, echarse.**

El plural de ***abdomen*** es *abdómenes.*

abdomen *s. m.* El abdomen es la parte del cuerpo de las personas y de ciertos animales donde se encuentran algunos órganos de los aparatos digestivo, urinario y reproductor. En los animales invertebrados, es la parte que sigue al tórax. *El estómago se encuentra en el abdomen.* SIN. **Vientre, barriga, panza.** ✔

El sitio en que estaban ahora era llano y abierto, pero en la pared rocosa del norte había una abertura que parecía una puerta.

El hobbit

abertura *s. f.* Una abertura es un espacio vacío abierto en una superficie. ✨ SIN. **Agujero, ranura, hueco.**

abierto, ta *adj.* **1.** Un lugar o un espacio es abierto si es extenso y despejado, sin obstáculos. ✨ SIN. **Despejado, descubierto. 2.** Una persona abierta es aquella a la que le gusta comunicarse con los demás y contarles sus ideas y sentimientos. *Seguro que Clara pronto tendrá amigos en Londres; es una chica muy abierta.* SIN. **Extrovertido, sociable.**

ablandar *v.* **1.** Ablandar es hacer que algo esté más blando. *Con el calor de sus manos ablandó la arcilla para modelar su escultura.* SIN. **Reblandecer. 2.** Las personas se ablandan cuando sienten compasión por alguien o cuando dejan de mostrarse enfadadas o exigentes. ✨ SIN. **Conmover, convencer, calmar.**

Marena intentaba ablandar a su padre con sus súplicas y este, que sabía que nada podía evitar su traslado a otro lugar, escuchaba a su hija debatiéndose entre la impotencia y la resignación. Tenía razón Marena cuando le decía que siempre parecían jugar al juego de la oca, ese que dice: «De puente a puente y tiro porque me lleva la corriente». La corriente ahora les llevaba a otro río, a otro puente.

En Estados Unidos, la abolición de la esclavitud fue la causa de la guerra de Secesión, que enfrentó a los estados del norte con los estados del sur, en 1861. Ganaron los del norte y la esclavitud fue abolida.

El adjetivo ***abominable*** tiene la misma forma para masculino y femenino.

abochornar *v.* Abochornar es hacer que una persona sienta vergüenza. *Tu falta de respeto hacia los invitados me ha abochornado.* SIN. **Avergonzar, ruborizar, humillar.**

abogar *v.* Abogar por algo o alguien es hablar en su favor, defenderlo ante los demás. ✩ SIN. **Defender, mediar, apoyar.**

abolición *s. f.* La abolición es la supresión de una ley, una norma, una costumbre. *El 2 de diciembre se celebra el Día Internacional para la Abolición de la Esclavitud.* SIN. **Anulación, derogación, cancelación.**

abolir *v.* Abolir es hacer que una ley, una norma o una costumbre sea nula. ✩ SIN. **Suprimir, anular, prohibir, invalidar.**

abominable *adj.* Algo es abominable cuando es tan malo, tan feo, tan perjudicial o tan peligroso que es rechazado e incluso temido. ✩ SIN. **Detestable, odioso, aborrecible.** ✔

abonar *v.* **1.** Abonar es pagar una cantidad de dinero por algo. *Por favor, se ruega a nuestros clientes que abonen sus recibos antes del día 23 de enero.* SIN. **Pagar, costear. 2.** Abonar también significa inscribir a alguien a una actividad o a un servicio pagando una cantidad de dinero para que pueda disfrutarlo durante un tiempo determinado. *He abonado a mis padres a la temporada de ópera en el Liceo.* SIN. **Inscribir, apuntar, matricular. 3.** Y echar a la tierra abono, que es una sustancia que la enriquece y que hace que los cultivos crez-

En otras ocasiones, su madre había intentado mediar en el asunto, abogando por la estabilidad familiar. En esta ocasión, ni lo había intentado. Sabía que el nuevo proyecto laboral de Santi era importante. De no ser así, él nunca se embarcaría en una nueva aventura sabiendo todo lo que ello conlleva. Y lo sabe porque no es la primera vez que debe hacerlo.

Fácil es imaginar lo que sentí al escuchar esas palabras que aquel abominable viejo bribón ya había empleado para engatusarme a mí.

La isla del tesoro

can más fuertes. *Algunas plantas se entierran en el suelo para hacer con ellas abonos ecológicos.* SIN. **Fertilizar, enriquecer.**

Le pregunté al capitán si estaba dispuesto a aventurarse a abordar el barco [...].

Robinson Crusoe

abordar *v.* **1.** Un barco aborda a otro barco cuando se acerca tanto que llega a tocarlo o a chocar con él. ✧ SIN. **Chocar, topar, atacar. 2.** Abordar es acercarse a alguien para decirle algo. *Los periodistas abordaron a la candidata a la salida del Congreso.* SIN. **Aproximarse, acercarse. 3.** Y también, empezar a ocuparse de un asunto. *En la reunión del consejo se abordará la flexibilidad de los horarios.* SIN. **Plantear, afrontar, tratar.**

Cuando en 1770 los ingleses llegaron a Australia, dijeron que era una tierra sin habitantes a pesar de que allí vivían más de 350 000 aborígenes, a los que arrebataron sus tierras y persiguieron sin piedad.

aborigen *adj.* **1.** Una persona o un grupo de personas aborígenes son los habitantes de un lugar que ya estaban allí antes de que llegaran otros pobladores posteriores. También s. m. y f. ✧ SIN. **Indígena, nativo. 2.** Aborigen también se dice de algo o alguien que ha nacido o es propio del lugar en el que vive. *El tajinaste rojo es una planta aborigen de la isla de Tenerife.* SIN. **Autóctono, originario, natural.** ✔

El adjetivo ***aborigen*** tiene la misma forma para masculino y femenino. En la acepción 1, se usa preferentemente en plural: *aborígenes*, y también puede funcionar como sustantivo.

aborrecer *v.* Aborrecer es sentir odio o rechazo hacia algo o alguien. ✧ SIN. **Detestar, odiar.**

abortar *v.* Cuando una mujer o un animal hembra aborta, interrumpe su embarazo, de forma natural o provocada, y expulsa el feto antes de que este complete su desarrollo. *Nela abortó a las pocas semanas de gestación porque sufrió un accidente.* SIN. **Malograr, interrumpir.**

abrasador, ra *adj.* Abrasador significa que calienta mucho o quema. ✧ SIN. **Ardiente, candente.**

Con la excusa de dormir la siesta, algo que realmente aborrecía, Marena se había encerrado en su cuarto. Estaba a oscuras para preservarlo de un sol abrasador. Este mes de mayo estaba siendo especialmente caluroso. Con su pequeña linterna iluminó la estancia hasta encontrar su caja de los tesoros, como ella la llamaba. Allí guardaba retazos de su pasado: entradas de cine y de algún concierto, pulseras de la amistad, piedras mágicas, etc. El puzle de su vida en el que ahora debería encajar nuevas piezas.

abrasar *v.* **1.** Cuando se dice que algo abrasa, se quiere expresar que está muy caliente. *Durante el día, la arena del desierto abrasa.* SIN. **Quemar. 2.** Abrasar significa también quemar algo por completo, hasta quedar reducido a cenizas. ✪ SIN. **Calcinar, carbonizar, incinerar. 3.** El calor o el frío excesivo abrasan las plantas cuando las secan. *La fuerte helada abrasó todas las flores del jardín.* SIN. **Agostar, marchitar.**

El Senescal había muerto ***abrasado*** *por las llamas, muerto yacía el Rey de Rohan en la ciudadela [...].*

El señor de los anillos. El retorno del rey

abrazar *v.* **1.** Abrazar es rodear a una persona o a un animal con los brazos para demostrarles cariño. ✪ SIN. **Dar un abrazo, estrechar. 2.** Cuando abrazamos una cosa, simplemente le pasamos los brazos alrededor. *Me gusta dormir abrazado a mi almohada.* SIN. **Abarcar, rodear. 3.** Abrazar también significa aceptar y defender una idea, una religión o una doctrina. *Desde que viajó a la India, Telma abraza el hinduismo.* // **abrazarse** *v. prnl.* **4.** A veces, nos abrazamos a alguien o a algo con mucha fuerza para sujetarnos. *Cuando su barca se hundió, Ismael se abrazó a una tabla para no ahogarse.* SIN. **Sujetarse, agarrarse.**

Cuando el señor Brownlow se enteró de que Oliver se encontraba fuera, salió [...] para ***abrazar*** *al muchacho.*

Oliver Twist

Cuando **abreviamos** palabras, formamos abreviaturas. Las abreviaturas son representaciones de las palabras en la escritura mediante una o varias de sus letras. Algunas abreviaturas son: *c.* (calle), *cap.* (capítulo), *dicc.* (diccionario), *etc.* (etcétera), *pág.* (página)...

abreviar *v.* **1.** Abreviar es hacer que algo sea más breve, que dure menos tiempo. *Si suprimes los dos párrafos finales, conseguirás abreviar el trabajo.* SIN. **Resumir, reducir, acortar. 2.** También, darse prisa en hacer algo. *Abreviad, que perdemos el tren.* SIN. **Acelerar, apresurar.** ✔

abrigar *v.* **1.** Abrigar significa cubrirse con algo para protegerse del frío. *El cuerpo de las focas está cubierto por una capa de grasa que las abriga y protege del frío.* SIN. **Cubrir, tapar, arropar. 2.** Otro

Nadie puede decir que has robado un abrigo mientras no salga del armario donde lo has encontrado.

Las Crónicas de Narnia (El león, la bruja y el armario)

significado de abrigar es tener un sentimiento, un deseo. *Lisa aún abriga la esperanza de volver a su país.* SIN. **Albergar, desear.**

abrigo *s. m.* **1.** El abrigo es una prenda con mangas largas y abierta por delante que nos ponemos encima de las demás prendas para abrigarnos. ✧ SIN. **Gabán, pelliza.** **2.** También llamamos abrigo al lugar resguardado y protegido del viento o las lluvias. *Nos refugiamos en un pequeño abrigo, entre las rocas.* SIN. **Refugio, cobijo.**

abrillantar *v.* Abrillantar es hacer que algo tenga un aspecto brillante. *Para abrillantar los suelos de madera se utilizan ceras especiales.* SIN. **Lustrar, pulir.**

Claudia abrió la ventana de par en par, y Nina insistió en que la cogiera en brazos y la acercara para asomarse.

El cuervo Pantuflo

abrir *v.* **1.** Abrir es mover o quitar algo que oculta una cosa o que nos impide acceder a su interior. ✧ SIN. **Descubrir, destapar.** **2.** Abrir es también separar las partes de algo, como unas tijeras, un paraguas,... y también algunas partes del cuerpo, como los brazos o las piernas. *El gimnasta abrió las piernas para realizar un buen salto.* SIN. **Desplegar, separar.** **3.** Y hacer un corte o una abertura para ver o coger el interior de algo. ✧ SIN. **Rasgar, cortar, romper.** **4.** Y estar al principio o en cabeza de algo. *Una representación del Gobierno abría la manifestación.* SIN. **Encabezar.** **5.** También se abre una tienda o un negocio cuando este empieza a funcionar. *Ayer abrió sus puertas el nuevo centro comercial de la ciudad.* SIN. **Inaugurar, estrenar.** ✔

En el fondo de la caja había un sobre de color morado. Marena no recordaba ese sobre y, además, estaba cerrado. Rasgó el papel por uno de sus extremos y lo abrió. ¡Qué extraño! Solo contenía un trozo de papel, ya un poco amarillo. ¿Qué ponía en él? y, sobre todo, ¿quién lo había puesto allí? La respuesta a la primera pregunta la obtendría Marena inmediatamente:

Palabras silenciadas entre
páginas calladas
esperan pacientes tu
aliento
para darle voz al viento.

El participio de ***abrir*** es *abierto.*

abrupto, abrupta *adj.* **1.** Un terreno es abrupto cuando tiene rocas y desniveles pronunciados y resulta difícil caminar por él. ✧ SIN. **Escarpado,**

Lo más difícil no era la abrupta pendiente, rodeando las rocas, sino las inevitables zambullidas en la maleza [...].

El señor de las moscas

La monarquía absoluta es un sistema de gobierno en el que el rey tiene todo el poder. Fernando VII fue un monarca absoluto.

accidentado. **2.** Una persona o una situación es abrupta cuando es brusca o violenta. *Tras un abrupto descenso, el helicóptero pudo aterrizar en la pista.* SIN. **Áspero, rudo.**

absoluto, absoluta *adj.* **1.** Absoluto significa, total, sin límites ni concesiones. ✲ SIN. **Total, ilimitado, definitivo.**

absolver *v.* Absolver es declarar inocente a una persona que está acusada de cometer un delito. *El jurado ha decidico absolver al acusado.* SIN. **Exculpar, eximir, desestimar.** ✔

El participio de **absolver** es *absuelto*.

absorber *v.* **1.** Un cuerpo sólido absorbe un líquido (o un gas) cuando lo atrae de forma que penetre en él. *Las plantas absorben el agua y los nutrientes del suelo a través de las raíces.* SIN. **Chupar, impregnar, empapar.** **2.** Algo absorbe a una persona si exige todo su interés y atención. *Su nuevo cargo como jefe de estudios absorbe su tiempo por completo.* SIN. **Atraer, atrapar.**

absorto, absorta *adj.* Una persona está absorta cuando concentra su atención en algo y no presta atención a nada más. ✲ SIN. **Concentrado, abstraído, ensimismado.**

¿Qué podía significar esta frase?
Marena estaba tan absorta en estas intrigas que, cuando sonó el timbre, dio un respingo.
Claro, eran las siete. Había quedado con Flavia para ir al cine. Le vendría bien salir y divertirse.

abstenerse *v. prnl.* Abstenerse de una cosa quiere decir dejar de hacerla. *En una votación, abstenerse significa no votar.* SIN. **Renunciar, evitar, prescindir.**

abstraer *v.* **1.** Abstraer es tener en cuenta las cualidades esenciales de una persona o una cosa de forma aislada. *Leed este poema y abstraed tres rasgos del Romanticismo.* SIN. Separar, sacar. // **abstraerse** *v. prnl.* **2.** Abstraerse es concentrar toda la atención en nuestros pensamientos olvidando todo lo demás. *Tocar el piano me abstrae de mis problemas.* SIN. Ensimismarse, embelesarse.

En la segunda mitad del siglo xx se escribieron unas obras de teatro tan raras y descabelladas que se llamaron teatro del absurdo. En ellas se planteaban situaciones ilógicas y diálogos sin sentido.

absurdo, absurda *adj.* Absurdo quiere decir que no tiene lógica, ni razón, ni sentido. ✿ SIN. Irracional, insensato, disparatado.

Quizá así consiguiera olvidar esta absurda situación que estaba viviendo: debía continuar su vida de siempre, haciendo las mismas cosas de siempre pero sabiendo que, en un par de semanas, todo cambiaría de forma irremediable. Por eso, las dos semanas que precedieron a la mudanza, una pesada abulia se adueñó de Marena. Se veía incapaz de preparar sus cosas: tirar lo que no servía, organizar su ropa, empaquetar sus libros…

abuchear *v.* Abuchear significa manifestar nuestro descontento ante algo que no nos gusta por medio de gritos, silbidos y otros ruidos. *Los actores fueron abucheados al final de la representación por su pésima actuación.* SIN. Protestar, silbar, desaprobar.

abulia *s. f.* La abulia es falta de energía y voluntad para hacer cosas. ✿ SIN. Apatía, desgana.

abúlico, abúlica *adj.* Abúlico significa no tener ánimo ni ganas de hacer nada. *Los días muy calurosos me siento abúlico.* SIN. Apático, desganado.

Y comer, lo que se dice comer con tanta abundancia como ofrecían aquellos platos, hacía varias semanas que nada de nada, en todo caso bocadillos por aquí, embutidos y pan, algo de fruta, pero pocos manjares calientes y tan apetitosos como aquellos...

De la copa a la tumba

abundancia *s. f.* **1.** Abundancia quiere decir gran cantidad de algo. ✿ SIN. Multitud, gran cantidad. **2.** Abundancia es también una buena situación económica. *Tras años de abundancia, se vislumbra una aguda crisis económica.* SIN. Riqueza, prosperidad. ✔

Nadar en la abundancia es una expresión que significa *ser muy rico.*

abundante *adj.* Abundante significa mucho, en gran cantidad. *En este libro hay abundantes ejercicios de ortografía.* SIN. Copioso, cuantioso. ✔

El adjetivo ***abundante*** tiene la misma forma para masculino y femenino.

[…] le parecía un pecado estar en el bosque y sentir aquello que Martín llamaba «un aburrimiento».

En un bosque de hoja caduca

aburrido, aburrida *adj.* **1.** Algo es aburrido cuando no entretiene ni divierte. ✪ SIN. **Pesado, tedioso.** **2.** Una persona aburrida es la que no sabe pasárselo bien. *Liz es muy aburrida, nunca quiere salir a divertirse.* SIN. **Soso, desganado.**

aburrimiento *s. m.* El aburrimiento es el cansancio o la apatía que se siente cuando no hay nada que interese o divierta. ✪ SIN. **Tedio, desgana.**

aburrir *v.* **1.** Algo aburre cuando no despierta ningún interés y resulta pesado y monótono. *La visita al ayuntamiento aburrió a los niños.* SIN. **Molestar, cansar.** // **aburrirse** *v. prnl.* **2.** Nos aburrimos cuando no encontramos algo que nos divierta o nos interese. *Me aburro mucho con los torneos de golf.*

Contigo me gusta soñar
y nunca despertar
contigo me gusta volar
y por el cielo viajar.

abusar *v.* **1.** Abusar de una cosa es utilizarla más de lo debido o de forma incorrecta. *En este poema has abusado de los infinitivos.* SIN. **Pasarse, excederse.** **2.** Abusar de una persona es aprovecharse de ella u obligarla a hacer algo en contra de su voluntad. ✪ SIN. **Propasarse, forzar.**

acabar *v.* **1.** Acabar una cosa es hacerla hasta el final. ✪ SIN. **Terminar, concluir.** **2.** Acabar también es consumir algo por completo, sin dejar nada. *¿Quién ha acabado mis pastelitos?* SIN. **Agotar, gastar.** **3.** Llegar algo a su fin. También v. prnl. *¡Por fin se ha acabado el curso!* SIN. **Terminar, finalizar.** **4.** Y tener algo su final de una forma determinada. *Las columnas griegas acaban en el capitel.* SIN. **Terminar, finalizar.** **5.** Acabar con algo o con alguien es hacer que desaparezca. *Los continuos disgustos acabaron con su salud.* SIN. **Liquidar, extinguir.**

El templo de la Sagrada Familia, diseñado por el arquitecto Antonio Gaudí, se comenzó a construir en 1882 y aún no ha sido acabado.

Hay que ponerse en marcha. El camión encargado de transportar los muebles (no demasiados, nunca da tiempo a amueblar una casa antes de irse a la siguiente), los montones de libros, que siempre van en aumento, los discos, los muñecos de peluche, que, sin posibilidad de rebelión, se ven obligados a seguir a Marena allá donde ella va, había partido la tarde anterior. Marena y sus padres viajarían tranquilamente, sin prisas. Se trata de un viaje largo, aburrido, como todos los viajes que se hacen por obligación. Santi y Sara lo sabían y, como no querían abusar de la paciencia de Marena, habían decidido hacer un día la mitad del viaje y, al día siguiente, el resto.

acallar *v.* Acallar es hacer que ruidos o voces dejen de oírse o de sentirse. ✩ SIN. **Silenciar, enmudecer, calmar.**

Era un intento, quizás desesperado, de acallar sus protestas y quejas. La niña había estado muy arisca los últimos días, se enfadaba y se acaloraba por cualquier nimiedad. Sus padres la entendían, sabían lo duro que estaba siendo, pero ella no les ponía las cosas demasiado fáciles.

acalorar *v.* **1.** Acalorar significa producir calor y sofoco. *Las altas temperaturas acaloraron excesivamente a los corredores.* SIN. **Calentarse, sofocarse.** // **acalorarse** *v. prnl.* **2.** Cuando una persona se acalora se pone muy nerviosa y pierde la calma. ✩ SIN. **Excitarse, exaltarse, irritarse.**

acantilado *s. m.* Un acantilado es una parte de la costa alta, con gran desnivel y formada por rocas. ✩ SIN. **Precipicio, despeñadero.**

Emprendimos el regreso hacia el Nautilus siguiendo una estrecha pendiente que corría lo largo de la cima del acantilado.

20 000 leguas de viaje submarino

acaparar *v.* **1.** Acaparar quiere decir comprar gran cantidad de algo y retenerlo a la espera de que suba su precio. *Ante el riesgo de subida de los precios, algunos clientes acaparan gran cantidad de alimentos.* SIN. **Especular.** **2.** Acaparar también significa conseguir algo en su totalidad o en gran parte. *El pianista acaparó todos los aplausos.* SIN. **Acumular, acopiar.**

acariciar *v.* **1.** Acariciamos a una persona o a un animal cuando pasamos la mano sobre ellos con suavidad y como muestra de cariño. ✩ SIN. **Rozar.** **2.** Acariciamos una cosa cuando la rozamos con suavidad. *Me gusta acariciar las páginas desgastadas de los libros viejos.* SIN. **Tocar.** **3.** También podemos acariciar un deseo o un proyecto si pensamos en él con la esperanza de que se realice. *Siempre he acariciado la idea de vivir en un pequeño pueblo de montaña.* SIN. **Aspirar a, ambicionar, desear.**

Un día, Bobbo, el duende, pasó ante la casita del mago Jo-Jo, y he aquí que lo vio acariciando a una hermosa gallina color chocolate.

Cuentos para irse a la cama

acarrear *v.* **1.** Acarrear algo es llevarlo de un lugar a otro usando la fuerza. *El burro era utilizado para acarrear pesadas cargas.* SIN. **Transportar, trasladar. 2.** Acarrear también es causar una consecuencia negativa. *Su falta de prudencia en la carretera le acarreó la pérdida del carnet de conducir.* SIN. **Ocasionar, provocar.**

Parecía haber acatado su decisión porque no había otra alternativa, pero, desde su inocente rebeldía, les consideraba culpables; culpables de todo.

acatar *v.* Acatar una norma, una ley, etc. implica aceptarlas aunque no siempre se esté de acuerdo. ✵ SIN. **Respetar, obedecer.**

acatarrarse *v. prnl.* Acatarrarse es tener un catarro, un resfriado. *Siempre me acatarro al final del invierno.* SIN. **Resfriarse, constiparse.**

acceder *v.* **1.** Cuando accedemos a algo que se nos pide es que estamos de acuerdo en hacerlo. *Está bien, accederé a poner corbata el día de tu boda.* SIN. **Consentir, ceder. 2.** Si accedemos a un lugar es que hemos llegado a él o entrado en él. *Tras varios intentos fallidos, los espeleólogos pudieron acceder al interior de la cueva.* SIN. **Alcanzar, llegar. 3.** Acceder a una situación o a un cargo, normalmente mejor que el que teníamos, significa alcanzarlo. *Acceder al puesto de subdirector de departamento me ha costado muchos años de dedicación.* SIN. **Conseguir, lograr.**

accesible *adj.* **1.** Un lugar accesible es el que tiene entrada o al que se llega con facilidad. *Las reformas llevadas a cabo han conseguido que este sea un edificio accesible para personas con movilidad reducida.* SIN. **Alcanzable. 2.** Una persona es accesible si tiene un trato fácil y sencillo. *A pesar de ser una de las científicas más presti-*

El adjetivo ***accesible*** tiene la misma forma para masculino y femenino. No confundir ***accesible*** con ***asequible*** (factible).

giosas del país, es una persona muy accesible. SIN. **Cordial, cercano, amable.** 3. Cuando un libro, una idea, un planteamiento, etc. se comprende fácilmente, decimos que es accesible. *Los médicos deben utilizar un lenguaje accesible cuando hablan con sus pacientes.* SIN. **Comprensible, fácil.** ✔

Llegaron a Madrid justo a la hora de comer. A pesar de ser un día laborable, el acceso al centro de la ciudad estaba bastante despejado por lo que no tuvieron ningún problema para llegar al hotel. ¡Menos mal! A Santi no le gustaba nada conducir por la capital, el tráfico le parecía caótico y el entramado de calles le recordaba los laberintos que aparecen a veces en las páginas de pasatiempos de algunos periódicos. Aún recordaba el último y accidentado viaje a Madrid.

accesorio, accesoria *adj.* 1. Una cosa es accesoria cuando no es necesaria, ni esencial. *La parte más importante del trabajo está en las páginas 4 y 5; el resto es accesorio.* SIN. **Secundario, anecdótico.** // **accesorio** *s. m.* 2. Un accesorio es la pieza de una máquina que se puede recambiar. *Este accesorio de la batidora se utiliza para montar nata.* SIN. **Complemento.**

En las películas de acción se buscan, sobre todo, escenas espectaculares, efectos especiales sorprendentes, persecuciones, tiroteos, peleas, etc. Entre las películas de acción más vistas en los cines figuran las de Indiana Jones.

accidentado, accidentada *adj.* 1. Una persona accidentada es la que ha sufrido un accidente. *A pesar de la intensidad de la explosión, nadie resultó accidentado.* SIN. **Herido, víctima.** 2. Un lugar es accidentado si tiene un relieve muy irregular. *La construcción de la nueva autovía ha sido difícil porque está en un terreno muy accidentado.* SIN. **Escarpado, abrupto** 3. Cuando una acción se desarrolla con muchos incidentes también decimos que es accidentada. ✲ SIN. **Complicado, difícil.**

acción *v.* 1. Una acción es lo que se hace. ✲ SIN. **Hecho, acto.** 2. En una película o en una novela, la acción es lo que cuenta el argumento. ✲ SIN. **Trama, asunto.** 3. Acción es también el efecto que algo o alguien provoca. *La acción de las olas causó importantes desperfectos en el paseo marítimo.* SIN. **Influencia, consecuencia.**

[…] Tú has lanzado una acción contra el mundo, y como la piedra arrojada a un estanque, así se esparcirán las consecuencias […].

Kim

[…] no había allí médico que destruyese mi cuerpo, […] ni espía que acechase mis palabras y mis actos…

Los viajes de Gulliver

acechar *v.* Acechar es observar algo o a alguien con atención y cuidando no ser descubierto. ✡ SIN. **Vigilar, espiar.**

aceptable *adj.* Decimos que algo es aceptable cuando lo damos por bueno. ✡ SIN. **Tolerable, admisible.** ✔

El adjetivo ***aceptable*** tiene la misma forma para masculino y femenino.

El hotel estaba situado en un edificio de arquitectura moderna, con una decoración no demasiado acogedora, pero aceptable.
Tras pasar por recepción, Marena y sus padres subieron a la habitación para dejar las maletas y darse una ducha.
Era una estancia amplia, pintada en color gris y con grandes ventanales desde donde se veía la avenida, salpicada de frondosas copas de arboles que casi no dejaban ver a los viandantes que en ese momento pasaban por allí, abstraídos, rápidos, siguiendo el ritmo que marca la ciudad.

aceptar *v.* **1.** Aceptar una propuesta o un ofrecimiento es estar de acuerdo. *Los sindicatos han aceptado la propuesta de los empresarios.* SIN. **Acceder, aprobar. 2.** Aceptar algo negativo es asumirlo. *Héctor aún no ha aceptado la pérdida de su padre.* SIN. **Sobrellevar, sobreponerse. 3.** Aceptar es también dar algo por bueno o considerarlo válido. *Se aceptan tarjetas de crédito.* SIN. **Admitir, tolerar.**

acercar *v.* **1.** Acercar es poner una cosa o a una persona más cerca. También v. prnl. ✡ SIN. **Aproximar, arrimar. 2.** Acercar también significa aproximar a alguien a un lugar. *¿Me acercas hasta la oficina?* SIN. **Llevar.**

Harry sintió dos golpes en la espalda cuando Fred y George se acercaron.

Harry Potter y el prisionero de Azkaban

acertar *v.* **1.** Acertar quiere decir encontrar, a veces por casualidad, la solución o respuesta a una cuestión. *Para ganar el premio especial, tienes que encontrar la palabra que completa el refrán.* SIN. **Adivinar, descifrar. 2.** Y actuar de forma correcta, tomar decisiones adecuadas. *Sin ninguna duda, hemos acertado al venir aquí de vacaciones.* SIN. **Atinar.**

achaque *s. m.* Un achaque es una enfermedad leve o una molestia poco importante que se suele

padecer en la vejez. *Estos achaques me recuerdan cada día que tengo 80 años.* SIN. **Indisposición, dolencia.**

Marena salió de la ducha con una expresión distante. Sara hubiera querido achucharla como cuando era pequeña, tan pequeña que se perdía en sus brazos. Se conformó con mirarla a los ojos. Puso la tele, más que nada para romper el silencio, y lo consiguió: un grupo de adolescentes enloquecidas aclamaban a un actor venezolano, que aguantaba la embestida.

achuchar *v.* **1.** Achuchar significa hacer presión sobre algo o alguien. *En el metro, todos los ocupantes estábamos tan achuchados que casi no podíamos respirar.* SIN. **Aplastar, empujar, azuzar.** **2.** También, meter prisa a alguien. *Por mucho que me achuches, no voy a terminar antes.* SIN. **Apremiar, presionar.** **3.** Y dar abrazos a alguien cariñosamente. ✡ SIN. **Abrazar.**

ácido, ácida *adj.* **1.** Un sabor ácido es fuerte, parecido al del limón o al del vinagre. *Este vino se ha estropeado y tiene un sabor ácido.* SIN. **Agrio, avinagrado.** **2.** Decimos que una persona, y lo que hace, son ácidas si son desagradables y fastidiosas. *Sus chistes ácidos no hicieron gracia a nadie.* SIN. **Mordaz, áspero.**

aclamar *v.* Una multitud de personas aclaman a alguien cuando le muestran su admiración o su simpatía con gritos y aplausos. ✡ SIN. **Vitorear, aplaudir.**

Un niño mayorcito, de ocho o nueve años, aún lejos de la pubertad y del nombre bisílabo que entonces recibiría, estaba aclarando la maleza y amontonando las ramitas en haces para la lumbre.

En busca del azul

aclarar *v.* **1.** Aclarar una idea o una situación es conseguir que se entienda mejor. *Aclárame lo que quieres decir porque no entiendo nada.* SIN. **Explicar, esclarecer.** **2.** Aclarar es también quitar con agua el jabón que se ha utilizado para lavar algo. *Aclara la ropa antes de tenderla.* SIN. **Enjuagar.** **3.** Hacer que algo esté menos denso o tupido. ✡ SIN. **Despejar.** **4.** El cielo aclara cuando desaparecen las nubes. *Aunque amaneció muy nublado, el día ha aclarado y*

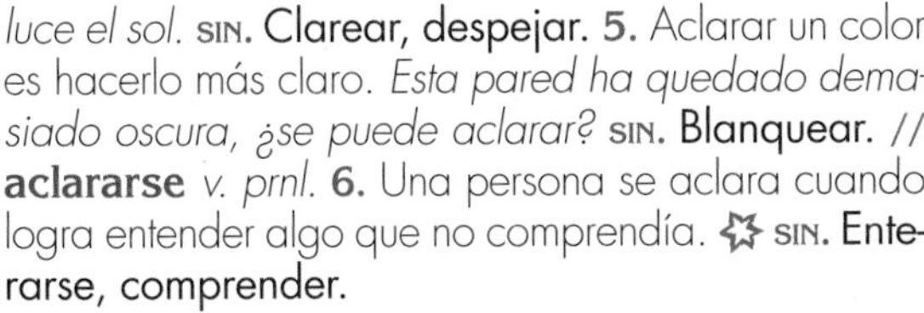

luce el sol. SIN. **Clarear, despejar. 5.** Aclarar un color es hacerlo más claro. *Esta pared ha quedado demasiado oscura, ¿se puede aclarar?* SIN. **Blanquear.** // **aclararse** *v. prnl.* **6.** Una persona se aclara cuando logra entender algo que no comprendía. SIN. **Enterarse, comprender.**

Era una voz de niña, una voz aguda y fuerte. La mente de Zee se aclaró y su cabeza giró en dirección al sonido; y entonces Filonecron se esfumó.

El canto de la sirena

acobardar *v.* **1.** Acobardar es hacer que alguien sienta miedo ante un peligro y no sea capaz de enfrentarse a él. También v. prnl. *Los perros grandes siempre me han acobardado.* SIN. **Intimidar, atemorizar.**

acogedor, acogedora *adj.* **1.** Una persona es acogedora si siempre está dispuesta a recibir a otra persona para darle alojamiento. *Nacho siempre tiene invitados en su casa porque es una persona muy acogedora.* SIN. **Hospitalaria. 2.** Un lugar es acogedor si en él nos sentimos a gusto. SIN. **Agradable, cómodo.**

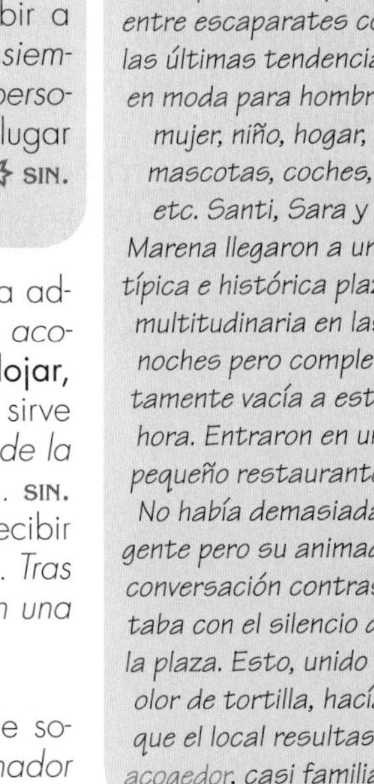

Tras pasear un poco entre escaparates con las últimas tendencias en moda para hombre, mujer, niño, hogar, mascotas, coches, etc. Santi, Sara y Marena llegaron a una típica e histórica plaza multitudinaria en las noches pero completamente vacía a esta hora. Entraron en un pequeño restaurante. No había demasiada gente pero su animada conversación contrastaba con el silencio de la plaza. Esto, unido al olor de tortilla, hacía que el local resultase acogedor, casi familiar.

acoger *v.* **1.** Una persona acoge a otra si la admite en su casa y le da alojamiento. *Max ha acogido en su casa a un niño de Ruanda.* SIN. **Alojar, admitir. 2.** Un lugar acoge a alguien si le sirve de refugio o alojamiento. *En el campamento de la Cruz Roja han acogido a numerosos heridos.* SIN. **Cobijar, amparar. 3.** Acoger también es recibir algo o a alguien de una determinada manera. *Tras su fantástica faena, el torero fue acogido con una cerrada ovación.* SIN. **Aceptar, admitir.**

acometer *v.* **1.** Acometer significa lanzarse sobre algo o alguien para agredirle. *El luchador acometió a su rival con gran fuerza.* SIN. **Atacar,**

arremeter. 2. Y comenzar a hacer una tarea o un proyecto. ✡ SIN. **Abordar, emprender.**

Reparar el alma de un hombre y lo más profundo de su corazón [...] era quizá mucho, mucho más de lo que Mati podía acometer.

El mensajero

Se acomodaron en una mesa situada en un rincón y pidieron el menú del día: ensalada campera, bonito con tomate y arroz con leche, por supuesto, casero. Tras la comida, surgió un pequeño conflicto sobre qué hacer el resto de la tarde. Opción 1: Santi y Sara querían ver una exposición de fotografía que una amiga les había aconsejado. Opción 2: Marena tenía unas ganas locas de ir al parque de atracciones. Nunca había estado en un lugar así. No es que ella fuera muy lanzada para eso de subirse a montañas rusas de giros y pendientes imposibles o a pulpos de tentáculos dislocados, pero le apetecía verlo.

acomodar *v.* 1. Acomodar algo o a alguien es situarlos en el lugar apropiado. También v. prnl. ✡ SIN. **Disponer, colocar.** 2. También, hacer que una persona o una cosa se ajusten a otra. *Mientras estés aquí, deberás acomodar tus costumbres a las mías.* SIN. **Amoldar, encajar.** 3. Y preparar algo de modo que sirva a un fin determinado. *Se ha acomodado el salón para recibir a 200 personas.* SIN. **Adecuar, adaptar.**

acompañar *v.* 1. Acompañar significa ir o estar con una persona. Me gustaría acompañarte pero no puedo. SIN. **Hacer compañía, seguir.** 2. También, poner o utilizar juntas dos cosas. *Los anfitriones acompañaron la cena con una actuación musical.* SIN. **Juntar, unir.** 3. Y apoyar una composición musical interpretada por un solista con algún instrumento. *La guitarra que acompañó la última canción no dejaba oír la voz del cantante.* SIN. **Ejecutar.**

acondicionar *v.* Acondicionar es hacer que algo tenga las condiciones necesarias para el fin que debe cumplir. *Han acondicionado un antiguo barco de pesca como barco de recreo.* SIN. **Preparar, adaptar.**

aconsejar *v.* 1. Cuando aconsejamos a una persona, le estamos diciendo si algo le conviene o no. *Te aconsejo que no vendas la casa ahora porque los precios están demasiado bajos.* SIN. **Recomendar.** 2. Y también le damos nuestra opinión sobre algo determinado. ✡ SIN. **Asesorar, orientar.**

acontecimiento *s. m.* Un acontecimiento es algo, normalmente importante, que sucede. ✪ SIN. **Suceso, evento.**

De aquí en adelante mis recuerdos ya son algo confusos, porque los acontecimientos se fueron sucediendo vertiginosamente.

Los mejores cuentos de Michael Ende

Tras estudiar los pros y los contras de cada opción, bueno, en realidad solo se plantearon los pros de la opción 2 y los contras de la opción 1 porque Marena fue muy persuasiva, acordaron ir al parque de atracciones.

acordar *v.* 1. Si dos o más personas acuerdan algo es que lo deciden juntas y estando conformes. ✪ SIN. **Convenir, pactar.** 2. Una persona acuerda algo cuando toma una decisión. *El propietario del edificio ha acordado cederlo al ayuntamiento.* SIN. **Decidir, determinar.** // **acordarse** *v. prnl.* 3. Acordarse es traer algo o a alguien a la memoria. *Me acuerdo perfectamente de cuando era pequeño.* SIN. **Evocar, recordar.**

acortar *v.* Acortar es hacer que algo sea más corto o que dure menos tiempo. *Las medidas adoptadas acortarán las listas de espera de los hospitales.* SIN. **Abreviar, reducir, encoger.**

acosar *v.* 1. Acosar significa perseguir a una persona o a un animal sin tregua con intención de atacarlos. *Los cazadores acosaron al jabalí hasta abatirlo.* SIN. **Acorralar, hostigar.** 2. Acosar a una persona es estar continuamente haciéndole peticiones o preguntas. *La prensa acosa a la princesa para conseguir sus declaraciones.* SIN. **Molestar, asediar.**

A ella le costaba acostumbrarse al juego estadounidense, menos habilidoso, así que, tras cada partido, Zee se apresuraba a llevársela al coche para que los demás no escucharan sus comentarios.

El canto de la sirena

acostumbrar *v.* 1. Acostumbrar es adquirir una determinada costumbre. También v. prnl. ✪ SIN. **Habituar, enseñar.** 2. Seguido de la preposición *a* y un infinitivo, acostumbrar significa hacer habitualmente lo expresado por el infinitivo. *Ana acostumbra a correr varios kilómetros cada mañana.* SIN. **Soler.**

La *actitud* que Marena se había empeñado en mantener en los últimos días se desvaneció en cuanto se vio inmersa en un carrusel de luces, sonidos, movimientos y gritos.

acrecentar *v.* Acrecentar es hacer que algo sea más grande. *Las continuas contradicciones han acrecentado las dudas sobre la inocencia del acusado.* SIN. **Aumentar, incrementar.**

actitud *s. f.* **1.** La actitud es la manera como se comportan las personas ante una situación concreta. ✧ SIN. **Conducta, disposición. 2.** También se denomina actitud la posición que puede adoptar nuestro cuerpo para hacer algo o para mostrar un determinado estado de ánimo. ✧ SIN. **Postura, gesto.** ✔

No confundir ***actitud*** con ***aptitud*** (capacidad, disposición).

activar *v.* **1.** Cuando activamos algo hacemos que empiece a funcionar. También v. prnl. *El alumbrado público se activa a las ocho de la tarde.* SIN. **Accionar. 2.** Activar también es hacer que algo sea más rápido o más intenso. *Esta crema sirve para activar la circulación sanguínea.* SIN. **Acelerar, estimular.**

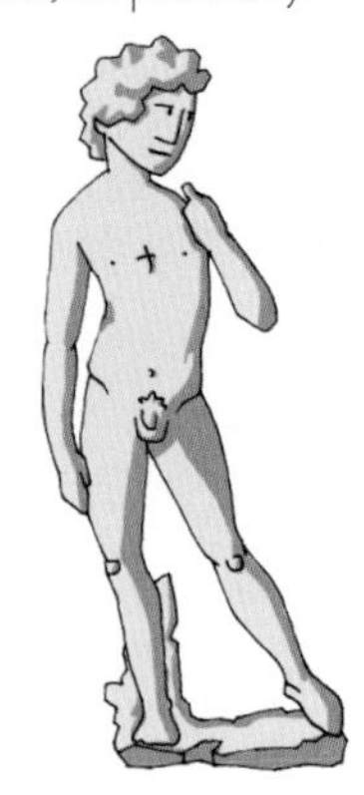

El David es la escultura más famosa de Miguel Ángel. Representa a David, el personaje bíblico que luchó contra el gigante Goliat, en actitud tensa y desafiante.

El volcán Kilauea, en Hawai, es el más activo del mundo.

actividad *s. f.* **1.** Una actividad es el conjunto de acciones que se llevan a cabo para desarrollar un determinado objetivo. *La actividad docente exige vocación y mucha dedicación a los alumnos.* SIN. **Ocupación, profesión. 2.** También, la facultad de hacer las cosas con energía y rapidez o de hacer muchas cosas a la vez. *Cuando una persona desarrolla una actividad excesiva, se dice que es una persona hiperactiva.* SIN. **Dinamismo, movimiento.**

activo, activa *adj.* **1.** Cuando algo o alguien actúa o tiene actividad, decimos que está activo. ✧ SIN. **Vivo, en uso. 2.** Una persona activa es la que siempre está haciendo cosas. *Su nuevo repre-*

sentante es una persona muy activa, que cumple con sus obligaciones a la perfección. SIN. **Dinámico, enérgico.** **3.** También es activo el medicamento o la sustancia que causa efecto con rapidez. *Este jarabe es muy activo y baja la fiebre rápidamente.* SIN. **Eficaz, eficiente.**

El adjetivo ***actual*** tiene la misma forma para masculino y femenino.

actual *adj.* Es actual lo que tiene lugar en el momento presente. *Aunque el cambio climático parece un problema actual, tiene su origen tiempo atrás.* SIN. **Contemporáneo, moderno, presente.** ✔

Molière fue un escritor y francés. Mientras actuaba sufrió un ataque en el escenario que le causaría la muerte. Como en ese momento iba vestido de amarillo, en el mundo del teatro se dice que ese color trae mala suerte.

actuar *v.* **1.** Actuar es obrar de una determinada manera. ✲ SIN. **Comportarse.** **2.** Y realizar algo o alguien lo que es característico de ellos. *El abogado actuó con mucha astucia en la defensa de su cliente.* SIN. **Ejercer.** **3.** También, interpretar un papel en una película, una obra de teatro, etc. ✲ SIN. **Intervenir, trabajar.**

acudir *v.* **1.** Acudir es ir a un lugar donde debemos hacer algo o donde nos esperan. SIN. **Ir, asistir.** **2.** También, buscar la ayuda de alguien. *Siempre acudo a ti cuando tengo un problema.* ✲ SIN. **Recurrir, apelar.**

acumular *v.* Acumular significa llegar a tener gran cantidad de algo. También v. prnl. *He acumulado tantas revistas de motos que no sé dónde ponerlas.* SIN. **Amontonar, almacenar.**

Y así fueron pasando las semanas y los meses, hasta que una noche, cuando empezaba noviembre, el ruiseñor no acudió a su cita.

Tres cuentos de hadas

acunar *v.* Cuando acunamos a un niño que está en una cuna o que tenemos en brazos, lo movemos suavemente de un lado a otro. ✲ SIN. **Mecer, balancear.**

Sus ojos volvieron a ser sus ojos, chispeantes, vivos; su sonrisa se dibujó de nuevo, ingenua, franca; y Marena fue, otra vez, una niña feliz que actuaba como tal, corriendo de un lado a otro, subiendo y bajando de las atracciones.

Marena y Sara se fueron al hotel pronto; Santi les dijo que prefería dar un paseo por la ciudad. Marena cayó rendida en la cama. Cuando era pequeñita tenía problemas para dormir en una cama distinta a la suya y su madre debía acunarla pacientemente hasta que se dormía.

acusar *v.* **1.** Acusar a alguien es decir que es responsable de un delito o una falta. ✪ SIN. **Culpar, imputar.** **2.** Acusar es también dar muestras de algo. *Después del duro ascenso a la montaña, los ciclistas acusaron el cansancio.* SIN. **Mostrar, evidenciar.**

De vuelta a su embarcación, se le acusó de abandono de su deber y se dio el barco a un paje favorito de Publícola…

Los viajes de Gulliver

Cuando se toma una obra literaria para hacer de ella una película, es preciso adecuarla a la duración y al lenguaje propio del cine. Es lo que se llama guión adaptado.

adaptar *v.* **1.** Adaptar es hacer los cambios necesarios para que algo sirva para un fin determinado. *He adaptado mi cuarto para poder poner una cama más grande.* SIN. **Acomodar, disponer.** **2.** También, conseguir que una cosa encaje en otra. También v. prnl. *Los bañadores de los nadadores se adaptan perfectamente al cuerpo.* SIN. **Acoplar, ajustar.** **3.** Y modificar una obra literaria o musical para difundirla en otro medio o ante otro tipo de público. ✪ SIN. **Adecuar.** // **adaptarse** *v. prnl.* **4.** Adaptarse es acomodarse a una situación o a un entorno nuevo. *A Luisa no le ha resultado fácil adaptarse a la vida de Nueva York.* SIN. **Aclimatarse, amoldarse.**

adelantar *v.* **1.** Adelantar significa mover hacia adelante. También v. prnl. *Adelántate tres filas y verás mejor la pantalla.* SIN. **Avanzar.** **2.** Adelantar también es dejar atrás algo o a alguien. *El caracol Adebayor acaba de adelantar a Claire y se sitúa en primera posición.* SIN. **Sobrepasar, rebasar.** **3.** Y hacer algo antes de lo que se había pensado. *El cirujano ha adelantado la fecha de la intervención* SIN. **Anticipar.** **4.** Adelantar también significa mejorar. *La medicina ha avanzado mucho en las últimas décadas.* SIN. **Progresar, prosperar.**

A finales del siglo XIX, don Marcelino Sanz de Sautuola se adentró, con su hija María, en las cuevas de Altamira y descubrieron las pinturas rupestres por las se han hecho famosas estas cuevas de Cantabria.

adentrarse *v. prnl.* Ir dentro de un lugar. ✪ SIN. **Meterse, internarse.**

adepto, adepta *adj.* Un adepto es una persona que está de acuerdo con las ideas de otra persona, un grupo social, etc., a los que sigue y apoya. *El cine en versión original está ganando adeptos.* SIN. Partidario, seguidor.

Tras desayunar en el hotel, Sara y Marena se acercaron a una tienda. Marena había extraviado los auriculares de su Mp4 y la idea de pasarse tres o cuatro horas en el coche sin poder escuchar su música favorita le parecía una tortura. Se podría decir que para Marena la música es una adicción.

adherir *v.* **1.** Adherir es unir una cosa a otra utilizando pegamento. *El primer paso para construir la maqueta es adherir las paredes exteriores a la base.* SIN. Pegar. // **adherirse** *v. prnl.* **2.** Adherirse es pegarse a una superficie por medios propios. ✿ SIN. Pegarse, juntarse. **3.** También, apoyar y seguir una idea, a una persona, un partido político, un grupo social, etc. *Todos los grupos políticos se han adherido a la lucha contra el racismo.* SIN. Sumarse, aprobar.

El pez ventosa se llama así porque su boca funciona como una eficaz ventosa con la que se adhiere a las rocas para comer las algas que las cubren.

adicción *s. f.* **1.** Una adicción es una necesidad que produce en nuestro cuerpo el consumo de drogas, alcohol, etc. y ciertas actividades como el juego. *Jean está en un centro de desintoxicación para curarse de su adicción a las drogas.* SIN. Dependencia. **2.** También es adicción una inclinación exagerada hacia algo. ✿ SIN. Afición, interés. ✔

No confundir ***adicción*** con ***adición*** (suma).

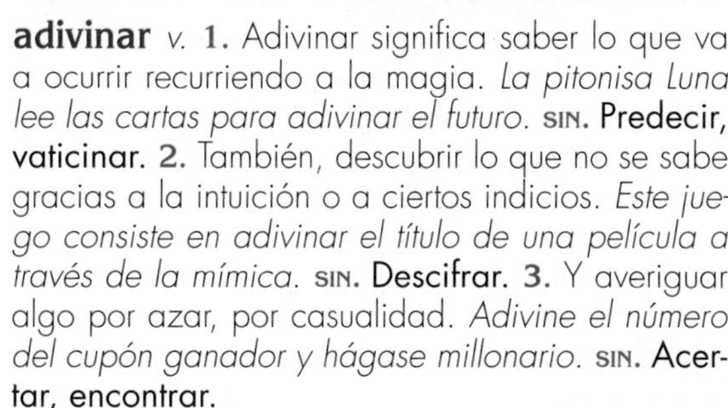

adivinar *v.* **1.** Adivinar significa saber lo que va a ocurrir recurriendo a la magia. *La pitonisa Luna lee las cartas para adivinar el futuro.* SIN. Predecir, vaticinar. **2.** También, descubrir lo que no se sabe gracias a la intuición o a ciertos indicios. *Este juego consiste en adivinar el título de una película a través de la mímica.* SIN. Descifrar. **3.** Y averiguar algo por azar, por casualidad. *Adivine el número del cupón ganador y hágase millonario.* SIN. Acertar, encontrar.

Entraron cuando el propietario abría las puertas. Era un lugar un poco extraño: se vendían periódicos y revistas, algunos accesorios como pilas, auriculares... Marena se fijó en una puerta de la que colgaba un cartel:

Solo
se admiten
socios

¿Socios? ¿Socios de qué? ¿Qué podía haber en esa habitación para que se asociara gente en torno a ella? La puerta estaba entreabierta y Marena pudo comprobar que no había nadie dentro. Bien. Había estanterías bastante desvencijadas y libros, pero no parecían libros para vender; estaban viejos y sobre algunos el polvo campaba a sus anchas.

administrar *v.* **1.** Administrar es organizar los bienes de una casa, de una empresa, etc. y decidir cómo han de emplearse. *La empresa Tucon ha contratado a un gestor para que administre su economía.* SIN. **Gestionar, dirigir.** **2.** Administrar una cosa es distribuir su uso para que dure más tiempo. *Los camellos administran el agua que almacenan en sus jorobas.* SIN. **Graduar.** **3.** Administrar tambien es dar un medicamento. *La dosis administrada no ha hecho efecto.* SIN. **Aplicar, suministrar.** **4.** Y gobernar un territorio. *El Gobierno ha recibido numerosas críticas por la forma de administrar el país.* SIN. **Regir, dirigir.**

admirar *v.* **1.** Cuando admiramos algo o a alguien tenemos en consideración sus cualidades. *Admiro la generosidad de las personas que ponen en peligro su vida por ayudar a los demás.* SIN. **Apreciar, respetar.** **2.** Admirar también es quedarse mirando algo porque nos gusta mucho o porque nos resulta sorprendente. ✪ SIN. **Asombrar, desconcertar, deslumbrar.**

No pasaba por la casa del maestro con la idea de visitarlo o admirar las flores de su jardín, sino con la esperanza de ver a su preciosa hija; se llamaba Jean y acababa de tomarle el pelo a Mati con la promesa de un beso.

El mensajero

admitir *v.* **1.** Admitir es dejar que alguien entre en un lugar, en un grupo, en una asociación... ✪ SIN. **Acoger, recibir.** **2.** Y dar como válido un argumento, una idea... *Por fin han admitido mis propuestas para reducir gastos.* SIN. **Reconocer, aprobar.** **3.** También, quedarse alguien con lo que se le ofrece. *¿Por qué no quieres admitir mi ayuda?* SIN. **Aceptar.**

adoptar *v.* **1.** Adoptar significa hacerse cargo legalmente de una persona como si fuera hijo propio. *Para adoptar a un niño, es necesario cumplir varios requisitos legales.* SIN. **Prohijar, apadrinar.**

2. Adoptar una actitud, o una postura, o una decisión significa tomarlos. ✡ SIN. **Decidir, resolver.** 3. Adoptar es también presentar un aspecto o una forma determinada. *Las nubes adoptan curiosas formas.* SIN. **Presentar, tomar.**

Cuando crecen las gafas
parecen bicicletas.
Cuando cantan las flores,
cuando adornan los
pájaros...
–Oye, oye, que te has
equivocado.
Las flores no cantan,
los pájaros no adornan,
ni las gafas parecen
bicicletas...
Pero, tú... ¿quién te
crees que eres?
–¿Yo? El poeta.

El libro loco

adornar *v.* **1.** Cuando adornamos a una persona o una cosa le ponemos adornos, es decir, todo aquello que sirve para que estén más bellas. *Para la inauguración, el hotel ha sido adornado con flores y velas de colores.* SIN. **Engalanar, embellecer.** **2.** Una cosa adorna cuando, puesta en una persona o en una cosa, las embellece. ✡ SIN. **Decorar, ornamentar.**

adueñarse *v. prnl.* Adueñarse es hacerse dueño de algo o de alguien. *Marco ha sido despedido por adueñarse de fondos de la empresa.* SIN. **Apropiarse, apoderarse.**

adulterar *v.* **1.** Adulterar significa modificar la calidad de un producto añadiéndole sustancias distintas a las originales. ✡ SIN. **Alterar, corromper.** **2.** También, falsear la naturaleza o el sentido de algo. *El jugador acusó al periodista de adulterar sus declaraciones.* SIN. **Falsificar.**

Su madre estaba hablando con el tendero, seguro que del tiempo o algo igual de interesante. Marena no lo pensó dos veces. Adoptó una pose de erudita interesada y entró en la sala. Olía raro, una mezcla de ese olor que despiden las cosas viejas que han perdido su lustre pero no su prestancia, y un perfume de mujer refinado y suave. La combinación resultaba agradable y Marena sintió que la estaba adulterando con su Agua Joven, con toques de lavanda y cítricos.

adversario, adversaria *s. m. y f.* El adversario de una persona es otra persona a la que debe enfrentarse o con la que compite. *Tras derrotar a su adversario en un competida final, recibió la medalla de oro.* SIN. **Contrincante, oponente.**

adverso, adversa *adj.* Adverso significa que es contrario a lo que se pretende o se desea. *He* *tomado la decisión de dimitir ante el resultado adverso obtenido en las elecciones.* SIN. **Contrario, desfavorable.**

advertir *v.* **1.** Cuando advertimos algo quiere decir que nos damos cuenta de ello. *César no advirtió el socavón de la carretera y perdió el control del coche.* SIN. **Notar, percatarse.** **2.** Advertir es informar a una persona sobre algo para que lo tenga presente. ✪ SIN. **Avisar, prevenir.** **3.** Y también, informar de algo por adelantado, a veces con amenazas. *Os advierto que no pienso tolerar ninguna muestra de indisciplina.* SIN. **Amenazar, apercibir.**

afectar *v.* **1.** Cuando una cosa afecta a otra, produce en ella un efecto, un cambio. ✪ SIN. **Influir, repercutir.** **2.** Además, a una persona, animal o cosa les afecta algo si tiene que ver con ellos. *El examen global solo afecta a los alumnos del último curso.* SIN. **Incumbir, atañer.** **3.** Una persona se ve afectada por un hecho si este le produce daño, dolor, tristeza... *Los afectados por la explosión han pasado la noche en un hotel.* SIN. **Damnificar, afligir.**

afecto *s. m.* El afecto es un sentimiento de cariño hacia una persona, animal o cosa. ✪ SIN. **Estima, aprecio.**

aferrar *v.* **1.** Aferrar es coger algo o a alguien con fuerza. También v. prnl. ✪ SIN. **Agarrar, asir.** // **aferrarse** *v. prnl.* **2.** Aferrarse a una idea, a una actitud es insistir mucho en ellas. *El entrenador se aferra a su sistema de juego aunque no han ganado ningún partido.* SIN. **Obstinarse, empeñarse.**

La calma y la paz que allí se respiraba Marena no la había sentido nunca.
Miró el título de algunos libros: La tinta de magia, El libro dormido, La paciencia de las palabras.
De pronto recordó algo. Sí, el papel que estaba en su caja, en el sobre morado. ¿Qué decía? ¿No era algo de las palabras y de la paciencia? ¡Qué rabia! No lo recordaba.
–¿Quién está ahí? ¡Vaya, el tendero!
–Niña, el cartel de la puerta advierte claramente que solo pueden entrar los socios.
No parecía enfadado, aunque su tono tampoco es que rebosara afecto.
Aferró a Marena por un brazo y la condujo fuera de la estancia.

*Cuando una persona asciende a una altitud elevada, el mal de altura **afecta** a su organismo porque se reduce el aporte de oxígeno, lo que obliga al cuerpo a reaccionar para adaptarse.*

A medida que se acercaban a su madre, el tendero iba aflojando la presión con que sujetaba el brazo de la niña, de modo que, cuando llegaron ante Sara, podría decirse que, en vez de haberla sacado a la fuerza de la habitación misteriosa, y exagerando un poco, los dos iban juntitos de paseo.
–Aquí está la niña, señora. Es usted muy afortunada, su hija tiene en la mirada lo que solo los que saben mirar dentro de las cosas poseen.

afianzar *v.* Afianzar significa asegurar algo para que quede seguro y firme. También v. prnl. *Las relaciones entre Francia y España se han afianzado.* SIN. **Afirmar, asegurar.**

afición *s. f.* **1.** Una afición es un interés por algo que nos gusta mucho. *Desde que estuve en Escocia, tengo gran afición por la música celta.* SIN. **Inclinación, interés. 2.** La afición es también un grupo de personas que asisten a un espectáculo. *La afición increpó al equipo por su falta de entrega.* SIN. **Seguidor, fan.**

aflojar *v.* **1.** Cuando aflojamos algo, hacemos que esté menos tirante o menos apretado. ✱ SIN. **Destensar, soltar. 2.** Aflojar también es perder intensidad o fuerza. *Ya podemos salir, parece que la lluvia está aflojando.* SIN. **Disminuir, remitir.**

afluir *v.* **1.** Afluir es verter un río sus aguas en otro río o en el mar. *El Ebro afluye al Mediterráneo.* SIN. **Desembocar, confluir. 2.** Afluir es también llegar muchas personas o cosas a un lugar. *Más de 10 000 personas afluyeron al concierto.* SIN. **Dirigirse, concentrarse.**

afortunado, afortunada *adj.* **1.** Una persona afortunada es una persona que tiene buena suerte. ✱ SIN. **Agraciado, suertudo. 2.** Afortunado es también lo que se hace en el momento adecuado o de forma correcta. *Sin duda, retomar mis estudios ha sido una decisión afortunada.* SIN. **Oportuno, acertado.**

afrontar *v.* Afrontar es hacer frente a algo. ✱ SIN. **Encarar, enfrentarse.**

Maurizio ni siquiera pudo hablar [...]. Su corto entendimiento era incapaz de afrontar semejantes complicaciones.

El ponche mágico

agarrar *v.* **1.** Agarrar es coger algo o a alguien con fuerza. *El agente consiguió detener al ladrón agarrándole fuertemente por la pierna.* SIN. **Coger, sujetar. 2.** Agarrar también significa coger una enfermedad. *Por tomar tanto el sol, he agarrado una insolación.* SIN. **Contraer, pillar.** // **agarrarse** *v. prnl.* **3.** Agarrarse es asirse fuertemente a algo. *El autobús frenó bruscamente y los pasajeros se agarraban con fuerza a los asientos.* SIN. **Aferrarse, sujetarse.**

El guepardo es un animal muy ágil y veloz porque tiene un cuerpo ligero y flexible y sus patas traseras más largas que las delanteras para ayudarle a tomar impulso en la carrera.

El adjetivo ***ágil*** tiene la misma forma para masculino y femenino.

ágil *adj.* **1.** Una persona o un animal son ágiles si se mueven con rapidez y facilidad. ✿ SIN. **Rápido, ligero. 2.** También decimos que es ágil la persona que piensa y decide con rapidez. *Andrés resuelve rápidamente los problemas de matemáticas porque tiene un razonamiento ágil.* SIN. **Listo, vivo. 3.** Si hablamos de un escrito, es ágil si nos resulta fácil de leer. *Su última novela es tan ágil que hasta un niño podría leerla.* SIN. **Fluido, fácil.** ✔

Cuando salieron de Madrid, la aglomeración de coches ya era importante. Coches grandes, pequeños, coches nuevos, viejos, coches diferentes… pero un mismo conductor que se agobia ante el atasco, toca el claxon, grita improperios al conductor situado delante de él, como si este, a su vez, no tuviese otro delante y otro.

agitar *v.* **1.** Agitar una cosa es moverla de un lado a otro con rapidez y varias veces seguidas. También v. prnl. ✿ SIN. **Sacudir, batir. 2.** También, poner nervioso a una persona o a un grupo de personas, alterar. *La presencia de la policía agitó a los manifestantes.* SIN. **Alterar, perturbar.**

Wifredo hizo volar los gorriones de sus manos y agitó su cabeza con fuerza para que se marchase el que estaba posado en ella.

Los cinco han de resolver un enigma

aglomeración *s. f.* Una aglomeración es una acumulación de cosas o personas en un lugar. ✿ SIN. **Amontonamiento, multitud.**

agobiar *v.* Agobiar es presionar a alguien hasta producirle angustia o preocupación. También v. prnl. ✿ SIN. **Estresar, abrumar.**

agonizar *v.* Cuando una persona o un animal agoniza es que están a punto de morir. *Aunque estaba agonizando, se mantenía consciente.* SIN. Perecer. morir.

agotar *v.* **1.** Agotar algo es consumirlo completamente. También v. prnl. *Si la población mundial sigue creciendo al ritmo actual, existe el riesgo de que se agoten las reservas naturales del planeta.* SIN. Gastar, consumir. **2.** Agotar a una persona es cansarla mucho. También v. prnl. *Todos los jugadores acabaron el partido agotados.* SIN. Fatigar, rendir.

Cuando abandonaron la capital, los tres sentían una agradable sensación de alivio. Algo así como cuando, al llegar a casa, te quitas unos zapatos incómodos o una prenda apretada. El trayecto que les quedaba no era demasiado largo. En tres horas llegarían a…

agradable *adj.* **1.** Una persona agradable es la que se muestra amable con los demás. *A pesar de sus problemas, Carmen siempre tiene un trato agradable.* SIN. Cordial, simpática. **2.** Una cosa es agradable si nos produce placer o satisfacción. SIN. Ameno, grato. ✔

El adjetivo ***agradable*** tiene la misma forma para masculino y femenino.

agradar *v.* Una persona o una cosa nos agrada si nos gusta. SIN. Gustar, encantar, complacer.

Mi verso al valiente agrada:
mi verso, breve y sincero,
es del vigor del acero.

Si ves un monte de espumas y otros poemas

agradecer *v.* Agradecer es sentir gratitud hacia alguien que ha hecho algo por nosotros, y expresar y mostrar esa gratitud. *El presidente de Amigos de la Paz agradeció públicamente las donaciones recibidas.* SIN. Reconocer, dar las gracias, corresponder.

agravar *v.* Agravar significa hacer que algo sea más grave o más difícil de solucionar. También v. prnl. *La sequía ha agravado la situación de los cultivos.* SIN. Empeorar, agudizar.

La tala desmedida de árboles en las selvas supone una agresión ambiental que pone en peligro la supervivencia de pueblos indígenas, dedicados a la caza y la recolección, y de miles de especies de plantas y animales. Cada año desaparecen 10 000 especies de seres vivos, algunas antes de ser identificadas.

agredir *v.* Una persona agrede a otra si la ataca físicamente o con palabras. *La protagonista de la serie* Mars *ha sido condenada a tres meses de cárcel por agredir a un compañero.* SIN. **Golpear, maltratar.**

agresión *s. f.* Una agresión es una acción llevada a cabo con la intención de causar daño. ✪ SIN. **Ataque, asalto.**

agresivo, agresiva *adj.* **1.** Una persona o un animal son agresivos si tienen un comportamiento violento que puede causar daño. *Algunas razas de perro son consideradas muy agresivas.* SIN. **Violento, belicoso.** **2.** También decimos que es agresiva la persona que, en su trabajo o en otra actividad, se comporta con decisión y energía. *El tenista español dominó al contrario con un juego veloz y agresivo.* SIN. **Enérgico, combativo.**

agresor, agresora *adj.* Agresor es el que ataca para causar un daño, y puede ser una persona, un animal, un país... También s. m. y f. ✪ SIN. **Atacante, provocador.**

El 1 de septiembre de 1939, Alemania invadió Polonia. Inmediatamente, Reino Unido y Francia declararon la guerra al país agresor desencadenándose así la Segunda Guerra Mundial, el mayor conflicto bélico de la historia.

agrio, agria *adj.* **1.** Decimos que algo es agrio si tiene un sabor parecido al de los limones. *Las primeras naranjas de la temporada tienen un sabor más agrio.* SIN. **Ácido, amargo.** **2.** Algunos alimentos se ponen agrios cuando dejan de estar en buenas condiciones. *Esta sandía ha estado varios días fuera de la nevera y ahora está bastante agria.* SIN. **Pasado, avinagrado.** **3.** Las personas son agrias cuando tienen un carácter poco educado y amable. ✪ SIN. **Desagradable, antipático.**

Tenía la sensación de haber sido bastante desagradable con esa niña tan curiosa. «Habrá pensado que soy un tipo arrugado, agrio y gruñón». ¿Qué podía hacer? Las órdenes eran tajantes: «Nadie –repito–, nadie puede entrar en esta sala. Solo nosotros podremos abrir esta puerta».

Desde luego, las palabras de Ago habían sido muy claras y tajantes. Y él es el jefe, él es el que manda. Si llega a enterarse de que una pequeñaja había disfrutado de lo que solo ellos podían disfrutar, de que los dedos de esa niña habían acariciado el preciado tesoro solo a ellos reservado, de que sus pupilas se habían posado allí donde sus ojos, y solo sus ojos, podían posarse…; treinta ojos dueños del poder más absoluto y deseado. Bueno, en realidad, ahora solo veintiocho.

¡Qué despiste! ¡Cómo pudo ocurrir! Bueno. La verdad es que no era la primera vez que dejaba la puerta abierta. A veces, cuando estaba solo, entraba para revisar algún libro o leer un poco, y al oír la puerta de la tienda, salía precipitadamente para atender a sus clientes dejando abierto el acceso a la sala. Por eso había decidido colgar el cartel; creía que así nadie se atrevería a entrar, ya que se dejaba bien claro que solo los socios podían hacerlo. Realmente, no se puede decir que ellos sean socios; son algo más, pero no sabría decir qué y tampoco quería despertar la curiosidad de nadie.

Pero había sucedido de nuevo.

Acababa de abrir la tienda y la mujer y la niña se presentaron de repente, casi sin darle tiempo a colocar los periódicos de la mañana. Parecían tener prisa. Y la noche había sido larga, demasiado larga. La reunión parecía interminable; aunque faltaban tres componentes habituales, más el que ya no volvería, los otros once estuvieron allí hasta más de las doce. Y él estaba seguro de haber cerrado con llave, pero, cuando ya todos se estaban yendo, Lhera se había percatado de que había olvidado su bolso dentro de la sala así que habían tenido que regresar, abrir de nuevo, buscar el bolso… Había visto muchas veces la sala a oscuras, pero, en ese instante, le había parecido más misteriosa que nunca. Su sombra y la de Lhera se proyectaban en las paredes y oscurecían unos libros u otros, obedeciendo a sus movimientos, y el olor habitual de la estancia se había teñido del perfume de Lhera, un perfume de mujer refinado y suave.

Pero no debía buscar excusas.

Había sucedido de nuevo y eso le irritaba enormemente porque era como una pequeña traición a los miembros de la agrupación. Normalmente, suelo tener mucho aguante. ¡Cuántos clientes pesados han desfilado ante este mostrador! ¡Cuántas cosas raras me han pedido! ¡Cuántas malas caras, cuántos malos gestos!

agrupación *adj.* **1.** Una agrupación es un conjunto de personas que se reúnen porque tienen los mismos intereses y objetivos. ✡ SIN. **Asociación, grupo, sociedad.** **2.** Y también un conjunto de cosas con un rasgo común. *La agrupación de todos los datos hará más fácil la resolución del problema.* SIN. **Agrupamiento, concentración.**

aguantar *v.* **1.** Aguantar es sostener algo o a alguien para que no se caiga. *Las vigas estaban muy deterioradas por la carcoma y no aguantaron el peso del tejado.* SIN. **Sostener, sujetar.** **2.** Y también no decaer ante el dolor, el sufrimiento o una situación desfavorable. ✡ SIN. **Afrontar, resistir.** **3.** Aguantar a una persona que no nos gusta o algo que nos resulta molesto es tener paciencia con ellas. *He tenido que aguantar al engreído de José María toda la tarde.* SIN. **Soportar, tolerar.** // **aguantarse** *v. prnl.* **4.** Aguantarse es padecer algo malo sin protestar. *Me han castigado sin salir a la calle por no estudiar la lección, así que tendré que aguantarme.* SIN. **Conformarse, resignarse.**

En opinión de todos, este honorable caballero entiende mucho de política. Sin embargo, nos predice que tendremos que permanecer aquí hasta finales del 43. Aunque me parece mucho tiempo, creo que aguantaremos.

Diario de Ana Frank

aguante *s. m.* **1.** Aguante es la fuerza que se tiene para sujetar algo. *No pongas demasiado peso en estas baldas porque no tienen mucho aguante.* SIN. **Resistencia, firmeza.** **2.** Aguante es también la capacidad para afrontar las desgracias y las situaciones adversas. ✡ SIN. **Paciencia, tolerancia.**

aguar *v.* **1.** Aguamos un líquido cuando le echamos más agua, casi siempre con la intención de rebajarlo. *No añadas más agua a la salsa porque*

la vas a aguar. SIN. **Diluir, aclarar. 2.** Aguar también es hacer que algo que era divertido o alegre deje de serlo. *Cuando mejor lo estábamos pasando, se desencadenó una tormenta y nos aguó la diversión.* SIN. **Estropear, frustrar.**

agudeza *s. f.* **1.** La agudeza es la posibilidad de percibir los detalles de las cosas a través de la vista, el oído y el olfato. ✪ SIN. **Perspicacia, rapidez. 2.** Y también la capacidad de una persona para entender lo esencial de las cosas a través del razonamiento. *Los sabios griegos dejaron constancia de su agudeza en sus obras.* SIN. **Sagacidad, sutileza, ingenio. 3.** Una agudeza es también un dicho ingenioso. *Me sorprenden las agudezas de Gloria Fuertes.* SIN. **Ocurrencia, chiste.**

La agudeza visual es la capacidad que tiene nuestro ojo para percibir la figura y forma de los objetos. Se mide con pruebas como esta:

A
D E
A R F
C K N O
O V Z T D
F N C R A E
P V A Z K V O

agudo, aguda *adj.* **1.** Un objeto, como una herramienta o un arma blanca, es agudo si uno de sus extremos es más estrecho y fino. *Este puñal tiene el filo muy agudo.* SIN. **Afilado, cortante. 2.** Un dolor agudo es un dolor fuerte. *La peritonitis produce dolores muy agudos.* SIN. **Intenso, punzante. 3.** Tendremos una vista y un oído agudos si perciben las cosas con intensidad y precisión. *Los linces tienen un sentido de la vista muy agudo.* SIN. **Desarrollado, fino. 4.** Una persona aguda es aquella que muestra gracia e ingenio. *En sus monólogos, siempre se muestra muy agudo y divertido.* SIN. **Ingenioso, ocurrente. 5.** Y también la que comprende todo con facilidad. ✪ SIN. **Inteligente, vivo. 6.** En música, se dice que un sonido agudo es el más alto, frente al grave o bajo. *La soprano es la voz femenina más aguda y el tenor es la voz más aguda de los hombres.* SIN. **Alto.** ✔

Esa niña... ¿Qué tenía esa niña? ¿Qué tenían esos ojos? Esa mirada... Me resulta cercana, casi familiar, y, a la vez, tan inquietante. Era una mirada aguda, viva, una mirada capaz de ver lo que, seguramente, pocas personas podrían ver.

Las palabras **agudas** son aquellas en las que se pronuncia con mayor intensidad la última sílaba: *farol, tempestad*. Llevan tilde si acaban en vocal, *-n* o *-s*: *montón, compás.*

La capa de ozono nos protege de los rayos ultravioleta que proceden del Sol. En las zonas polares, esta capa de ozono se ha debilitado mucho dando lugar a los famosos «agujeros»; en estos lugares, la radiación ultravioleta ha aumentado considerablemente.

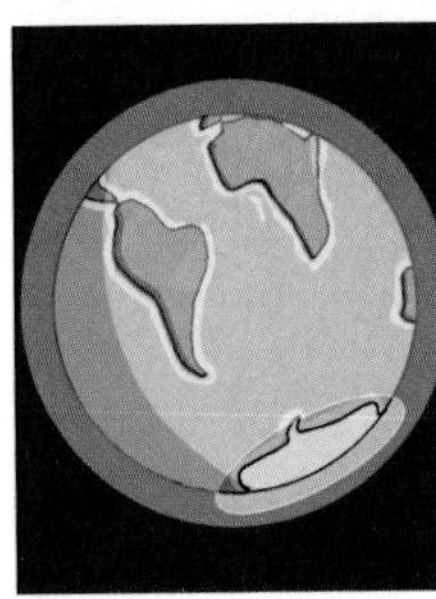

Nada ahuyentaba más deprisa los malos sueños que el crujido del papel impreso.

Corazón de tinta

agujerear *v.* Agujerear es hacer uno o varios agujeros. *Los taladros sirven para agujerear las paredes.* SIN. Taladrar, perforar.

agujero *s. m.* Un agujero es un hueco, normalmente con forma redonda, abierto en una superficie y que puede traspasarla o no. ✲ SIN. Boquete, orificio, hoyo.

ahogar *v.* **1.** Ahogar significa morir por no poder respirar. También v. prnl. *Se deshicieron de los gatitos ahogándolos en el río.* SIN. Asfixiar, estrangular. **2.** Algo ahoga cuando impide respirar con normalidad. *No me abrocho el primer botón de la camisa porque me ahoga.* SIN. Apretar, oprimir. **3.** Algunas circunstancias negativas pueden producir sensación de ahogo. ✲ SIN. Agobiar, abrumar.

ahuyentar *v.* **1.** Ahuyentar a una persona o un animal es hacer algo para que huyan. *La sirena del coche policía ahuyentó a los atracadores.* SIN. Asustar, espantar. **2.** Ahuyentamos algo inmaterial si lo hacemos desaparecer. ✲ SIN. Rechazar, alejar.

airear *v.* **1.** Airear significa poner algo al aire o dejar que el aire entre en un lugar. También v. prnl. *Lo primero que hicimos cuando llegamos fue abrir las ventanas para que se aireara la casa.* SIN. Ventilar, orear. **2.** Y también hacer público un asunto para que se entere la gente. ✲ SIN. Divulgar, propagar. // **airearse** *v. prnl.* **3.** Una persona se airea si se pone al aire para respirar mejor, para estar más fresca, etc. *Después de estudiar tantas horas, necesito salir para airearme un poco.* SIN. Oxigenarse, refrescarse.

En algunos momentos, tanta responsabilidad me ahoga. Para ellos es más fácil; vienen por aquí de vez en cuando, sí ya sé, siempre que pueden, pero eso es de vez en cuando, pasan aquí unas horas y después se van sabiendo que yo estoy aquí, que aquí está el guardián. El guardián de las palabras, no suena mal. Sí, a partir de ahora, mi cargo será el de guardián de las palabras. Bueno, solo lo sabré yo, no es cuestión de airearlo. Además, ¿a quién podría interesarle?

¿A quién? ¿A la señora Teresa, que le compra el periódico cada día desde hace años? Desde luego, ser su clienta más antigua no la convierte en su confidente. ¿A Chus, su compañero de tertulia? A Chus sí podría interesarle, aunque habría que tener en cuenta un detalle: desde que padece esa maldita enfermedad que le va aislando de la realidad, es incapaz de recordar nada. ¿A quién más?... En los últimos años, ellos han sido mis amigos, mi familia, mis compañeros, mis confidentes... Mi vida se ha ajustado a sus idas y venidas, a sus llamadas, a sus necesidades. Siempren han alabado mi buena disposición y mi entrega. Saben que yo siempre estoy aquí.

aislar *v.* **1.** Aislar es dejar a una persona, un animal o una cosa separados de los demás. *Las reses enfermas han sido aisladas del resto para evitar contagios.* SIN. **Separar, apartar.** **2.** Aislar a una persona es impedir que tenga contacto con los demás o con la realidad exterior. También v. prnl. ✪ SIN. **Incomunicar, confinar.** **3.** Aislar un lugar es acondicionarlo para que no le afecte el frío, el calor, la humedad... *Las ventanas con rotura térmica aíslan los edificios del ruido y las temperaturas extremas.* SIN. **Proteger, impermeabilizar.**

ajustar *v.* **1.** Ajustar significa hacer que una cosa tenga la forma y medida exacta para colocarla dentro de otra sin que queden huecos entre ellas. ✪ SIN. **Encajar, acoplar.** **2.** También ajustamos dos cosas cuando hacemos que tengan las mismas características para que no haya desigualdad entre ellas. *Para que tu cuenta corriente no esté en números rojos, deberás ajustar tus gastos a tus ingresos.* SIN. **Adaptar, acomodar.** **3.** Ajustar también significa dejar algo bien arreglado o bien graduado. *Con el termostato puedes ajustar en cada momento del día la temperatura que quieres en tu casa.* SIN. **Adaptar, regular.** **4.** Cuando varias personas ajustan algo es que se ponen de acuerdo sobre ello. *Antes de firmar el préstamo, ambas partes ajustaron las condiciones del mismo.* SIN. **Convenir, concertar.** // **ajustarse** *v. prnl.* **5.** Una persona se ajusta a algo si sigue sus normas e indicaciones. ✪ SIN. **Atenerse, limitarse.**

alargar *v.* **1.** Cuando alargamos algo, hacemos que sea más largo. También v. prnl. *Han alargado la carretera varios kilómetros para unirla con la*

Y ajustando su ancho cinturón de Bujaria, el pathan se alejó en el pálido resplandor del crepúsculo con su aire de perdonavidas, y el lama descendió de las nubes lo suficiente para contemplar sus anchas espaldas.

Kim

Creo que todos pensamos que quizá fuera mejor idea irnos a la cama y no alargar más aquella insalvable velada, pero como un rebaño obediente seguimos las órdenes de nuestra anfitriona.

Misterioso asesinato en Oz

autovía. SIN. **Estirar, extender. 2.** Y también, que dure más tiempo. También v. prnl. ✧ SIN. **Prolongar, aumentar.**

El padre Gonzaga llegó antes de las siete alarmado por la desproporción de la noticia.

Cuentos

alarmar *v.* Alarmar significa avisar ante la amenaza de un peligro. También v. prnl. ✧ SIN. **Asustar, inquietar, preocupar.**

alarmante *adj.* Decimos que algo es alarmante cuando causa preocupación o asusta a alguien. *La situación económica del país comienza a ser alarmante.* SIN. **Inquietante, preocupante.** ✔

El adjetivo **alarmante** tiene la misma forma para masculino y femenino.

La Península Ibérica alberga más de 100 000 especies de seres vivos. Esta riqueza se debe a la diversidad de climas y regiones.

albergar *v.* **1.** Albergar a una persona es darle alojamiento. *Tras la suspensión de su vuelo, los turistas fueron albergados en un hotel de la ciudad.* SIN. **Alojar, hospedar. 2.** Cuando un lugar alberga algo, significa que lo contiene o que le sirve de emplazamiento. ✧ SIN. **Acoger, cobijar. 3.** Albergar también significa tener un sentimiento o una idea. ✧ SIN. **Tener, abrigar.** // **albergarse** *v. prnl.* **4.** Albergarse es alojarse en un lugar. *Este año, los temporeros se albergan en caravanas.* SIN. **Hospedarse, cobijarse.**

¿Y ellos? ¿Ellos están? Yo sé que ellos confían en mí y yo albergo la esperanza de que también puedo confiar en ellos. Los catorce que aún estamos, bueno, y también el que se fue para no volver, tenemos el compromiso de cuidar el legado que un día recibimos.

Un día... Ha pasado tanto tiempo...

alborotar *v.* **1.** Alborotar es causar agitación por medio de ruidos, voces, movimientos... *El vagón iba lleno de niños, que no dejaron de alborotar en todo el viaje.* SIN. **Dar guerra, escandalizar. 2.** También mover y desordenar cosas. También v. prnl. *Con el viento se me ha alborotado el pelo.* SIN. **Descolocar, revolver. 3.** Y causar alteración o inquietud en alguien. También v. prnl. *Los pésimos resultados obtenidos en las elecciones han alborotado al partido.* SIN. **Alterar, perturbar.**

Buscaba un local en el que establecer mi negocio, un negocio modesto que me permitiera vivir; no pretendía hacer una gran fortuna: nunca he sido hombre de grandes metas, siempre he preferido las carreras pequeñas.
Tras apuntar mil teléfonos y visitar los más dispares lugares, por fin encontré el local perfecto.
Su dueña era una mujer mayor, de pelo blanco y tez marcada por los surcos que labran los años. Vendía el local porque había decidido irse a vivir cerca del mar ya que, según ella, allí estaba el origen de la vida y ella quería encontrar su origen.
Su marcado acento gallego y sus desvaríos hacían que casi fuese imposible alcanzar sus razonamientos.

El adjetivo ***alegre*** tiene la misma forma para masculino y femenino.

alcanzar *v.* **1.** Alcanzar a alguien que va por delante significa ponerse a su altura. *Casi ya en la línea de meta, el corredor alemán alcanzó al italiano.* **SIN.** Igualarse, pillar. **2.** Alcanzar una cosa que está a cierta altura es llegar a tocarla o poder cogerla. *Como he crecido seis centímetros ya alcanzo al timbre.* **SIN.** Llegar. **3.** Alcanzar es también coger algo para dárselo a alguien que está más alejado. *¿Me puedes alcanzar la mantequilla?* **SIN.** Pasar, acercar. **4.** Alcanzar una situación o una meta es llegar a ellas. *Tras muchos años de estudio, por fin he alcanzado mis objetivos.* **SIN.** Conseguir, lograr. **5.** Una cosa alcanza si es suficiente para un determinado fin o para repartir entre varias personas. *No sé si la nata alcanzará para cubrir toda la tarta.* **SIN.** Bastar. **6.** Alcanzar lo que una persona dice es comprenderlo. ✲ **SIN.** Entender, captar.

alegrar *v.* **1.** Alegrar es hacer que alguien se sienta contento. También v. prnl. ✲ **SIN.** Animar, contentar. **2.** Alegramos una cosa cuando le damos un aspecto más alegre y divertido. *Para alegrar la estancia, deberías elegir telas de colores vivos.* **SIN.** Avivar.

alegre *adj.* **1.** Una persona alegre es la que se siente contenta y transmite su alegría a los demás. *Las personas alegres contagían su optimismo.* **SIN.** Dichoso, feliz. **2.** De una cosa decimos que es alegre si provoca dicha, satisfacción. *Cuando escucho esta canción tan alegre, me entran ganas de bailar.* **3.** Un color alegre es un color vivo. *Para mí, el color más alegre es el fucsia.* **SIN.** Intenso, luminoso. ✔

–Me alegra dejar mis últimos cuarenta años en manos de una persona tan especial -me dijo el último día que nos vimos. Después se fue.

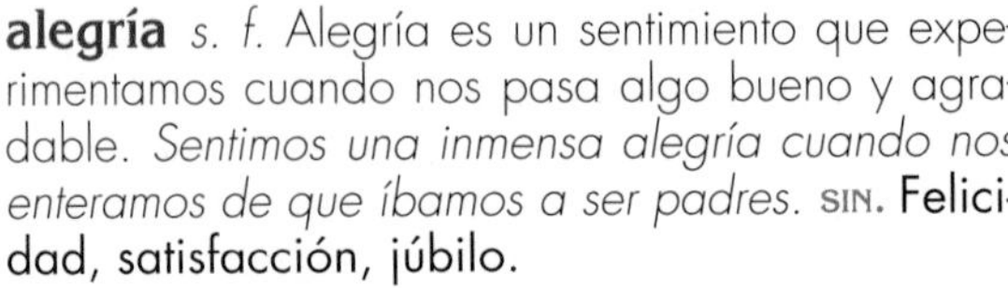

alegría *s. f.* Alegría es un sentimiento que experimentamos cuando nos pasa algo bueno y agradable. *Sentimos una inmensa alegría cuando nos enteramos de que íbamos a ser padres.* SIN. **Felicidad, satisfacción, júbilo.**

Bajó la ventanilla y, con el aire azotándole los cabellos, volvió la vista para ver alejarse los tejados de Privel Drive.

Harry Potter y la cámara secreta

alejar *v.* Alejar es poner algo o a alguien lejos o más lejos de lo que está. También v. prnl. ✪ SIN. **Distanciar, apartar.**

alentar *v.* **1.** Alentamos a una persona cuando le damos ánimos o la estimulamos para que haga algo. *El pirata alentó a la tripulación a abordar el barco que se aproximaba.* SIN. **Animar, apoyar. 2.** Alentar también significa dar impulso a algo. *Las buenas críticas y los premios han alentado el cine de nuestro país.* SIN. **Fomentar, estimular.**

alianza *s. f.* **1.** Una alianza es un acuerdo que establecen dos o más personas, organizaciones o estados. ✪ SIN. **Pacto, coalición. 2.** También se llama alianza el anillo que se ponen los novios en la ceremonia de la boda. *La alianza es un símbolo de unión entre las personas que contraen matrimonio.* SIN. **Aro, sortija.**

aliar *v.* **1.** Aliar a una persona o una cosa con otra significa unirlas. *No tuvo más remedio que aliar destreza e inteligencia para escapar de aquella trampa.* SIN. **Aunar, combinar. // aliarse** *v. prnl.* **2.** Dos o más estados se alían si llegan a un acuerdo para defender intereses comunes, normalmente políticos y militares. ✪ SIN. **Pactar. 3.** Dos o más personas, o colectivos, se

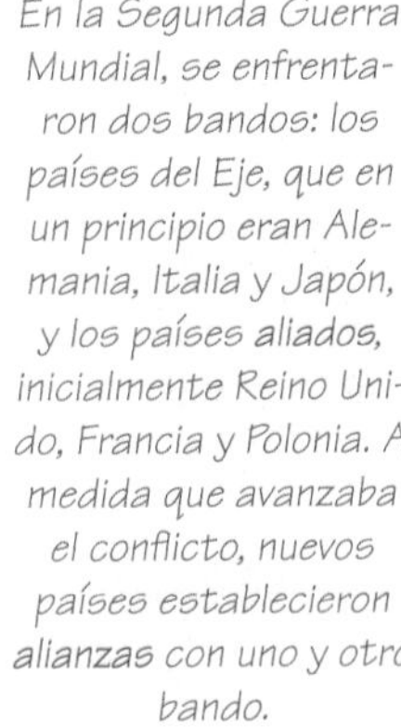

*En la Segunda Guerra Mundial, se enfrentaron dos bandos: los países del Eje, que en un principio eran Alemania, Italia y Japón, y los países **aliados**, inicialmente Reino Unido, Francia y Polonia. A medida que avanzaba el conflicto, nuevos países establecieron **alianzas** con uno y otro bando.*

Esas últimas palabras se convirtieron en el principal aliciente para comenzar mi trabajo. Que una persona que apenas llegó a conocerme hubiera visto en mí algo especial hacía que, de algún modo, yo me sintiera moralmente responsable ante ella y no quisiera defraudarla. Acometí inmediatamente la reforma del local. Quería aligerar la decoración, un tanto plomiza. No parecía que hubiera mucho que hacer: un exhaustivo trabajo de limpieza, dar una buena mano de pintura y sustituir la carcomida madera que cubría el suelo y una de las paredes.

alían si unen sus fuerzas para alcanzar un mismo fin. SIN. **Asociarse, unirse.** *Los dos principales sindicatos del país se han aliado para negociar los salarios.*

aliciente *s. m.* Un aliciente es algo que nos anima a realizar una actividad o que consigue que esta nos parezca más agradable. SIN. **Estímulo, incentivo.**

aligerar *v.* 1. Aligerar significa quitar peso a algo para que sea más ligero. También v. prnl. *Sería conveniente aligerar el peso que descansa sobre estas vigas.* SIN. **Aliviar, descargar.** 2. También, conseguir que una cosa resulte menos pesada, menos aburrida o menos complicada. SIN. **Suavizar, desahogar.** 3. Y hacer más rápido un movimiento. *O aligeramos el paso o no llegaremos al refugio para la hora de comer.* SIN. **Acelerar, avivar.**

alimentar *v.* 1. Alimentamos a un ser vivo cuando le proporcionamos las sustancias que necesita para nutrirse y subsistir, es decir, el alimento. SIN. **Dar de comer, nutrir.** 2. Alimentar es también suministrar lo necesario para que algo funcione o se mantenga. *Los coches eléctricos alimentan su motor con una batería recargable.* SIN. **Proveer.** 3. Alimentamos sentimientos o costumbres si hacemos lo posible por mantenerlos y fomentarlos. *No alimentes un rumor y nunca será noticia.* SIN. **Avivar, estimular.** // **alimentarse** *v. prnl.* 4. Alimentarse es tomar alimento. *Con lo poco que comes, cualquiera diría que te alimentas del aire.* SIN. **Comer, mantenerse.**

Según la leyenda, Roma fue fundada por Rómulo y Remo, dos hermanos gemelos que, tras ser depositados en el río Tíber dentro de una cesta de mimbre, fueron recogidos y alimentados por una loba.

alinear *v.* **1.** Alinear es poner a varias personas o varias cosas en línea. También v. prnl. ✲ SIN. **Formar. 2.** En algunos deportes, alinear significa incluir a un jugador en el equipo para jugar un partido. *El portero suplente no sabe si será alineado en la segunda mitad del encuentro.* SIN. **Incorporar. 3.** Alinear también significa relacionar a una o varias personas con una determinada tendencia o ideología. También v. prnl. *Todos los alumnos se han alineado con los compañeros sancionados.* SIN. **Vincular, adscribir.**

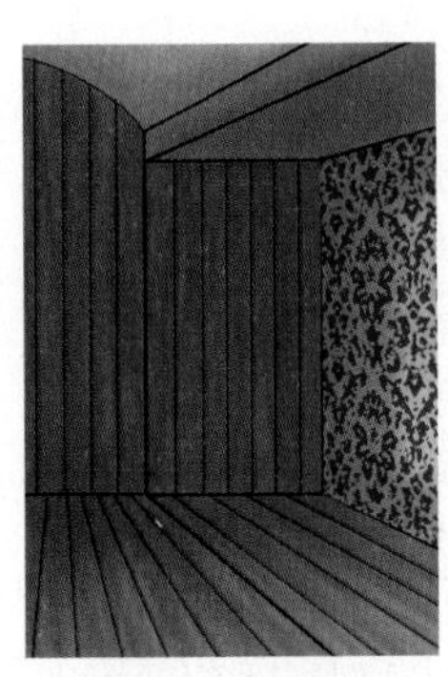

aliñar *v.* Aliñar es añadir condimentos, como la sal o el aceite, a una comida para que tenga más sabor. ✲ SIN. **Condimentar, aderezar.**

Dice un viejo dicho que para aliñar bien una ensalada hacen falta cuatro personas: un justo para la sal, un generoso para el aceite, un avaro para el vinagre y un loco para darle vueltas.

aliviar *v.* **1.** Aliviar a una persona de un padecimiento es hacer que este sea menos intenso o más llevadero. SIN. **Mitigar, atenuar. 2.** Aliviar también significa quitar parte de la carga o del peso que alguien soporta. *Me alivia bastante no tener que llevar todos los días en la mochila este diccionario tan grande.* SIN. **Aligerar, liberar.**

No podía imaginar la sorpresa que aquella pared guardaba para mí. Comencé a retirar los listones de madera, alineados con mayor o menor acierto, con mucho cuidado, pues estaban bastante deteriorados. Ante mí iba apareciendo un muro en perfecto estado, lo cual me alivió bastante. Seguí retirando la madera, un listón tras otro, otro y…

alma *s. f.* **1.** El alma es la parte inmaterial del ser humano, donde se supone que están los sentimientos, las emociones… ✲ SIN. **Espíritu, ánima. 2.** También, persona con mucha energía y disposición, que impulsa y anima una reunión, una actividad… *Desde que se jubiló Andrés, el negocio no funciona igual; él era el alma de la empresa.* SIN. **Eje, centro. 3.** La palabra *alma* también se utiliza para hacer referencia a los seres humanos. *El teatro estaba abarrotado: había más de 4000 almas.* SIN. **Individuo, persona.**

Según muchas religiones, el alma es la parte espiritual e inmortal del ser humano, frente al cuerpo, parte mortal y material.

almacenar *v.* **1.** Almacenar significa guardar mercancía en un lugar utilizado como almacén. *Hemos habilitado este cuarto pequeño para almacenar las botellas vacías, las cajas de cartón y los periódicos atrasados.* SIN. **Amontonar, guardar. 2.** Y reunir algo en gran cantidad. SIN. **Acumular, acopiar. 3.** En informática, almacenar es introducir información en la memoria del ordenador o en otro dispositivo de memoria. *Todos los informes del último mes están almacenados en el disco duro del ordenador.* SIN. **Guardar, conservar.**

Mi corazón comenzó a latir como si nunca antes lo hubiera hecho y toda mi sangre estuviera almacenada en él. Otro listón de madera y... ¡una puerta! Una puerta cerrada, sin manilla, desvencijada. Me abalancé sobre ella para intentar abrirla, pero la excitación disminuía mi fuerza, y mi inteligencia. Evidentemente, hacía mucho tiempo que nadie abría esta puerta y no iba a conseguirlo yo ahora con dos empujoncitos. La fuerza del cerebro es más poderosa que la de los brazos.

alojar *v.* **1.** Alojar a una persona es facilitarle un lugar en el que poder vivir de modo temporal. *La directora del internado prefiere que los niños pequeños sean alojados en el piso inferior.* SIN. **Hospedar, instalar. 2.** Alojar una cosa es situarla en el interior de otra. *La bala está alojada en el pulmón derecho.* SIN. **Meter, encajar.** // **alojarse** *v. prnl.* **3.** Alojarse es instalarse temporalmente en un lugar. *Cuando hice el Camino de Santiago, me alojé en albergues.* SIN. **Hospedarse, aposentarse.**

La segunda razón de que ese domingo fuera más soportable era que, después del servicio, Pa y Ma habían quedado en alquilar la calesa del señor Segee y un caballo de tiro para llevarnos a un grupo de chicos y a la señora Holton al lago Erie.

Elías de Buxton

alquilar *v.* **1.** Una persona alquila su casa, su coche o cualquiera de sus propiedades a otra persona si le permite usarlos un tiempo a cambio de dinero. *Como ya no vivo en él, voy a alquilar mi piso a dos estudiantes.* SIN. **Arrendar, rentar. 2.** Y al contrario, alquilar también es pagar dinero al dueño de una propiedad para que nos permita utilizarla temporalmente. SIN. **Arrendar, rentar.**

alto, alta *adj.* **1.** Algo o alguien es alto si verticalmente, es decir, de arriba a abajo mide más de lo

Más que nada se parecía a un enorme huevo haciendo equilibrio sobre su extremo más agudo. Era tan alto como un niño y más ancho que un hombre muy gordo.

Charlie y el gran ascensor de cristal

normal. ✧ SIN. **Largo, grande.** 2. Algo está alto si está a una distancia, respecto del suelo o del nivel del mar, superior a la normal. *En el tramo más alto del puerto había mucha niebla.* SIN. **Elevado.** 3. Alto también es lo que se sitúa en nivel, importancia o intensidad superiores a lo normal. *Tras las abundantes lluvias, el nivel de agua acumulada en los pantanos es bastante alto.* SIN. **Superior, elevado.**

alucinar *v.* 1. Alucinar significa causar asombro o admiración a alguien. *Los aficionados al cine de ciencia-ficción alucinaron con los efectos especiales de* Espías del espacio. SIN. **Deslumbrar, fascinar.** 2. Y engañar, seducir a alguien haciéndole creer falsedades. *El estafador proponía negocios deslumbrantes para alucinar a sus clientes.* SIN. **Confundir, embaucar.** 2. También alucinamos cuando padecemos alucinaciones, es decir, cuando percibimos cosas que nos parecen reales pero que no existen. *La fiebre alta le hacía alucinar.* SIN. **Desvariar, delirar.**

Fui soltando uno por uno los oxidados tornillos que sujetaban la cerradura. No fue difícil. En pocos minutos, el único obstáculo que me impedía acceder a lo desconocido desapareció. Sin embargo, parecía como si algo atenazara mis pies y mis manos. ¿Qué había detrás de esa puerta? La anciana gallega no había aludido a ella. ¿No conocía su existencia? ¿La conocía pero prefería mantenerla en secreto? ¿Por qué? Solo tenía que abrir esa puerta para saberlo.

aludir *v.* 1. Aludimos a algo o a alguien cuando lo nombramos o nos referimos a ellos de forma breve. ✧ SIN. **Sugerir, insinuar.** 2. Y también cuando nos referimos a ellos sin nombrarlos. *No sabemos a quién aludes con tus reproches.* SIN. **Referirse, mencionar.**

alumbrar *v.* 1. Una cosa alumbra si da luz. También v. prnl. ✧ SIN. **Iluminar, lucir.** 2. Alumbrar también es poner luces en un lugar. *Para alumbrar el porche he optado por colocar varios farolillos.* SIN. **Iluminar.** 3. La mujer y los animales hembra alumbran cuando paren. *Alumbró una niña de casi cuatro kilos.* SIN. **Dar a luz, parir.**

El campo débil y triste
se iba alumbrando.
Quedaba
el canto roto de un grillo,
la queja oscura de un agua.

Juan Ramón Jiménez para niños

Se movió sin mucha resistencia. Di un paso al frente. Otro paso más, Estaba oscuro. Tropecé con algo. Me agaché para alzarlo pero mis manos temblaban porque no sabían qué iban a tocar. Palparon cuidadosamente el objeto que estaba en el suelo y… dejaron de temblar.

alusión *s. f.* Una alusión es una referencia que se hace de algo, normalmente sin nombrarlo directamente o haciéndolo de forma breve. *Aunque a lo largo de la entrevista aludió varias veces a su familia, declinó responder preguntas personales.* SIN. **Referencia, mención.**

El 2 de mayo de 1808, la población de Madrid se alzó contra las tropas francesas que habían ocupado España. Este levantamiento inició la guerra de la Independencia (1808-1814). Francisco de Goya reflejó perfectamente estos hechos en La carga de los mamelucos y Los fusilamientos del 3 de mayo en Madrid.

alzar *v.* **1.** Cuando alzamos algo, lo ponemos en un lugar más alto que el que tenía. ✧ SIN. **Elevar, subir.** **2.** También alzamos algo si lo ponemos derecho o en posición vertical. *Alza los bolos, voy a tirar la bola de nuevo.* SIN. **Enderezar, erguir.** **3.** Alzar un edificio es construirlo. *El edificio que se está alzando en la calle Principal albergará las nuevas oficinas de la administración local.* SIN. **Edificar, levantar.** // **alzarse** *v. prnl.* **4.** Alzarse es resaltar o estar más alto que alguien o algo. *Las torres de la catedral se alzan sobre la ciudad.* SIN. **Sobresalir.** **5.** También, sublevarse contra alguien o algo que se considera injusto. ✧ SIN. **Rebelarse, amotinarse.** **6.** Y hacerse con algo, a veces por la fuerza. *En la última edición del festival de cine, la directora iraní se alzó con el premio especial del jurado.* SIN. **Apoderarse, conseguir.**

amabilidad *s. f.* La amabilidad es una cualidad que tenemos las personas para tratar a los demás con educación y buenos modales. *El departamento de atención al cliente me atendió con mucha amabilidad.* SIN. **Simpatía, cortesía.**

…l adjetivo ***amable*** …ene la misma forma …ara masculino y …menino.

amable *adj.* Una persona amable trata de agradar a los demás con un trato educado y agradable. ✧ SIN. **Simpático, atento.** ✔

Desde siempre he sido de la opinión de que hay que ser amable con los desconocidos y, por supuesto, también con los niños desconocidos.

Los mejores cuentos de Michael Ende

Hoy amamos lo que mañana odiaremos. Hoy buscamos lo que mañana rehuiremos.

Robinson Crusoe

amansar *v.* **1.** Amansar a un animal es hacer que sea menos fiero. También v. prnl. *¿Será verdad que la música amansa a las fieras?* SIN. **Domesticar, domar. 2.** Amansar a una persona es tranquilizarla, hacer que se comporte de un modo menos agresivo. También v. prnl. *Los vaivenes de la vida le han amansado el carácter.* SIN. **Sosegar, apaciguar.**

amar *v.* Amar es sentir un cariño muy intenso hacia algo o hacia alguien. ✪ SIN. **Querer, enamorarse.**

amargar *v.* **1.** Amargar significa tener algo, o hacer que algo tenga, un sabor fuerte y desagradable. *No me gusta el té rojo porque amarga.* SIN. **Agriar. 2.** Amargar también es hacer que algo sea triste o deje de ser divertido. *El timbre nos amargó el momento más divertido del recreo.* SIN. **Chafar, fastidiar. 3.** Amargar a alguien es causarle disgusto y tristeza. También v. prnl. *Trabajar tanto le está amargando la vida.* SIN. **Entristecer, afligir.**

La bilis es un líquido d[e] sabor amargo y color amarillento segregad[o] por el hígado. Intervien[e] en la digestión porque ayuda a que las grasa[s] sean absorbidas por [el] intestino.

amargo, amarga *adj.* **1.** Un sabor amargo es un sabor fuerte o desagradable. ✪ SIN. **Acre, áspero. 2.** Una circunstancia, una situación... son amargas si producen disgusto y tristeza. *El libro termina con estas palabras: «¿Cómo desafiar a mi amargo destino?»* SIN. **Penoso, desgraciado. 3.** Una persona amarga es la que tiene un carácter desagradable. *Mi profesor de Música es un hombre amargo que siempre está de mal humor.* SIN. **Molesto, antipático.**

¡Qué hermosa esta granada, Platero! [...]. ¿Vamos a comérnosla? ¡Platero, qué grato gusto amargo y seco el de la difícil piel, dura y agarrada como una raíz a la tierra!

Platero y yo

amarrar *v.* **1.** Amarrar a una persona, un animal o una cosa es atarlos fuertemente con cuer-

Santi aparcó el coche con alivio.
—Por fin hemos llegado. A partir de ahora, esta es nuestra ciudad.
Pronunció estas palabras vacilando entre la ansiedad y el temor. Ansiedad ante una nueva vida y ante un nuevo proyecto, sumamente ambicioso que, de salir bien, podría suponer el reconocimiento profesional que llevaba esperando varios años. Temor ante unas circunstancias nuevas a las que su familia tendría que adaptarse. Sara no tendría problemas. Ella solo exigía un lugar donde poder trabajar a gusto, un lugar donde sus lienzos pudieran respirar. Marena... Marena era un gran signo de interrogación.

das, cadenas, etc. *Encontraron al perro amarrado a un árbol.* SIN. Sujetar, encadenar. **2.** Amarrar un barco es sujetarlo en el puerto con amarras, anclas, etc. *Los barcos permanecen amarrados en el puerto ante la predicción de fuerte temporal.* SIN. Fijar, aferrar.

amasar *v.* **1.** Amasar significa formar una masa con harina, yeso, arcilla u otros materiales y trabajarla con las manos o con algún instrumento para que adquiera la consistencia necesaria. *Tras mezclar la harina con los huevos y la leche, amasar durante quince minutos para que los ingredientes queden perfectamente unidos.* SIN. Aglutinar, amalgamar. **2.** También, reunir gran cantidad de dinero, bienes... *En los años que pasó en Argentina, Manuel logró amasar un fortuna considerable.* SIN. Acumular, atesorar.

amasijo *s. m.* Un amasijo es una mezcla desordenada de cosas. ✲ SIN. Revoltijo, lío.

No podía creer que aquello fuera real. La silueta en penumbra de la mansión se recortaba contra el amasijo de oscuras nubes que cubría el horizonte.

Misterioso asesinato en Oz

ambición *s. f.* La ambición es un deseo muy fuerte de conseguir algo, especialmente poder, riqueza, fama. *Su ambición desmedida le granjeó numerosas enemistades.* SIN. Ansia, afán, codicia.

ambicioso, ambiciosa *adj.* **1.** Una persona ambiciosa es la que muestra un deseo muy fuerte de conseguir algo. *Igor es tan ambicioso que es capaz de todo con tal de alcanzar sus objetivos.* SIN. Ansioso, ávido. **2.** Un plan, una obra son ambiciosos si intentan alcanzar objetivos de gran envergadura. ✲ Considerable, importante.

El impacto ambiental es la alteración que sufre el medio ambiente y está provocado por las actividades de los hombres y también por causas naturales.

Victoria solo podía sentir aquel terror irracional que no tenía nada que ver con el ambiguo sentimiento que le había inspirado Christian [...].

Memorias de Idhún. La Resistencia

ambiental *adj.* Ambiental quiere decir que está relacionado con el ambiente o con las condiciones que rodean a personas, animales o cosas. ✡ **SIN.** Medioambiental, ambiente. ✔

ambiente *s. m.* **1.** El ambiente es el aire de un lugar. *La humedad impregna el ambiente.* **SIN.** Atmósfera. **2.** El ambiente también hace referencia al conjunto de circunstancias y condiciones externas que influyen en el desarrollo de los seres vivos. Es el llamado medio ambiente o medioambiente. ✡ **SIN.** Medioambiente, hábitat. **3.** Y a las características propias de un determinado lugar o de un tiempo concreto. *Tras los últimos enfrentamientos, el ambiente en la sala era muy tenso.* **SIN.** Ámbito, entorno. **4.** El ambiente es también un grupo o sector social. *La exposición pretende retratar los ambientes más marginales de la ciudad.* **SIN.** Esfera, estrato.

ambigüedad *s. f.* La ambigüedad es una situación poco clara, que hace que algo pueda entenderse de formas diferentes o que admita diversas interpretaciones. *El director del instituto se comportaba con tanta ambigüedad que los alumnos no sabían si apoyaba o no sus peticiones.* **SIN.** Indeterminación, confusión.

ambiguo, ambigua *adj.* **1.** Una persona ambigua es la que tiene un comportamiento poco claro por lo que no es fácil conocer sus opiniones o intenciones. *No puedo entender que Carlos sea tan ambiguo en un tema tan importante como este.* **SIN.** Impreciso, confuso. **2.** Una cosa ambigua es la que puede interpretarse de varias formas porque da lugar a dudas. ✡ **SIN.** Dudoso, equívoco.

El adjetivo ***ambiental*** tiene la misma forma para masculino y femenino.

Los seres vivos se adaptan al medio ambiente de muy diversas formas: por ejemplo, los cactus acumulan agua para tener reservas en época de sequía y los lobos tienen un pelaje más espeso en invierno para hacer frente al frío.

La ambigüedad es frecuente en nuestro lenguaje, tanto hablado como escrito. Muchos escritores, como Quevedo, se sirven de ella en sus obras literarias: «Salió de la cárcel con tanta honra, que le acompañaron doscientos cardenales; salvo que a ninguno llamaban eminencia».

ambulante *adj.* Ambulante significa que va de un lado para otro y no tiene un lugar fijo donde asentarse o desarrollar su actividad. ✧ SIN. Itinerante. ✔

El adjetivo ***ambulante*** tiene la misma forma para masculino y femenino.

Al llegar a la ciudad, lo que más impresionó a Marena fue la humedad que se respiraba. Nunca había vivido tan cerca del mar y parecía como si este se expandiera por las calles, las plazas, los jardines… Santi aparcó el coche. Sara y Marena bajaron del coche. Estaban en un plaza muy concurrida; ancianos en busca de abrazos de sol que calienten sus huesos y su soledad; madres, y algunos padres, esperando a la puerta del colegio a ser arrastrados por el tropel de gritos y carreras; vendedores ambulantes empeñados en que su cantilena amenice los escasos silencios: ¡Naranjas a un euro! ¡Ramo de clavelina a dos euros! ¡Quedan cupones para hoy!

amedrentar *v.* Amedrentar a alguien es causarle miedo. También v. prnl. *Mi perro no es un buen guardían porque se amedrenta ante cualquier ruido extraño.* SIN. Atemorizar, asustar.

amenaza *s. f.* **1.** Una amenaza es algo que dice o hace una persona para advertir a otra de que le va a causar un daño. ✧ SIN. Intimidación, advertencia. **2.** Una amenaza es también el riesgo de que algo malo pueda suceder. *El consumo excesivo de comida basura es una seria amenaza para nuestra salud.* SIN. Peligro, provocación.

Tenía un pánico horrible a las amenazas que me seguían llegando.

Marioneta

amenazante *adj.* Amenazante significa que amenaza, es decir, que, por medio de gestos o palabras, advierte a alguien de que le puede causar daño. *Con una expresión amenazante en el rostro, el acusado se enfrentó a los agentes que le conducían a la sala.* SIN. Amenazador, desafiante. ✔

El adjetivo ***amenazante*** tiene la misma forma para masculino y femenino.

amenazar *v.* **1.** Amenazar a alguien es advertirle por medio de palabras o gestos de que se le quiere hacer daño. *El atracador amenazó con disparar a los rehenes si la policía entraba en el banco.* SIN. Intimidar, provocar. **2.** Amenazar también es ser inminente un peligro o un mal. *Tras el hundimiento del barco, una gran mancha de petróleo amenaza el ecosistema marino.* SIN. Hacer peligrar, acechar.

amenizar *v.* Amenizar es hacer que algo resulte más ameno y divertido. ✧ SIN. Entretener, animar.

Sara llevaba un rato observándola con disimulo. Escudriñaba con atención cada una de sus expresiones intentando, o más bien deseando, vislumbrar un gesto de aprobación. Marena miraba con curiosidad a un lado y a otro, pero, sobre todo, miraba el mar que se dibujaba a la lejos con tal nitidez que parecía uno de esos mares que los niños dibujan con trazos toscos en un papel. No parecía en absoluto disgustada. –Hola niña, ¿quieres una rosa? –la florista, con una rosa amarilla en su mano, se dirigía a Marena con un tono amigable.

ameno, amena *adj.* Un libro, una película, un acto o algo semejante resulta ameno si entretienen y resultan agradable. *El concierto celebrado el día de Santa Cecilia resultó muy ameno.* SIN. **Entretenido, placentero.**

amigable *adj.* Una persona o una cosa son amigables si muestran o despiertan amistad o afecto. ✲ SIN. **Afable, amistoso.** ✔

El adjetivo ***amigable*** tiene la misma forma para masculino y femenino.

amigo, amiga *adj.* **1.** Un amigo es una persona con la que se mantiene una relación de afecto y confianza. También s. m. y f. ✲ SIN. **Compañero, colega. 2.** Ser amigo de algo significa ser aficionado a ello. *No soy muy amigo de las reuniones familiares.* SIN. **Seguidor, adicto.**

Una vez que se quedó por la tarde en casa, [la abuela] tuvo la desfachatez de echar de casa a un amigo del colegio [...]. La abuela me explicó que este tipo de amistad no me convenía.

De todas maneras

amilanar *v.* Amilanar es hacer que alguien sienta miedo. También v. prnl. *El escalador no se amilanó ante el mal tiempo y llegó hasta la cumbre.* SIN. **Acobardar, atemorizar.**

aminorar *v.* Aminorar algo es reducirlo en cantidad o intensidad. *El conductor tuvo que aminorar la velocidad para no atropellar al peatón.* SIN. **Disminuir, atenuar.**

amistad *s. f.* **1.** La amistad es una relación de afecto y confianza que se establece entre personas que normalmente no pertenecen a la familia. ✲ SIN. **Compañerismo, camaradería. 2.** Nuestras amistades son las personas con las que tenemos una relación de afecto y confianza. *Hemos decidido pasar la noche de fin de año con nuestras amistades.* SIN. **Amigos.** ✔

En su acepción 2, el sustantivo ***amistad*** se usa preferentemente en plural: *amistades.*

amnesia *s. f.* La amnesia es la pérdida total o parcial de la memoria. *Álex sufrió un fuerte traumatismo que le provocó amnesia temporal.* SIN. Olvido.

Amnistía Internacional es una organización no gubernamental (ONG) que defiende el respeto hacia los derechos humanos establecidos en la Declaración Universal de los Derechos Humanos. Para ello, encamina sus esfuerzos en impedir los abusos graves que pueden anular estos derechos.

amnistía *s. f.* La amnistía es el perdón de los delitos, especialmente políticos, y la anulación de las penas con que se habían castigado esos delitos. ✿ SIN. Indulto, absolución.

amo, ama *s. m. y f.* **1.** Ser amo de algo significa ser su dueño. *El amo de todas estas propiedades es un marqués que vive en Toledo.* SIN. Dueño, propietario. **2.** Y también una persona que tiene autoridad sobre las demás. *Su buena relación con el director le ha convertido en el amo de la empresa.* SIN. Cabecilla, líder. **3.** El amo es la persona que tiene criados a su servicio. *El nuevo criado no está dispuesto a ser un esclavo de su amo.* SIN. Señor.

El aire era más cálido a medida que descendían, y el olor de los pinos amodorraba a Bilbo, quien de vez en cuando cabeceaba y casi se caía, o daba con la nariz en el pescuezo del poney.

El hobbit

amodorrar *v.* Amodorrar es causar sueño. También v. prnl. ✿ SIN. Adormecer, transponerse.

amolar *v.* Amolar a alguien es molestarle. También v. prnl. *Este verano las medusas han amolado mis baños de mar.* SIN. Incordiar, fastidiar.

amoldar *v.* **1.** Amoldar una cosa a algo es hacer que se adapte a ello. También v. prnl. *Es preciso amoldar la formación de los trabajadores a las necesidades de la empresa.* SIN. Acomodar, ajustar. **2.** Y también ajustar la conducta de una persona a determinadas exigencias. También v. prnl. ✿ SIN. Adecuar, aceptar.

Marena era especialista en amoldarse a lo que cada situación exigía. Si ahora tocaba sonreír y aceptar la flor, lo haría pero eso no significaba que la sonrisa fuera a quedarse perpetuamente en su cara. No. Al menos de momento. Santi estaba preguntando cuál de aquellas calles era en la que estaba su casa. –Según me han indicado, la casa no está lejos.

amonestación *s. f.* Una amonestación es una advertencia sobre una falta o un error antes de tomar medidas contra quien lo ha hecho. *Borja ha recibido una amonestación por mal comportamiento.* SIN. Aviso, reprensión.

La empresa encargada de construir el nuevo puente de la ciudad había buscado una casa para que Santi, Sara y Marena pudieran alojarse, al menos, los primeros meses. ¡Una nueva casa! ¡Otra! Cualquiera estaría encantado con la idea. Marena no. Los recuerdos de los lugares donde había vivido anteriormente se amontonaban aún en su cabeza... y en su corazón.

amonestar *s. f.* Amonestar a una persona es llamarle la atención por lo que ha hecho o ha dicho y avisarla de un posible castigo. *El árbitro amonestó al jugador por empujar al portero.* SIN. Reñir, sancionar.

amontonar *s. f.* **1.** Amontonar cosas es ponerlas unas encima de otras sin orden. También v. prnl. *Me gusta amontonar la arena para formar volcanes.* SIN. Apilar, acumular. AM. Arrumar. **2.** Amontonar es también reunir muchas personas, animales o cosas. ✧ SIN. Almacenar, agrupar. // **amontonarse** *v. prnl.* **3.** Amontonarse es agruparse muchas personas, animales o cosas muy apretados. *Los lobos se amontonaban alrededor de su presa.* SIN. Apelotonarse.

Según la mitología romana, Cupido es el dios del amor. Es hijo de Venus y de Marte. y se dedica a crear amores y pasiones entre los mortales. Se le suele representar como un niño con alas y con un carcaj, arco y flechas.

amor *s. f.* **1.** El amor es un sentimiento de afecto muy intenso hacia una persona de la que se está enamorado. ✧ SIN. Enamoramiento, pasión. **2.** También es amor el cariño que sentimos hacia alguien o algo. *Nada es comparable al amor que sienten los padres hacia sus hijos.* SIN. Afecto, ternura. **3.** Persona de la que se está enamorada. *Nunca olvidaré mi primer amor.* SIN. Novio, pareja.

amoral *adj.* Una persona amoral es la que no tiene conciencia del bien y del mal o no tiene sentido moral. *Los comportamientos amorales deben ser recriminados.* SIN. inmoral. ✔

El adjetivo ***amoral*** tiene la misma forma para masculino y femenino.

amordazar *s. f.* 1. Amordazar es tapar la boca a alguien con una mordaza, es decir, un trozo de tela u otro material. *La atracadora amordazó a la dueña de la joyería para que no gritara.* SIN. **Acallar.** 2. Y también presionar a alguien para impedir que pueda expresarse con libertad. *El ministro se quejó de sentirse amordazado por una parte de sus compañeros.* SIN. **Coaccionar, silenciar.**

amorfo, amorfa *adj.* 1. Una cosa amorfa es aquella que no tiene una forma regular y definida. SIN. **Irregular, informe.** 2. Se dice que una persona es amorfa si no tiene personalidad propia. *Rebeca es un poco amorfa, siempre espera a que los demás decidan por ella.* SIN. **Sumiso, maleable.**

En Geología, se distingue entre cuerpos sólidos amorfos y cuerpos sólidos cristalinos. En los primeros, las partículas que los componen no tienen un orden definido; en los cristalinos, sin embargo, todas sus partículas están dispuestas en un orden perfecto.

amoroso, amorosa *adj.* 1. Ser amoroso significa sentir y mostrar amor. SIN. **Cariñoso, afectuoso.** 2. Una cosa, como un tejido, un peluche, es amorosa cuando es blanda y agradable al tacto. *Martín duerme cada noche con un perrito de peluche muy amoroso.* SIN. **Suave, cálido.**

amortiguar *v.* Amortiguar es reducir la fuerza o la intensidad de algo, como un golpe, un sonido, un sentimiento. SIN. **Atenuar, suavizar.**

amortizable *adj.* Algo, especialmente una cantidad de dinero, es amortizable si se puede recuperar o devolver, generalmente en pagos periódicos. *Hemos contratado un préstamo hipotecario amortizable a veinticinco años.* SIN. **Recuperable, pagable.** ✔

El adjetivo ***amortizable*** tiene la misma forma para masculino y femenino.

—Bueno, aquí es. Esta es la casa. Santi, Sara y Marena se encontraban frente a lo que, a partir de ahora, sería su nuevo hogar. Mientras pronunciaba estas palabras, Santi, en un gesto amoroso, pasaba su brazo por los hombros de Marena como intentado protegerla, como queriendo transmitirle que, estuvieran donde estuvieran, el hogar son ellos tres, no las paredes, ni las ventanas, ni el tejado. Ellos tres son los cimientos y son cimientos fuertes, resistentes, capaces de amortiguar cualquier embestida, por fuerte que sea.

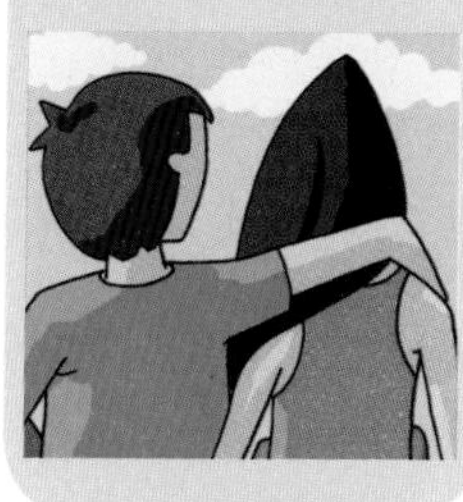

amortizar *v.* **1.** Amortizar es devolver el dinero de un préstamo, normalmente de forma gradual. *Me quedan tres años para amortizar mi crédito.* SIN. Pagar, liquidar. **2.** También, recuperar el dinero que se ha invertido en algún negocio o empresa, obteniendo beneficios. *No se obtendrán beneficios hasta que no amortice todo el capital invertido.* SIN. Rentabilizar. **3.** Usar mucho algo que se ha comprado para compensar lo que ha costado. *No me dirás que no he amortizado estos zapatos: los pongo todos los días.* SIN. Compensar.

amotinamiento *s. m.* Un amotinamiento es una sublevación violenta de un grupo de personas contra la autoridad. *El amotinamiento de la tripulación puso en serio peligro la seguridad del barco.* SIN. Motín, rebelión.

Si no soy obedecido y trato de obligar a un marinero, creo que la tripulación se amotinaría; y si, por el contrario, callo ante la rebeldía, Silver no tardaría en darse cuenta de que hay gato encerrado.

La isla del tesoro

amotinar *v.* Amotinar significa rebelarse violentamente un grupo de personas contra la autoridad establecida. También v. prnl. ✪ SIN. Sublevarse, alzarse.

amparar *v.* **1.** Amparar a alguien significa protegerle de un peligro. ✪ SIN. Defender, apoyar. **2.** También, dar cobijo a alguien. *La labor de la asociación* Un techo, una vida *es muy meritoria porque amparan a personas que no tienen hogar.* SIN. Acoger, refugiar. // **ampararse** *v. prnl.* **3.** Ampararse en algo es valerse del apoyo o protección que le ofrece para hacer algo. *Amparándose en la Constitución, varios miles de personas se manifestaron para exigir un trabajo digno.* SIN. Apoyarse, ayudarse.

Marena percibió ese gesto de su padre y, una vez más, como tantas otras desde que era pequeña, se sintió amparada, se sintió como el polluelo seguro en su nido. ¡Madre mía! Esta casa es, es… Marena estaba impresionada. Esta casa, efectivamente, era magnífica y Marena prefirió dejar de pensar porque tenía miedo de no poder mantener en silencio sus pensamientos, tenía miedo de que la emoción hiciera que se pusiera a gritar de alegría porque nunca había vivido en un lugar así. Ninguno de sus anteriores hogares había sido así.

Se trataba de un casa no demasiado amplia, ni demasiado lujosa, ni demasiado nada, pero estaba al lado del mar. No, no estaba al lado del mar, el mar parecía estar dentro de ella. Marena pretendía mantener su indiferencia pero Santi y Sara supieron en ese momento que la primera batalla estaba ganada. ¿La guerra? Habrá que esperar para saberlo.

amparo *s. m.* **1.** Amparo es la protección que se da a alguien, a veces débil o indefenso. *Cuando comenzó a nevar, encontramos amparo en una cueva.* SIN. Defensa, ayuda. **2.** Y también la persona o cosa que presta esta protección. *Tras la muerte de sus padres, su abuelo es su único amparo.* SIN. Apoyo, protección.

ampliación *s. f.* Una ampliación es un aumento de tamaño, cantidad, duración o importancia de algo. *Tras duras negociaciones, Xavi ha conseguido una ampliación de tres años en su contrato.* SIN. Incremento, engradecimiento.

ampliar *v.* Aumentar es hacer que algo sea más grande, dure más, ocupe más espacio, tenga más importancia... También v. prnl. *El profesor de Plástica ha ampliado el plazo para entregar las láminas de dibujo.* SIN. Agrandar, incrementar, acrecentar.

amplio, amplia *adj.* **1.** Una cosa es amplia si es grande, si es extensa, si es importante, si es abundante... *Sus amplios conocimientos sobre el mundo árabe fueron decisivos.* SIN. Dilatado, vasto, holgado. **2.** Un lugar amplio es un lugar de grandes dimensiones. ✪ SIN. Espacioso. **3.** Un prenda de vestir amplia es la que no queda ajustada. *En casa me siento cómoda con una camiseta amplia y un pantalón de algodón.* SIN. Ancho, holgado.

amplitud *s. f.* La amplitud es la característica que tienen las cosas y los lugares que son grandes, extensos y espaciosos. ✪ SIN. Anchura, dilatación, extensión.

Las ebulliciones interiores comunicaban rápidos estremecimientos a la corteza de la montaña. Profundos ruidos, netamente transmitidos por el medio líquido, se repercutían con una majestuosa amplitud.

20 000 leguas de viaje submarino

[...] a pesar de las grandes estocadas que dejan a uno derrengado y de los ejercicios penosos que fatigan, se había convertido en uno de los más grandes trotacalles [...], en uno de los más alambicados habladores ampulosos de su época.

Los tres mosqueteros

ampuloso, ampulosa *adj.* Una persona, su forma de hablar o su estilo son ampulosos si son exagerados y poco naturales. ✡ SIN. Pretencioso, grandilocuente.

amputación *s. f.* La amputación es la separación de un miembro del cuerpo o de parte de él. *Tras varios días en el hielo, la congelación de sus pies obligó a la amputación de varios dedos.* SIN. Mutilación, corte.

amputar *v.* Amputar es cortar y separar un miembro del cuerpo o parte de él, especialmente por medio de una operación quirúrgica. *En un documental he visto que en algunos países se castiga a los ladrones amputándoles los dedos y las manos.* SIN. Mutilar, cercenar.

amueblar *v.* Amueblar es colocar los muebles necesarios en un lugar, especialmente una habitación o una vivienda. *He amueblado mi casa con un estilo colonial.* SIN. Equipar, decorar.

amuleto *s. m.* Un amuleto es un objeto que se lleva encima porque se cree que da buena suerte y aleja las desgracias. *Mónica guarda un trébol de cuatro hojas como amuleto.* SIN. Fetiche, talismán.

amurallar *v.* Amurallar un lugar es levantar una muralla a su alrededor. ✡ SIN. Cercar, fortificar.

En la Edad Media, se amurallaban las ciudades, con fines defensivos para estar protegidos de posibles ataques. Algunas rodeaban el castillo y otras la ciudad. Las murallas tenían varias puertas que daban acceso a los caminos más importantes. Además, algunas se complementaban con torreones y fosos para hacerlas más seguras.

anacoreta *s. m. y f.* Un anacoreta es una persona que vive en un lugar solitario y de forma austera. *En esa pequeña cabaña vive una anciana anacoreta.* SIN. Asceta, ermitaño. ✔

El sustantivo ***anacoreta*** tiene la misma forma para masculino y femenino.

anacrónico, anacrónica *adj.* Anacrónico significa que no se corresponde con la época que se está tratando. *Es anacrónico que en pleno siglo XXI algunos pueblos no tengan agua corriente.* **SIN.** Desfasado.

anacronismo *s. m.* Un anacronismo es una equivocación que consiste en situar un hecho en una época distinta a la que le corresponde o en confundir épocas. *En la película había varios anacronismos pero el más llamativo era que el personaje de Nerón llevara gafas.* **SIN.** Desfase.

analfabetismo *s. m.* El analfabetismo es el desconocimiento de la lectura y de la escritura. ✪ **SIN.** Ignorancia, incultura.

analfabeto, analfabeta *adj.* **1.** Una persona analfabeta es la que no sabe leer ni escribir. ✪ **SIN.** Ignorante. **2.** Y también una persona con poca cultura. *Tienes que estudiar y leer más libros para no ser un analfabeto.* **SIN.** Inculto.

análisis *s. m.* **1.** Un análisis es la separación de las partes de algo para conocer su composición y su funcionamiento. *El agua de las fuentes de la ciudad son sometidas a análisis periódicos para comprobar su calidad.* **SIN.** Disección, observación. **2.** Y el estudio detallado y minucioso de una idea, un escrito, un razonamiento… *El análisis de la situación ha desvelado resultados sorprendentes.* **SIN.** Valoración, examen. **3.** Un análisis médico es el que estudia los componentes o sustancias del organismo para detectar alguna alteración. *El enfermero me ha extraído sangre para hacer un análisis.* **SIN.** Estudio, exploración. ✔

El sustantivo ***análisis*** tiene la misma forma para el singular y para el plural.

Se estima que el analfabetismo afecta a más de 850 millones de jóvenes y adultos en el mundo. Las dos terceras partes de los analfabetos son mujeres.
120 millones de niños no tienen la oportunidad de adquirir una educación básica.
La ONU y la UNESCO han declarado el día 8 de septiembre Día Internacional de la Alfabetización para que todo el mundo se comprometa en la lucha contra el analfabetismo.

Analizando la situación, Marena tenía que reconocer que las cosas estaban saliendo mejor de lo que esperaba. Quizás había sido demasiado dura con sus padres. Ellos no la llevarían nunca a un lugar en el que no se sintiera a gusto. Esta había sido siempre su prioridad, pero… eran ya tantos cambios…

analizar *v.* Analizar significa hacer una análisis, sea del tipo que sea: médico, químico, informático, etc. ✩ SIN. Examinar, estudiar.

análogo, análoga *adj.* Una cosa es análoga a otra si tiene semejanza con ella. *Microchip y Alphanet han sacado al mercado dos sistemas operativos análogos.* SIN. Parecido, similar.

anarquía *s. f.* La anarquía es una situación de desorden y confusión derivada de la ausencia de gobierno o autoridad. ✩ SIN. Acracia, desgobierno.

La anarquía es también un sistema político en el que no hay Estado ni gobierno. Este es el principio de una doctrina política que surge en el siglo XXI y que se llama anarquismo. El anarquismo defiende la libertad total del pueblo que no es oprimido porque no existe Estado.

anarquista *adj.* Anarquista es algo o alguien relacionado con la anarquía o partidario de ella. También s. m. y f. *Bakunin fue un famoso anarquista ruso.* SIN. Ácrata, revolucionario. ✔

El adjetivo ***anarquista*** tiene la misma forma para masculino y femenino.

anatomía *s. f.* **1.** La anatomía es la forma, la disposición y el tamaño de las diferentes partes del cuerpo de los seres vivos. *La rana sufre múltiples transformaciones en su anatomía hasta hacerse adulta.* SIN. Morfología. **2.** Y también la disciplina que estudia esas partes del cuerpo y las relaciones que se establecen entre estas partes. *La anatomía está relacionada con la biología y la medicina.* SIN. Fisiología

anatómico, anatómica *adj.* **1.** Un objeto anatómico es también el diseñado para que se adapte perfectamente al cuerpo humano o a alguna de sus partes. *Esta silla anatómica reducirá considerablemente tu dolor de espalda.* SIN. Adaptable, ajustable. **2.** Anatómico es lo que está relaciona-

do con la anatomía. *El Instituto Anatómico Forense se encarga de realizar las autopsias.* SIN. Fisiológico, orgánico.

Pero de pronto, algún poder ancestral, heredado de la raza divina, poseyó a Lúthien (...).

El Silmarillion

ancestral *adj.* **1.** Ancestral está relacionado con los antepasados. ✪ SIN. Familiar. **2.** Y también con un pasado lejano. *En mi pueblo aún se conserva la costumbre ancestral de la matanza del cerdo.* SIN. Antiguo, tradicional. ✔

El adjetivo ***ancestral*** tiene la misma forma para masculino y femenino.

ancestro *s. m.* Un ancestro es un antepasado lejano. *Desconozco totalmente la historia de mis ancestros.* SIN. Ascendientes. ✔

El sustantivo ***ancestro*** se usa preferentemente en plural: *ancestros.*

ancho, ancha *adj.* **1.** Un objeto ancho es el que, de lado a lado, mide más de lo normal. *Mi pie es demasiado ancho para este zapato tan estrecho.* SIN. Amplio. **2.** Un lugar ancho es el que tiene mucha extensión. *El barco atunero recorre el ancho mar durante meses.* SIN. Extenso, espacioso. **3.** Una prenda de vestir ancha es la que no queda ajustada. ✪ SIN. Holgada, amplia. **4.** Coloquialmente, se dice que una persona se queda tan ancha cuando está tranquila después de haber hecho algo. *David me comunicó que me trasladaba a nuestras oficinas de Venezuela y se quedó tan ancho.* SIN. Satisfecho. // **ancho** *s m.* **5.** El ancho de un objeto o de una superficie es la medida que hay de izquierda a derecha, o viceversa. *Mide el ancho del piano para saber si podemos subirlo en el ascensor.* SIN. Anchura.

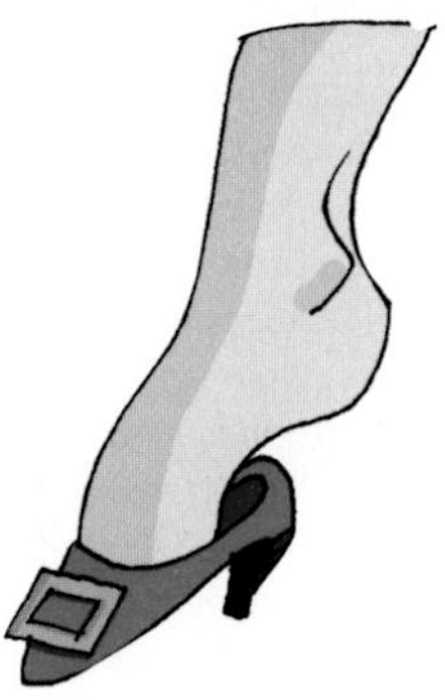

Conocí a míster Waterbrook, un caballero de mediana edad, con el cuello muy corto y el de la camisa muy ancho.

David Copperfield

anciano, anciana *adj.* Ser anciano significa tener mucha edad. También s. m. y f. ✪ SIN. Viejo, senil, vetusto.

Había una vez seis gatos que vivían con una anciana señorita llamada Dos-Zapatos.

Cuentos para irse a la cama

«Bueno, parece que el momento de cerrar el libro del pasado ha llegado. A partir de ahora, a escribir el presente. Teniendo en cuenta que estamos en una ciudad costera, será apropiado decir que somos como el barco que llega a puerto y decide anclar. Lo que hemos vivido lejos de aquí está en estas cajas y en nuestra memoria: días buenos, días regulares, algún día malo, éxitos, fracasos, amigos, enemigos, anécdotas, experiencias... Todo forma parte de mis primeros doce años. Ahora toca seguir llenando la memoria y voy a intentar llenarla de buenos momentos». Este chispazo de madurez había pillado desprevenida a Marena. «¿Será que me estoy haciendo mayor? ¡Ah, pues no, todo a la vez no! ¡Tanto cambio junto no hay cuerpo que lo aguante!»

anclar *v.* **1.** Anclar una embarcación es sujetarla echando el ancla. ✪ **SIN.** Fondear. **2.** Anclar un objeto es fijarlo con firmeza al suelo o a otro lugar. *El antenista ancló la escalera en el suelo antes de subir al tejado.* **SIN.** Asegurar, sujetar. **3.** Las personas se anclan cuando se quedan o se detienen en un lugar o en una situación. También v. prnl. *Su enfermedad le ha anclado en el pasado.* **SIN.** Permanecer, arraigarse, aferrar.

andanza *s f.* Una andanza es una peripecia en la que hay cierto peligro. *En el nuevo libro de Jairo Sustón se cuentan las andanzas de este personaje en el desierto.* **SIN.** Aventura, vicisitud.

andar **1.** Andar es moverse dando pasos. ✪ **SIN.** Caminar. **2.** Andar es también ir de un lugar a otro o desplazarse por un lugar. *Este viejo Ford ha andado medio mundo.* **SIN.** Transitar, recorrer. **3.** Y funcionar un aparato o una máquina. *El reloj de cuco no anda.* **SIN.** Funcionar. **4.** Andar es tocar algo con las manos. *Si andas en la herida con las manos sucias se te va a infectar.* **SIN.** Hurgar, manipular. **4. AM.** Andar algo es llevarlo o tenerlo. *En nuestro trabajo siempre andamos una camisa blanca.* **SIN.** Poner, llevar puesto.

Los años de encierro, en el reducido espacio de la celda, habían provocado en el caballero un debilitamiento tal de sus músculos, que le impedía andar. Poco a poco, gracias al tesón de Mariana y del fraile, Richard At Lea consiguió volver a caminar.

Robin Hood

anécdota *s f.* **1.** Una anécdota es un relato breve de algo curioso o divertido que nos ha pasado. ✪ **SIN.** Historieta, chiste. **2.** Una anécdota es también algo sin importancia. *Aunque el suceso parecía grave, al final quedó en una anécdota.* **SIN.** Irrelevancia.

anecdótico, anecdótica *adj.* **1.** Algo anecdótico es algo curioso. *En sus memorias, el célebre autor*

Los habitantes del antiguo Egipto eran en su mayoría campesinos y vivían en las orillas del Nilo. Cada año, en verano, este río se desbordaba anegando el valle; cuando las aguas se retiraban, dejaban una capa de sedimento que fertilizaba la tierra.

La anemia es una disminución del número de glóbulos rojos en la sangre. Los glóbulos rojos son los encargados de transportar el oxígeno por la sangre. Al tener menos glóbulos rojos, las personas anémicas suelen estar más pálidas y muy cansadas.

cuenta numerosos momentos anecdóticos de su vida. SIN. Gracioso, divertido. **2.** Y también algo poco importante. *En el desarrollo de la obra, hay varios hechos anecdóticos.* SIN. Secundario, accesorio.

anegar *v.* **1.** Anegar es cubrir un lugar con agua u otro líquido. También v. prnl. ✪ SIN. Inundar, sumergir. **2.** También, y sobre todo de forma figurada, deshacerse de algo o de alguien sumergiéndolo en agua u otro líquido. *Anegaba su dolor en lágrimas.* SIN. Ahogar.

anejo, aneja *adj.* **1.** Un lugar, un edificio, un local, etc. son o están anejos a otro si están unidos o pegados a él. ✪ SIN. Adyacente, adosado. **2.** Una cosa es aneja a otra cuando está relacionada con ella o depende de ella. *El libro de texto lleva anejo un CD-Rom con ejercicios.* SIN. Vinculado, unido.

anémico, anémica *adj.* Anémico significa relacionado con la anemia o que la padece. ✪ SIN. Desnutrido, débil.

anestesiar *v.* Anestesiar es emplear un fármaco para hacer que una persona pierda la sensibilidad de su cuerpo o de una parte de él. *La primera persona que anestesió totalmente a un paciente fue el estadounidense C. W. Long en 1842.* SIN. Dormir. insensibilizar.

anexionar *adj.* Anexionar una cosa es incorporarla y hacerla depender de otra. *La empresa Phoniae ha sido anexionada a la multinacional Sonum.* SIN. Agregar, absorber.

Santi aparcó el coche dentro de una pequeña cochera aneja a uno de los muros del jardín. Entre todos descargaron las maletas y entraron. El camión de la mudanza con sus muebles ya había llegado y estos estaban desperdigados por la casa. Resultaba un poco extraño ver cosas que resultaban tan familiares en un lugar tan nuevo. Marena recorrió la casa de arriba abajo en un santiamén. La luz entraba a borbotones por todas las ventanas y el mar estaba ahí, tan cerca...
–Escuchad, se oye el mar. ¿Verdad? ¡Se oye! Escucha mamá.

anfitrión, anfitriona *s. m. y f.* Una persona, una entidad, un gobierno, etc. anfitriones son los que reciben invitados en su casa, en su sede, en su país. ✧ SIN. Invitador, hospedador.

Los jóvenes se levantaron muy temprano a la mañana siguiente, antes de que sus anfitriones se hubieran despertado.

Historias de miedo

ángulo recto

angelical *adj.* Se dice que algo o alguien es angelical cuando tiene alguna de las cualidades que se atribuyen a los ángeles: bondad, inocencia, belleza, etc. *Marta tiene un rostro angelical.* SIN. Ingenuo, angélico. ✔

El adjetivo ***angelical*** tiene la misma forma para masculino y femenino.

angosto, angosta *adj.* Un lugar angosto es el que tiene poca anchura o menos anchura de lo normal. *Para llegar a la catedral atravesamos varias calles angostas.* SIN. Estrecho, reducido.

ángulo *s. m.* **1.** Un ángulo es el espacio limitado por dos líneas, dos paredes o dos superficies que se unen. ✧ SIN. Rincón, esquina. **2.** Un ángulo es también el punto de vista desde el que se analiza algo. *He querido comentarte mi problema para que tú lo veas desde otro ángulo.* SIN. Enfoque, perspectiva.

ángulo llano

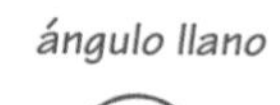

Del salón en el ángulo oscuro,
de su dueña tal vez olvidada,
silenciosa y cubierta de polvo,
veíase el arpa.

Rimas y leyendas

anguloso, angulosa *adj.* **1.** Anguloso significa que tiene ángulos o esquinas. *El río discurre por un desfiladero de perfiles angulosos.* SIN. Recortado, aristado. **2.** El rostro de una persona es anguloso si se le notan mucho los huesos. *Para el papel de Drácula, necesitamos un actor con el rostro anguloso.* SIN. Huesudo, afilado.

angustia *s. f.* **1.** La angustia es una sensación de opresión que experimenta una persona que siente que no puede respirar. *La angustia que siento me* *oprime el pecho.* SIN. **Ahogo, ansiedad.** 2. También, un gran preocupación y sufrimiento ante la amenaza de algo peligroso o desagradable. ✪ SIN. **Incertidumbre, inquietud.** 3. Y un dolor o tristeza muy intensos. *Desde que perdió a su padre, vive inmerso en la angustia y la depresión.* SIN. **Pena, congoja.**

Se deslizaron cautelosamente hacia la entrada de la casa y fue entonces cuando Oliver comprendió, con angustia y pavor, que iba a participar en un robo.

Oliver Twist

angustiar *v.* Angustiar es causar ansiedad, sufrimiento o inquietud a alguien. También v. prnl. *Me angustia tener dos exámenes el mismo día.* SIN. **Apenar, entristecer, agobiar.**

angustioso, angustiosa *adj.* Angustioso es algo o alguien que causa o manifiesta angustia. *Cuando el avión tuvo que aterrizar a pesar de la niebla, pasé los minutos más angustiosos de mi vida.*

anhelar *v.* Anhelar significa desear algo con gran intensidad. ✪ SIN. **Ansiar, querer.**

El piso inferior se distribuía entre la cocina, un cuarto de baño y el salón, que se asomaba al exterior con grandes ventanales. En el piso superior había tres cuartos, dos baños y una especie de galería que se adjudicó Sara en cuanto la vio. En esta casa, por fin tendría lo que en las demás había anhelado: un lugar espacioso, donde pintar sus lienzos sin preocuparse de que nadie toque sus mezclas, ni utilice sus pinceles, ni haga comentarios jocosos sobre lo raro que es el arte o lo difícil de entender que es una pintura.

anhelo *s. m.* Un anhelo es un deseo grande de obtener algo. *Su principal anhelo siempre ha sido jugar en un equipo de primera división.* SIN. **Ansia, afán, aspiración.**

anidar *v.* 1. Los animales anidan cuando construyen un nido en el que vivir. *El pavo real anida en suelo.* SIN. **Morar, acoger.** 2. Un sentimiento anida en una persona cuando está en ella. *Una gran frustración anida en ella desde que perdió su trabajo.* SIN. **Instalarse, albergarse.**

animación *s. f.* 1. Animación es la concurrencia de muchas personas en un lugar para celebrar una fiesta

o algo similar. *En la fiesta de fin de curso había mucha animación porque asistieron los alumnos de cursos superiores.* SIN. **Ambiente, bullicio. 2.** Animación es también vitalidad y movimiento en acciones, comportamientos, palabras… *Nos contó sus vacaciones con tanta animación que parecía estar viviéndolas de nuevo.* SIN. **Agitación, vigor. 3.** En las películas de dibujos animados, la animación es la técnica que hace que los dibujos se muevan. ✲ SIN. **Movimiento.**

La animación es una técnica cinematográfica con la que se consigue dar movimiento a los dibujos o a imágenes fijas. Aunque esta técnica hoy se lleva a cabo con medios informáticos, al principio se hacía dibujando cada fotograma en hojas de celuloide. Walt Disney logró perfeccionar este proceso. Willie, el barco de vapor, protagonizada por Michey Mouse, fue el primer dibujo animado *con sonido sincronizado.*

animado, animada *s. f.* **1.** Un ser animado es el que tiene vida. *Los animales y las plantas son seres animados.* SIN. **Vivo. 2.** Una persona es animada si es alegre y divertida. *Pablo es el más animado de todo el grupo.* SIN. **Jovial, marchoso. 3.** Una persona está animada si tiene vitalidad para hacer las cosas. *Este niño no se cansa nunca: a las doce de la noche está tan animado como a las doce de la mañana.* SIN. **Activo, enérgico. 4.** Un lugar animado es aquel en el que hay bastante gente y bullicio. ✲ SIN. **Concurrido, divertido.**

A media tarde, Marena y Sara salieron a pasear por la ciudad. Su casa se encontraba en una zona bastante animada, *muy cerca del centro. Marena parecía encantada: abría el plano de la ciudad y desplazaba su dedo por las calles y las plazas hasta que se perdía y tenía que volver de nuevo al lugar de origen.*
–Sin ánimo *de ofender, he de decirte que habrías sido una pésima exploradora –comentó Sara divertida–.*

animar *v.* **1.** Animar a una persona es darle valor y ánimo. ✲ SIN. **Consolar, confortar. 2.** Y también impulsarla, darle energías para que haga algo. *Todos mis compañeros me animan para que vuelva a estudiar ruso.* SIN. **Estimular, alentar. 3.** Animar un acto, una reunión, etc. es hacer que resulten más agradable y divertido. *Los mariachis animaron la ceremonia con sus rancheras.* SIN. **Amenizar, alegrar.**

El muñequito de trapo se esforzó al máximo e hizo todo lo posible por animar *de nuevo al niño.*

Los mejores cuentos de Michael Ende

ánimo *s. m.* **1.** El ánimo es la situación emocional de una persona. *Me encuentro abatido y no tengo ánimo para salir a la calle.* SIN. **Humor, talante. 2.** Y también el valor y la energía para afrontar

las cosas. *Con un poco más de ánimo, hubieras llegado el primero a la meta.* SIN. Empuje, fuerza. 3. Y la voluntad con la que se hace algo. ✩ SIN. Intención, deseo.

aniñado, aniñada *adj.* Una persona aniñada es la que tiene un aspecto o una forma de actuar propios de un niño. *Con esas trenzas Mónica tiene un aspecto bastante aniñado.* SIN. Infantil, pueril.

aniquilar *v.* Aniquilar es destruir algo totalmente. También v. prnl. *Los vecinos del pueblo están angustiados porque no saben cómo aniquilar la plaga de cucarachas.* SIN. Exterminar, liquidar.

Santi salió del edificio que albergaba su oficina sobre las ocho. Estaba radiante, lo cual, por otra parte, no era nada anómalo porque cada nuevo proyecto suponía un reto que Santi abordaba con tantas ganas, con tanto afán de superación que se podría decir que en cada metro de puente que se construye él invierte decenas de estudios, centenas de pruebas, miles de bocetos y millones de minutos.

aniversario *s. m.* El aniversario es el día en que se cumplen años de un acontecimiento. *El gobierno ha organizado diversos actos para celebrar el aniversario de la Constitución.* SIN. Cumpleaños, conmemoración.

anodino, anodina *adj.* Decimos que algo es anodino cuando tiene poca importancia o no despierta ningún interés. *La exposición resultaba bastante anodina, por eso no se vendió ningún cuadro.* SIN. Insignificante, insustancial.

anómalo, anómala *adj.* Un hecho, una situación... son anómalos si se apartan de lo que se considera normal o habitual. ✩ SIN. Insólito, irregular, raro.

anonadar *v.* Anonadar es causar una sorpresa tan grande a alguien que casi le impide reaccionar. ✩ SIN. Desconcertar, sorprender.

Pero, ¿qué eran estas cavidades comparadas con la que entonces admiraban mis ojos, con su cielo de vapores, sus irradiaciones eléctricas y un vasto mar encerrado entre sus flancos? Mi imaginación se sentía anonadada ante aquella inmensidad.

Viaje al centro de la Tierra

anonimato *s. m.* El anonimato es la ocultación del nombre de una persona autora o responsable de algo. *Tras colaborar con la policía, el testigo prefirió quedar en el anonimato.* SIN. **De incógnito.**

anónimo, anónima *adj.* **1.** Una cosa, como una obra literaria, una pintura, etc., son anónimos si se desconoce el nombre de su autor. *En la subasta, el cuadro que obtuvo una puja más alta fue un retrato anónimo del siglo XVII.* SIN. **Indocumentado, sin identificar. 2.** Una persona anónima es aquella cuyo nombre se desconoce o se oculta. El Lazarillo de Tormes *es una obra de autor anónimo.* SIN. **Desconocido, ignorado.**

La evolución del latín que se hablaba en la Península Ibérica dio lugar a las lenguas romances. Entre los primeros textos en lengua romance, se encuentran las anotaciones que unos monjes realizaron en los márgenes de manuscritos escritos en latín, lengua que se consideraba apropiada para escribir. Estas *anotaciones* se llaman glosas emilianenses y glosas silenses porque los monjes que las escribieron, en los siglos X y XI, pertenecían a los monasterios de San Millán de la Cogolla (La Rioja) y Santo Domingo de Silos (Burgos).

anormal *adj.* **1.** Una cosa es anormal si se sale de lo habitual o no se ajusta a las normas. *En inspector no encontró nada anormal en las cuentas de la empresa.* SIN. **Raro, anómalo. 2.** Se considera que una persona es anormal si su desarrollo físico o mental está por debajo del normal para su edad. *Los factores genéticos influyen en los nacimientos de niños anormales.* SIN. **Deficiente, disminuido.** ✔

El adjetivo ***anormal*** tiene la misma forma para masculino y femenino.

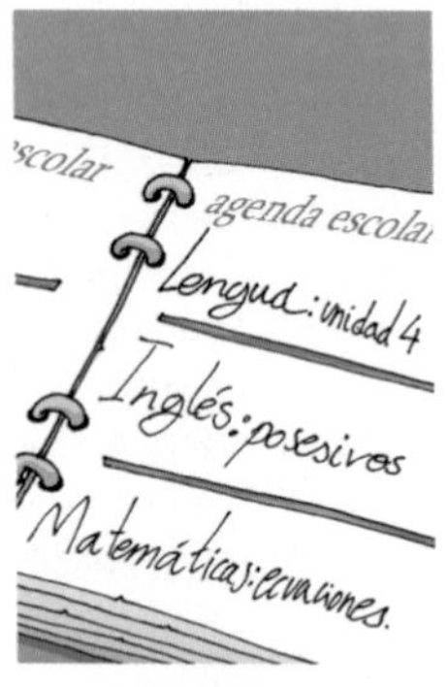

anotación *s. f.* Una anotación es un apunte que se hace por escrito para llamar la atención sobre algo. ✲ SIN. **Nota, explicación.**

anotar *v.* **1.** Anotar significa tomar apuntes, escribir algo. *No olvidéis anotar en vuestra agenda los deberes que debéis hacer para mañana.* SIN. **Apuntar, escribir. 2.** También, añadir comentarios en un texto. *Anota, al lado del nombre de cada paciente, el número de su historia clínica.* SIN. **Comentar, aclarar.**

3. En algunos deportes, lograr un tanto. *Cuando estaba a punto de sonar la bocina, Hudson anotó un triple que dio la victoria a su equipo.* SIN. Marcar.

anquilosamiento *s. m.* **1.** El anquilosamiento es la falta de evolución de un proceso, una actividad, etc. *Las posturas enfrentadas han causado cierto anquilosamiento en las negociaciones.* SIN. Paralización. **2.** Y la pérdida total o parcial de la movilidad en una articulación del cuerpo. *Las aguas termales son buenas para el anquilosamiento de las articulaciones.* SIN. Atrofia, parálisis.

anquilosar *v.* **1.** Anquilosar algo es impedir o dificultar su evolución. También v. prnl. ✱ SIN. Paralizar, detener. **2.** Anquilosar también significa reducir o dificultar la movilidad de una persona total o parcialmente. *Tras retirarme la escayola, sentía el brazo anquilosado.* SIN. Atrofiar, inmovilizar.

Para Santi, hubiera sido fácil anquilosarse. Así lo habían hecho la mayoría de sus compañeros de estudios: un trabajo estable, un domicilio estable… No había nada malo en ello. Sin embargo, a Santi la vida parecía haberle reservado otro papel. Un doble papel.

ansia *s. f.* **1.** El ansia es un deseo muy intenso de algo o por conseguir algo. *Sus ansias por mejorar le llevan siempre a esforzarse al máximo.* SIN. Afán, anhelo. **2.** También, inquietud causada por una sensación de angustia. *Antes del examen, sentía un ansia que apenas me dejaba respirar.* SIN. Intranquilidad, desasosiego.

ansiar *v.* Ansiar es desear algo con todas las fuerzas. *Max ansía que llegue el verano para ver a sus amigos.* SIN. Anhelar, querer.

ansiedad *s. f.* La ansiedad es una sensación de angustia ante algo que se sabe va a suceder o que se teme que suceda. ✱ SIN. Desazón, zozobra.

Y ahora aquí estaba, emprendiendo una nueva andadura con la misma ansiedad con la que los niños esperan la llegada del ratoncito Pérez. Los niños… Marena… Todo había sido más fácil antes de nacer Marena. Sara y él formaban, hasta entonces, un buen equipo. Se sentían libres porque nada les ataba a un lugar determinado.

Molly siempre ha gustado a los chicos. Cuando era pequeña, los chicos de la vecindad solían venir a arreglarle la bici [...], la traían a casa cuando se hacía raspones [...] y esperaban ansiosos mientras le ponían una tirita.

Un verano para morir

ansioso, ansiosa *adj.* **1.** Una persona está ansiosa cuando desea algo intensamente. *Mas de 3000 personas se agolpaban a las puertas, ansiosas por entrar al estadio.* SIN. Deseoso, ávido. **2.** Una persona también está ansiosa cuando siente angustia y ansia. ✩ SIN. Angustiado, nervioso.

antagonismo *s. m.* El antagonismo es una oposición entre personas, ideas, opiniones, actitudes, etc. *Entre los vecinos de ambos pueblos siempre ha habido un antagonismo irreconciliable.* SIN. Rivalidad, discrepancia.

antagonista *adj.* **1.** Dos ideas, dos opiniones son antagonistas si se oponen entre ellas. *Las posturas antagonistas de los dos contertulios animaron el debate.* SIN. Opuesto, discrepante. **2.** Una persona es antagonista a otra cuando es contraria a ella o actúa contra ella. También s. m. y f. ✩ SIN. Rival, adversario. ✔

Antagonista, como adjetivo o como sustantivo, tiene la misma forma para masculino y femenino.

En una narración literaria, en una película, en una obra de teatro, el antagonista es la persona que se enfrenta al protagonista.

antaño *adv.* Antaño indica que lo que se comenta se refiere a otra época. ✩ SIN. Antiguamente, en el pasado.

antecedente *s. m.* **1.** Un antecedente es un hecho o una situación que ha tenido lugar antes y que condiciona o explica lo que sucede después. *Las primeras protestas fueron un antecedente de la huelga general.* SIN. Precedente. // **antecedente** *s. m.* **2.** Los antecedentes de una persona son datos sobre su comportamiento, sobre todo, los que registrados en los archivos policiales. *No tendrá que ingresar en prisión porque no tiene antecedentes.* SIN. Historial, informes. ✔

En su acepción 2, el sustantivo ***antecedente*** se usa preferentemente en plural: *antecedentes.*

Cuando aullaba y gruñía, lo hacía con el dolor de vivir de sus remotos antepasados salvajes, y con el mismo miedo y misterio del frío y la oscuridad que fueron antaño su miedo y su misterio.

La llamada de la selva

anteceder *v.* Anteceder significa ir delante de algo o de alguien. *El entrenador que me antecedió dejó el equipo en el último lugar de la clasificación.* SIN. Preceder.

antepasado, antepasada *s. m y f.* Un antepasado es de quien desciende una persona o un grupo de personas. *En esta pared cuelgan las fotos de nuestros antepasados.* SIN. Antecesores, predecesores. ✔

El sustantivo ***antepasado*** se usa preferentemente en plural: *antepasados.*

anteponer *v.* **1.** Anteponer es considerar más importante a una persona o un cosa que otra. *No pretendo anteponer mis intereses a los tuyos.* SIN. Preferir, favorecer. **2.** También, colocar una cosa delante de otra. ✧ SIN. Preceder.

anterior *adj.* Anterior significa que sucede o que está situado antes. ✧ SIN. Precedente, previo. ✔

El adjetivo ***anterior*** tiene la misma forma para masculino y femenino.

anticipación *s. f.* Una anticipación es un avance temporal respecto a lo que se tenía previsto. *La anticipación de las primeras nieves ha permitido abrir antes las estaciones de esquí.* SIN. Adelanto, anticipo.

anticipar *v.* **1.** Cuando anticipamos un hecho, hacemos que suceda antes de tiempo. También v. prnl. *Este curso, se anticiparán las vacaciones al mes de mayo.* SIN. Adelantar. **2.** Anticipar es comunicar algo antes de que suceda. *Jaime y yo queremos anticipar que nuestra boda será la próxima primavera.* SIN. Adelantar, avanzar. **3.** También, ver con antelación algo que va a pasar. *Los sondeos ya habían anticipado el resultado de*

Por suerte, resultó que Good era un poco médico, por haber estudiado, durante un periodo de su anterior carrera, un curso de instrucción médica y quirúrgica, que había seguido practicando con más o menos asiduidad. Por supuesto, no tenía título, pero sabía más sobre el tema que muchos hombres que pueden anteponer a su nombre la palabra doctor, como descubrimos más adelante, y poseía un espléndido cajón de medicinas de viaje y un buen instrumental.

Las minas del rey Salomón

las elecciones. **SIN.** Prever. // **anticiparse** *v. prnl.* **4.** Adelantarse es hacer algo antes que otra persona. *Había pensado regalarte este puzle para tu cumpleaños pero veo que te has anticipado.* **SIN.** Adelantarse.

anticuado, anticuada *adj.* **1.** Una persona anticuada es la que tiene ideas o costumbres propias de otra época. *Eres un anticuado: ya hay teléfonos con los que se puede hablar por la calle y se llaman móviles.* **SIN.** Antiguo. **2.** Una cosa anticuada es la que ya no está de moda. *Me niego a ponerme ese pantalón: está anticuado.* **SIN.** Pasado, obsoleto.

antigüedad *s. f.* **1.** La antigüedad es un tiempo remoto, antiguo. ✧ **SIN.** Pasado. **2.** La antigüedad es también el tiempo que pasa desde el momento en que algo o alguien empieza a existir. *Es imposible saber la antigüedad de estas inscripciones porque están muy deterioradas.* **SIN.** Edad, tiempo. **3.** Una antigüedad es un objeto valioso por ser muy antiguo. *He comprado este espejo en una tienda de antigüedades.* **SIN.** Reliquia. **4.** La antigüedad es el tiempo que pasa desde el día en que una persona obtiene un empleo. *Desde el mes próximo cobraré más porque ya tengo tres años de antigüedad.* **SIN.** Veteranía.

Antigüedad clásica es el término que se utiliza para designar el periodo de tiempo en que se desarrollaron las civilizaciones griega y romana (entre el siglo VIII a. de C. y siglo V d. de C.), de las que se ha destacado su admiración por el arte, la literatura y la cultura en general.

antiguo, antigua *adj.* **1.** Una cosa es antigua si existe desde hace mucho tiempo. ✧ **SIN.** Viejo, vetusto. **2.** También es antiguo lo que existió hace mucho tiempo. *El Renacimiento vuelve sus ojos a las antiguas civilizaciones de Grecia y Roma.* **SIN.** Remoto, pasado. **3.** Antepuesto a un sustantivo, antiguo hace

Bajando precipitadamente las escaleras, encontraron que una gran armadura antigua se había desprendido de su soporte y se había caído sobre el suelo de piedra [...].

El fantasma de Canterville

Los días van transcurriendo y Marena va metiéndose en su nueva vida como el que va a la modista para que le haga un traje a medida. En la primera prueba, parece que todo sobra o todo falta y la modista, con sus alfileres, va prendiendo aquí y soltando allá. Y así, en cada nueva prueba, el traje se va abrazando al cuerpo. Y en la prueba final, ya no sobra nada, ya no falta nada, todo encaja. Marena está aún en esas pruebas iniciales. ¿Qué le sobra? Quizás, tiempo. En verano, los días son muy largos, demasiado largos. ¿Qué le falta? Amigos. Parece que en el barrio de Marena no hay chicos y chicas de su edad. Bueno, sí, hay un chico, Jonás. Pero Marena siente cierta antipatía por él. No sabe bien por qué. Realmente nunca han hablado. Quizá sea por eso.

referencia a algo que ha desaparecido o ha dejado de ser lo que era. *Este óleo cuesta tres millones de las antiguas pesetas.* SIN. **Desaparecido.** **4.** Antiguo también significa pasado de moda. También s. m. y f. *Eres un antiguo, la palabra* guay *ya no se lleva.* SIN. **Anticuado, obsoleto.** **5.** Una persona antigua es también la que lleva mucho tiempo en un mismo puesto. *Marlene es la abogada más antigua del bufete.* SIN. **Veterano.**

antipatía *adj.* La antipatía es un sentimiento de rechazo hacia una persona. ✲ SIN. **Aversión, manía.**

antipático, antipática *adj.* Una persona nos resulta antipática cuando nos causa aversión o desagrado. *El nuevo presentador de los informativos me parece muy antipático.* SIN. **Áspero, brusco, odioso.**

antojarse *v. prnl.* **1.** A una persona se le antoja algo cuando lo desea insistentemente y por capricho. *Siempre que pasamos por esta calle se te antoja comprar un pastel.* SIN. **Encapricharse.** **2.** Cuando a una persona se le antoja que algo es de una determinada manera, es que le parece que es así. *Se me antoja que el precio de la gasolina bajará en diciembre.* SIN. **Figurarse, suponer.**

antojo *s. m.* **1.** Un antojo es un deseo repentino y, normalmente, poco razonable de algo. *Se dice que las embarazadas suelen tener antojos.* SIN. **Capricho.** **2.** Un antojo es también una mancha en la piel que, popularmente, se atribuye a un capricho de la madre en el embarazo que no fue satisfecho. ✲ SIN. **Lunar.**

Jonás es un muchacho como otro cualquiera. Nada en su aspecto llama la atención, si exceptuamos un pequeño antojo en su mejilla. Tiene el pelo castaño y un poco rizado, los ojos pequeños y claros, pero de un color indefinido entre el gris y el azul, es bastante alto y tendrá unos trece años.

antología *s. f.* Una antología es una selección de fragmentos o de obras artísticas escogidas, generalmente, de autores diversos. *Este volumen recoge una antología de los principales escritores venezolanos.* **SIN.** Colección, compilación.

anudar *v.* **1.** Anudar es unir dos cuerdas, dos hilos, dos cintas... mediante nudos. *¿Aún no has aprendido a anudarte los cordones?* **SIN.** Atar, amarrar. **2.** Anudar también significa hacer nudos en algo. *Si haces nudos en la cuerda treparás mejor.* **SIN.** Sujetar, atar.

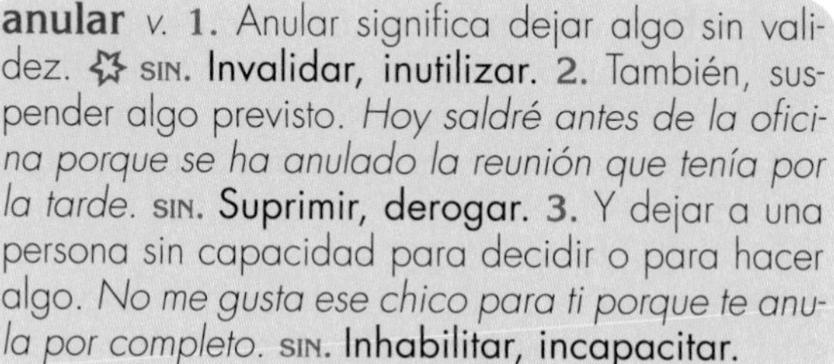

anular *v.* **1.** Anular significa dejar algo sin validez. **SIN.** Invalidar, inutilizar. **2.** También, suspender algo previsto. *Hoy saldré antes de la oficina porque se ha anulado la reunión que tenía por la tarde.* **SIN.** Suprimir, derogar. **3.** Y dejar a una persona sin capacidad para decidir o para hacer algo. *No me gusta ese chico para ti porque te anula por completo.* **SIN.** Inhabilitar, incapacitar.

Al menos, esa es la edad que Marena le calculó la primera vez que le vio, pocos días después de haberse instalado. Como un veloz torbellino en monopatín iba en frenética carrera calle abajo dando la impresión de que se le había encargado la difícil misión de salvar el mundo. Pero, ese gorra y esos pantalones que bien hubieran podido pertenecer a Shrek anulaban cualquier parecido con un superhéroe.

anunciar *v.* **1.** Cuando se anuncia algo, se hace público para que todos lo sepan. *La actriz Mary Jo Parker ha anunciado que va a participar en una serie de televisión.* **SIN.** Avisar, informar. **2.** Se anuncia un producto cuando se hace publicidad de él. *Todos los fabricantes quieren contratar a nuestra agencia para anunciar sus coches.* **SIN.** Promocionar, publicitar. **3.** Anunciar también es hacer saber algo que va a pasar pronto. **SIN.** Pronosticar, presagiar.

Ahora estaba empezando a llover, con esas gruesas gotas que anuncian más de lo mismo.

El león mariposa

anuncio *s. m.* **1.** Un anuncio es un mensaje utilizado para comunicar algo. *A todos nos ha pillado*

A Flavia seguro que le hubiera gustado Jonás. Marena seguía en contacto con su amiga a través del *messenger* y también se llamaban por teléfono a menudo; sin embargo, añoraba los ratos que pasaban juntas, las confidencias, los partidos de tenis de los sábados, que siempre acababan con resultados apabullantes a favor de Flavia, las risas en los probadores de las tiendas cuando compraban ropa...
¡Ya está aquí otra vez! Durante un instante se oyó un ruido en la calle. Un ruido bastante fuerte pero muy breve. No era la primera vez que Marena lo escuchaba, así que sabía perfectamente lo que pasaba: Jonás estaba pasando ante su puerta subido en su monopatín. Lo hacía a menudo, casi todos los días.

por sorpresa el anuncio de su próximo divorcio. SIN. **Aviso, notificación. 2.** Un anuncio es también el montaje de palabras, imágenes, música, etc. con que se hace publicidad de algo. *Siempre interrumpen las películas para poner anuncios.* SIN. **Spot.** AM. **Aviso, comercial.**

añadir *v.* Añadir significa incorporar una cosa a otra para aumentarla o ampliarla. También v. prnl. ✿ SIN. **Agregar, anexionar, incrementar.**

Temiste lo que pudiera añadir. Cuando alguien dice que no quiere hacer daño, ya lo está haciendo.

La mirada

añoranza *s. f.* La añoranza es una tristeza que nos causa el recuerdo de alguien o de algo que ya no está. *Lleva veinte años viviendo en Alemania y aún siente añoranza de su tierra.* SIN. **Melancolía, nostalgia.**

añorar *v.* Añorar es recordar con tristeza un lugar, una situación o a alguien querido que ya no está o que se ha perdido. ✿ SIN. **Echar de menos, extrañar.**

apabullante *adj.* Algo o alguien resulta apabullante cuando su superioridad causa desconcierto en los demás. ✿ SIN. **Aplastante, arrollador.** ✔

El adjetivo **apabullante** tiene la misma forma para masculino y femenino.

apabullar *v.* Una persona apabulla a otra cuando la desconcierta exhibiendo su superioridad. *Álvaro sabe tanto de Historia que nos apabulla con sus comentarios.* SIN. **Abrumar, aturdir.**

apacible *adj.* **1.** Una persona es apacible si se muestra agradable y serena en su trato con los demás. *Los ancianos de la residencia adoran a Matilde por su carácter apacible.* SIN. **Afable,**

El adjetivo ***apacible*** tiene la misma forma para masculino y femenino.

dulce. 2. Una cosa resulta apacible si es tranquila, calmada. *En las islas Canarias, el clima es bastante apacible casi todo el año.* SIN. Plácido, sosegado. ✔

apaciguar *v.* 1. Apaciguar es poner paz para resolver un conflicto entre dos o más personas. *No fue fácil apaciguarlos, pero, al final, Román y Andrés dejaron de pelearse.* SIN. Pacificar 2. También, conseguir que algo o alguien se calmen. También v. prnl. *El profesor habló con sus alumnos y consiguió apaciguar los ánimos.* SIN. Aquietar, sosegar.

apadrinar *v.* 1. Apadrinar significa acompañar a alguien como padrino en su bautizo, en su boda, etc. *Mi hermana me ha pedido que apadrine a su hijo menor.* SIN. Prohijar. 2. Y también, apoyar a una persona, una iniciativa, un proyecto... para que tengan éxito. *El Banco de Ahorros patrocina un proyecto encaminado a escolarizar niños en la India.* SIN. Patrocinar, favorecer.

apagado, apagada *adj.* 1. Una persona apagada es la que muestra poca vitalidad, poca energía. ✲ SIN. Decaído, desanimado. 2. Un color apagado es el que es poco vivo, poco brillante. *No me gusta el invierno porque el campo tiene un color apagado.* SIN. Pálido, mate.

María dudó en entrar, en hablar con aquella chica que solo inventaba cosas horribles, como lo de Barrigas. Pero su gemido era tan apagado que no podía ser producto de ningún numerito.

Mi tigre es lluvia

apagar *v.* 1. Apagar es hacer que algo que luce o que arde deje de hacerlo. También v. prnl. *Las nubes apagaron la luz del sol.* SIN. Extinguir, sofocar. 2. También, hacer que un aparato deje de funcionar. También v. prnl. *Si no vas a escuchar más* *música, apaga la radio.* SIN. **Desconectar, desenchufar.** **3.** Y hacer que desaparezca o disminuya la intensidad o la fuerza de algo. También v. prnl. ✪ SIN. **Aplacar, mitigar.**

Pues sabed, hermana mía, que caballero aventurero es una cosa que en dos palabras se ve apaleado y emperador. Hoy está la más desdichada criatura del mundo y la más menesterosa, y mañana tendría dos o tres coronas de reinos que dar a su escudero.

Don Quijote de la Mancha

apalabrar *v.* Apalabrar un asunto es ponerse de acuerdo de palabra sobre él dos o más personas. *Hemos apalabrado la venta de la finca en 60 000 euros.* SIN. **Acordar, convenir.**

apalear *v.* Cuando se apalea un animal o a una persona, se le dan golpes con un palo o algo similar. ✪ SIN. **Golpear, pegar.**

apañar *v.* **1.** Apañar cosas es cogerlas, especialmente del suelo, con las manos. *Luis, apaña todas las canicas que se han caído al suelo.* SIN. **Recoger.** **2.** Y hacerse con algo de forma ilícita. *Cuando el dependiente no les veía, apañaron el reloj y salieron corriendo de la tienda.* SIN. **Apoderarse, hurtar.** **3.** También, modificar algo con trampa. *El candidato liberal acusa al ganador de haber apañado las elecciones.* SIN. **Urdir, falsear.** **4.** Apañar es arreglar algo. *Te he apañado la bicicleta para que puedas participar en la carrera.* SIN. **Arreglar, reparar.** **5.** Apañar a una persona es lavarla, vestirla, dejarla presentable. *Apáñate rápidamente, que vas a llegar tarde.* SIN. **Ataviar, acicalar.** **6.** AM. Y proteger a alguien. *Las monjas apañaron al muchacho en su convento.* SIN. **Encubrir.** // **apañarse** *v. prnl.* **7.** Apañarse es tener habilidad para adaptarse a las circunstancias. *Aunque no lo creas, he conseguido apañarme muy bien mientras tú estabas fuera.* SIN. **Arreglarse, manejarse.**

Bueno, ya se ha ido. El sonido del roce del monopatín sobre la acera se va apagando hasta que deja de oírse. Se podría decir que era el único ejemplar de su especie, es decir, de la especie de los adolescentes, que había en toda la zona así que llegó un momento en que Marena se planteó presentarse ante Jonás, decirle quién era y preguntarle si podía ir con él a patinar o donde fuera. Pero no le dio tiempo. Ya te hemos dicho que Jonás era un chico muy veloz.

aparcar *v.* **1.** Aparcar significa colocar un vehículo en un lugar durante cierto tiempo. *En esta calle solo pueden aparcar los vehículos de reparto.* **SIN.** Estacionar. **AM.** Parquear. **2.** Aparcamos un asunto cuando lo dejamos para resolverlo más adelante. *Prefiero aparcar mi renovación hasta que finalice la temporada.* **SIN.** Retrasar, aplazar.

En ese momento, apareció en la entrada de la guarida un magnífico y joven león con una imponente melena que brillaba como el sol.

Los mejores cuentos de Michael Ende

apareamiento *s. m.* El apareamiento es la unión de dos animales de sexo opuesto para su reproducción. ✩ **SIN.** Emparejamiento, cópula.

aparear *v.* **1.** Aparear es juntar a un animal macho con una hembra para su reproducción. *Quiero aparear a mi perra con un pastor alemán.* **SIN.** Copular, montar. // **aparearse** *v. prnl.* **2.** Dos animales se aparean cuando se unen sexualmente. *El macho y la hembra de las ranas se aparean en el agua y, generalmente, de noche.* **SIN.** Juntarse.

Los caballitos de mar son animales sorprendentes, no solo por su aspecto, sino también por su comportamiento. Es una especie monógama, es decir, tiene siempre la misma pareja. Además, durante el apareamiento, la hembra pone los huevos en una bolsa que el macho tiene en el vientre. El padre los conserva en esta bolsa hasta el momento del nacimiento, en el que expulsa al exterior a las crías recién nacidas.

aparecer *v.* **1.** Algo o alguien aparecen cuando se hacen visibles. *Las nubes se han retirado y ha aparecido una luna espléndida.* **SIN.** Asomar, dejarse ver. **2.** También, cuando algo o alguien se presentan en un lugar de forma repentina. ✩ **SIN.** Presentarse, mostrarse. **3.** Y cuando se halla algo o a alguien que estaban extraviados u ocultos. *Tras buscar en todos los armarios, por fin apareció la bufanda.* **SIN.** Encontrar. **4.** Aparecer es también empezar a existir. *Un nuevo periódico ha aparecido en la ciudad.* **SIN.** Surgir, brotar. // **aparecerse** *v. prnl.* **5.** Un ser sobrenatural se aparece cuando se hace visible ante una persona. *La dueña de la casa me aseguraba que por la noche se aparecían fantasmas.* **SIN.** Manifestarse, mostrarse.

aparejar *v.* **1.** Aparejar es hacer que una cosa esté preparada para algo. *Hasta que no termine de aparejar el barco no podré salir a pescar.* SIN. **Disponer, preparar.** **2.** Llevar una cosa aparejada otra quiere decir que la primera conlleva la segunda. *La renuncia al cargo lleva aparejada una serie de consecuencias.* SIN. **Implicar.**

aparentar *v.* **1.** Aparentar es hacer creer una persona que es o tiene algo que en realidad ni es ni tiene. *A Ismael le gusta viajar en primera clase por aparentar.* SIN. **Fingir, simular.** **2.** También, tener un aspecto acorde a una determinada edad. *Aunque aparenta unos cuarenta años, en realidad tiene más de cincuenta.* SIN. **Representar.**

[…] en poco tiempo palideció su cara, enflaqueció su cuerpo y toda su persona adquirió la apariencia de un hombre decrepito, rendido por los años y las desventuras.

Cuentos de las mil y una noches

apariencia *s. f.* **1.** La apariencia es el aspecto exterior de una persona o de una cosa. ✵ SIN. **Aspecto, imagen.** **2.** Y también, imagen que parece real pero que es ficticia. *Parecen una pareja feliz, pero es pura apariencia.* SIN. **Mentira, engaño.**

Apartar a unas personas de otras en razón de su raza fue la base del apartheid*, sistema de segregación racial establecido en Sudáfrica que negaba a las personas negras los derechos que disfrutaban las blancas. El* apartheid *quedó abolido en 1991.*

apartar *v.* **1.** Apartar personas, animales o cosas que están próximas es ponerlas más lejos. ✵ SIN. **Alejar, distanciar.** **2.** Apartar una parte de un todo es reservarla para algo. *Aparta tres huevos para hacer la tortilla.* SIN. **Separar, guardar.** **3.** Apartar algo o a alguien es quitarlos del lugar en el que están para que no estorben. ✵ SIN. **Retirar, quitar.** **4.** Apartar también es alejar a una persona o una cosa de otra persona, de otra cosa o de alguna situación. También v. prnl. *No sé qué hacer para apartar a Juani de esas malas compañías.* SIN. **Alejar, aislar.**

Antes de irse a la cama, los niños apartaron la cortina para mirar por la ventana su muñeco a la luz de la luna.

Cuentos para irse a la cama

El adjetivo **apasionante** tiene la misma forma para masculino y femenino.

apasionado, apasionada *adj.* **1.** Una persona apasionada es la que se deja llevar por la pasión en todo lo que hace. *Eres muy apasionado y por eso sueles precipitarte al tomar decisiones.* SIN. **Impetuoso, vehemente.** **2.** Ser un apasionado de algo es sentir gran interés y afición por ello. *Debo confensar que soy un apasionado de la música escocesa.* SIN. **Entusiasta, aficionado.**

apasionante *adj.* Apasionante es lo que causa pasión o despierta mucho interés. *Lo que más me gustó de la película fue su apasionante final.* SIN. **Interesante, atrayente.** ✔

apasionar *v.* **1.** Apasionar significa provocar pasión en alguien. *A Pipe le apasiona el submarinismo.* SIN. **Entusiasmar, encantar.** // **apasionarse** *v. prnl.* **2.** Apasionarse con algo o por algo es sentir gran interés y admiración hacia ello. ✧ SIN. **Aficionarse, interesarse.**

apatía *s. f.* La apatía es una falta de energía, de interés por las cosas. ✧ SIN. **Dejadez, desidia, indiferencia.**

La palabra *apatía* proviene del griego y está formada por *a*, que significa «sin» y *pathos*, que significa «pasión».

apático, apática *adj.* Una persona apática es la que no da muestras de interés ni pasión por nada. *Tu comportamiento tan apático molesta mucho a los profesores.* SIN. **Indiferente, indolente.**

apear *v.* Apear a alguien de un vehículo o de un caballo es bajarle o ayudarle a que baje. También v. prnl. *Recuerda que debes apearte en la próxima estación.* SIN. **Descender, desmontar.**

—¡Hola! Me llamo Jonás. Sé que eres nueva en la ciudad y también sé que no conoces a nadie por aquí. Yo también vivo aquí desde hace poco tiempo. Antes vivía en Segovia y…
—Yo me llamo Marena y sí, es verdad, llevo aquí poco tiempo y aún no he tenido tiempo de hacer amigos.
Realmente, solo la desesperación podía hacer que Marena se acercase a un chico tan, tan… tan diferente a ella. ¡Hasta su conversación es acelerada! No le apasionaba la idea de pasarse el día detrás de un chico siempre subido a un monopatín. Sin embargo, menos aún le apasionaban las horas perdidas en el jardín de casa, las visitas a todos los museos de la ciudad con Sara o las visitas de cortesía a los nuevos compañeros de trabajo de Santi.

apego *s. m.* **1.** Se siente apego hacia una persona o una cosa cuando se le tiene aprecio. *No quiero separarme de mi rana de trapo porque le tengo mucho apego.* SIN. Afecto, estima. **2.** Y también cuando se muestra inclinación hacia una persona o una cosa. *Su apego a los juegos de azar le ha traído la ruina.* SIN. Atracción, propensión.

El sustantivo ***apelación*** suele usarse con los verbos *interponer* y *presentar*.

apelación *s. f.* Una apelación es un recurso que se presenta ante un tribunal superior para que revise la sentencia emitida por un tribunal inferior. ✿ SIN. Reclamación. ✔

Apelación perdida. La ejecución será a la puesta del sol. No se puede hacer nada. No vengáis. No quiero que lo veáis.
Hagrid

Harry Potter** y el* ***prisionero de Azkaban

apelar *v.* **1.** Apelar a alguien o a algo es apoyarse en ellos para solicitar o conseguir algo. *Apelo a la buena voluntad de todos para solucionar el problema.* SIN. Aludir, referir. **2.** Apelar a alguien, normalmente con autoridad, es pedir su protección o su apoyo. *Los mineros apelaron a la ayuda del gobierno para mejorar su situación.* SIN. Acudir, invocar. **3.** Apelar también es presentar un recurso ante un tribunal para que revise la sentencia emitida por un tribunal de categoría menor. *Cuando acabó el juicio, los abogados anunciaron que apelarían la sentencia.* SIN. Recurrir, reclamar.

[...] advirtió también cómo le mirábamos nosotros, los del pequeño grupo del reservado, apelotonados en el rincón más próximo a la cantina.

Los ladrones de cadáveres

apelotonarse *v. prnl.* **1.** Una o varias cosas se apelotonan cuando forman forman bolas o grumos. *No consigue hacer la besamel sin que se apelotone la harina.* SIN. Aplastar, apiñar. **2.** Varias personas se apelotonan cuando se agrupan formando una aglomeración. ✿ SIN. Amontonar, hacinar.

apenar *v.* **1.** Apenar a una persona es causarle pena. También v. prnl. *Me apena que no hayas conseguido aprobar el examen de acceso a la universidad.* SIN. Entristecer, afligir. // **apenarse** *v. prnl.* **2. AM.** Apenarse es sentir vergüenza. *Me apeno cuando hablo delante de tantas personas.* SIN. Avergonzarse, ruborizarse.

Te he pedido unas doce veces que vinieras a mi casa a pasar unos días, y luego mi padre vino un día diciendo que te habían enviado un apercibimiento oficial por utilizar la magia delante de los muggles.

Harry Potter y la cámara secreta

apercibimiento *s. m.* Un apercibimiento es un aviso de las consecuencias que puede tener una falta. ✪ SIN. Advertencia, amonestación.

apercibir **1.** Apercibir a una persona es notificarle que va a recibir una sanción. *Varios alumnos han sido apercibidos de expulsión por parte del director.* SIN. Prevenir, amonestar. **2.** También, advertir de algo. *Los expertos aperciben del riesgo de fuertes temporales.* SIN. Avisar, advertir. // **apercibirse** *v. prnl.* **3.** Apercibirse de algo es darse cuenta de ello. *Perdona, no me había apercibido de que estabas aquí.* SIN. Percatarse, reparar.

Una de las aperturas políticas más significativos fue la que se llevó a cabo en la antigua URSS a finales de los años ochenta. Este movimiento se llamó perestroika y fue liderado por Mijail Gorbachov.

apertura *s. f.* **1.** Apertura es el hecho de abrir lo que está cerrado o doblado o de descubrir lo que está oculto. *Varias personas esperaban la apertura de la taquilla para comprar las entradas.* SIN. Abertura. **2.** La apertura de un actividad es su comienzo. *Se han organizado varios actos para celebrar la apertura del año académico.* SIN. Inauguración, estreno. **3.** Desde el punto de vista político, social... apertura significa una mayor comprensión hacia ideas y posturas diferentes. ✪ SIN. Transigencia, tolerancia.

apestar *v.* **1.** Apestar significa oler mal. *El olor a sardinas apesta toda la casa.* SIN. Heder, atufar.

2. También, resultar algo molesto porque se repite mucho. *Ya apesta que estés todo el día hablando de tu viaje a Francia.* SIN. Fastidiar, cansar.

apestoso, apestosa *adj.* Algo o alguien son apestosos si desprenden mal olor. *La fábrica de papel despide un olor apestoso.* SIN. Maloliente, pestilente.

apetecer *v.* Cuando a una persona le apetece algo es que tiene ganas de ello. ✲ SIN. Querer, agradar.

apetecible *adj.* Apetecible es algo que gusta o que se desea. *En verano, las ensaladas son los platos más apetecibles.* SIN. Deseable. ✔

El adjetivo ***apetecible*** tiene la misma forma para masculino y femenino.

apetito *s. m.* El apetito son ganas de comer. *Si durante el viaje se te abre el apetito, come el bocadillo.* SIN. Hambre, apetencia.

apetitoso, apetitosa *adj.* **1.** Es apetitoso lo que tiene buen sabor y nos abre el apetito. ✲ SIN. Sabroso, exquisito. **2.** Y también, lo que nos parece deseable y queremos tener. *Sin duda alguna, el puesto que usted me ofrece es muy apetitoso.* SIN. Apetecible, atrayente.

Era un hermoso licor blanco, de gusto muy apetitoso, que encierra los mismos elementos que la leche de vaca, y es aun más nutritivo, más consistente y de un sabor mucho más agradable.

Dos años de vacaciones

apiadarse *v. prnl.* Apiadarse de alguien es tener piedad de él. ✲ SIN. Compadecerse.

ápice *s. m.* **1.** El ápice es el extremo o la punta de algo. *Algunos sonidos se pronuncian con el ápice de la lengua.* SIN. Punta, pico. **2.** Un ápice es una parte muy pequeña, insignificante, de algo. *Lorena*

–¿Te apetece acompañarme a un lugar muy especial? –le preguntó Jonás una tarde.
–¿Dónde?
–Ya lo verás. ¿Vienes o no?
–De acuerdo. Te acompaño, pero, por favor, apiádate de mí y deja el monopatín en casa. Es una auténtica tortura ir corriendo detrás de ti todo el tiempo.
–Vale. Iremos andando.
Caminaron unos treinta minutos y llegaron a un parque grande y frondoso, con árboles centenarios que, agradecidos a la lluvia pertinaz, se desbordan en copas cargadas y verdes y crean un juego de sombras y luces que le confieren un aire de bosque encantado en el que solo faltaría algún personaje de cuento de hadas o de película fantástica.

no está dispuesta a ceder ni un ápice en sus pretensiones. SIN. Insignificancia, pizca.

apilamiento *s. m.* Un apilamiento es un conjunto de cosas amontonadas. *Este apilamiento de papeles sobre mi mesa indica que tengo trabajo atrasado.* SIN. Acumulación, montón.

apilar *v.* Apilar es poner unas cosas encima de otras formando un montón. *El ilusionista apilaba más de once vasos y no se caían.* SIN. Amontonar, hacinar.

apiñar *v.* Apiñar es formar un grupo muy apretado varias personas o casas que están muy juntas. También v. prnl. *El día del estreno, la gente se apiñaba en la calle para ver pasar a los actores.* SIN. Amontonar, concentrar.

Cuando el rey y la reina vieron que el monstruo se acercaba, ofrecieron en sacrificio a su hija Andrómeda para aplacar a Poseidón, y la encadenaron al acantilado.

El canto de la sirena

aplacar *v.* Aplacar significa suavizar la fuerza o intensidad de algo. También v. prnl. ✪ SIN. Calmar, atenuar.

aplanar *v.* **1.** Aplanamos algo cuando le damos forma plana. *Aplana bien la superficie antes de colocar el parqué.* SIN. Allanar, nivelar. **2.** Aplanar es dejar a alguien estupefacto con alguna noticia. *¿Pero que me dices? Me dejas aplanado.* SIN. Pasmar, sorprender. **3.** Y perder alguien el vigor, la energía. También v. prnl. *El calor excesivo me aplana.* SIN. Debilitar, extenuar.

La Tierra tiene un ligero aplastamiento en los Polos. Por eso se dice que nuestro planeta es un geoide.

aplastamiento *s. m.* El aplastamiento es la deformación que sufre un objeto cuando se presiona o se golpea. ✪ SIN. Achatamiento, hundimiento.

El adjetivo ***aplastante*** tiene la misma forma para masculino y femenino.

aplastante *adj.* Aplastante es algo que puede aplastar o, tomándolo en sentido figurado, abrumar. *En el partido de balonmano, la superioridad del equipo visitante fue aplastante.* SIN. Abrumador, apabullante. ✔

Las ardillas estaban escondidas. Solo vio una, un lustroso ejemplar gris aplastado contra una rama seca como si fuera una protuberancia leñosa de la madera.

La llamada de la selva

aplastar *v.* **1.** Aplastar una cosa es ejercer presión sobre ella o golpearla hasta deformarla o dejarla plana. También v. prnl. ✪ SIN. Apisonar, aplanar. **2.** Aplastar es también superar a alguien de forma apabullante. *El acierto de Gordon en los tiros libres aplastó al equipo contrario.* SIN. Arrasar, machacar.

aplaudir **1.** Cuando aplaudimos, golpeamos una mano contra la otra repetidamente para mostrar aprobación. ✪ SIN. Ovacionar. **2.** Aplaudir también es mostrar con palabras u otras demostraciones que algo o alguien nos agrada, o merece elogio. *Aplaudo públicamente la decisión de aumentar las ayudas para los discapacitados.* SIN. Alabar, elogiar.

Parece que el origen del aplauso puede ser tan antiguo como el hombre. Los romanos establecieron diferentes modos de aplauso para mostrar su grado de aprobación: golpear los dedos, dar palmadas con la mano plana o hueca, o agitar el faldón de la toga. Incluso pagaban a personas para que aplaudieran en los actos públicos.

Cuando las víboras danzaban y daban vueltas apoyadas en la punta de la cola, todos los invitados aplaudían como locos.

Cuentos de la selva

aplauso *s. m.* **1.** El aplauso es un gesto de aprobación que consiste en golpear las palmas de las manos una contra la otra. ✪ SIN. Ovación. **2.** El aplauso es una muestra de aprobación o de agrado. *La revista* Cinehome *ha aplaudido la nueva película de animación* Yuyu en la selva. SIN. Conformidad, consentimiento.

aplazamiento *s. m.* Un aplazamiento es un retraso en la ejecución de algo. *El fiscal solicitó un aplazamiento del juicio por la ausencia de un testigo.* SIN. Demora, prórroga.

aplazar *v.* **1.** Aplazar es dejar algo para hacerlo más tarde. *¿Te importa si aplazamos nuestra reunión para mañana por la tarde?* SIN. **Posponer, retrasar. 2. AM.** También, suspender a alguien en un examen. *Es la segunda vez que te aplazan en la misma asignatura.* SIN. **Suspender.**

aplicable *adj.* Aplicable es lo que puede o debe ser aplicado. *El descuento aplicable en época de rebajas será del 50%.* SIN. **Adaptable, ajustable.** ✔

El adjetivo ***aplicable*** tiene la misma forma para masculino y femenino.

aplicación *s. f.* **1.** Una aplicación es la colocación de una cosa sobre otra o en contacto con otra. *La aplicación de este producto ha de hacerse con mucha precaución porque es muy tóxico.* SIN. **Empleo, uso. 2.** Una aplicación es también un adorno que se añade a un objeto y elaborado con un material distinto al de este. *El vestido de novia de Sonia tiene escote palabra de honor con aplicaciones de pedrería.* SIN. **Ornamento, añadido. 3.** Y el interés que se pone en el desarrollo de una actividad. *Tu aplicación en este trimestre ha sido admirable.* SIN. **Dedicación, tenacidad. 4.** Así como el servicio o uso al que puede destinarse algo. *La aplicación de las investigaciones sobre el cáncer ofrece resultados esperanzadores.* SIN. **Práctica, utilidad. 5.** Una aplicación informática es un programa diseñado para realizar un tipo de tarea concreto. ✵ SIN. **Programa.**

Las aplicaciones informáticas son programas diseñados para realizar un tipo de trabajo concreto. Por lo tanto, son diferentes a los programas que sirven para que el ordenador funcione (sistemas operativos) y a los que son de uso general (utilidades). Son aplicaciones informáticas los prodesadores de textos, las hojas de cálculo, etc.

Felipe, alumnos aplicados como tú tienen por delante toda una vida de contracción al deber y al estudio ¡¡Adelante!!

Mafalda

aplicado, aplicada *adj.* Una persona aplicada es la que pone mucho interés y dedicación en el desarrollo de una actividad, especialmente en el estudio. ✵ SIN. **Estudioso, perseverante.**

aplicar *v.* **1.** Aplicar es poner una cosa sobre, o en contacto, con otra. ✡ SIN. **Poner, adherir. 2.** También, concretar en alguien un principio o una norma general. *A todos los internos se les aplicará el nuevo código de comportamiento del centro.* SIN. **Poner en práctica, asignar. 3.** Dar un determinado uso a algo. *Aplica tu habilidad para formar este puzle tridimensional.* SIN. **Destinar, emplear.** // **aplicarse** *v. prnl.* **4.** Aplicarse es esforzarse y poner interés en una actividad. *Tendré que aplicarme mucho si quiero sacar adelante el curso.* SIN. **Esmerarse, estudiar.**

La observó un momento en silencio y pensó que aquella mañana se había aplicado mal el maquillaje, porque tenía los bordes de los párpados más rojos de lo habitual [...].

El niño con el pijama de rayas

apocado, apocada *adj.* Una persona apocada es la que muestra poca decisión y se valora poco a sí mismo. *Si no fueras tan apocado te atreverías a protestar ante esta injusticia.* SIN. **Tímido, retraído.**

apocopar *v.* Apocopar es suprimir la parte final de una palabra. *Si apocopamos* matemáticas, *tenemos* mates. SIN. **Acortar, contraer.**

El atleta estadounidense Carl Lewis fue apodado «el hijo del viento» por su velocidad. Ganó numerosas medallas de oro en los Juegos Olímpicos de Los Ángeles, Seúl, Barcelona y Atlanta. Además, en 1991 batió el récord de los 100 metros.

apodar *v.* Apodar es poner un apodo a alguien. ✡ SIN. **Llamar.**

apoderar *v.* **1.** Una persona apodera a otra cuando cuando la autoriza a actuar en su nombre, sobre todo en asuntos legales. *Como es menor de edad, Chesco ha apoderado a su padre para que negocie su contrato.* SIN. **Representar, facultar.** // **apoderarse** *v. prnl.* **2.** Apoderarse es hacerse dueño de algo o someterlo. ✡ SIN. **Adueñarse, apropiarse.**

Aún era pronto y el lugar estaba prácticamente vacío; el silencio parecía apoderarse de cada rincón pero competía con los tenues murmullos arrancados por la brisa de un mar cercano.
—Este lugar es mágico —susurró Marena como temerosa de que su voz rompiera el hechizo.
—Ya te lo dije —respondió Jonás— pero aún no lo has visto todo. ¡Vamos!
Entre helechos y acacias, cruzaron el parque y llegaron a lo que parecía una casa abandonada; daba la impresión de que hacía tiempo que nadie se acercaba por allí.

apodo *s. m.* El apodo es un nombre que se pone a una persona, normalmente con intención humo-

rística o peyorativa. *¿Ahora entiendes por qué el apodo de la señorita Sáez es «la berenjena»?* SIN. Mote, sobrenombre.

apogeo *s. m.* El apogeo es el momento culminante o de mayor intensidad en un proceso o en una acción. *A sus treinta años, parece que ha alcanzado el apogeo de su carrera deportiva.* SIN. Plenitud, auge.

A mediodía, Platero estaba muerto. [...]. Parecía su pelo rizoso ese pelo de estopa apolillada de las muñecas viejas, que se cae, al pasarle la mano, en una polvorienta tristeza.

Platero y yo

apolillarse *v. prnl.* Una tela o un tejido se apolilla cuando es comido por las polillas. SIN. Carcomerse.

apología *s. f.* Una apología es un discurso o un escrito en los que se defiende o alaba a alguien o algo. *Su nuevo libro de cocina es una apología de la dieta mediterránea.* SIN. Defensa, alabanza.

apoltronarse *v. prnl.* **1.** Apoltronarse es sentarse cómodamente. *Tras ocho horas de trabajo, llego a casa y me apoltrono en mi sillón.* SIN. Arrellanarse, repantigarse. **2.** Y también, hacerse perezoso y perder el interés por mejorar. *Josu se ha apoltronado en su puesto y ya no muestra ambición.* SIN. Remolonear, vaguear.

aporrear *v.* Aporrear significa dar golpes con el puño, con una porra o algo similar a algo o a alguien. SIN. Golpear, apalear.

Jonás empujó la puerta. No se abría.
—Es por la madera —explicó a Marena—. Con la humedad aumenta su tamaño y la puerta se traba. Un ligero golpe y asunto solucionado.
Sin muchos miramientos, la aporreó hasta que cedió. Evidentemente, no era la primera vez que lo hacía.

aportación *s. f.* **1.** Una aportación es algo, que puede ser material, como un bien, o inmaterial, como una idea, que se aporta o se da. *La aportación de los socios no es suficiente para sanear* *la economía de la empresa.* SIN. Aporte. 2. También, un aporte que sirve para mejorar algo. *Sus investigaciones sobre la malaria constituyen una aportación esencial para la elaboración de un tratamiento.* SIN. Contribución.

Han demostrado perfectamente, por experiencia, que los sueños son augurios de las alegrías y penas que sufriremos en nuestra vida actual. No es preciso discutirlo: la experiencia aporta la prueba.

Cuentos de Canterbury

aportar *v.* 1. Aportar es dar algo a alguien o añadir algo. ✵ SIN. Proporcionar. 2. Aportar es también llevar algo a un lugar. *La sangre aporta oxígeno a todo el cuerpo.* SIN. Transportar, conducir.

aporte Un aporte es un bien, una idea, un pensamiento, etc., que se aporta o se da. *Las frutas son un valioso aporte de vitaminas para nuestro organismo.* SIN. Aportación, contribución.

apostante *s. m. y f.* El apostante es la persona que se juega algo, especialmente una cantidad de dinero, en una apuesta. *En esta carrera, los apostantes han preferido al caballo Ultraligero.* SIN. Jugador. ✔

El sustantivo ***apostante*** tiene la misma forma para masculino y femenino.

apostar[1] *v.* 1. Dos personas apuestan algo cuando pactan que la que no lleva la razón en una discusión o en una competición deberá dar a la otra algo, especialmente una cantidad de dinero. ✵ SIN. Desafiar, retar. 2. Apostar es también gastar una cantidad de dinero en un juego para que, si se produce un determinado resultado, obtener una cantidad mayor. *He apostado tres euros en esta quiniela.* SIN. Jugar, arriesgar. 3. Se apuesta por algo o alguien cuando se muestra confianza o preferencia hacia ellos. *Los directores de cine están apostando por actores y actrices jóvenes.* SIN. Confiar, preferir.

—Es evidente que nunca han visto las minas de diamantes de Kimberley. Pueden apostar cualquier cosa a que son las minas de diamantes del rey Salomón.

Las minas del rey Salomón

apostar² *v.* Apostar a una persona o una cosa en un lugar es ponerla allí para vigilar o esperar. *El francotirador se apostó en la azotea del edificio y desde allí disparó al presidente.* SIN. Colocar, situar.

apoyar *v.* **1.** Apoyar una cosa es hacer que su peso caiga sobre otra. ✪ SIN. Sostener, descansar. **2.** Apoyar a una persona es ayudarla o estar a favor de ella. *Ya sabes que nosotros apoyaremos cualquier decisión que tomes.* SIN. Alentar, favorecer. **3.** Una cosa se apoya en otra si toma esta como punto de partida, como base. También v. prnl. *Para crear mi página web, me he apoyado en el diseño de páginas similares.* SIN. Basar, fundar. // **apoyarse** *v. prnl.* **4.** Una persona o una cosa se apoyan en otra cuando dejan caer su peso sobre ella. *Sentí un desvanecimiento y me apoyé en la pared para no caerme.* SIN. Sujetarse.

Agnes *apoyó* suavemente su mano sobre mis labios, y un instanto después se había unido a su padre en la puerta del salón.

David Copperfield

apoyo *s. m.* **1.** Un apoyo es la base sobre la que se sostiene algo. *El apoyo de esta mesa es bastante inestable.* SIN. Soporte, apoyatura. **2.** Y también, la ayuda o protección que se prestan a una persona, a un proyecto, a una proposición, etc. *Para llevar a cabo el proyecto, se necesita el apoyo de las instituciones.* SIN. Favor, protección.

Hace tres días que no podemos cambiar ni siquiera una sola palabra. Abrimos la boca, movemos los labios pero no producimos ningún sonido apreciable.

Viaje al centro de la Tierra

apreciable *adj.* **1.** Apreciable es lo que se puede percibir con los sentidos o con la mente. ✪ SIN. Perceptible, visible. **2.** Apreciable es también la persona o cosa dignas de ser valoradas o estimadas. *Sus esfuerzos por salir de la situación son apreciables.* SIN. Considerable, estimable. ✔

El adjetivo ***apreciable*** tiene la misma forma para masculino y femenino.

Marena estaba perpleja ante el modo como estaban irrumpiendo en aquel lugar al que, se mirara como se mirara, y no era cuestión de apreciaciones, no deberían entrar.
Tenía intención de protestar pero, una vez más, no le dio tiempo. Jonás ya estaba dentro y tiraba de su brazo.

apreciación *s. f.* Una apreciación es un juicio o valoración sobre algo o alguien. ✧ SIN. **Consideración, percepción.**

apreciar *v.* **1.** Apreciar algo o a alguien es tener en cuenta su mérito, su valor... *En la concesión del premio, se ha apreciado la riqueza de su prosa.* SIN. **Valorar, reconocer.** **2.** También, sentir cariño hacia alguien. *Apreciamos a Lara como a una más de la familia.* SIN. **Querer, estimar.** **3.** Y percibir algo. *Marca un poco más el trazo porque casi no se aprecia.* SIN. **Captar, distinguir.** // **apreciarse** *v. prnl.* **4.** Una moneda se aprecia cuando aumenta su valor. *En la última semana, el euro se ha apreciado respecto al dólar.* SIN. **Revalorizarse.**

aprecio *s. m.* **1.** Aprecio es el cariño que se siente hacia alguien. *Respondió a mi hospitalidad con su aprecio.* SIN. **Afecto, estima.** **2.** Aprecio es también la valoración de las cualidades de una persona. *El aprecio de su excelente rendimiento ha sido fundamental en su ascenso.* SIN. **Consideración, respeto.**

aprehender *v.* **1.** Aprehender es hacerse con una mercancía, especialmente la ilegal destinada al contrabando. *La policía ha aprehendido joyas robadas en el maletero de un coche.* SIN. **Confiscar, incautarse.** **2.** Aprehender es también apresar a alguien. *El delincuente fue aprehendido gracias a la colaboración ciudadana.* SIN. **Detener, capturar.** **3.** Y asimilar algo. *Para aprehender el significado del texto, debes leerlo con mucha atención.* SIN. **Percibir, captar.** ✔

No confundir ***aprehender*** con ***aprender*** *(adquirir conocimientos).*

El adjetivo ***apremiante*** tiene la misma forma para masculino y femenino.

apremiante *adj.* Apremiante es aquello que debe hacerse rápidamente. *Las autoridades intentan cubrir las necesidades más apremiantes de los afectados.* SIN. **Urgente, acuciante.** ✔

Una vez dentro, Marena comprendió por qué a Jonás le apremiaba llevarla hasta allí. Parecía una casa encantada porque por sus ventanas, cielo y mar se colaban repartiéndose el espacio a partes iguales en una especie de tapiz luminoso cuya intensidad variaba siguiendo el vaivén de nubes caprichosas.

apremiar *v.* **1.** Apremiar a una persona es incitarla para que haga algo con rapidez. ✲ SIN. **Meter prisa, acuciar.** **2.** Y empujar a una pesona para que haga algo. *Mi espíritu creativo me ha apremiado a pintar este lienzo.* SIN. **Incitar, estimular.**

Pantuflo era muy listo y no tardó en aprender el lenguaje y las costumbres de los cuervos.

El cuervo Pantuflo

aprender *v.* **1.** Aprender algo es tener conocimiento de ello por medio del estudio, de la experiencia, etc. ✲ SIN. **Asimilar, estudiar.** **2.** Aprender es también fijar algo en la memoria. *A Jan le ha costado aprender la tabla del 9.* SIN. **Memorizar, grabar.** ✔

aprendiz, aprendiza *s. m. y f.* Un aprendiz es una persona que está aprendiendo algo, especialmente un oficio. *Su sueldo es muy bajo porque aún es aprendiz.* SIN. **Novato, principiante.**

No confundir ***aprender*** con ***aprehender*** (*confiscar, detener*).

aprensión *s. f.* **1.** La aprensión es el temor, la desconfianza de una persona ante algo o ante alguien por miedo a ser contagiado. ✲ SIN. **Escrúpulo, rechazo.** **2.** Las aprensiones son ideas sin fundamento. *Nadie te persigue, son aprensiones tuyas.* SIN. **Manía, recelo.** ✔

No confundir ***aprensión*** con ***aprehensión*** (*asimilación de una idea*).

aprensivo, aprensiva *adj.* Una persona aprensiva es la que siente un miedo excesivo a ser contagiada por alguien o a contraer una enfermedad. *Ante el menor síntoma, la persona aprensiva piensa que sufre una grave enfermedad.* SIN. **Hipocondriaco, escrupuloso.**

Más tarde fue amigo de todos los Hijos de Ilúvatar y compadeció sus sufrimientos, y quienes lo escuchaban despertaban de la desesperación y apartaban las aprensiones sombrías.

El Silmarillion

apresar *v.* **1.** Apresar significa detener a alguien. *Aunque no fue fácil, la policía logró apresar al agresor.* SIN. **Arrestar, capturar.** **2.** También, hacerse con algo por la fuerza. *Los guardacostas apresaron un barco sospechoso.* SIN. **Aprehender, apoderarse.** **3.** Y sujetar fuertemente algo o a alguien para que no se muevan. *El águila apresó al conejo con sus garras.* SIN. **Aprisionar, inmovilizar.**

Sin decir una palabra se apresuraron todo lo que pudieron y el señor Tumnus se mantuvo siempre en los lugares más oscuros.

Las Crónicas de Narnia (El león, la bruja y el armario)

apresurar *v.* **1.** Apresurar es hacer que algo se realice con mayor rapidez. *Si no quieres llegar tarde, apresura el paso.* SIN. **Apremiar, aligerar.** // **apresurarse** *v. prnl.* **2.** Apresurarse es darse prisa. ✡ SIN. **Acelerarse.**

Apretar las manos es un gesto muy utilizado y que no solo sirve para saludar y despedirse, sino también para cerrar un trato, para mostrar nuestro apoyo, para felicitar, etc.

apretado, apretada *adj.* **1.** Una agenda, un programa, un período, etc. están apretados si tienen muchas obligaciones o compromisos. *Me espera una semana muy apretada.* SIN. **Atareado, intenso.** **2.** Un resultado apretado es aquel en el que casi no hay diferencia. *Cuando faltaban cinco minutos para el final el resultado era muy apretado.* SIN. **Ajustado, igualado.** **3.** Apretado también significa con dificultades económicas. *La crisis que atraviesa la empresa obliga a trabajar con presupuestos muy apretados.* SIN. **Apurado, complicado.**

apretar *v.* **1.** Apretamos una cosa si ejercemos presión sobre ella. ✡ SIN. **Presionar, prensar.** **2.** También, si juntamos mucho a una persona o una cosa a otras. ✡ SIN. **Abrazar, achuchar,** **3.** Una prenda nos aprieta si nos queda muy ajustada. *No puedo ponerme este pantalón porque me aprieta*

La niña se lanza, tierna, sobre él, besándolo, apretándole contra su cuerpo.

Los aretes de la Luna

–Es impresionante. Nunca pensé que aprobaría una cosa así: colarnos a escondidas en un lugar privado forzando la puerta. ¡Si me vieran mis antiguas amigas!

Marena echó un vistazo al interior de la casa. No había nada salvo algunas cosas que Jonás había llevado: una colchoneta, un cajón de madera, una caja de plástico de color rojo. Marena se fijó en esta caja; destacaba del resto y además tenía un pequeño candado.

–¿Qué hay dentro? ¿Por qué está cerrada? –inquirió ella.

–Nada, cosas mías –respondió Jonás, un poco molesto.

–¿Guardas tus tesoros secretos en una casa a la que cualquiera puede entrar? Perdona, pero no me parece muy apropiado. Enséñamelas.

mucho. SIN. Oprimir. **4.** Apretar es también mostrarse algo con tal intensidad que resulte molesto. *Cuando aprieta el hambre, cualquier alimento es un manjar.* SIN. Presionar, exigir. // **apretarse** *v. prnl.* **5.** Apretarse es juntarse mucho varias personas que están en un mismo lugar. *El vagón iba tan lleno que sus ocupantes se apretaban unos a otros.* SIN. Amontonarse, apiñarse.

aprobación *s. f.* La aprobación de algo es el hecho de considerarlo válido o darlo por bueno. ✩ SIN. Aceptación, conformidad.

aprobar *v.* **1.** Aprobar algo es considerarlo válido o adecuado. ✩ SIN. Aceptar, consentir. **2.** Aprobar a una persona es considerarla apta en un examen u otra prueba. *O mejoras tu expresión oral o no te aprobaré el examen de Francés.* SIN. Pasar. **3.** Aprobar un examen es obtener la calificación exigida. *He aprobado Matemáticas pero suspenderé Historia.* SIN. Pasar.

apropiado, apropiada *adj.* Apropiado significa conveniente o adecuado para algo o para alguien. ✩ SIN. Idóneo, oportuno.

apropiarse *v. prnl.* Apropiarse es hacerse dueño de algo que pertenece a otra persona. *¿Crees que no he visto cómo te apropiabas de mi almuerzo?* SIN. Adueñarse, apoderarse.

aprovechable *adj.* Aprovechable es aquello que puede resultar provechoso y útil. *No tires este cartón, puede ser aprovechable.* SIN. Utilizable, servible. ✔

Kim observaba, escuchaba y mostraba su aprobación. Esto no se parecía a la charla insustancial de los educandos de tambor, sino que se relacionaba con la vida que él conocía y comprendía en parte.

Kim

El adjetivo ***aprovechable*** tiene la misma forma para masculino y femenino.

Lena aprovechó la ocasión y echó los dos terroncitos de azúcar en las tazas de té de sus padres.

Los mejores cuentos de Michael Ende

aprovechar *v.* **1.** Aprovechar algo es utilizarlo de forma que resulte útil. SIN. **Emplear, explotar.** // **aprovecharse** *v. prnl.* **2.** Aprovecharse de alguien o de algo es obtener beneficio de ellos normalmente con astucia y engaños. *El timador se aprovechaba de la inocencia de los ancianos para robarles su dinero.* SIN. **Engañar, abusar.**

aproximar *v.* Aproximar es poner a una persona o una cosa cerca de otra. También v. prnl. *Jandro aproxima la lámpara para ver mejor.* SIN. **Acercar, arrimar.**

No confundir ***aptitud*** con ***actitud*** (conducta).

aptitud *s. f.* La aptitud es la condición de una persona para desempeñar una determinada función o actividad. *En esta prueba deberéis demostrar vuestras aptitudes para el baile.* SIN. **Capacidad, disposición.** ✔

En ocasiones habité el cuerpo de animales (por supuesto, las serpientes fueron mis preferidos), pero en ellos no estaba mucho mejor que siendo puro espíritu, porque sus cuerpos son poco aptos para realizar magia...

Harry Potter y el cáliz de fuego

apto, apta *adj.* Apto significa adecuado, idóneo para algo. SIN. **Competente, válido.**

apuntar *v.* **1.** Apuntamos algo cuando lo escribimos para que no se nos olvide. SIN. **Anotar.** **2.** Apuntamos a un persona cuando la inscribimos para hacer algo. *¿Quieres que te apunte a clases de guitarra?* SIN. **Matricular, registrar.** AM. **Enlistar.** **3.** También apuntamos cuando colocamos un arma o algo similar en la dirección del blanco. *Mira fijamente hacia el centro de la diana y apunta el dardo en esa dirección.* SIN. **Dirigir.** **4.** Apuntar hacia algo o hacia alguien es señalarlos. *No apuntes con el dedo; es propio de niños maleducados.* SIN. **Indicar, aludir.** **5.** Apuntar también es susurrar a alguien lo que

-De acuerdo, pero tu curiosidad va a verse seriamente decepcionada –protestó Jonás. Buscó la pequeña llave del candado en el bolsillo de su pantalón y abrió la caja. No había nada que llamase la atención: papeles arrugados, recortes de periódico, algunos dibujos, un par de cómics y una libreta. Marena la ojeó sin mucho interés. Vio que en las primeras hojas, Jonás había apuntado *dos o tres direcciones, varios números de teléfono y direcciones de messenger.*

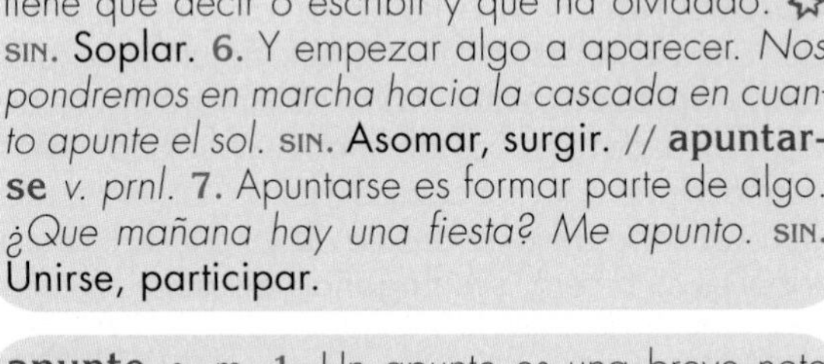

tiene que decir o escribir y que ha olvidado. ✲ **SIN.** Soplar. **6.** Y empezar algo a aparecer. *Nos pondremos en marcha hacia la cascada en cuanto apunte el sol.* **SIN.** Asomar, surgir. // **apuntarse** *v. prnl.* **7.** Apuntarse es formar parte de algo. *¿Que mañana hay una fiesta? Me apunto.* **SIN.** Unirse, participar.

En el teatro hay una persona, el apuntador, que *apunta* en voz baja al actor cuando este olvida su próxima frase y le corrige si sus movimientos en el escenario no son correctos.

apunte *s. m.* **1.** Un apunte es una breve nota sobre algo que se toma por escrito. ✲ **SIN.** Anotación. **2.** También, dibujo rápido y poco detallado que se hace del natural. *Esto es solo un apunte del diseño, en el estudio perfeccionaré los trazos.* **SIN.** Esbozo, boceto. **3.** Los apuntes son notas que los alumnos toman a partir de las explicaciones del profesor o del contenido de una conferencia. *El profesor de Lengua habla demasiado rápido y es difícil tomar apuntes.* **SIN.** Anotación, resumen.

apurar *v.* **1.** Apuramos algo si lo consumimos totalmente. *Apura el vaso de agua y vámonos.* **SIN.** Consumir, agotar. **2.** Una situación apura a alguien si le causa preocupación. También v. prnl. *No se apure, nosotros nos hacemos cargo de los desperfectos del coche.* **SIN.** Angustiar, preocupar. // **apurarse** *v. prnl.* **3. AM.** Apurarse es darse prisa. *Si no te apuras, llegaremos al cine cuando acabe la película.* **SIN.** Apresurar, urgir.

apuro *s. m.* **1.** Un apuro es una situación difícil que causa angustia o preocupación. *Sergio está en un gran apuro por no haber sido más responsable con sus gastos.* **SIN.** Problema, conflicto. **2.** Apuro es también vergüenza. *¡Qué apuro! Iba*

En las últimas hojas
también había algo
escrito.
En ellas había breves
apuntes con vocación
de poema existencial:
No me gusta este
silencio:
me invade y me araña.
Prefiero tu sonido,
sonido de agua y de
mar en calma.
O de poema misterioso
Palabras silenciadas entre
páginas calladas
esperan pacientes tu
aliento
para darle voz al viento.

a pagar el pan y había olvidado el monedero. SIN. **Aprieto, turbación. 3.** **AM.** Apuro también es urgencia para hacer algo. *Sin el menor apuro, estacionó el coche en un vado y se fue.* SIN. **Prisa, rapidez.**

Los gatos arañan por diversos motivos: para liberar estrés, para marcar su territorio, para ejercitar sus músculos, etc. Para arañar, el gato utiliza sus uñas; las uñas de los gatos son retráctiles, es decir, que permanecen escondidas hasta que el gato decide enseñarlas.

arañar *v.* **1.** Una persona o un animal arañan cuando hacen heridas superficiales en la piel con las uñas. ✧ SIN. **Rasguñar. 2.** Arañar es también hacer marcas poco profundas en una superficie. *Debes utilizar con más cuidado el punzón porque has arañado la mesa.* SIN. **Rayar. 3.** Y obtener lo necesario para un fin tomándolo de varios lugares y en pequeñas porciones. *Arañando un poco de aquí y un poco de allá, he conseguido el dinero necesario para la entrada del concierto.* SIN. **Juntar, acopiar.**

arbitrar *v.* **1.** Arbitrar es intervenir para solucionar un conflicto. *La comisión de disciplina arbitra en todos los conflictos que surgen en el centro.* SIN. **Mediar, interceder. 2.** En una competición deportiva, arbitrar es cuidar de que se cumpla el reglamento. *El partido será arbitrado por un colegiado canario.* SIN. **Pitar, dirigir.**

arder *v.* **1.** Algo arde cuando desprende llamas. *La madera de haya arde bien.* SIN. **Encender, prender. 2.** También cuando desprende mucho calor. *No toques el radiador, está ardiendo.* SIN. **Quemar, abrasar.**

arduo, ardua *adj.* Es arduo lo que nos resulta difícil o nos exige mucho esfuerzo. ✧ SIN. **Dificultoso, complicado.**

Su forma venía a ser la de un barco: el extremo donde se encontraban se erguía encorvado y detrás de ellos descendía el arduo camino hacia la orilla. A un lado y otro, rocas, riscos, copas de árboles y una fuerte pendiente.

El señor de las moscas

Si nos fijamos en el argumento de las películas, podremos clasificar estas en diferentes géneros cinematográficos: documental, cine de animación, melodrama, cine histórico, de suspense, cómico, de terror, de ciencia-ficción, fantástico, musical, de aventuras, bélico, wéstern…

argumentar *v.* Argumentamos cuando damos razones para apoyar una afirmación. *Debes argumentar tu postura para convencerme.* SIN. Aducir, razonar.

argumento *s. m.* **1.** Un argumento es un razonamiento con el que se pretende justificar algo o convencer a alguien. *Con argumentos tan poco convincentes no lograrás cambiar mi opinión.* SIN. Tesis, prueba. **2.** El argumento de una novela, una película, etc. es el conjunto de hechos que se van desencadenando en ellas. ✲ SIN. Tema, trama.

aridez *s. f.* La aridez es la falta de humedad. *Esta fotografía refleja perfectamente la aridez del terreno.* SIN. Sequedad, desecación.

El desierto de Atacama, en Chile, es el lugar más árido del planeta. En algunas zonas de este desierto hace más de 400 años que no llueve.

árido, árida *adj.* **1.** Un terreno árido es el que está seco y con poca vegetación. ✲ SIN. Desértico, desolado. **2.** Un discurso, una conversación, un texto, etc. son áridos si resultan pesados y aburridos. *La lectura de este ensayo me parece muy árida.* SIN. Tedioso.

armar *v.* **1.** Armar significa proporcionar armas a alguien. *Los ladrones entraron en la sucursal armados con pistolas.* SIN. Equipar, dotar. **2.** También, unir las piezas de algo y hacer que encajen. *Estos muebles suecos se arman muy bien.* SIN. Montar, ensamblar. **3.** También, causar un lío, una disputa, etc. *Vaya la que has armado con tus declaraciones.* SIN. Provocar, liar. // **armarse** *v. prnl.* **4.** Armarse de paciencia, de valor… es enfrentarse a una situación difícil con buena disposición de ánimo. *Para afrontar esta enfermedad tendrás que armarte de valor.* SIN. Prepararse, envalentonarse.

armonía *s. f.* **1.** La armonía es la correcta proporción entre las diferentes partes de algo. ✪ SIN. Equilibrio, correspondencia. **2.** También es armonía una relación amistosa y cordial entre personas. *La celebración se ha caracterizado por la armonía familiar.* SIN. Concordia, cordialidad. **3.** En música, la armonía es la organización de los acordes. *Debemos buscar el origen de la armonía en el siglo XVI, en pleno Renacimiento.* SIN. Cadencia, musicalidad.

[...] mientras iba caminando, se le ocurrió que parecía demasiado bien vestido para un artista ambulante, y concibió entonces la idea de trocar su traje por unos guiñapos que estuviesen más en armonía con su posición.

La vuelta al mundo en 80 días

armonioso, armoniosa *adj.* **1.** Algo nos resulta armonioso si hay una correcta correspondencia entre sus partes. *Has conseguido una armoniosa combinaicón de colores.* SIN. Proporcionado, equilibrado. **2.** La relación entre dos o más personas es armoniosa si es cordial y amistosa. *Más que una reunión profesional, parecía un armonioso encuentro entre dos amigos.* SIN. Amable, afectuosa. **3.** Un sonido armonioso es el que resulta agradable. *Has compuesto una melodía muy armoniosa.* SIN. Armónico, melodioso.

aroma *s. m.* Un aroma es un olor muy agradable. ✪ SIN. Perfume, esencia.

[...] no hay plato más exquisito para una lechuza que un ratoncito sazonado con el aroma de las hierbas del bosque.

Tres cuentos de hadas

aromático, aromática *adj.* Aromático es aquello que posee un olor agradable. *Las hierbas aromáticas dan un toque especial a los platos de caza.* SIN. Perfumado, oloroso.

arrancar *v.* **1.** Arrancar es quitar algo a alguien con violencia o con fuerza. *Al pasar a mi lado, me arrancó el bolso del brazo y casi me tira al suelo.* SIN. Arrebatar, despojar. **2.** También, separar una cosa de otra, o del lugar donde está, normalmente usando la fuerza. ✧ SIN. **Sacar, extraer.** 3. Arrancar es poner en marcha un vehículo, un motor, un programa informático... *Para arrancar el cortacésped tienes que pulsar esta palanca.* SIN. **Accionar.** 4. Y salir de un lugar. *La carrera arranca en el paseo de la Castellana.* SIN. **Partir, salir.** 5. O surgir de un momento. *La historia arranca en la* época de los romanos. SIN. **Empezar, iniciar.**

Su corazón se agitaba en el pecho como una rama que, arrancada del árbol, es arrastrada por un torrente.

La princesa manca

arrastrar *v.* 1. Arrastrar es mover algo sin levantarlo del suelo. *Intenta no arrastrar la silla cada vez que te levantas.* SIN. **Deslizar, desplazar.** 2. Y llevar algo o a alguien de un lado a otro tirando o empujando. *La corriente nos arrastró hacia el centro del río.* SIN. **Transportar, acarrear.** 3. Una persona arrastra a otra o a otras si consigue que vayan con ella sin resistirse. *El delantero se mueve tanto que siempre arrastra a dos o tres defensas.* SIN. **Atraer, seducir.** 4. Una cosa arrastra si cuelga tanto que toca el suelo. *Me gusta que las cortinas arrastren dos o tres centímetros.* SIN. **Pingar, pender.** // **arrastrarse** *v. prnl.* 5. Arrastrarse es ir de un lugar a otro rozando el suelo. ✧ SIN. **Deslizarse, reptar.** 6. Arrastrarse es también humillarse ante otra persona. *Por conseguir su favor, no duda en arrastrarse ante sus superiores.* SIN. **Doblegarse, degradarse.**

Cuando el niño fue a la escuela, hacía mucho tiempo que el sol y la lluvia habían desbaratado el gallinero. El ángel andaba arrastrándose por acá y por allá como un moribundo sin dueño.

Cuentos.

Y mis manos dejaron de temblar porque reconocieron lo que estaban tocando.
Se trataba de un libro. Lo cogí con firmeza, y con cierto temor, como si alguien pudiera surgir de entre las tinieblas de esa habitación oscura para arrebatarme el preciado (bueno, realmente, no sabía aún si era o no preciado) tesoro.

arrebatar *v.* 1. Arrebatar algo o a alguien a una persona es quitárselos de forma violenta. ✧ SIN. **Arrancar, despojar.** 2. Arrebar a una persona es conmoverla con gran intensidad. *Interpretó a Mozart con tanta pasión que consiguió arrebatar a los asistentes.* SIN. **Extasiar, exaltar** // **arrebatarse**

v. prnl. **3.** Arrebatarse es enfadarse mucho. *Cuando te pones tan pesado, consigues arrebatarme.* **SIN.** Enfurecerse, indignarse.

El águila y el león gran conferencia tuvieron para arreglar entre sí ciertos puntos de gobierno.
Fábulas literarias

arreglar *v.* **1.** Arreglar algo que está roto o estropeado es hacer que vuelva a estar bien o que funcione de nuevo. *El avión no despegará hasta que el mecánico arregle uno de sus motores.* **SIN.** Recomponer, reparar. **2.** Arreglar un problema es encontrarle una solución. ✪ **SIN.** Solucionar, solventar. **3.** Arreglar a un persona es peinarla, vestirla, etc. para que presente mejor aspecto. *Hoy cenaremos en el restaurante de moda, así que arréglate bien.* **SIN.** Acicalar, atusar. **AM.** Alistar. **4.** Arreglar un lugar es dejarlo limpio y presentable. *Antes de alquilar la habitación, tendré que arreglarla un poco.* **SIN.** Limpiar, ordenar. **5.** Arreglar es hacer que algo se ajuste a la regla. *En la gestoría se encargarán de arreglar los papeles del seguro.* **SIN.** Preparar, adecuar. // **arreglarse** *v. prnl.* **6.** Arreglarse con algo es considerarlo suficiente. *Creo que con una cucharada de azúcar me arreglo.* **SIN.** Apañarse, bastarse.

arreglo *s. m.* **1.** Un arreglo es la reparación de algo que está roto, estropeado o que no se ajusta a unas necesidades. *Si compro el vestido, el sastre deberá hacer varios arreglos.* **SIN.** Reparación, reforma. **2.** También, el aseo y cuidado de algo o de alguien para que presente mejor aspecto. *Se han colocado bombillas de colores para el arreglo navideño de las calles.* **3.** Un arreglo es la solución adoptada para resolver un conflicto. *Sería deseable que ambas partes llegaran a un arreglo para evitar problemas mayores.* **SIN.** Acuerdo, pacto.

En música, un arreglo es la transformación que se realiza en una composición musical para poder ser interpretada por unas voces y con unos instrumentos distintos a las que originalmente la interpretaron.

arrepentirse *v. prnl.* **1.** Arrepentirse es disgustarse por haber hecho algo. *Me arrepiento mucho de haber roto tu jarrón preferido.* SIN. **Lamentar, sentir.** **2.** Arrepentirse es también cambiar de opinión. *Había pensado acompañarte al cine, pero me he arrepentido.* SIN. **Rectificar, retractarse.**

arriesgar *v.* Arriesgar algo o arriesgarse a algo es ponerlo en peligro. También v. prnl. SIN. **Exponer, comprometer.**

Mi padre tenía una tiendecita en Basora. Era un hombre ni rico ni pobre, de esos que no les gusta arriesgarse por temor a perder también lo poco que poseen.

La caravana

arrogante *adj.* **1.** Una persona arrogante es la que se muestra altiva porque se cree superior a los demás. *En su última película, James Old da vida a un noble arrogante y presumido.* SIN. **Soberbio, presuntuoso.** **2.** También es arrogante la persona que muestra valentía. *La arrogante dama se enfrentó al fiero dragón.* SIN. **Valiente, decidido.** ✔

El adjetivo ***arrogante*** tiene la misma forma para masculino y femenino.

arrojar *v.* **1.** Arrojar algo o a alguien es lanzarlo con fuerza. SIN. **Impulsar, impeler.** **2.** También, dejar caer algo en un lugar. *Mi vecino arroja desperdicios por la ventana.* SIN. **Echar, tirar.** **3.** Y expulsar a alguien de un lugar. *La policía arrojó a los aficionados más exaltados fuera del estadio.* SIN. **Despedir, echar.** **4.** Y emitir desde el interior. *La central arroja gases contaminantes al exterior.* SIN. **Verter, expeler.**

Pip y Jinky habían hecho dos muñecos de nieve, y se arrojaron bolas de nieve hasta que se cansaron.

Cuentos para irse a la cama

arrollar *v.* **1.** Arrollar algo o a alguien es pasar por encima de ellos violentamente. *El coche se salió de la calzada y arrolló a varios transeúntes.* SIN. **Atropellar, arrasar.** **2.** En una competición, un participante arrolla a otro si le vence con gran clari-

No confundir **arrollar** con **arrullar** (*adormecer o atraer con arrullos*). Ni **arrollo** (1.ª persona presente de indicativo de *arrollar*) con **arroyo** (caudal corto de agua).

dad. *Podríamos decir, sin exagerar, que el Sporting arrolló al Racing.* SIN. **Derrotar, machacar.** ✔

arrugar *v.* **1.** Arrugar es formar arrugas. También v. prnl. ✧ SIN. **Plegar, fruncir.** // **arrugarse** *v. prnl.* **2.** Una persona se arruga cuando se asusta o siente miedo ante algo. *Por muy serias que sean sus amenazas, no pienso arrugarme.* SIN. **Acobardarse, apoquinarse.**

Allí estaba sentado, en un sillón de orejas de cuero desgastado, un hombre grueso y rechoncho. Llevaba un traje negro arrugado, que parecía muy usado y como polvoriento.

La historia interminable

arruinar *v.* **1.** Arruinar a alguien es hacer que pierda su dinero o sus posesiones. También v. prnl. *Su adicción al juego le ha arruinado.* SIN. **Empobrecer.** **2.** Arruinar algo o a alguien es causarle un gran daño. *Esta lluvia tan inoportuna ha arruinado la ceremonia.* SIN. **Estropear, dañar.**

Las dudas asaltaron mi cabeza. ¿Qué significaba aquello? ¿Qué ocultaba aquella estancia? ¿Por qué había un libro allí? Retrocedí unos pasos. No sabía qué hacer. Parecía como si la oscuridad hubiera entrado dentro de mí, hubiera ascendido por mi cuerpo y se hubiera instalado en mi cabeza bloqueando mi capacidad de reacción. Me acerqué, con el libro bien sujeto entre mis brazos, hasta la lámpara que iluminaba el local.

asaltante *adj.* Un asaltante es quien ataca por sorpresa algo o a alguien, bien para robar, bien para apoderarse de un lugar. *Los asaltantes no consiguieron abrir la caja fuerte.* SIN. **Atacante, agresor.** ✔

Asaltante, como adjetivo o como sustantivo, tiene la misma forma para masculino y femenino.

asaltar *v.* **1.** Asaltar es atacar por sorpresa algo o a alguien con la intención de robar. *Rodrigo fue asaltado por un hombre armado pero se defendió.* SIN. **Atracar, agredir.** **2.** También, entrar por sorpresa y de forma violenta en un lugar. *Varios soldados asaltaron la embajada y retuvieron al embajador.* SIN. **Invadir, irrumpir.** **3.** Un pensamiento, una idea asaltan a una persona cuando aparecen repentinamente en su mente. ✧ SIN. **Surgir, presentarse.**

ascender *v.* **1.** Ascendemos cuando vamos a un lugar que está más alto. ✧ SIN. **Subir, escalar.** **2.** También ascendemos cuando ocupamos, o alguien hace

que ocupemos, un puesto o un estado más importante en el trabajo o en la escala social. *Como premio a mi dedicación, me han ascendido a subdirectora de sucursal.* SIN. **Mejorar, progresar.** **3.** Una cantidad asciende a una cifra cuando llega a ella. *Dos bocadillos, dos refrescos y dos flanes... en total la cuenta asciende a 18 euros.* SIN. **Importar, sumar.**

ascenso *s. m.* **1.** Ascenso es el movimiento de algo o de alguien hacia un lugar más alto. ✪ SIN. **Subida, ascensión.** **2.** Ascenso es también un aumento en la cantidad, la intensidad y la importancia de algo. *El ascenso en el número de accidentes de tráfico preocupa a las autoridades.* SIN. **Incremento, ampliación.** **3.** Y una mejora en la categoría profesional o social. *Su ascenso ha sido tan meteórico que ni los más optimistas podían imaginarlo.* SIN. **Promoción, progreso.**

El 29 de mayo de 1953, el neozeladés Edmund Hillary y el sherpa Tensing Norgay culminaron el ascenso a la cumbre del Everest por primera vez en la historia.

No me había percatado de la capa de polvo que forraba las cubiertas. —¡Qué asco! —pensé, mientras sacudía mi ropa.
Utilicé un trapo viejo para limpiar el libro y poder leer su título: La oscura razón de las palabras.

asco *s. m.* **1.** Sentimos asco ante algo que nos repugna y nos provoca ganas de vomitar. *Nunca como acelgas porque me dan asco.* SIN. **Repugnancia, náusea.** **2.** Y ante algo o alguien que nos produce rechazo. ✪ SIN. **Desagrado, aversión.**

asear *v.* Asear es limpiar algo o a alguien para darle mejor aspecto. También v. prnl. ✪ SIN. **Lavar, arreglar.**

Pero lo peor de todo no son esas prohibiciones. Lo peor es que no te dejan lavarte, ni ducharte, ni asearte durante siete días.

Mi tigre es lluvia

asediar *v.* **1.** Asediar un lugar es rodearlo para que no salga nadie de él ni pueda recibir ayuda del exterior. *Los policías asediaron la torre en la que se amotinaron los presos.* SIN. **Cercar, acorralar.** **2.** Asediar es también agobiar a alguien con reiteradas peticiones o preguntas. ✪ SIN. **Acosar, atosigar.**

En la escuela los chicos asediaron de tal manera a Tom y Joe, y era tal la admiración con que los contemplaban, que no tardaron los dos héroes en ponerse insoportables de puro tiesos a hinchados.

Las aventuras de Tom Sawyer

El adjetivo ***asequible*** tiene la misma forma para masculino y femenino. No confundir ***asequible*** con ***accesible*** (alcanzable).

asegurar *v.* **1.** Aseguramos algo o a alguien cuando lo sujetamos bien para que quede seguro. *Asegura bien las escaleras antes de subir a ellas.* **SIN.** Fijar, asentar. **2.** También, cuando contratamos un seguro con una compañía para que cubra los daños que algo o alguien puede sufrir. *He asegurado mi coche a todo riesgo durante tres años.* **SIN.** Proteger. **3.** Y cuando decimos algo con total certeza. ✩ **SIN.** Ratificar, garantizar. // **asegurarse** *v. prnl.* **4.** Asegurarse de algo es tener la seguridad de que es cierto. *Antes de pedir explicaciones, asegúrate de que lo que te han contado es cierto.* **SIN.** Cerciorarse, comprobar.

asequible *adj.* Decimos que algo es asequible si es fácil de conseguir o alcanzar. *Me he propuesto llevar al equipo a la primera división porque creo que es un objetivo asequible para nosotros.* **SIN.** Factible, posible. ✔

asesor, asesora *s. m. y f.* Un asesor es una persona que aconseja o informa sobre algún tema. También adj. *No sé si puedo cobrar la prestación por desempleo; consultaré a un asesor.* **SIN.** Consultor, consejero.

asesorar *v.* **1.** Una persona asesora a otra si la informa sobre un asunto del que tiene conocimiento. *Mi trabajo consiste en asesorar a los inmigrantes para que se adapten mejor.* **SIN.** Aconsejar, orientar. // **asesorarse** *v. prnl.* **2.** Asesorarse es buscar la información de un experto sobre un asunto determinado. *Antes de firmar, prefiero asesorarme sobre las condiciones del contrato.* **SIN.** Informarse, preguntar.

¡Qué título más raro! Bueno, todo el libro parecía un poco raro: las letras del título eran de un color rojo sangre que casi impresionaba y el nombre del autor estaba prácticamente borrado.
Volví a la habitación misteriosa y encendí un mechero pensando, iluso de mí, que esa pequeña llamita sería suficiente para iluminar la estancia. Evidentemente, solo conseguí crear pequeñas ilusiones ópticas: claroscuros minúsculos, juegos de sombras como luciérnagas juguetonas. De todas formas, podría asegurar que uno de esos breves destellos había llevado mis ojos hacía un montón de libros.
El mechero se apagó una vez más.
–¡Maldita sea!
Rebusqué en mi caja de herramientas con la esperanza de encontrar una linterna.
–¡Bien! Hay una.

asiduo, asidua *adj.* **1.** Una persona es asidua de un lugar si acude a él frecuentemente. *Soy participante asidua de las tertulias del Café Vienés.* SIN. Habitual, frecuente. **2.** Una cosa asidua es la que se hace con frecuencia. *La asistencia asidua a clase es imprescindible para aprobar.* SIN. Acostumbrado, constante.

asistente *adj.* **1.** Una persona asistente es la que acude a un lugar. *El público asistente mostró su desagrado con abucheos.* SIN. Presente, espectador. **2.** Y una persona que colabora en alguna tarea. *El enfermero asistente me cambió el vendaje con mucho cuidado.* SIN. Ayudante, colaborador. // **asistente** *s. m. y f.* **2.** Un asistente es una persona que desempeña un cargo auxiliar a las órdenes de otra. *La asistente del profesor no es tan severa como el titular.* SIN. Agregado, auxiliar. // **asistenta** *s. f.* **3.** Una asistenta es una mujer que realiza las tareas domésticas por horas. *La asistenta viene los lunes y miércoles.* SIN. Sirvienta, señora de la limpieza. ✔

Como adjetivo y como sustantivo, en la acepción 2, ***asistente*** tiene la misma forma para masculino y femenino.

asistir *v.* **1.** Asistir es estar presente en un acto o en un lugar. *Creo que sí podremos asistir a tu boda.* SIN. Comparecer, presentarse. **2.** E ir a un lugar de forma habitual. ✡ SIN. Acudir. **3.** Una persona asiste a otra si la ayuda o colabora con ella. *Mi secretario me asiste en la redacción de los informes.* SIN. Cooperar, participar. **4.** Y también si la socorre o le proporciona cuidados. *En el parto fui asistida por un médico y dos enfermeras.* SIN. Atender, auxiliar. **5.** La ley o la razón asiste a alguien si están de su parte. *El abogado defensor le informó sobre los derechos que le asisten.* SIN. Amparar, favorecer.

Tampoco es mucho lo que recuerdo de los dos años que asistí a la Escuela de la catedral de Llandaff, entre los siete y nueve de mi edad.

Boy: relatos de infancia

Un asistente social es una persona cuyo trabajo consiste en prevenir y solucionar problemas relacionados con el bienestar social de las personas, especialmente aquellas que precisan de una atención especial: ancianos, personas con discapacidad, personas maltratadas, inmigrantes, minorías étnicas, etc.

Entre 1840 y 1850, una terrible hambruna asoló gran parte de Europa causando muchos muertos, más de un millón solo en Irlanda. Esto provocó que muchos europeos emigrara principalmente a América.

asolar *v.* Asolar es destruir un lugar totalmente. ✪ SIN. **Arrasar, devastar.**

asomar *v.* **1.** Asomamos algo o a alguien si lo dejamos entrever por una abertura o por detrás de algo. *Boris asomó por la puerta del vagón para decirme adiós.* SIN. **Aparecer, salir.** **2.** Algo o alguien asoma cuando empieza a verse. *A Nico ya le asoman sus dos primeros dientes.* SIN. **Brotar, surgir.**

asombrar *v.* Algo o alguien asombra cuando causa admiración o sorpresa. También v. prnl. ✪ SIN. **Admirar, sorprender, impactar.**

Es asombroso lo que una persona muerta puede explicarle a la gente a través de estas páginas porque, siempre y cuando sobreviva el libro, perduran las ideas del autor.

Eragon

asombroso, asombrosa *adj.* Decimos que algo o alguien es asombroso si causan sorpresa o extrañeza. ✪ SIN. **Admirable, sorprendente.**

aspecto *s. m.* **1.** El aspecto de algo o de alguien es el conjunto de sus rasgos externos. *Por tu aspecto, diría que estás bastante cansado.* SIN. **Apariencia, físico.** **2.** Y las facetas o rasgos de un asunto. *En esta empresa nos gusta cuidar el aspecto humano de nuestros trabajadores.* SIN. **Matiz, dimensión.**

áspero, áspera *adj.* **1.** Es áspero aquello que al tocarlo presenta una superfice irregular y sin suavidad. *La piel del kiwi es muy áspera.* SIN. **Rasposo, rugoso.** **2.** Es áspera la persona de trato brusco o poco amable. *¡Cómo va a tener amigos, con ese carácter tan áspero!* SIN. **Arisco, antipático.** **3.** Una cosa también es áspera si nos resulta desagradable al gusto o al oído. *El sabor de la endibia me resulta muy áspero.* SIN. **Acre, amargo.**

Me acerqué de nuevo a la puerta de acceso a la sala y dirigí el haz de luz hacia su interior.

No podría decir que me asombrara lo que allí había: no, no me asombró, ¿me sorprendió?, ¿me fascinó?, ¿me sobrecogió?
No sé.
Solo sé que allí, amontonados en el suelo, cubiertos de polvo y abrigados con compactas telas de araña, había decenas de libros. Algunos estaban en cajas, otros formaban pilas, otros aparecían tirados aquí y allá, como el agricultor que lanzá las semillas de forma aleatoria. Unos eran grandes, otros, más pequeños, unos estaban abiertos, otros cerrados...

aspiración *s. f.* **1.** La aspiración es la entrada de aire u otras sustancias en los pulmones. *Los dos jóvenes están intoxicados por la aspiración de gases tóxicos.* SIN. **Inspiración, inhalación. 2.** La aspiración es también el proceso por el cual una máquina absorbe algo gracias a una corriente de aire. *Hay una avería en los filtros porque no ha funcionado el sistema de aspiración.* SIN. **Succión. 3.** Una aspiración es un deseo de conseguir algo. *Mi aspiración es cantar en el Teatro Real.* SIN. **Anhelo, pretensión.**

aspirar *v.* **1.** Aspirar es tomar aire, u otras sustancias, para hacerlo llegar a los pulmones. *Es mejor aspirar el aire por la nariz.* SIN. **Inspirar, inhalar. 2.** Aspirar es también absorber algo con una máquina. *Todos los domingos aspiro el polvo de las alfombras.* SIN. **Succionar. 3.** Y querer conseguir algo que se desea. SIN. **Pretender, ambicionar.**

astucia *s. f.* La astucia es el ingenio necesario para, normalmente con engaños, conseguir un propósito. SIN. **Picardía, malicia.**

astuto, astuta *adj.* Una persona astuta es la que tiene habilidad para, engañando o evitando un engaño, conseguir su propósito. *Has demostrado ser muy astuto al descubrir la conspiración que había contra ti.* SIN. **Perspicaz, sagaz.**

asumir *v.* **1.** Una persona asume una obligación, una responsabilidad si se hace cargo de ellas. SIN. **Encargarse, responsabilizarse. 2.** Asumir también es percatarse de algo y aceptarlo. *Asumir nuestros errores es el primer paso para corregirlos.* SIN. **Admitir, consentir.**

Cuando era pequeño aspiraba, supongo que como todos los niños, a encontrar un tesoro de gran valor que me hiciera rico. Pero nunca pensé que mi tesoro particular fuera así. Y tampoco confiaba mucho en que fuera a proporcionarme grandes riquezas. En esos momentos, más bien me parecía una complicación más, porque ¿qué iba a hacer con esos libros? ¿Para qué podían servirme? El silencio y las palabras, La razón de las ideas, El dueño de tu v... no podía leerse el resto porque estaba borrado. Ni siquiera tenían títulos atrayentes. Estaba desconcertado. Me gustara o no, debía asumir que ese montón de libros era mío.

Con sus botas y sombrero,
con su astucia nada más,
al hijo de un molinero
convirtió
en Marqués de Carabás.

Adivina adivinanzas

(el gato con botas)

Todos parecían saber que los guardas podían andar por allí en busca de instrusos a los que asustar.

Los cinco han de resolver un enigma

asustar *v.* Asustar es causar, o sentir, sorpresa o miedo. ✪ SIN. Alarmar, sobresaltar.

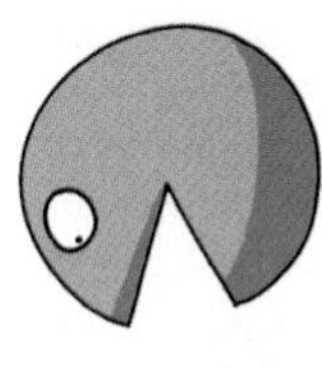

atacar *v.* **1.** Atacar algo o a alguien es lanzarse o dirigirse de forma violenta contra ellos para producirles daño. *Los osos pardos no suelen atacar a las personas.* SIN. Asaltar, agredir. **2.** Atacar es oponerse a algo o alguien por no estar de acuerdo con ellos. *Los periodistas atacaron mi propuesta con duras críticas.* SIN. Replicar, rebatir. **3.** Y actuar contra algo con el fin de destruirlo o transformarlo. *Los antibióticos combaten las infecciones atacando y destruyendo las bacterias del cuerpo.* SIN. Dañar, perjudicar. **4.** También, poner a alguien muy nervioso. *No soporto tu desorden, me ataca los nervios.* SIN. Alterar, crispar. **5.** El sueño, una enfermedad, etc. atacan a una persona cuando aparecen repentinamente. *Después de comer, siempre me ataca el sueño.* SIN. Aquejar.

ataque *s. m.* **1.** Un ataque es una acción violenta contra algo o contra alguien. *La ONU ha ordenado que se suspendan los ataques.* SIN. Agresión, asalto. **2.** Un ataque es también un juicio negativo y duro sobre algo o alguien. *En el debate electoral que vimos en televisión no hubo más que ataques entre ambos candidatos.* SIN. Crítica, reprobación. **3.** También, la aparición repentina de una enfermedad o un mal. *Siempre debo llevar mi medicación ante el riesgo de un ataque de asma.* SIN. Acceso, crisis.

atar *v.* Atar es sujetar algo o a alguien con cuerdas o algo similar. ✪ SIN. Amarrar, anudar.

La señora Cretino estaba completamente indefensa ahora. Con los pies atados al suelo y los brazos estirados hacia arriba por los globos, era incapaz de moverse.

Los Cretinos

atemorizar *v.* Atemorizar a una persona es causarle temor. *Los numerosos atracos perpetrados en la zona han atemorizado a todos los vecinos del barrio.* SIN. Intimidar, asustar.

Una hora después, la maestra explicó de nuevo todo el maldito asunto, por si algún cerebro de mosquito no había prestado atención ninguna de las diez veces anteriores.

Cómo escribir realmente mal.

atención *s. f.* **1.** La atención es la concentración que se pone para captar algo que nos interesa. ✪ SIN. Interés. **2.** La atención es también una demostración de respeto. *En este hotel, la atención es exquisita.* SIN. Consideración, cortesía. **3.** Y la asistencia, especialmente médica, que se presta a alguien. *El nuevo centro de atención a personas discapacitadas será inaugurado por el concejal de Salud.* SIN. Cuidado.

Necesitaba pensar. Cerré el local y salí al exterior. Me dirigí lentamente hacia un café situado al final de la calle. Desyunaba allí muchos días porque Antón, el camarero, era especialmente atento. *Me senté en una mesa y comencé a leer el periódico. No sabría decir qué noticias estaba leyendo, simplemente deslizaba los ojos sobre las líneas, sin detenerme en las palabras ni en su contenido. Pasé las hojas y busqué las páginas dedicadas a anuncios clasificados.*

atender *v.* **1.** Atender es concentrar nuestra atención en algo que nos interesa. *Si no atiendes en clase, difícilmente vas a comprender las explicaciones.* SIN. Interesarse, escuchar. **2.** Atender es también ocuparse de una persona, especialmente si está enferma. *Doscientos voluntarios han viajado al lugar de la catástrofe para atender a los heridos.* SIN. Cuidar, asistir. **3.** Y tener algo en cuenta. *Por fin, la compañía del gas ha atendido mi reclamación.* SIN. Considerar, prestar atención.

atento, atenta *adj.* **1.** Atento es quien presta atención o pone mucho interés. *El vigilante, muy atento, examina las pantallas de las cámaras de seguridad.* SIN. Interesado, concentrado. **2.** Atento es también quien se comporta de forma amable con los demás. ✪ SIN. Considerado, respetuoso.

No era más que un aprendiz de marinero, que tan solo unos días antes se había aterrorizado ante muy poca cosa.

Robinson Crusoe

aterrorizar *v.* Aterrorizar es causar o sentir terror. También v. prnl. ✪ SIN. Aterrar, horrorizar.

«¿Querrán capturarme con la red?», pensó la niña; pero no estaba asustada, sino atónita.

El cuervo Pantuflo

atónito, atónita *adj.* Una persona está atónita ante algo cuando se sorprende tanto que no puede reaccionar. ✡ SIN. Estupefacto, absorto.

atractivo, atractiva *adj.* **1.** Una persona resulta atractiva si su aspecto físico resulta agradable o seductor. ✡ SIN. Agraciado, apuesto. **2.** Un plan, un proyecto, una idea... son atractivos si despiertan interés. *Tu propuesta de estudiar el curso próximo en París me parece muy atractiva.* SIN. Atrayente, interesante. // **atractivo** *s. m.* **3.** El atractivo de algo o de alguien es el conjunto de cualidades que agradan o seducen a los demás. *La revista You ha publicado una lista con las diez personas con más atractivo del país.* SIN. Gracia, encanto.

Robin llegó a la ciudad y pronto consiguió vender todo, ya que tanto la mercancía como los precios resultaron muy atractivos para las gentes.

Robin Hood

Algunas sustancias presentan la propiedad de atraer objetos metálicos. Esta propiedad se llama magnetismo y a los cuerpos que tienen dicha propiedad se les denomina imanes. Los imanes tienen dos extremos llamados polos en los que la fuerza de atracción es más intensa. La Tierra también tiene esa propiedad pues su núcleo metálico actúa como un gran imán cuyos polos se acercan al Polo Norte y al Polo Sur.

atraer *v.* **1.** Una persona o una cosa atraen a otras si consiguen que estas se acerquen a ellas, o vayan al lugar donde ellas están, sea por una propiedad física o por otro motivo. ✡ SIN. Captar. **2.** También, si consiguen despertar el interés, la atención, el afecto... de otros hacia ellas. *Lo que más me atrae de Alberto es su pasión por los animales.* SIN. Fascinar, seducir. **3.** Atraer también es ocasionar, ser responsable de algo. *Sus mentiras atrajeron las sospechas del profesor.* SIN. Acarrear, provocar.

atrasar *v.* **1.** Atrasamos algo si hacemos que suceda más tarde de lo previsto. *Vamos a intentar que el profesor nos atrase el examen de Geología para el martes.* SIN. Aplazar, posponer. **2.** Atrasar un reloj es ponerle una hora anterior a la que marcaba. *El último domingo de octubre hay que atrasar el reloj una hora.* SIN. Retrasar. **3.** Un reloj atrasa si va a menos velocidad de la debida. También v. prnl. *Mi reloj se atrasa dos minutos.* SIN. **Retrasar, retrasarse.** // **atrasarse** *v. prnl.* **4.** Atrasarse es llegar tarde. *La salida del avión se ha atrasado más de una hora.* SIN. **Demorarse, retrasarse.** **5.** Y también quedarse atrás. *Camina más rápido para no atrasarte y no separarte del grupo.* SIN. **Rezagarse.**

Lo vi atravesar la calle con aire despistado. Tenía que ser él. No sabía bien por qué lo sabía, pero estaba seguro de que era él. Le hice un gesto con la mano. No había sido muy difícil contactar con él. «Anticuario compra libros antiguos». Justo lo que necesitaba. Hablamos y quedamos para esa misma tarde. Rápido y fácil. Si le interesaban los libros y llegábamos a un acuerdo sobre el precio que debía pagar, pronto esa estancia quedaría vacía.

atravesar *v.* **1.** Atravesar un lugar es recorrerlo de un extremo a otro. ✲ SIN. **Cruzar, pasar.** **2.** También, poner algo cruzado en un lugar, normalmente para impedir el paso. *Atraviesa la puerta con estos tablones para que no entre nadie.* SIN. **Cruzar, obstaculizar.** **3.** Y pasar a través de un cuerpo, penetrándolo de parte a parte. *Atraviesa cada trozo de carne con este pincho antes de ponerlos en la barbacoa.* SIN. **Traspasar, perforar.** **4.** Atravesar es también vivir una determinada situación. *Nuestro pequeño negocio no está atravesando su mejor momento.* SIN. **Pasar.** // **atravesarse** *v. prnl.* **5.** Algo o alguien se nos atraviesan si los consideramos insoportables. *Se me han atravesado las Matemáticas y no soy capaz de entenderlas.* SIN. **Atragantar.**

Bertie y yo no nos atrevíamos a escribirnos cartas por si alguien las encontraba y las leía.

El león mariposa

atreverse *v. prnl.* Atreverse es tener el valor suficiente para hacer algo o enfrentarse a algo o a alguien aunque conlleve cierto riesgo. ✲ SIN. **Arriesgarse, decidirse.**

El adjetivo ***audaz*** tiene la misma forma para masculino y femenino.

audaz *adj.* Es audaz el que muestra atrevimiento ante situaciones arriesgadas o desconocidas. *Marco demostró ser muy audaz saliendo airoso del conflicto.* SIN. **Atrevido, osado.** ✔

Doro, que así se llamaba el anticuario, fue observando los diferentes montones. Vi cómo su interés aumentaba en la misma proporción que las partículas de polvo que, al mover los libros, se suspendían en el aire. Le dejé en la habitación para que se tomara el tiempo que necesitara y yo seguí con mis tareas, aunque, de vez en cuando, le miraba con curiosidad y le veía ir de un montón a otro, de una pared a otra, excitado, nervioso.

aumentar *v.* 1. Aumentar algo es hacerlo mayor en cantidad, extensión, calidad o intensidad. ✪ SIN. **Incrementar, intensificar.** 2. Una cosa aumenta cuando se hace mayor en cantidad, extensión, calidad o intensidad. *Mi ilusión de ir a los Juegos Olímpicos ha aumentado.* SIN. **Crecer, ampliar.**

auténtico, auténtica *adj.* 1. Una cosa es auténtica si es lo que parece ser o indica su nombre, es decir, no es una copia o una falsificación. *Este Rembrandt es auténtico.* SIN. **Original, verdadero.** 2. Una persona es auténtica si se comporta de acuerdo a sus convicciones y principios. *Cris es auténtica y si te ha ofrecido su ayuda no te defraudará.* SIN. **Honrada, legal.**

autóctono, autóctona *adj.* Son autóctonos los seres vivos y las cosas originarias del lugar donde viven o donde se encuentran. *El mastín leonés es un perro autóctono de León.* SIN. **Natural, oriundo.**

autónomo, autónoma *adj.* Una persona, un organismo, una región... son autónomos si tienen autonomía, es decir, capacidad para decidir y gobernarse. ✪ SIN. **Independiente.**

El Título VIII de la Constitución Española aprobada en 1978 establece que: «el Estado se organiza territorialmente en municipios, en provincias y en las Comunidades Autónomas que se constituyan». Actualmente, en España hay 17 Comunidades Autónomas y dos Ciudades Autónomas (Ceuta y Melilla).

avanzar *v.* 1. Avanzar es ir hacia adelante. ✪ SIN. **Adelantar, destacar.** 2. Y también hacer progresos. *Los estudios sobre el cáncer han avanzado bastante en los últimos años.* SIN. **Progresar, prosperar.** 3. Un periodo de tiempo avanza cuando va transcurriendo acercándose a su fin. *La noche avanza y no consigo conciliar el sueño.* SIN. **Transcurrir, pasar.**

Tiro con el dado
y muevo la ficha,
sin prisa, sin prisa;
me toca esperar,
me toca avanzar.
¡Y mi suerte no es poca,
pues tiro porque me toca!

Adivina, adivinanzas

(Juego de la oca)

averiar *v.* Averiar es provocar una avería, es decir, un fallo, un daño, que impida el correcto

Estuvo allí más de dos horas, abriendo y cerrando libros. Tomaba notas en una libreta, como si los estuviera catalogando, algo que a mí me parecía una ardua labor, teniendo en cuenta el estado en el que estaban muchos libros. Le pregunté si necesitaba ayuda, pero ni siquiera me contestó; hizo un gesto con la mano, dándo a entender que él solo se bastaba. Yo volví a lo mío.

funcionamiento de algo. También v. prnl. *Se ha averiado el semáforo y ha provocado problemas circulatorios.* SIN. **Estropear, deteriorar.**

avisar *v.* **1.** Avisar es hacer que alguien se entere de una noticia. *¿Cómo no me has avisado de que llegabas hoy?* SIN. **Informar, notificar. 2.** También, hacer venir a alguien para que preste un servicio. *Avisa al médico.* SIN. **Llamar. 3.** Y advertir a alguien sobre alguna cuestión. *Te aviso: o recoges tus juguetes o los tiraré a la basura.* SIN. **Prevenir, llamar la atención.**

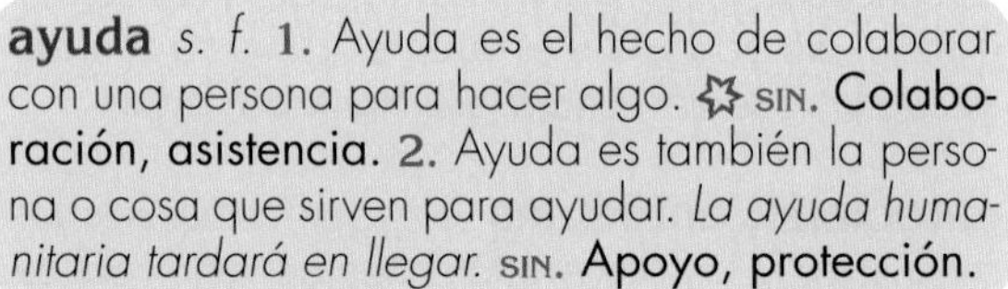

ayuda *s. f.* **1.** Ayuda es el hecho de colaborar con una persona para hacer algo. SIN. **Colaboración, asistencia. 2.** Ayuda es también la persona o cosa que sirven para ayudar. *La ayuda humanitaria tardará en llegar.* SIN. **Apoyo, protección.**

Un instante después estaba de pie junto al agujero, ayudando a subir a un compañero, pequeño y ágil como él [...].

Las aventuras de Sherlock Holmes

ayudar *v.* **1.** Una persona ayuda a otra si colabora con ella para hacer algo, o para hacerlo más rápido y mejor. SIN. **Asistir, cooperar. 2.** Una persona ayuda a otra si le presta su apoyo para salir de una situación difícil. *¿Me puede ayudar? Me he caído y no puedo levantarme..* SIN. **Auxiliar, socorrer.** // **ayudarse** *v. prnl.* **3.** Ayudarse de o con algo es servirse de ello. *El pirata se ayuda con una palanca para abrir el cofre.* SIN. **Utilizar, recurrir.**

azotar *v.* **1.** Azotar a alguien es darle golpes. *Azotar a los animales es inhumano.* SIN. **Golpear, pegar. 2.** El viento, las olas, etc. azotan algo cuando lo golpean repetidamente. SIN. **Golpear, sacudir. 3.** Hablando de un mal o de una desgracia, azotar significa causar graves daños. *El temporal azotó fuertemente las costas gallegas.* SIN. **Asolar, arrasar.**

Los cinco bajaron a la playa y pasearon por los acantilados, disfrutando de la fuerte brisa que azotaba sus rostros.

Los cinco han de resolver un enigma

b b b

B B B

b b b

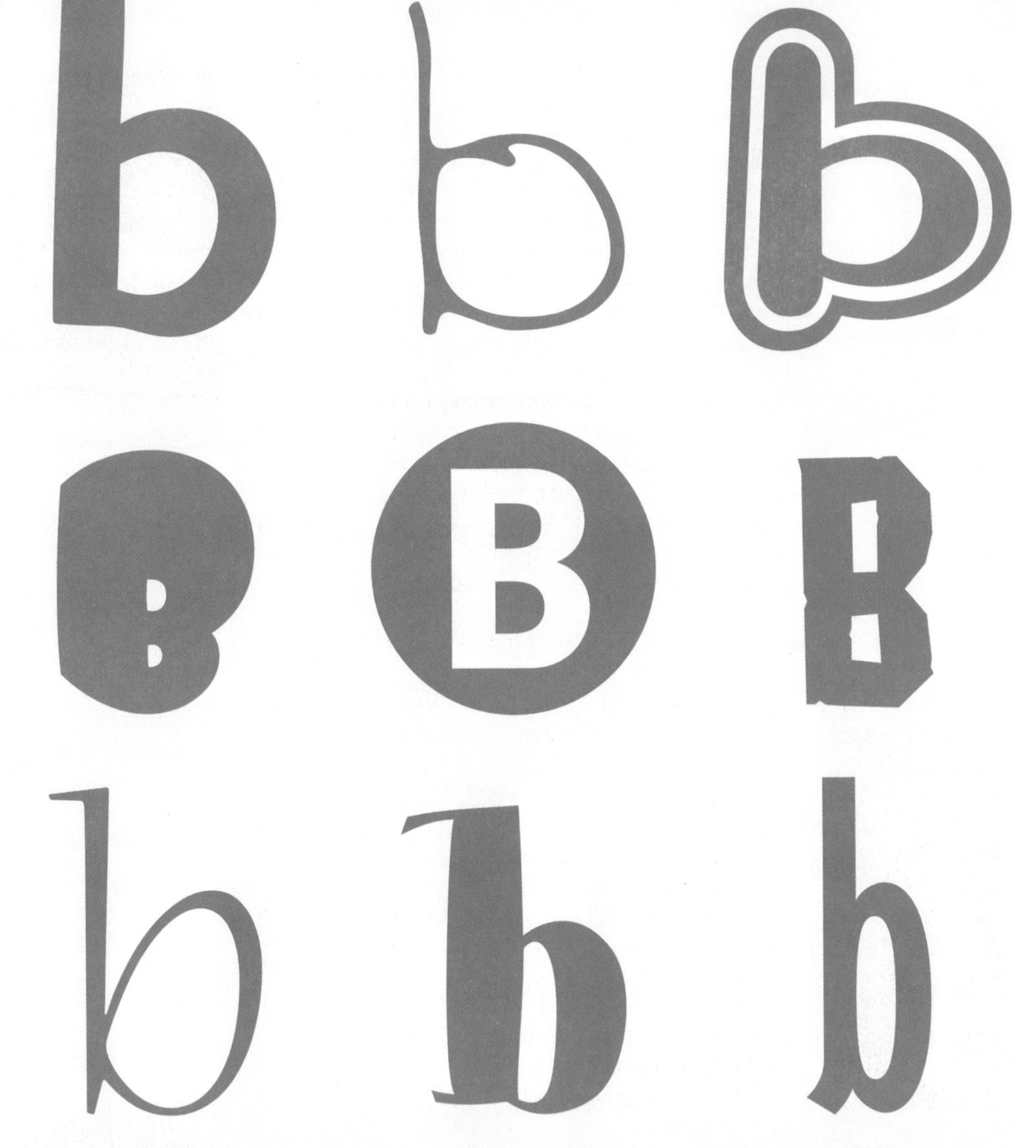

bache *s. m.* **1.** Un bache es un desnivel que se forma en una carretera, en una calle o en un camino a causa, normalmente, del tránsito de vehículos. *Por este camino circulan camiones muy pesados que originan grandes baches.* SIN. **Socavón, hoyo. 2.** Un bache es también un periodo negativo, y casi siempre pasajero, por el que pasa una persona. *A ver si el año nuevo me trae suerte y consigo salir de este bache.* SIN. **Mala racha.**

[...] daba la impresión de que el comité de estudiantes del Baile Submarino de octavo curso había sobrepasado con mucho el presupuesto.

El canto de la sirena

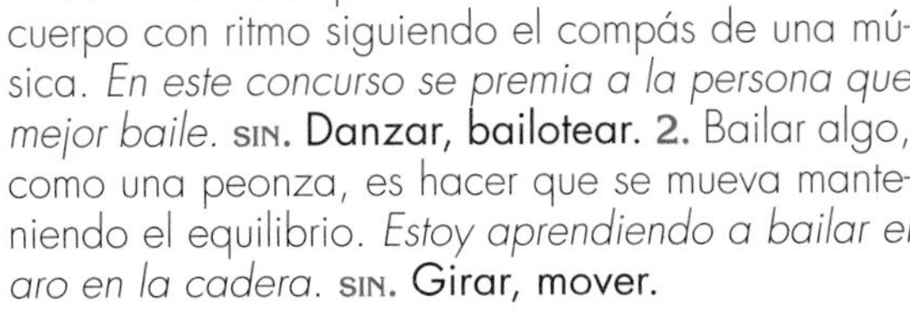

bailar *v.* **1.** Una persona baila cuando mueve el cuerpo con ritmo siguiendo el compás de una música. *En este concurso se premia a la persona que mejor baile.* SIN. **Danzar, bailotear. 2.** Bailar algo, como una peonza, es hacer que se mueva manteniendo el equilibrio. *Estoy aprendiendo a bailar el aro en la cadera.* SIN. **Girar, mover.**

baile *s. m.* **1.** El baile es un movimiento acompasado del cuerpo al ritmo de una música. *Los bailes latinos tienen mucho ritmo.* SIN. **Danza, coreografía. 2.** Un baile es un lugar, o una reunión, en la que se baila. ✧ SIN. **Fiesta, guateque.**

¡Qué avioneta tan maja aunque no sube ni baja! ¡Claro! ¡Qué mala memoria, faltaba la hélice giratoria!

La oca loca

bajar *v.* **1.** Bajar es ir de un lugar a otro que está más bajo. ✧ SIN. **Descender. 2.** También, dejar de estar sobre algo, como un animal, o dentro de algo, como un coche. *El chófer abrió la puerta y ella bajó de la limusina con gran elegancia.* SIN. **Apearse, desmontar. 3.** Y disminuir, o hacer que disminuya, la intensidad, el valor o la cantidad de algo. *El precio del petróleo ha bajado nuevamente.* SIN. **Reducir, devaluar. 4.** Bajar algo o a alguien es ponerlo en un lugar más bajo. *Bajaron la lámpara* con mucho cuidado para que no sufriera daños. SIN. **Descender.** 5. Bajamos un archivo o un programa de internet cuando lo transferimos a nuestro ordenador. *Necesito bajar un programa para poder escuchar la radio en mi ordenador.* SIN. **Descargar**

bajo, baja *adj.* 1. Algo o alguien es bajo si tiene poca altura. *Aunque Matías es un poco bajo, juega muy bien al baloncesto.* SIN. **Pequeño, diminuto.** 2. También, si está situado a poca altura. *Cuando las nubes están muy bajas se produce la niebla.* SIN. **Inferior.** 3. Está bajo lo que se dirige hacia abajo. *Con la cabeza baja, me respondió que él era el responsable de aquel altercado.* SIN. **Inclinado, agachado.** 4. Es bajo lo que tiene menos intensidad o menos valor de lo normal. *En el periodo de rebajas los precios están más bajos de lo normal.* SIN. **Apagado, reducido.** 5. Y lo que tiene menor categoría o menor importancia. *Su baja posición social le ha impedido acceder a determinados círculos profesionales.* SIN. **Humilde, sencillo.**

balbucear *v.* Balbucear es hablar con dificultad y con una pronunciación incorrecta. ✲ SIN. **Balbucir, tartamudear.**

baldío, baldía *adj.* 1. Decimos que algo es baldío cuando no sirve para nada. *Hasta ahora, mis esfuerzos por dejar de fumar han resultado baldíos.* SIN. **Inútil, vano.** 2. Un terreno baldío es un terreno que no está cultivado. ✲ SIN. **Árido, estéril.**

banal *adj.* Algo es banal si carece de importancia, si es trivial. ✲ SIN. **Superficial, intrascendente.** ✔

Por fin salió de la sala. La expresión de su rostro podría oscilar entre el cansancio y la emoción; sus ojos estaban llorosos, yo supuse que de leer con poca luz y casi cegado por el polvo; su voz parecía entrecortada, intentaba hablar pero solo conseguía balbucear. Le ofrecí un vaso de agua y lo bebió de un trago.
–Amigo, usted no sabe el valor de lo que esas cuatro paredes encierran.
Bueno, parece que mi sueño infantil podría hacerse realidad: mi tesoro iba a hacerme rico.
–Pero no se trata de un valor material. No. Trasciende el banal terreno de lo tangible para situarse en el valor de los sentimientos, de las emociones.
¡Vaya! Ahora sí que no entendía nada. Con los sentimientos era difícil hacer fortuna.

Estos se hallaban acampados en un terreno baldío cerca de la vía férrea, y como eran indígenas, no es preciso decir que no habían descargado todavía los vagones donde estaban los caballos de Mahbub.

Kim

El adjetivo ***banal*** tiene la misma forma para masculino y femenino.

En cuanto atracaba uno, comenzaba la lucha, y algunos minutos después, cuando los tripulantes ya se habían repuesto de la sorpresa, la banda canina quedaba disuelta y desaparecía.

Colmillo Blanco

banda *s. f.* **1.** Una banda es una agrupación de delicuentes que actúa de forma organizada. *La policía desmanteló ayer una importante banda de narcotraficantes.* SIN. **Grupo, facción. 2.** También, un grupo de animales que se desplaza junto. ✿ SIN. **Bandada, manada. 3.** Y un grupo de músicos que toca instrumentos de viento y percusión. *El desfile estuvo amenizado por la banda municipal.* SIN. **Comparsa, orquesta. 4.** Una banda es un grupo de música *rock*. *Bruce Springsteen dará un nuevo concierto acompañado de su banda, la* E Street. SIN. **Grupo**.

Uno de ellos cogió su fusil por el cañón y se sirvió de él como de una maza: lanzó un golpe terrible a D'Artagnan, que lo evitó echándose hacia un lado; pero con este movimiento brindó paso al bandido, que se lanzó al punto hacia el bastión.

Los tres mosqueteros

bandido, bandida *s. m. y f.* Un bandido es una persona que asalta a sus víctimas en caminos o lugares deshabitados. ✿ SIN. **Forajido, bandolero.**

bañar *v.* **1.** Bañar a una persona es meter su cuerpo, o parte de él, en el agua para quitarle suciedad, refrescarlo, etc. También v. prnl. ✿ SIN. **Lavar, duchar. 2.** Bañar una cosa es cubrirla con una capa de una determinada sustancia. *Mi anillo está bañado en oro blanco.* SIN. **Recubrir, impregnar. 3.** Un mar o un río baña un lugar si lo toca. *La costa levantina está bañada por el mar Mediterráneo.* SIN. **Regar. 4.** La luz o el sol baña un lugar o una cosa si da de lleno sobre ello. *El sol de la tarde baña el salón y lo inunda de luz.* SIN. **Inundar, envolver.**

Los romanos se bañaban en baños públicos. Estos estaban dentro de las termas. Se podían tomar baños de agua fría en el frigidarium *y de agua caliente en el* caldarium*; para relajarse usaban el* tepidarium.

baño *s. m.* **1.** El baño es la acción de meter nuestro cuerpo en el agua para lavarlo, refrescarlo... ✿ SIN. **Ducha, chapuzón. 2.** Baño es también el lugar donde uno se baña, bien sea el recipiente, un cuarto de la casa o un lugar público. ✿ SIN.

Bañera, cuarto de baño, balneario. **3.** Un baño es una capa de una sustancia determinada con la que se impregna algo. *La tarta lleva un baño de chocolate.* SIN. Revestimiento.

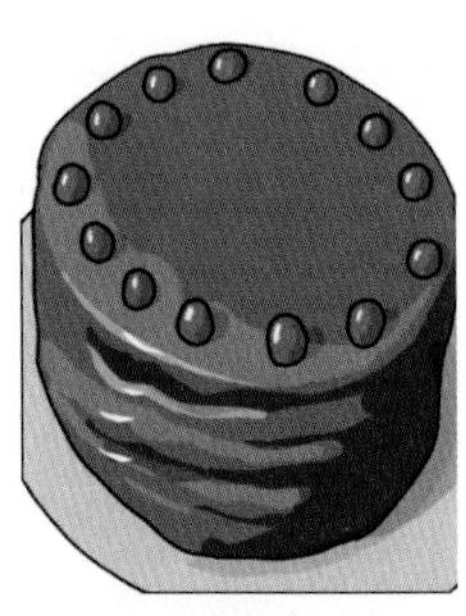

bárbaro, bárbara *adj.* **1.** Una persona es bárbara si se comporta con crueldad. También s. m. y f. *Un bárbaro incendió la casa para desalojar a los vecinos.* SIN. Cruel, inhumano. **2.** También si está poco civilizada o tiene poca cultura. *Eres un bárbaro: no se eructa delante de los demás.* SIN. Rudo, ignorante. **3.** Algo es bárbaro si es extraordinario, excelente. *Tu exposición oral ha sido bárbara.* SIN. Admirable, magnífico.

Se llamaron bárbaros los pueblos que desde el siglo V invadieron el Imperio romano. Bárbaro significaba extranjero, pero también inculto, salvaje, y así era como los romanos consideraban, en general, a estos pueblos.

barrer *v.* **1.** Barrer es arrastrar suciedad del suelo con una escoba o algo parecido. *Barre bien debajo de las camas.* SIN. Limpiar. **2.** También es hacer que algo desaparezca. *La nueva dirección ha barrido a todos los oponentes.* SIN. Eliminar, destruir. **3.** Barrer es también recorrer un lugar con la vista o con algún aparato buscando algo. *Ante las amenazas, la policía barrió el lugar.* SIN. Examinar, inspeccionar. **4.** En una competición, barrer al contrario es vencerle con claridad. *En la semifinal, la Selección coreana barrió a la española.* SIN. Arrollar, aplastar.

barrera *s. f.* **1.** Una barrera es un dispositivo fijo o móvil con que se impide el acceso o se rodea un lugar. *La barrera no se levantará hasta que no haya pasado el tren.* SIN. Valla, cerca. **2.** Una barrera es también una dificultad para hacer algo. ✪ SIN. Obstáculo, impedimento. **3.** Y el límite de una cosa. *El precio del petróleo ha superado la barrera de los 50 dólares.* SIN. Nivel, cantidad.

Muchos de los libros que están tirados en esa habitación forman parte de una colección publicada hace muchos años. Esta colección se concibió con el objetivo de acercarnos más al mundo de las palabras. Las palabras son el instrumento que utilizamos para relacionarnos unos con otros pero, a la vez, pueden ser una barrera que nos hace muy difícil esa relación. Porque, ¿es fácil comunicarse con una persona que habla otro idioma? Pero él también tiene sus palabras y...

El estilo barroco es un estilo artístico que se implantó en Europa desde finales del siglo XVI hasta mediados del siglo XVII. Se caracterizó por una abundante ornamentación. En este periodo florecieron todas las ramas de la cultura; destacaron escritores como Shakespeare, Molière, Quevedo y Cervantes; o músicos como Bach o Haendel.

barroco, barroca *adj.* Algo o alguien es barroco si lleva demasiados adornos. ✪ SIN. Recargado, abigarrado.

barullo *s. m.* 1. Barullo significa confusión y desorden. ✪ SIN. Lío, enredo. 2. Barullo es también una mezcla de ruido y voces creada por un grupo numeroso de personas. *En la clase de al lado hay tanto barullo que casi no oímos las explicaciones del profesor.* SIN. Alboroto, tumulto.

basar *v.* 1. Basar una cosa en otra es hacer que esta le sirva de apoyo o de punto de partida. *Los investigadores basan sus avances médicos en el estudio de la genética.* SIN. Fundamentar, sustentar. // **basarse** *v. prnl.* 2. Basarse en algo es tomarlo como apoyo o punto de partida. *La última película de Jason Hernández se basa en hechos reales.* SIN. Fundarse, apoyarse.

bascular *v.* 1. Un cuerpo bascula si se mueve de un lado a otro sobre un eje vertical u horizontal. *El péndulo del reloj bascula con movimiento lento y acompasado.* SIN. Balancear. 2. Bascular es también cambiar de opinión o de estado de ánimo. *Tu gesto bascula entre la sorpresa y la admiración.* SIN. Oscilar, alternar.

La columna trajana es un monumento construido en Roma por orden del emperador Trajano. Cuando este murió en el 117, sus cenizas se depositaron, dentro de una urna de oro, en la base de la columna.

base *s. f.* 1. La base de un objeto es la pieza inferior sobre la que se apoya. ✪ SIN. Apoyo, cimiento. 2. La base es también el elemento principal de algo, sea material o inmaterial. ✪ SIN. Fundamento. 3. Las bases de un concurso o de un sorteo son las normas que los regulan. SIN. Reglamento.

Yo no entendía nada. Pensaba que era uno de esos sabios chiflados que tienen en la cabeza un barullo de ideas y hablan de cosas extrañas que solo él, y pocos como él, pueden entender.
–Sí, de acuerdo. Lo sé. Las palabras son la base de la comunicación entre las personas. Hasta ahí llego, pero... ¿está usted interesado en comprarme los libros? –pregunté, ya un poco impaciente.
–Me gustaría, en efecto. Me gustaría. Pero no dispongo de espacio suficiente para albergar esta colección tan numerosa. Y, si aceptas que te dé un consejo, no deberías venderla. Somos muy pocos los que entendemos su valor.

básico, básica *adj.* Básico es lo que constituye la base, la esencia o el punto de partida de algo. *Para aprender idiomas es básico tener buen oído.* SIN. Fundamental, esencial.

bastar *v.* **1.** Bastar significa ser suficiente para algo. También v. prnl. *Con tres euros me basta para comprar la revista de motos.* SIN. Alcanzar, llegar. // **bastarse** *v. prnl.* **2.** Una persona se basta si es capaz de valerse por sí misma. *Yo sola me basto y me sobro para pintar esta habitación.* SIN. Arreglarse, apañarse.

basto, basta *adj.* **1.** Se dice que una cosa es basta si es tosca, o si está sin pulir. ✪ SIN. Tosco, ordinario. **2.** Una persona basta es grosera y maleducada. *¡Cómo puedes decir esas groserías! Mira que eres basto.* SIN. Soez, inculto.

Lo importante era hacer el trabajo a conciencia, ya que el punto inglés con agujas gruesas queda muy basto.

La casa de los diablos

batalla *s. f.* Una batalla es un enfrentamiento entre dos fuerzas armadas rivales. ✪ SIN. Combate, contienda.

Batallas importantes

-Batalla de Maratón (Grecia 490 a. C.): 10 000 atenienses logran derrotar a 50 000 persas.

-Batalla de Salamina (Grecia, 480): los griegos derrotan a los persas y consiguen la independencia griega en el Mediterráneo.

-Batalla de Guadalete (España, 711): los árabes derrotan a los visigodos y se inicia así un periodo de casi ocho siglos de presencia musulmana en la Península.

-Batalla del Ebro (España, 1938): la mayor de la Guerra Civil española, las fuerzas republicanas atravesaron el río Ebro pero, tras 114 días de lucha, fueron vencidas por las tropas nacionales.

-Batalla de Normandía (Francia, 1944): las fuerzas aliadas invadieron el norte de Francia, ocupada por los alemanes.

batir *v.* **1.** Batir es mover una sustancia para que se mezcle bien, se licúe o se disuelva. *Para poner las claras del huevo a punto de nieve hay que batirlas muy bien.* SIN. Revolver, remover. **2.** Batir es también dar golpes contra algo. *Una y otra vez, las olas baten contra las rocas.* SIN. Golpear, chocar. **3.** Y mover algo de forma repetida y con fuerza. *El águila batió sus alas majestuosas y alzó el vuelo.* SIN. Sacudir, agitar. **4.** Batir una marca o un récord es superarlos. ✪ SIN. Rebasar. **5.** Batimos a nuestro contrincante si lo derrotamos. *Aunque fue difícil, en el último set el*

El 16 de agosto de 2008, Usain Bolt batió el récord mundial de los 100 m lisos, con una marca de 9,69 s.

tenista español batió a su adversario. SIN. Ganar, vencer. // **batirse** *v. prnl.* **6.** Batirse es enfrentarse en un duelo dos personas. ✩ SIN. Desafiarse, retarse.

Hasta el siglo pasado, dos hombres enfrentados, casi siempre por cuestiones de honor, podían dirimir sus diferencias batiéndose en duelo. El duelo era un combate que se ajustaba a unas normas pactadas con antelación: lugar, armas, padrinos, etc.

bautizar *v.* **1.** Bautizar a una persona es administrarle el sacramento del bautismo. *El próximo sábado bautizaremos a nuestro sobrino.* SIN. Cristianar. **2.** Bautizar es también poner un nombre a algo o a alguien. *Hemos bautizado nuestra casa con el nombre de* La Rinconda. SIN. Nombrar, denominar.

beber *v.* **1.** Beber es tomar un líquido. *Bebo dos litros de agua cada día.* SIN. Ingerir. **2.** Y tomar bebidas alcohólicas, sobre todo, en exceso. *Beber alcohol es perjudicial para nuestra salud.* SIN. Pimplar, soplar.

belleza *s. f.* **1.** La belleza es la cualidad de las personas o cosas que, por su perfección o la armonía de sus elementos, producen admiración. ✩ SIN. Hermosura, beldad. **2.** Una belleza es una persona, especialmente una mujer, muy hermosa. *Raquel es una belleza.* SIN. Bombón.

Según el escultor griego Policleto, la belleza del cuerpo humano reside en sus proporciones: el cuerpo debe medir siete veces el tamaño de la cabeza. Muestra de este equilibrio es su escultura Doríforo, ideal de la figura humana.

bello, bella *adj.* **1.** Una cosa nos resulta bella si es agradable para los sentidos. ✩ SIN. Hermoso, bonito. **2.** Una persona bella es una persona guapa. *No estoy de acuerdo con los concursos para elegir a los hombres y las mujeres más bellos.* SIN. Hermoso, atractivo. **3.** Una bella persona es una persona buena. *Gracias por tu ayuda, has demostrado que eres una bella persona.* SIN. Noble, gentil.

A mi entender, por muy bello que sea un paisaje, necesita la presencia del hombre para alcanzar su plenitud.

Las minas del rey Salomón

–No quiero engañarte. Si quisiera hacerlo, sería muy fácil. Sin embargo, esa no es mi intención. Mi intención, y mi deseo, es que tanto tú como yo podamos beneficiarnos de este hallazgo. Por eso te propongo una solución sabia y benevolente: los libros se quedarán aquí, porque aquí es donde deben estar. Yo me encargo de limpiar y habilitar la sala y, además, de pagarte una cantidad mensual en concepto de… no sé, digamos alquiler. A cambio, tú te comprometerás a velar por la seguridad de los libros y estarás dispuesto a que nosotros visitemos este lugar con la frecuencia que deseemos.

No parecía una mala opción. Realmente, me iba a resultar muy difícil vender todos esos libros. Así, podría mantenerlos y además obtener algo de dinero extra. Bien. Pero… algo no cuadraba. ¿Había dicho «nosotros»?

bendición *s. f.* **1.** Una bendición es algo excelente que se considera como un regalo. *Estas lluvias son una bendición para los cultivos.* SIN. **Dicha, suerte.** **2.** En la religión católica, una bendición es la invocación de la gracia divina por parte del sacerdote. *El cura dio la bendición a todos antes de salir de la iglesia.* SIN. **Consagración, glorificación.**

beneficiar *v.* **1.** Beneficiar significa proporcionar un beneficio o un provecho a alguien. *El sol beneficia la salud de los mayores.* SIN. **Favorecer, aprovechar.** // **beneficiarse** *v. prnl.* **2.** Beneficiarse de algo o de alguien es obtener provecho de ellos. ✿ SIN. **Aprovecharse, servirse.**

beneficio *s. m.* **1.** Beneficio es el provecho que se obtiene de algo o de alguien. *El aceite de oliva proporciona gran beneficio a nuestro organismo.* SIN. **Utilidad, fruto.** **2.** Ganancia económica que se obtiene de una inversión. *Por fin empiezo a ver los beneficios de mi inversión en la bolsa.* SIN. **Rentabilidad, rendimiento.**

El adjetivo ***benevolente*** tiene la misma forma para masculino y femenino.

benevolente *adj.* Benevolente es quien muestra buena voluntad hacia los demás. ✿ SIN. **Indulgente, bondadoso.** ✔

benigno, benigna *adj.* **1.** Benigno significa comprensivo, bondadoso. ✿ SIN. **Afable, complaciente.** **2.** Un clima benigno es un clima suave. *En las islas Canarias disfrutan de un clima benigno todo el año.* SIN. **Templado, apacible.** **3.** Una enfermedad, un tumor es benigno si no es grave. *A Soraya le han extirpado un tumor benigno en la garganta.* SIN. **Leve.**

[…] los benignos cielos infundan en el corazón de Sancho Panza, nuestro gobernador, un deseo de acabar presto sus diciplinas, para que vuelva a gozar el mundo de la belleza de tan gran señora.

Don Quijote de La Mancha

bestia *s. f.* **1.** Una bestia es un animal utilizado principalmente para transportar cargas. *Los asnos fueron utilizados durante mucho tiempo como bestias de carga.* **SIN.** **Cuadrúpedo, caballería.** // **bestia** *s. m. y f.* **2.** Se dice que alguien es bestia cuando se comporta con ordinariez. También adj. *Deja de hacer el bestia y no digas más palabrotas.* **SIN.** **Basto, bárbaro.** **3.** Y cuando demuestra poca inteligencia. *¿Quién es el bestia que ha escrito en la pizarra «Hoi salimos a las doze»?* **SIN.** **Torpe, ignorante.** **3.** También, cuando tiene mucha fuerza física. *Es tan bestia que levantó el saco de ochenta kilos sin ayuda.* **SIN.** **Bruto, animal.** ✔

El sustantivo ***bestia*** tiene la misma forma para masculino y femenino.

bien *s. m.* **1.** El bien es lo que se considera bueno o correcto. *Haz el bien y no mires a quién.* **SIN.** **Bondad.** **2.** Un bien es también algo bueno que le sucede a alguien. *Cambiar de trabajo fue un bien para él.* **SIN.** **Provecho, regalo.** **3.** Y un beneficio o utilidad para alguien. *Sabes que lo único que me importa es tu bien.* **SIN.** **Bienestar.** **4.** Los bienes de una persona son sus propiedades. *Nombro heredero de todos mis bienes a mi hijo Carlos.* **SIN.** **Capital, hacienda.**

Sí. Había dicho «nosotros». Y pronto tuve la oportunidad de comprobar quiénes eran «nosotros».
–Bienvenidos, amigos. Pasad.
Solo habían pasado dos días desde que Doro y yo firmásemos nuestro acuerdo. Ahora estaba entrando en mi futura tienda acompañado de cuatro personas más a las que invitaba a pasar como si estuvieran en su casa.
No me gustaba mucho la idea. Pero esa había sido una de sus condiciones y yo la había aceptado.

bienestar *s. m.* **1.** El bienestar es un estado de satisfacción y felicidad. ✵ **SIN.** **Dicha, placidez.** **2.** Y también una situación de desahogo económico. *Gracias a sus acertadas inversiones, ahora disfruta de un bienestar envidiable.* **SIN.** **Comodidad, confort.**

Toda la tarde es ya viento marino. Y el sol y el viento ¡dan un blando bienestar al corazón!

Platero y yo

bienvenido, bienvenida *adj.* **1.** Un persona es bienvenida si se la recibe con agrado. ✵ **SIN.** **Bienhallado.** // **bienvenida** *s. f.* **2.** La bienvenida es el recibimiento que se le da a una persona. *Cuando llegamos al hotel, nos recibieron con una afectuosa bienvenida.* SIN. Acogida, recepción.

billete *s. m.* **1.** Un billete es un papel que emite el Banco de España y que tiene el valor de determinada cantidad de dinero. ✪ SIN. Papel moneda. **2.** Un billete es también una tarjeta que, previo pago, autoriza a presenciar un espectáculo o a utilizar un medio de transporte. *No he podido entrar al partido porque solo venden billetes a los socios.* SIN. Entrada, tique. **3.** Y el conjunto de diez décimos de la Lotería Nacional de la misma serie de un número. *Para el sorteo del Niño compra un billete que acabe en cinco.* SIN. Boleto, participación.

El hombre avanzó hacia el cuadro de su antepasado, lo hizo girar sobre unos goznes que dejaban paso a una caja fuerte y, tras manipular su combinación, extrajo un fajo de billetes.

De la copa a la tumba

biografía *s. f.* **1.** Una biografía es la historia de la vida de una persona. *Su biografía está marcada por su viaje a Francia.* SIN. Vida. **2.** Y también una obra literaria que cuenta la vida de una persona. ✪ SIN. Semblanza.

Ian Gibson (Dublín, 21 de abril de 1939) es un hispanista conocido por sus biografías sobre Rubén Darío, Federico García Lorca, Salvador Dalí, Antonio Machado…

bisoño, bisoña *adj.* Una persona bisoña es la que no tiene experiencia o es nueva en una actividad. También s. m. y f. *Es tan bisoño en este trabajo que hay que disculpar sus errores.* SIN. Inexperto, novato.

Alcemos una muralla juntando todas las manos;
los negros, sus manos negras,
los blancos, sus blancas manos.
Una muralla que vaya desde la playa hasta el monte,
desde el monte hasta la playa, bien,
allá sobre el horizonte...

La paloma de vuelo popular

blanco, blanca *adj.* **1.** Es blanco lo que tiene el color de la nieve o la leche. *Sigo escribiendo mis novelas en papel blanco, no utilizo el ordenador.* SIN. Níveo, albo. **2.** Son blancos los individuos pertenecientes a la raza blanca, europea o caucásica, y se caracterizan por el color claro de su piel. También s. m. y f. ✪ SIN. Caucásico. **3.** Se dice que son blancas ciertas cosas cuyo color es más atenuado que otras de su especie. *Tomaremos un vermú blanco y un vermú rojo.* SIN. Claro. **4.** Una persona se queda blanca cuando alguna circunstancia la hace palidecer. *Cuando me recuperé del desmayo, aún estaba blanco.* SIN. Pálido, descolorido.

—Berto, te presento a mis amigos: Nadia, Tor, Julius y Efrén. Voy a enseñarles nuestro rincón secreto. A partir de ahora, los verás por aquí a menudo.
¡Vaya! ¡Pues qué bien! Quizás había sido un poco blando en mis negociaciones.
Los saludé cortésmente. ¡Qué nombres tan raros! —pensé—. Nadie se llama Tor.

blando, blanda *adj.* **1.** Una cosa es o está blanda si, al tocarla o presionarla, cede o se deforma fácilmente. ✲ SIN. Tierno, suave. **2.** Una persona es blanda si muestra poca resistencia o poca fuerza. *Si no fueras tan blando, me ayudarías a cortar la leña.* SIN. Débil, flojo. **3.** Y también, si tiene un carácter demasiado benévolo. ✲ SIN. Dócil, tolerante.

Frodo sintió que algo blando le tocaba la mejilla. Extendió el brazo y vio que unos diminutos copos de nieve se le posaban en la manga.
El señor de los anillos. La comunidad del anillo

blanquear *v.* **1.** Blanqueamos algo si lo ponemos blanco. *Este dentífrico blanquea los dientes.* SIN. Emblanquecer, aclarar. **2.** Blanqueamos una pared cuando la pintamos con cal o yeso blanco. *En el sur blanquean las casas para aislarlas del calor.* SIN. Enyesar, encalar. **3.** Blanqueamos dinero conseguido de modo ilegal si lo invertimos en negocios legales. *El locutorio era una tapadera para blanquear dinero ilegal.* SIN. Lavar. **4.** Algo blanquea cuando muestra su blancura. *La luz del sol hace que la nieve blanquee con más intensidad.* SIN. Albear. **5.** Y cuando va tomando color blanco o que tira a blanco. *He lavado tanto esta camiseta que ha blanqueado bastante.* SIN. Blanquecer, aclarar.

bloque *s. m.* **1.** Un bloque es una pieza grande y compacta de un material consistente. ✲ SIN. Mole, mazacote. **2.** Un bloque es también una construcción grande de pisos. *Ha habido un apagón de*

Hace doscientos cincuenta millones de años, los continentes formaban un único bloque gigante. Se llamaba Pangea (que en griego significa todas las tierras). Este bloque comenzó a romperse hace doscientos millones de años en enormes porciones llamadas placas tectónicas.

Entraron en la pequeña biblioteca; estuvieron allí una media hora y se fueron. Hablaban entre ellos. Todos menos uno, creo que era Julius, que no abrió la boca. Después se fueron y durante unos días no tuve noticias de ellos, algo que, por cierto, me alivió bastante. Yo, prácticamente había acabado de pintar y limpiar mi local y estaba empezando a recibir la mercancía. Después de todo, no había quedado mal. Ellos encargaron el trabajo a una empresa que, en poco tiempo, consiguió dar un aspecto bastante aceptable a la sala. Además, mandaron colocar una puerta, que quedó cerrada, aunque me entregaron una llave: –Don Doro me ha pedido que le entregue esta llave y que le diga que mantenga esta puerta siempre cerrada.

luz que ha afectado a todo el bloque. SIN. Edificio. **3.** Y un conjunto de personas o cosas con características comunes. *El bloque de los socios más veteranos se ha enfrentado al bloque de socios más recientes.* SIN. Agrupación, paquete.

bloquear *v.* **1.** Bloquear es impedir el paso por una vía de comunicación, un circuito, etc. *El desprendimiento de una roca está bloqueando la carretera comarcal.* SIN. Obstruir, obturar. **2.** Bloquear es también no dejar que un proceso se desarrolle con normalidad. *Las negociaciones han sido bloqueadas.* SIN. Obstaculizar, impedir. **3.** Y no permitir que algo funcione correctamente. También v. prnl. *Se ha bloqueado el motor y no puedo utilizar el aspirador.* SIN. Parar, paralizar. **4.** Algo bloquea a una persona si le impide reaccionar. También v. prnl. *Aunque sabía todas las respuestas del examen, me puse nervioso y me bloqueé.* SIN. Paralizar, atenazar. **5.** Bloquear una cuenta bancaria es impedir que su titular disponga de ella. *El director del banco ha bloqueado todas sus cuentas porque están siendo investigadas.* SIN. Inmovilizar.

bobo, boba *adj.* **1.** Una persona es boba si tiene poca inteligencia y entendimiento. También s. m. y f. *Si no entiendes lo que estoy explicando es que eres bobo.* SIN. Tonto, ignorante. **2.** También si es muy ingenua y confiada. ✪ SIN. Inocente, simple.

Pero las viejas bobas somos más bobas que nadie. Perro viejo no aprende gracias nuevas, como suele decirse.

Las aventuras de Tom Sawyer

boca *s. f.* **1.** La boca es la abertura y la cavidad superior del aparato digestivo del hombre y los animales, por donde se introducen los alimentos y donde se articulan las palabras. ✪ SIN. Labios,

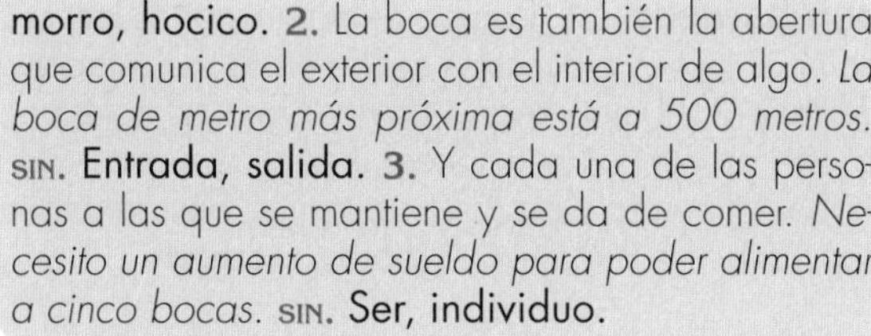

morro, hocico. **2.** La boca es también la abertura que comunica el exterior con el interior de algo. *La boca de metro más próxima está a 500 metros.* SIN. Entrada, salida. **3.** Y cada una de las personas a las que se mantiene y se da de comer. *Necesito un aumento de sueldo para poder alimentar a cinco bocas.* SIN. Ser, individuo.

La señora siempre recibe lo que le corresponde, aunque ella a veces piensa que no es así. Escoger para ella las patatas más pequeñas, el bocado más sabroso, lo más tierno de todo, esa es su consigna.

Diario de Ana Frank

bocado *s. m.* **1.** Un bocado es una cantidad pequeña de comida. SIN. Comida, alimento. **2.** Y la cantidad de comida que se mete en la boca de una vez. *Procura tomar bocados más pequeños; si no, te vas a atragantar.* SIN. Porción. **3.** También, un mordisco. *Tom le ha dado un buen bocado a mi perro.* SIN. Mordedura, dentellada.

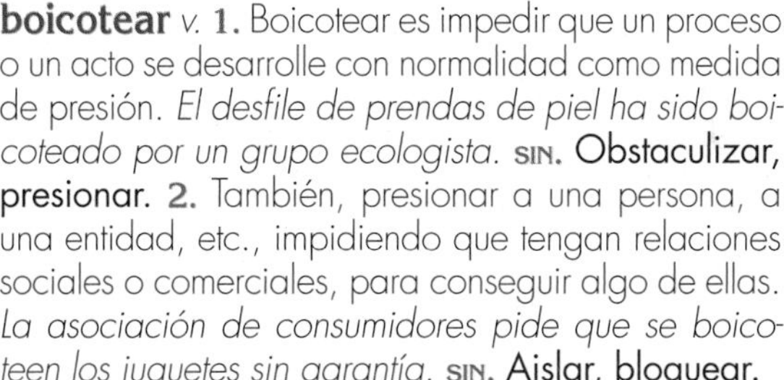

boicotear *v.* **1.** Boicotear es impedir que un proceso o un acto se desarrolle con normalidad como medida de presión. *El desfile de prendas de piel ha sido boicoteado por un grupo ecologista.* SIN. Obstaculizar, presionar. **2.** También, presionar a una persona, a una entidad, etc., impidiendo que tengan relaciones sociales o comerciales, para conseguir algo de ellas. *La asociación de consumidores pide que se boicoteen los juguetes sin garantía.* SIN. Aislar, bloquear.

bola *s. f.* **1.** Una bola es un cuerpo esférico de cualquier material y de cualquier tamaño. SIN. Pelota, canica, esfera. **2.** Una bola es también una mentira. *A Alicia no se le puede creer nada de lo que dice porque cuenta muchas bolas.* SIN. Trola, embuste. **3.** AM. Una bola es una gran cantidad de cosas. *Hoy tengo que archivar una bola de libros.* SIN. Montón. **4.** AM. Y un tumulto. *La policía sofocó la bola con contundencia.* SIN. Sublevación, revuelta.

Despacito, entonces, muy despacito, probó una gota con la punta de la lengua, y se relamió con gran placer: aquellas gotas eran miel, y miel riquísima, porque las bolas de color pizarra eran una colmena de abejitas que no picaban porque no tenían aguijón.

Cuentos de la selva

Pablo Picasso pintó el Guernica en 1937 después de que la aviación nazi bombardeara Guernica, capital histórica del País Vasco. El pintor pretendía que este cuadro fuera un grito contra la Guerra Civil española.

[...] el mayor era canoso y tendría unos sesenta años, [...] y una señora anciana de pelo gris y con un aspecto de lo más bondadoso, que tenía detrás dos mujeres jóvenes a las que no logré ver bien.

Las aventuras de Huckleberry Finn

bombardear *v.* **1.** Bombardear un lugar es lanzar bombas y otros proyectiles contra él. SIN. **Atacar, destruir.** **2.** Bombardear a una persona es molestarla con preguntas, peticiones, u otras acciones, de modo insistente. *Constantemente nos bombardean con correos basura.* SIN. **Agobiar, atosigar.**

bondad *s. f.* **1.** La bondad es la cualidad que poseen las personas que buscan hacer el bien a los demás. SIN. **Benevolencia, generosidad.** **2.** La bondad de algo o de alguien es el conjunto de sus cualidades positivas. *Las bondades de la dieta mediterránea están ampliamente demostradas.* SIN. **Benignidad, beneficio.** **3.** Bondad es también la amabilidad, la suavidad de carácter de una persona. *Héctor tuvo la bondad de acompañarme a la consulta del médico.* SIN. **Amabilidad, afabilidad.**

bondadoso, bondadosa *adj.* Una persona bondadosa es la que tiene un carácter generoso y apacible. SIN. **Amable, generoso.**

bonificación *s. f.* Una bonificación es una cantidad de dinero que se añade a lo que se ha de cobrar o que se descuenta de lo que se ha de pagar. SIN. **Gratificación, descuento.**

bonificar *v.* Bonificar significa conceder un aumento en la cantidad de dinero que se ha de cobrar o una reducción en la cantidad que se ha de pagar. *Las empresas que contaminen menos serán bonificadas.* SIN. **Compensar, beneficiar.**

bonito, bonita *adj.* Algo es bonito si nos parece agradable, agraciado. SIN. **Hermoso, bello.**

Así, inmóvil, tembloroso, sorprendido y emocionado, no parecía tan feo. Incluso resultaba bastante guapo. Era como si un halo de belleza brotara de su bondad [...].

Mi tigre es lluvia

Y así fueron pasando los días, y las semanas. Yo iba viviendo de mi modesto negocio y cada mes, puntualmente el día 2, Doro me hacía llegar mi bonificación por cederle a él y a sus amigos mi especial biblioteca. No los veía a menudo porque solían venir cuando el quiosco estaba cerrado. Solo coincidíamos si yo me quedaba un rato más para clasificar facturas o recibos, cambiar el escaparate, que siempre debía estar bonito, colocar alguna mercancía, etc.

bordar *v.* **1.** Bordar es hacer adornos en relieve en una tela con aguja e hilo. *Mi abuela bordaba sus iniciales en las sábanas y en las toallas.* SIN. Festonear. **2.** Una persona borda algo cuando lo hace muy bien. *Apenas había ensayado la coreografía pero la bordó.* SIN. Clavar.

Mi hermana me acorraló en el borde del nido. Supe que iba a caer. Y a morir. Morir cuando todavía no había comenzado a vivir.

La reina de los cielos

borde[1] *s. m.* **1.** El borde de algo es el extremo o el límite exterior de su superficie. ✪ SIN. Orilla, margen. **2.** El borde de un recipiente es el contorno de la boca. *Limpia el borde de la botella antes de beber.* SIN. Reborde.

El adjetivo ***borde*** tiene la misma forma para masculino y femenino.

borde[2] *adj.* Una persona es borde si tiene un carácter difícil y poco agradable. También s. m. y f. *Con el paso de los años, tu cuñado se ha hecho aún más borde.* SIN. Antipático, desagradable. ✔

bordear *v.* **1.** Bordear algo es ir por su borde o muy cerca de él. *El barco bordea la isla antes de entrar en el puerto.* SIN. Rodear, circundar. **2.** Bordear es también hallarse una fila de cosas en el borde de otra. *Los juncos bordean la orilla del río.* SIN. Flanquear, rodear. **3.** Bordear una situación o un estado es estar muy cerca de ellos. *Tus comentarios despectivos bordean el insulto.* SIN. Acercarse, rayar.

—¡Bien, Pueblo Festivo! —dijo Bilbo asomándose—. ¿Qué hora es según la luna? ¡Vuestra nana podría despertar a un trasgo borracho! No obstante, os doy las gracias.

El hobbit

borracho, borracha *adj.* **1.** Una persona está borracha cuando, por un consumo excesivo de alcohol, pierde el control de sus actos. También s. m. y f. *Cuando le recogieron en la calle estaba bastante borracho.* SIN. Ebrio, bebido. AM. Tomado. **2.** Una persona es borracha cuando habitualmente consume bebidas alcohólicas en exceso. ✪ SIN. Alcohólico. **3.** Una persona está borracha de un sentimiento, como alegría, felicidad... si lo siente de forma intensa. *Le ha tocado la lotería y está borracho de felicidad.* SIN. **Dominado, embriagado.**

borrador *s. m.* **1.** Un borrador es un utensilio con el que se borra lo que se escribe en la pizarra. *El borrador está lleno de tiza azul.* SIN. **Paño. 2.** Un borrador es un texto escrito de forma provisional en el que se harán correcciones hasta darle la forma definitiva. *Creo que ya he hecho más de mil borradores de este proyecto.* SIN. **Esbozo, apunte. 3.** Primeras pruebas de un dibujo. *Ya he dibujado tres borradores de esta figura pero no me queda bien.* SIN. **Boceto, bosquejo.**

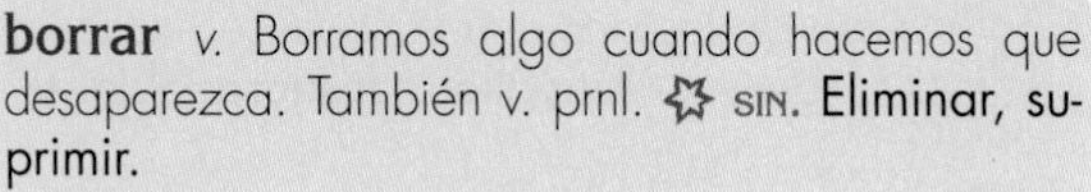

borrar *v.* Borramos algo cuando hacemos que desaparezca. También v. prnl. ✡ SIN. **Eliminar, suprimir.**

borrón *s. m.* **1.** Un borrón es una mancha de tinta que se hace en el papel. *Rellenar el impreso con mayúsculas. No se admiten borrones.* SIN. **Manchón, tachadura. 2.** Y una acción negativa que daña la reputación o la fama de una persona. *Este suspenso es un borrón en tu expediente.* SIN. **Imperfección, tacha.** ✔

Borrón y cuenta nueva quiere decir que se toma la decisión de olvidar errores o situaciones negativas pasadas para empezar de nuevo como si no hubieran sucedido.

botar *v.* **1.** Un objeto bota cuando da saltos al chocar contra una superficie dura. *La pelota se fue botando y acabó en la finca del vecino.* SIN. **Saltar, rebotar. 2.** Una persona bota cuando da un salto desde el suelo o desde otro lugar. *Paul botó, se elevó y encestó una canasta espectacular.* SIN. **Saltar, brincar. 3.** Botar una pelota o algo similar es darle golpes contra el suelo para que salte. *Bota el balón*

Una tarde en que me quedé un rato en la tienda después de la hora de cierre, la curiosidad pudo más que la prudencia y decidí entrar en la biblioteca. Doro no me lo había prohibido, al contrario, me había dado una llave y en varias ocasiones me había sugerido que entrase con total libertad. Al fin y al cabo, los libros eran míos.

La verdad es que el aspecto que la sala presentaba era bien distinto al de unos meses atrás. Ahora resultaba acogedora, como, si de un plumazo, se hubieran borrado las sombras que un día me asustaron.

Tomé un libro entre las manos. Ya no tenía polvo. Me dispuse a leer un poco. Hasta los libros habían dejado de parecer misteriosos. O no.

tres veces antes de lanzarlo. SIN. Lanzar, impulsar. **4.** Botar un barco es ponerlo en el agua después de construirla o repararla. ✪ SIN. Echar, arrojar. **5.** Botar a una persona es echarla de algún sitio. *Si vuelves a molestar a tus compañeros, tendré que botarte de clase.* SIN. Expulsar, despedir. ✔

No confundir ***botar*** con ***votar*** (emitir un voto).

Ayudado por Cross y Wilcox, levantó la lanchita para botarla al mar; pero Briant, cogiéndola por una de las puntas, dijo con energía:
-¡No embarcaréis!
Dos años de vacaciones

bote[1] *s. m.* Un bote es el salto que una persona o una cosa dan al botar. *El balón dio un bote ante el portero y se coló en la portería.* SIN. Salto, brinco.

bote[2] *s. m.* Un bote es un recipiente pequeño, normalmente con forma de cilindro. ✪ SIN. Lata, envase.

El artista estadounidense Andy Warhol, figura del movimiento llamado pop art, utilizó un bote de sopa como inspiración de una de sus obras más famosas.

bote[3] *s. m.* Un bote es un barco pequeño. *Los barcos llevan botes salvavidas.* SIN. Barca, lancha.

boyante *adj.* Es boyante lo que está en buena situación, lo que va bien. *El negocio familiar no está atravesando un momento boyante.* SIN. Favorable, próspero. ✔

El adjetivo ***boyante*** tiene la misma forma para masculino y femenino.

bravo, brava *adj.* **1.** Una persona es brava si no tiene miedo de emprender acciones arriesgadas. *En la antigua Roma, los bravos gladiadores se enfrentaban en los anfiteatros para divertir al público.* SIN. Valiente, valeroso. **2.** Un animal es bravo si es fiero o feroz. *El toro bravo embestía con el pitón izquierdo.* SIN. Bravío, salvaje. **3.** Un mar bravo es un mar alborotado. *El mar está demasiado bravo para salir a navegar.* SIN. Embravecido, agitado. **4.** AM. Una persona está brava si está enfadada. *Tu mentira ha hecho que me ponga bravo.* SIN. Enojado, furioso. ✔

Cuando un espectáculo causa admiración y aprobación entre el público, este grita ***¡Bravo!***

El adjetivo ***breve*** tiene la misma forma para masculino y femenino.

breve *adj*. Es breve lo que tiene poca duración o poca extensión. ✲ SIN. Corto, efímero. ✔

Se detuvo en su rellano antes de subir a su piso y llamó a la puerta. La espera fue breve. La misma señora Hermann le abrió después de preguntar quién era.

Kafka y la muñeca viajera

El adjetivo ***brillante*** tiene la misma forma para masculino y femenino.

brillante *adj*. **1.** Un cuerpo es brillante si refleja la luz. *El sol nos parece la estrella más brillante, aunque no lo es, porque es la más cercana a la Tierra.* SIN. Reluciente, deslumbrante. AM. Brilloso. **2.** Una persona brillante es la que destaca y es admirada por sus cualidades. *Puedo decir que Yago es el alumno más brillante de toda la clase.* SIN. Excepcional, admirable. ✔

Los diminutos y hundidos ojos oscuros brillaron ligeramente, y una sonrisa se asomó a la casi invisible hendidura que eran sus labios.

Charlie y el gran ascensor de cristal

brillar *v*. **1.** Brillar es reflejar un cuerpo la luz. ✲ SIN. Resplandecer, relucir. **2.** Brillar es también despertar admiración por destacar en algún aspecto. *Su interpretación fue tan buena que brilló sobre el resto de los actores.* SIN. Sobresalir, distinguirse.

brincar *v*. **1.** Brincar es dar saltos o brincos. SIN. Saltar, botar. **2.** AM. Brincar es pasar por encima de algo dando un salto. *Ariel brincó el seto y entró en el jardín de su vecino.* SIN. Saltar.

brindar *v*. **1.** Varias personas brindan cuando expresan buenos deseos mientras hacen chocar sus copas de vino u otra bebida. *Vamos a brindar por que Álex apruebe selectividad.* SIN. Chocar. **2.** Brindar algo a alguien es ponerlo a su disposición. *Te estoy muy agradecida por brindarme la oportunidad de trabajar contigo.* SIN. Ofrecer, proporcionar. // **brindarse** *v. prnl*. **3.** Brindarse a hacer algo es ofrecerse a ello. *Todos mis compañeros se brindaron a apoyar mis reclamaciones.* SIN. Prestarse.

Oí un golpe brusco en la puerta y me asusté. Me extrañaba que Doro o sus amigos se acercaran por allí porque habían estado el día anterior y no solían ir dos días seguidos. Cuando quise salir de la sala ya era demasiado tarde. Efectivamente, Doro estaba ya en la puerta. Iba acompañado de un hombre más joven. Me miró un poco sorprendido:
—Pensé que no te interesaban estos libros.
—Mmmm… Bueno… la verdad…
—Berto, estos libros son tuyos. No tienes que disculparte ni esconderte. Nosotros tampoco nos escondemos porque no hacemos nada malo. Solo intentamos preservar el poder de las palabras. Y si estás interesado, bienvenido. Cuantos más seamos mejor, ¿no es así, Ago?

bromista *adj.* Es bromista la persona aficionada a gastar bromas o tomar el pelo a alguien. También s. m. y f. *Como es muy bromista, a Mauro nadie le toma en serio.* SIN. Gracioso, chistoso. ✔

El adjetivo **bromista** tiene la misma forma para masculino y femenino.

bronca *s. f.* **1.** Una bronca es una discusión fuerte entre dos o más personas. *Dos aficionados tuvieron una fuerte bronca porque no estaban de acuerdo con el penalti.* SIN. Disputa, riña. **2.** Echar la bronca a alguien es reñirle por haber hecho algo mal. *El agente echó la bronca a un niño por no cruzar por el paso de peatones.* SIN. Regañina, crítica.

brujo, bruja *s. m. y f.* **1.** Los brujos y brujas son personas de las que se dice tienen poderes mágicos porque hacen pactos con el diablo. *En la Edad Media, los brujos y brujas eran quemados en hogueras.* SIN. Poseído. // **brujo** *s. m.* **2.** En algunas tribus, los brujos son hombres a los que se atribuyen poderes mágicos con los que curan a los enfermos, se comunican con los espíritus, etc. *El brujo invocó a los dioses para que abundase la caza.* SIN. Mago, sacerdote. // **bruja** *s. f.* **3.** En los cuentos, la bruja es una mujer malvada que tiene poderes extraordinarios. ✡ SIN. Hechicera.

Una bruja de mandíbula cuadrada con el pelo gris muy corto, se sentaba la izquierda de Fudge; llevaba un monóculo y miraba imponente.

Harry Potter y la Orden del Fénix

brusco, brusca *adj.* **1.** Una acción, un movimiento, etc. es brusco si es rápido, imprevisto. ✡ SIN. Súbito, repentino. **2.** Una persona es brusca si es poco amable o delicada. *La telefonista que atendió mi consulta fue bastante brusca.* SIN. Antipático, grosero.

brutal *adj.* **1.** Una persona, y sus actos, son brutales si son crueles y violentos. *El brutal atentado ha causa-*

El adjetivo ***brutal*** tiene la misma forma para masculino y femenino.

do la muerte de dos personas. SIN. Inhumano, despiadado. **2.** Algo es brutal si es muy grande o se sale de lo normal. *Las brutales inundaciones arrastraron árboles y coches.* SIN. Extraordinario, tremendo. ✔

bruto, bruta *adj.* **1.** Una persona bruta es una persona poco inteligente o con dificultades para entender las cosas. *¡Mira que eres bruto: decir que Europa es un país!* SIN. Ignorante, torpe. **2.** También, una persona poco delicada. También s. m. y f. *Eres un bruto: no se come con las manos.* SIN. Ordinario, grosero. **3.** Y una persona que utiliza con exceso la fuerza física. *Este boxeador es un bruto: ha noqueado a su rival en el primer asalto.* SIN. Rudo, bestia. **4.** Un producto bruto es el que no ha sido sometido a ninguna manipulación. *Se concederán ayudas para la obtención de alcohol bruto.* SIN. Natural, puro.

bueno, buena *adj.* **1.** Algo o alguien es bueno si es como debe y se ajusta a la función que debe desempeñar. ✰ SIN. Apto, adecuado. **2.** Una persona, y sus actos, son buenos si muestran bondad. *El nuevo encargado parece un hombre bueno y respetuoso.* SIN. Bondadoso, honrado. **3.** Una persona o un animal está buenos si no sufre ninguna dolencia o enfermedad. *Tuve gripe la semana pasada pero ya estoy bueno.* SIN. Sano, curado. **4.** Una persona está buena si tiene un físico atractivo. *¡Qué bueno está mi profesor de Latín!* SIN. Guapo, estupendo. **5.** Es bueno lo que resulta agradable y placentero. *¡Qué día tan bueno para andar en bicicleta!* SIN. Grato, gustoso. **6.** Y lo que está en buen estado. *Estas berenjenas no tienen buen color, creo que no están buenas.* SIN. Perfecto, correcto. ✔

El adjetivo ***bueno*** presenta la forma ***buen*** ante sustantivo masculino singular.

Los buenos expertos en robótica están en Vieja Tierra o se largaron al espacio profundo. En Ciberia no construyen nada que no salga defectuoso.

Misterioso asesinato en Oz

Excepción hecha de los enormes bultos de las chozas construidas con pieles, bien poco era lo que se veía, [...].

Colmillo Blanco

bullicioso, bulliciosa *adj.* Es bullicioso lo que tiene o causa ruido y alboroto. *Apenas puedo dormir por la noche porque mi calle es muy bulliciosa.* SIN. **Ruidoso, escandaloso.**

bulto *s. f.* **1.** Un bulto es un cuerpo cuya forma se distingue con dificultad. ✵ SIN. **Silueta, 2.** Un bulto es también el volumen de un cuerpo. ✵ SIN. **Masa, tamaño. 3.** Y un paquete, una maleta, etc. que forman parte de un equipaje. *Coloca todos los bultos dentro del maletero.* SIN. **Fardo, carga. 4.** Y un abultamiento que sobresale en una superficie y, especialmente, en el cuerpo. *Tengo un pequeño bulto en las cuerdas vocales y me impide hablar con normalidad.* SIN. **Hinchazón, nódulo.**

Ago no decía nada. Se había quedado atrás, quieto, callado. Parecía una sombra.
—Vamos, Ago, acércate. Berto va a pensar que eres un bulto sospechoso —se burló Doro.
—Discúlpeme. Estoy un poco nervioso. Me gustaría ver los libros.
Ago habló con seriedad. Era un hombre joven, con ojos vivos. Su rostro no parecía tan serio como el tono con que pronunciaba sus palabras. A Berto le gustó. Como le había gustado que Doro insinuase que él también podía formar parte del exclusivo grupo interesado por esos libros y el secreto que escondían.

En la Edad Media, los burgueses eran las personas que pertenecían a la burguesía, una clase social compuesta por empresarios, comerciantes, banqueros, etc., que surgió en el siglo XI en las ciudades (burgos) de Europa. La burguesía se fortaleció en los siglos XVI y XVII y se rebeló contra la sociedad existente, como ocurrió en la Revolución Francesa de 1789. Con la llegada de la industria, los burgueses se hicieron ricos, influyentes y poderosos.

burgués, burguesa *adj.* **1.** Es burgués la persona que pertenece a la clase alta o acomodada. ✵ SIN. **Pudiente, adinerado. 2.** Y quien solo se preocupa por su bienestar material olvidando el espiritual. *Andrés ya no es el joven universitario con ideales, se ha convertido en un burgués.* SIN. **Materialista, mediocre.**

burlar *v.* **1.** Burlar algo o a alguien es esquivarlos. *Sarah Lee salió del hotel por la puerta trasera para burlar a los fanes.* SIN. **Eludir, evitar.** // **burlarse** *v. prnl.* **2.** Burlarse de alguien o de algo es reírse de ellos. ✵ SIN. **Mofarse, cachondearse.**

buscar *v.* **1.** Buscamos algo o a alguien si hacemos lo posible por encontrarlos cuando se han perdido. *¿Me puedes ayudar a buscar mi carné de la biblioteca?* SIN. **Localizar, encontrar. 2.** Buscamos algo si tratamos de conseguirlo. SIN. **Anhelar, desear.** *En este pueblo solo busco un poco de paz.*

C C C

C C C

C C C

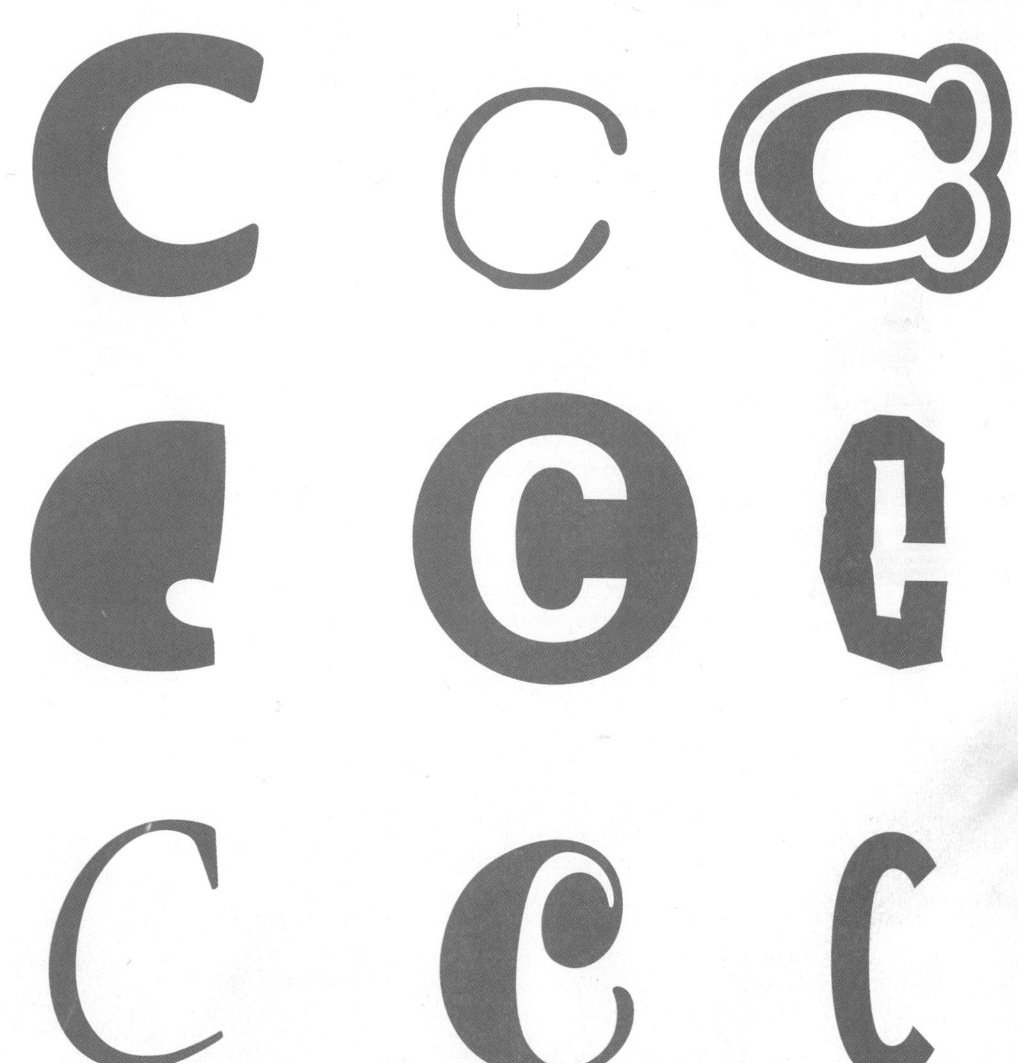

El adjetivo ***cabal*** tiene la misma forma para masculino y femenino.

cabal *adj.* **1.** Una persona cabal es una persona íntegra y justa. *Te falta mucho para ser una persona cabal.* **SIN.** Íntegro, recto. **2.** Y también lo que está completo. *Este informe recoge datos cabales sobre los hábitos de alimentación.* **SIN.** Total, entero. ✔

cabalgar *v.* **1.** Una persona cabalga cuando anda, o está montada, a caballo. **SIN.** Montar. **2.** Una cosa cabalga sobre otra cuando está colocada sobre ella. *El tablón cabalga sobre el caballete.* **SIN.** Apoyar.

Cabalgaron un rato en silencio; pero Legolas no dejaba de mirar a los lados y si Gimli no se lo hubiese impedido, se habría detenido más de una vez a escuchar los rumores del bosque.

El señor de los anillos. Las dos torres.

cabecear *v.* **1.** Cabecear es mover la cabeza arriba y abajo o a un lado y a otro en señal de aprobación, negación o desprobación. *Cuando queremos decir* no *cabeceamos a izquierda y derecha.* **SIN.** Asentir, negar. **2.** También, dar cabezadas una persona que se está durmiendo. *La conferencia era tan aburrida que hasta cabeceé un poco.* **SIN.** Adormilarse, dormitar. **3.** Una embarcación cabecea si baja y sube alternativamente la proa y la popa. *Con la tempestad, los barcos cabeceaban peligrosamente en altamar.* **SIN.** Balancearse, oscilar.

El sustantivo ***cabecilla*** tiene la misma forma para masculino y femenino.

cabecilla *s. m. y f.* El cabecilla de una banda, un grupo, un movimiento político, etc. es la persona que lo dirige o está al frente. **SIN.** Jefe, líder. ✔

Sin saber cómo, cuándo ni por qué, Ago fue convirtiéndose en el cabecilla de esta extraña banda, y yo, en un miembro más.

caber *v.* **1.** Algo o alguien caben en un lugar si se pueden meter dentro de él. *En este estuche solo caben doce pinturas.* **SIN.** Coger, entrar. **2.** Algo o alguien caben por un espacio, por una abertura, si pueden pasar por ellos. *Tuvimos que desmontar el mueble porque no cabía por la puerta.*

No es que me enterara de mucho de lo que se hacía o hablaba en la sala, pero a mí me cabía el honor de ser su vigilante, su ángel de la guarda.

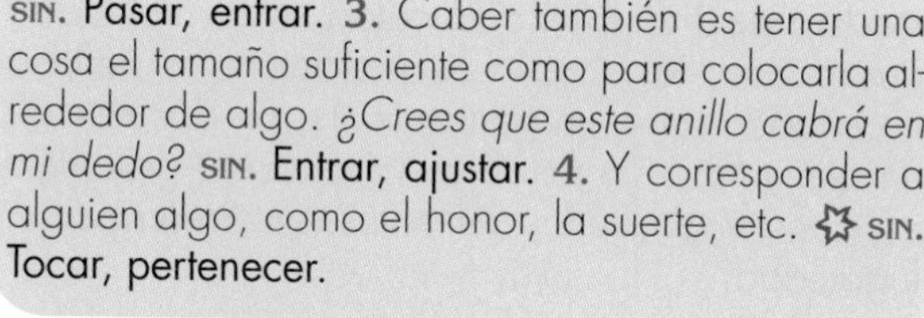
SIN. Pasar, entrar. **3.** Caber también es tener una cosa el tamaño suficiente como para colocarla alrededor de algo. *¿Crees que este anillo cabrá en mi dedo?* SIN. Entrar, ajustar. **4.** Y corresponder a alguien algo, como el honor, la suerte, etc. ✪ SIN. Tocar, pertenecer.

cabezón, cabezona *adj* **1.** Una persona cabezona es la que tiene la cabeza más grande de lo normal. También s. m. y f. *Tendré que hacer el cuello del jersey más amplio porque Armando es muy cabezón.* SIN. Cabezudo. **2.** Una persona cabezona es una persona terca. También s. m. y f. *Eres tan cabezón que nunca reconocerás tu error.* SIN. Obstinado, testarudo.

cabizbajo, cabizbaja *adj.* Estar cabizbajo significa llevar la cabeza inclinada hacia abajo por tristeza, por vergüenza, etc. *Tras la aplastante derrota, la tenista se retiró cabizbaja.* SIN. Abatido, consternado.

cabo *s. m.* **1.** Un cabo es el extremo de una cosa. *Sujeta los dos cabos del cable.* SIN. Punta, fin. **2.** Los cabos de una cuerda son cada una de las fibras que la forman. *Haz un nudo en la cuerda para que no se suelten los cabos.* SIN. Hilo, hebra. **3.** Cabos son también las cuerdas que se utilizan en los barcos. *Sujeta el bote con este cabo.* SIN. Maroma, soga. **4.** Un cabo es una porción de terreno que entra en el mar. SIN. Saliente, lengua. ✔

No confundir ***cabo*** con ***cavo*** (1.ª persona presente de indicativo de *cavar*).

cadáver *s. m.* Un cadáver es un cuerpo muerto, especialmente el de una persona. ✪ SIN. Muerto, fiambre, difunto.

Subieron la escalera en silencio y, no sin arrojar de vez en cuando una medrosa mirada al cadáver, emprendieron un meticuloso registro de la habitación.

El Dr. Jekyll y Mr. Hyde

caducidad *s. f.* La caducidad es la propiedad que poseen las cosas que pierden valor, validez o calidad, como un pensamiento, un documento, un alimento... *La fecha de caducidad garantiza el buen estado de los alimentos.* SIN. **Prescripción, fugacidad.**

caduco, caduca *adj.* **1.** Es caduco lo que está en desuso o pasado de moda. *Este tipo de revistas de moda ya no se vende porque está caduco.* SIN. **Anticuado, desfasado.** **2.** También lo que, por tener muchos años, empieza a mostrar decrepitud. *Varios ancianos achacosos y caducos esperaban ser atendidos por el médico.* SIN. **Envejecido, decrépito.** **3.** Y lo que tiene poca duración o se estropea pronto. *Un mendigo recogía del contenedor algunos alimentos caducos y deteriorados.* SIN. **Perecedero, efímero.** **4.** Son caducas las hojas de las plantas que caen en otoño. ✿ SIN. **Temporal, estacional.**

El mundo es un bosque de almas caducas, almas que caen dulcemente en el otoño y alfombran el suelo de la memoria.

En un bosque de hoja caduca

Harry estaba en la cocina, agarrado a la fregona para no caerse, cuando tío Vernon avanzó hacia él con un destello demoníaco en sus ojos diminutos.

Harry Potter y la cámara secreta

caer *v.* **1.** Un cuerpo cae cuando va hacia abajo por efecto de su propio peso. También v. prnl. *La grada supletoria del estadio cayó al suelo por el excesivo peso que soportaba.* SIN. **Desplomarse, derrumbarse.** **2.** Una persona cae cuando pierde el equilibrio y va al suelo. También v. prnl. ✿ SIN. **Tropezar, precipitarse.** **3.** Caer es separarse algo del lugar al que estaba fijado. También v. prnl. ✿ SIN. **Desprenderse, soltarse.** **4.** También, estar algo situado en un lugar aproximado. *Creo que la cafetería por la que me pregunta cae por allí.* SIN. **Estar, ubicarse.** **5.** Y suceder algo en una fecha determinada. *Este curso las fiestas del colegio caen a primeros de mayo.* SIN. **Ocurrir, acae-**

cer. **6.** Caer es dejar algo o alguien de existir. *El islam cayó en España en el año 1492.* SIN. **Morir, desaparecer. 7.** Algo cae cuando disminuye su intensidad o su fuerza. ✡ SIN. **Bajar, descender. 8.** Una persona cae bien o mal a otra según la impresión que le produzca. *Tu primo Manuel me ha caído muy bien.* SIN. **Resultar, parecer. 9.** Caer es corresponder algo por azar. ✡ SIN. **Tocar. 10.** Y darse cuenta de algo. *Ahora caigo, ya sé de cuál de tus amigos me estás hablando.* SIN. **Percatarse, comprender. 11.** También colgar algo de un determinado modo. *La falda le caía hasta los tobillos con un vuelo muy gracioso.* SIN. **Pender. 12.** Y sentar algo bien o mal. *Las lentejas con chorizo no me caen bien.* SIN. **Aceptar, asimilar.**

Mi interés por los libros, por mis libros, fue aumentando en la misma progresión que caía mi afición por los crucigramas, asta ahora mi forma favorita de llenar los uecos que me dejaban las intermitentes entradas y salidas de mis clientes. Comencé a leerlos por uriosidad o, más bien, por amor propio. Si quería que Doro, Ago los demás llegaran a considerarme uno de os suyos, lo primero que debía hacer era aber qué tenían esos ibros para servir de nexo entre personas que, aparentemente, ada tenían en común. Pero... ¿por dónde comenzar?

Os diré que ocurre lo mismo en vuestro caso, salvo por una cosa, si me escucháis: si hay un judas entre vosotros seguid mi consejo, libraos de él enseguida si teméis la ruina o caed en desgracia por su causa.

Cuentos de Canterbury

caída *s. f.* **1.** Una caída es un movimiento hacia abajo o hacia el suelo que experimenta algo o alguien de forma involuntaria. *A causa de la caída, me he fracturado un tobillo.* SIN. **Golpe, derrumbe. 2.** También el hecho de que algo que está fijado a un lugar deje de estarlo. *El dermatólogo me ha recetado una loción para frenar la caída del cabello.* SIN. **Desprendimiento. 3.** Y la desaparición de algo. *Esta película trata de la caída del Imperio Romano.* SIN. **Ocaso, decadencia. 4.** Caída es también la disminución de la intensidad o la importancia de algo. *La caída en la venta de coches en el último año es alarmante.* SIN. **Desplome, descenso. 5.** Un terreno, una superficie tienen caída si están inclinados. *No bajaré esta rampa en monopatín porque tiene una caída peligrosa.* SIN. **Pendiente, cuesta.**

calamidad *s. f.* **1.** Una calamidad es un suceso que causa desgracia. *Parece que las calamidades azotan siempre a los países más débiles.* SIN. **Tragedia, infortunio.** **2.** Decimos que una persona es una calamidad si es torpe o tiene mala suerte. ✪ SIN. **Inepto, inútil.**

Decidí preguntar a Ag para que él me aseso rase. No tuvo ningún inconveniente. Entró e la sala y al rato salió con tres ejemplares. Respiré aliviado. No eran demasiado grue sos. Yo para la lectur siempre había sido u poco calamidad y cre que Ago me había cal do perfectamente. Pero, con estos libros todo cambió.

calar *v.* **1.** Un líquido cala un cuerpo si entra en él y lo moja. *Se ha caído el zumo y ha calado el mantel.* SIN. **Mojar, humedecer.** **2.** Calar una fruta es cortar un pedazo para probarla. *El frutero ha calado el melón para ver si estaba maduro.* SIN. **Rajar, partir.** **3.** Calar un gorro o un sombrero es ponérselo metiéndolo mucho en la cabeza. *No te cales tanto la boina que pareces un paleto.* SIN. **Ajustar, encajar.** **4.** Calar a una persona es darse cuenta de cómo es. ✪ SIN. **Conocer, descubrir.** // **calarse** *v. prnl.* **5.** Calarse es mojarse por culpa de la lluvia. *Me ha pillado el chaparrón en la calle y vengo calado.* SIN. **Mojarse, empaparse.** **6.** El motor de un coche se cala cuando deja de funcionar repentinamente. ✪ SIN. **Parar.**

Curiosamente, el motor de la furgoneta no se había calado y, lo más sorprendente de todo, las luces de los faros se encendieron de repente.

De la copa a la tumba

calcar *v.* **1.** Calcamos un dibujo o un escrito si hacemos una copia de él trazando sus líneas sobre un papel transparente. *Para calcar este retrato utilizaré papel calcante.* SIN. **Plagiar, repetir.** **2.** También calcamos algo si intentamos reproducirlo con la mayor fidelidad. *Intentó calcar el gol que Maradona hizo ante Inglaterra.* SIN. **Copiar, imitar.**

calcular *v.* **1.** Calcular es hacer operaciones para hallar una cantidad. ✪ SIN. **Contar, operar.** **2.** Calcular es también suponer. *Calculo que tendrá unos veinte años.* SIN. **Creer, imaginar.**

Descansó durante l que creyó serían do horas. La luna no se levantaba ahora has tarde y no tenía mo de calcular el tiemp

El viejo y el m

Gracias al efecto invernadero, la temperatura de la Tierra se mantiene ya que los gases de la atmósfera que intervienen en este efecto retienen parte de la energía que proviene del Sol. En los últimos años ha aumentado la concentración de esos gases, lo que hace que retengan más energía, que la Tierra se caliente, que el hielo de los Polos se derrita y que aumente el nivel de los océanos.

calentar *v.* **1.** Calentar es hacer que algo o alguien tenga más calor. También v. prnl. ✪ SIN. **Caldear, templar. 2.** Calentar es pegar a alguien. *Si me vuelves a insultar te caliento.* SIN. **Golpear, apalear. 3.** Y poner nerviosa a una persona. También v. prnl. *Cuando oí todas esas barbaridades, me calenté y me fui.* SIN. **Exaltar, acalorar. 4.** Calentamos nuestros músculos haciendo ejercicios suaves antes de practicar un deporte. *Hay tres jugadores calentando en la banda.* SIN. **Estirar.**

calibrar *v.* **1.** Calibramos un instrumento cuando hacemos los ajustes necesarios para que mida con precisión. *Calibra el altímetro antes de comenzar a escalar.* SIN. **Ajustar. 2.** Calibrar es medir la importancia de algo. *Antes de tomar una decisión, calibra las ventajas y los inconvenientes.* SIN. **Sopesar, valorar.**

Comencé por Las tinieblas de la palabra. Era una mirada al pasado, a un pasado muy lejano, a un pasado en que los hombres, que hasta ese momento solo utilizaban gestos y gruñidos para comunicarse, comienzan a emitir palabras, breves, confusas, pero palabras. No sabría decir si el libro estaba bien o mal escrito, ni si poseía o no calidad literaria; solo podía decir que su lectura me atrapó. Y así sucedió con el resto. Y fueron muchos.

En la acepción 2, ***calidad*** aparece en la construcción ***en calidad de***.

calidad *s. f.* **1.** La calidad de una persona o de una cosa es la propiedad o el conjunto de propiedades que permiten valorar si son más o menos buenas o más o menos importantes. ✪ SIN. **Cualidad, condición. 2.** La calidad es también la función que alguien desempeña. *A nuestra llegada, Mabel nos recibió en calidad de anfitriona de la fiesta.* SIN. **Condición, papel.** ✔

Envuelto en un cálido abrigo de piel blanca y con los pies dentro de un par de botas forradas de lana. Marco siguió a la muchedumbre hasta la cima de una colina [...].

El planeta de los Árboles de Navidad

cálido, cálida *adj.* **1.** Cálido es lo que está caliente o produce calor. ✪ SIN. **Caluroso, templado. 2.** También, lo que es afectuoso, acogedor. *Tras ganar el Óscar, al cineasta le esperaba un cálido recibimiento.* SIN. **Cariñoso, entusiasta. 3.** Y lo que resulta agradable. *El cálido sonido del violín acompañó la velada.* SIN. **Suave, placentero.**

caliente *adj.* **1.** Está caliente lo que tiene una temperatura más elevada de lo normal. *Mi frente está muy caliente, seguro que tengo fiebre.* SIN. **Ardiente, caldeado. 2.** Es caliente lo que da calor. *Los montañeros llevan prendas térmicas porque son muy calientes.* SIN. **Abrigado, cálido. 3.** Una situación caliente es una situación difícil y que puede provocar enfado. *Si no se acercan posturas, la reunión va a ser muy caliente.* SIN. **Acalorado, conflictivo.** ✔

El adjetivo ***caliente*** tiene la misma forma para masculino y femenino.

Su esposa es Uinen, la Señora de los Mares, cuyos cabellos se esparcen por todas las aguas bajo el cielo [...]; a ella claman los marineros, porque puede tender la calma sobre las olas, restringiendo el frenesí salvaje de Ossë.

El Silmarillion

callar *v.* **1.** Callar es dejar de hablar o de emitir algún sonido. También v. prnl. *No he pegado ojo en toda la noche porque los perros no callaron ni un minuto.* SIN. **Silenciar, enmudecer. 2.** Callar es no decir algo que se sabe. *Eres más valioso por lo que callas que por lo que dices.* SIN. **Ocultar, omitir.**

calma *s. f.* **1.** El mar está en calma cuando no está encrespado; la atmósfera está en calma cuando no hay viento. ✩ SIN. **Quietud, bonanza. 2.** Calma es la ausencia de ruido y jaleo en un lugar. *Me voy de la ciudad buscando la calma y la paz del campo.* SIN. **Quietud, sosiego. 3.** Calma es la lentitud o la tranquilidad con las que se afrontan las situaciones. *Intenta no perder la calma y será más fácil.* SIN. **Apatía, parsimonia.**

calor *s. m.* **1.** Calor es la temperatura elevada de un lugar o de un objeto. *Es preciso aislar bien las viviendas para que no pierdan calor.* SIN. **Calidez, temperatura. 2.** Calor es también la sensación que experimenta una persona cuando la temperatura es alta, o cuando está muy abrigada. *¡Qué calor tengo! Voy a quitarme la cha-*

queta. SIN. Sofoco. **3.** Y el afecto que se muestra hacia algo o hacia alguien. *Siempre me he sentido arropado por el calor de la familia.* SIN. Cariño. **4.** Calor es entusiasmo, ardor. *Antonio pone tanto calor en sus afirmaciones que es difícil rebatirle.* SIN. Vehemencia, pasión.

Una mañana, Doro me llamó. Le encontré bastante excitado, hablaba deprisa, como si quisiera decirme muchas cosas a la vez.
–Berto. Si... Esto... ¿Podrías cerrar la tienda hoy un poquito antes? A ver... Mira... Han contactado conmigo varias personas interesadas en ver la colección. Vienen de diferentes lugares del país y queremos reunirnos hoy en la sala hacia las siete y media, claro, si te parece bien.
Me sorprendió su nerviosismo. Que vinieran personas de otras provincias no era tan extraño. Ago también vivía fuera, se acercaba siempre que podía a la capital y nunca se había hecho ningún cambio *ante sus visitas.*

caluroso, calurosa *s. f.* **1.** Algo o alguien es caluroso si siente o produce mucho calor. *Gabriela es muy calurosa, nunca utiliza prendas de abrigo.* SIN. Caliente, sofocante. **2.** Caluroso es también afectuoso, entusiasta. *Nos despedimos con un caluroso abrazo.* SIN. Cariñoso, efusivo.

cambiar *v.* **1.** Cambiar es ofrecer o tomar una cosa por otra. *Te cambio un cromo de* La guerra de las galaxias *por uno de* El señor de los anillos. SIN. Intercambiar, trocar. **2.** También, quitar algo o a alguien y poner otros en su lugar. También v. prnl. *Me cambio de calzado y nos vamos.* SIN. Reemplazar, sustituir. **3.** Dejar un lugar para instalarse en otro. También v. prnl. *Mi trabajo me obliga a cambiar de domicilio con frecuencia.* SIN. Trasladar, mudar. **4.** Convertir, o convertirse, una cosa en otra distinta. ✧ SIN. Modificar, variar. **5.** Y dar monedas o billetes para que nos den el mismo dinero pero en monedas o billetes de menor valor o de otro país. *¿Me cambia cinco euros en monedas?* SIN. Canjear.

Las leyes cambian, desde luego, pero solo si es necesario que lo hagan.

Fríndel

cambio *s. m.* **1.** Un cambio es la sustitución de una persona o una cosa por otras. *El cambio de director mejorará el funcionamiento del instituto.* SIN. Intercambio, permuta. **2.** También, la modificación de una cosa en otra distinta. ✧ SIN. Variación, alteración. **3.** El dinero que se devuelve cuando, al comprar algo, se paga una cantidad mayor de la que cuesta el producto. *Introduzca el precio exacto. Esta máquina no da cambio.* SIN. **Vuelta.** **4.** Y el dinero en billetes o monedas pequeños, o en moneda de otro país. *Para viajar por los países de la Unión Europea no hay que hacer cambio de moneda.* SIN. **Suelto.**

La tortuga caminó durante muchos días en la nueva dirección, campo a través, cruzando arenales y bosques, de noche y día.

Los mejores cuentos de Michael Ende

caminar *v.* **1.** Caminar significa andar de un lugar a otro. ✵ SIN. **Transitar, pasear.** **2.** Y hacer a pie una distancia. *Hoy solo he caminado dos kilómetros.* SIN. **Recorrer, andar.**

Muchos animales carnívoros, como el lince, el tigre o el guepardo, tienen rayas o manchas en su pelaje para camuflarse entre las sombras de los árboles y así asegurarse la caza.

campeón, campeona *s. m. y f.* Es campeón la persona o animal que gana una competición o que supera a los demás en algún aspecto. *La Selección española de fútbol fue la campeona de la Eurocopa en el año 2008.*

Pasar varios meses en lo alto de un refugio camuflado en silencio, filmando un niño, soportando el frío, el viento, la lluvia, no era precisamente algo fácil o superdivertido.

La reina de los cielos

camuflar *v.* **1.** Camuflar es modificar el aspecto de algo o de alguien para pasar inadvertidos. ✵ SIN. **Disimular, enmascarar.** **2.** Camuflar algo o a alguien es esconderlos para que no se vean. ✵ SIN. **Ocultar, encubrir.**

canalizar *v.* **1.** Canalizar un río es dirigir su cauce. *Para canalizar el río fue preciso talar decenas de árboles.* SIN. **Encauzar, regular.** **2.** Canalizar es también construir canales para conducir gases o líquidos. *Para los agricultores es prioritario canalizar el agua del pantano.* SIN. **Conducir.** **3.** Y orientar opiniones, ideas… hacia un fin determinado. *Canalizando nuestros esfuerzos alcanzaremos antes el objetivo.* SIN. **Encaminar, encarrilar.**

cancelar *v.* **1.** Cancelar es dejar sin validez algo antes establecido. *La huelga de pilotos ha obligado a cancelar varios vuelos.* SIN. **Anular, suspender. 2.** Y pagar una deuda completamente. *No sé cuándo podré cancelar mis deudas.* SIN. **Saldar, liquidar.**

l adjetivo ***candente*** ene la misma forma ara masculino y menino.

candente *adj.* **1.** Algunos cuerpos se ponen candentes cuando, al alcanzar una temperatura muy elevada, cambian de color. *El carbón candente se pone de color rojo.* SIN. **Incandescente, ardiente. 2.** Un asunto candente es el que despierta mucho interés o está de actualidad. *La toma de posesión del presidente es el tema más candente.* SIN. **Actual, apasionante.** ✔

candidato, candidata *s. m. y f.* Un candidato es una persona, una organización o una institución que pretende conseguir un cargo, un premio… o que ha sido propuesto para ello. *Todos los candidatos deberán pasar varias pruebas.* SIN. **Aspirante, pretendiente.** AM. **Postulante.**

Soy de agua, tierra y aire.
Cuando de andar me canso,
si se me antoja, vuelo,
si se me antoja, nado.

Fábulas literarias
(pato)

cansancio *s. m.* **1.** El cansancio es una sensación de debilidad que sentimos tras haber hecho un esfuerzo o después de estar enfermos. ✵ SIN. **Fatiga, agotamiento. 2.** Y también el tedio que nos produce algo que nos aburre o que se repite demasiado. *Me producen cierto cansancio las películas de acción: son todas iguales.* SIN. **Aburrimiento, tedio.**

Con esas palabras de la Emperatriz Infantil, todo el cansancio que había sentido Atreyu durante la Gran Búsqueda cayó de repente sobre él como un velo oscuro.

La historia interminable

cansar *v.* **1.** Cansar es causar o sentir agotamiento. También v. prnl. ✵ SIN. **Fatigar, extenuar. 2.** Cansar también es molestar a alguien. *Ya me*

A las siete y cuarto cerré mi quiosco. No me agradó mucho la idea pero... ¡qué podía hacer!
A las siete y media en punto, tres taxis pararon delante de la puerta y de ellos descendieron en total catorce personas, algunas conocidas, otras no. A Ago, Tor, Julius, Nadia y Efren se habían unido otras nueve personas: cinco hombres y cuatro mujeres.
«¡Qué cantidad de gente!» –pensé.
Ago me los presentó, uno por uno, y fueron entrando en la sala.
–Berto, adelante, eres uno de los nuestros.
Acepté entusiasmado la invitación de Ago. Por nada del mundo hubiera querido perderme esta especie de reunión al más alto nivel.

estás cansando con tantas preguntas. SIN. **Agobiar, incordiar.** **3.** Y hacer que se pierda el interés por algo. *Ir a la bolera todos los sábados ya cansa.* SIN. **Aburrir, hartar.**

cantar *v.* **1.** Una persona canta cuando emite sonidos melodiosos con la voz. *Los domingos vamos a cantar a un karaoke.* SIN. **Canturrear, tararear.** **2.** Un animal, en especial las aves y algunos insectos, canta cuando emite sus sonidos característicos. *Solo las aves canoras son capaces de cantar.* SIN. **Gorjear.** **3.** Cantar es también dar una información, especialmente bajo presión. *El detenido acabo cantando quiénes eran sus cómplices.* SIN. **Revelar, confesar.** **4.** Y oler mal alguna parte del cuerpo. *Cámbiate de calcetines, que te cantan los pies.* SIN. **Atufar, apestar.**

cantidad *s. f.* **1.** La cantidad es la parte o el número indeterminado de algo. *¿Qué cantidad de harina se necesita para hacer los buñuelos?* SIN. **Cuantía, medida.** **2.** Y una parte o un número bastante grande de algo. ✡ SIN. **Abundancia, multitud.** **3.** También, una suma indeterminada de dinero. ✡ SIN. **Cifra.**

capacidad *s. f.* **1.** Capacidad es la condición o conjunto de condiciones que hace que una persona pueda aprender algo o realizar una actividad. *Su capacidad para aprender nos ha sorprendido a todos.* SIN. **Aptitud, facultad.** **2.** Capacidad es también el espacio de que dispone una cosa para contener otra. *Quiero comprar un coche grande, con capacidad para seis o siete personas.* SIN. **Cabida, volumen.**

Ambos jóvenes eran perseguidos por la justicia ya que habían robado de la caja del señor Sowerberry una importante cantidad de dinero.

Oliver Tw

Ninguna voz sonaba como la de su padre. Con ella Mo era capaz de pintar cuadros en el aire.

Corazón de tinta

capaz *adj.* **1.** Una persona es capaz de algo si tiene cualidades para ello. ✵ SIN. **Apto, preparado.** **2.** Y la que se atreve a algo. *¿A que soy capaz de ir al baile con este disfraz de rana?* SIN. **Atrevido, decidido.** **3.** Un lugar o un cuerpo son capaces para contener algo o alguien en su interior si tienen espacio suficiente. *Si extendemos la mesa, es capaz para diez personas.* SIN. **Amplio, espacioso.** ✔

El adjetivo ***capaz*** tiene la misma forma para masculino y femenino.

capricho *s. m.* **1.** Un capricho es un deseo de tener o de hacer algo sin motivación o necesidad. *Tengo el capricho de hacer un crucero.* SIN. **Antojo.** **2.** También, la persona, animal o cosa que es objeto de ese deseo. *Este abrigo es uno más de tus caprichos.* SIN. **Antojo.**

Los tiburones tienen, a los lados del cuerpo, una células que captan las vibraciones que otros peces emiten cuando se mueven. Cuando localizan a su presa, pueden utilizar tácticas como describir círculos en torno a ella para después lanzar un ataque desde abajo y capturarla.

captar *v.* **1.** Captar es percibir algo por medio de los sentidos o de algún aparato receptor. ✵ SIN. **Detectar, notar.** **2.** Captar también es entender algo. *Si quieres captar la esencia del poema tienes que descifrar sus metáforas.* SIN. **Comprender, advertir.** **3.** Y atraer a alguien para hacerse con su voluntad o su afecto. ✵ SIN. **Conquistar, ganar.**

Los nuevos –así decidí llamarles porque no había retenido prácticamente ninguno de sus nombres, que además también eran bastante raros– estaban sorprendidos por la cantidad y la calidad de los libros. Al cabo de una hora, ya no había duda: habían sido captados para la causa. Así se lo dijo Ago a Doro en voz baja. ¿La causa? ¿Qué causa? Hasta donde yo había entendido, y mi trabajo me había costado, mis libros eran valiosos porque eran antiguos. Trataban de las palabras, sus orígenes, su función… Pero… ¿qué más había? ¿Me estaban ocultando algo?

capturar *v.* **1.** Capturar es detener a alguien, especialmente a un delincuente. *Al final de la película, el fugitivo es capturado.* SIN. **Apresar, prender.** **2.** Y prender a una persona, animal o cosa que se mueve y que ofrece resistencia. ✵ SIN. **Cazar, detener.**

carácter *s. m.* **1.** El carácter de una persona es su forma de ser, lo que la hace diferente de las demás. *Helena tiene buen carácter y no se molesta por nada.* SIN. **Personalidad.** **2.** Carácter es también fuerza y firmeza de comportamiento. *Sin ninguna duda, Aguirre es un jugador de carácter.* SIN. **Temperamento, genio.** **3.** Y el conjunto de rasgos propios de una persona o una cosa. *Se ha premiado la labor de varias organizaciones de carácter humanitario.* SIN. **Condición, naturaleza.** ✔

El plural de ***carácter*** es *caracteres.*

Es verdad que Doniphan era un excelente tirador, con quien se podía contar; pero su destreza costaba siempre algunas cargas de pólvora y de plomo.

Dos años de vacaciones

carencia *s. f.* Carencia es la falta o escasez de algo. *La carencia de medios justifica el mal estado de las instalaciones.* SIN. **Privación, carestía.**

carga *s. f.* **1.** Una carga es la mercancía que se transporta en un vehículo, sobre un animal o sobre una persona. *El camión volcó y su carga quedó esparcida por el suelo.* SIN. **Cargamento, bulto.** **2.** Una carga es una situación difícil que una persona debe afrontar. *Mis dolores reumáticos son una pesada carga que debo asumir.* SIN. **Cruz, molestia.** **3.** El repuesto de un utensilio. *¿Has cambiado la carga de tu pluma?* SIN. **Recambio.** **4.** Y la cantidad de munición que se pone en un arma o en un artefacto. ✪ SIN. **Explosivo, proyectil.**

Por lo que pude ver, los yahoos son los más indómitos de los animales; su capacidad no pasa nunca de la precisa para arrastrar o cargar pesos.

Los viajes de Gulliver

cargar *v.* **1.** Cargar una mercancía es ponerla en un vehículo, sobre un animal o sobre alguien para que la transporten. *El repartidor aún no ha cargado todas las* pizzas *en su moto.* SIN. **Portar, llevar.** **2.** Cargar un peso es llevarlo encima. ✪ SIN. **Acarrear, soportar.** **3.** Cargar un aparato es proporcionarle lo que necesita para poder funcionar. *¿Has cargado ya la batería de la cámara de fotos?* SIN. **Alimentar.** **4.** Cargar es poner demasiado de algo. *Creo que he cargado demasiado mi*

Parece que mi cargo de vigilante o de ángel custodio no era lo suficientemente importante como para hacerme partícipe de los secretos, o supuestos secretos, que en esa sala se trataban. Me sentí incómodo, como si sobrase, como la nota discordante en una melodía perfectamente afinada. Disimuladamente, aunque supongo que a nadie le hubiera importado si lo hubiera hecho abiertamente, me fui.

estómago y voy a vomitar. SIN. **Abarrotar, atiborrar. 5.** También, responsabilizar a alguien de algo. *No estoy dispuesto a cargar con un delito que no he cometido.* SIN. **Achacar, atribuir. 6.** Molestar a alguien. *Me cargan las películas románticas.* SIN. **Fastidiar, hartar. 7.** Y no aprobar un examen. *Me han cargado el examen teórico.* SIN. **Catear, suspender.** // **cargarse** *v. prnl.* **8.** Cargarse algo es romperlo, eliminarlo o dejarlo inservible. *Como tenía poca audiencia, se han cargado la serie de los domingos.* SIN. **Suprimir, estropear. 9.** Cargarse a alguien es matarlo. *Antes de ser detenido, el personaje del gánster se cargaba a varios mafiosos.* SIN. **Eliminar, asesinar.**

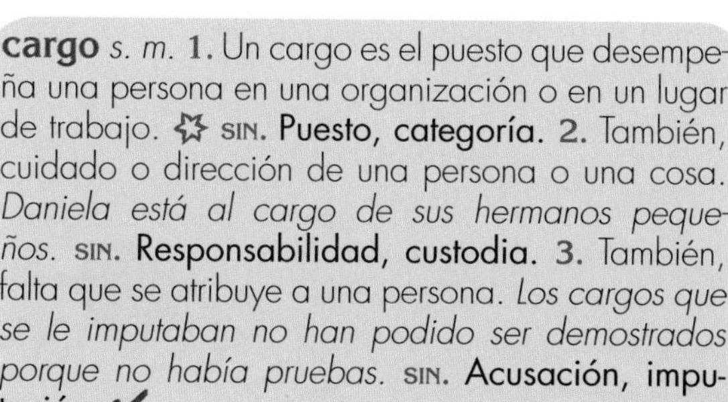

cargo *s. m.* **1.** Un cargo es el puesto que desempeña una persona en una organización o en un lugar de trabajo. ✵ SIN. **Puesto, categoría. 2.** También, cuidado o dirección de una persona o una cosa. *Daniela está al cargo de sus hermanos pequeños.* SIN. **Responsabilidad, custodia. 3.** También, falta que se atribuye a una persona. *Los cargos que se le imputaban no han podido ser demostrados porque no había pruebas.* SIN. **Acusación, imputación.** ✔

En su acepción 3, el sustantivo ***cargo*** se usa preferentemente en plural: *cargos.*

Andando así discurriendo de puerta en puerta, con harto poco remedio, porque ya la caridad se subió al cielo, topóme Dios con un escudero que iba por la calle con razonable vestido, bien peinado, su paso y compás en orden.

El Lazarillo de Tormes

caridad *s. f.* **1.** La caridad es un sentimiento que impulsa a una persona a ayudar a los que lo necesitan, tanto material como espiritualmente. ✵ SIN. **Generosidad, altruismo. 2.** Es caridad la limosna o el apoyo que se da a una persona necesitada. *El mendigo se sentaba cada día ante la puerta de la catedral con un cartón en el que ponía: «Una caridad para mis cinco hijos».* SIN. **Ayuda, consuelo.**

Me disponía a abrir la puerta para salir a la calle cuando oí que me llamaban. Reconocí inmediatamente la voz. Era Ago.

–Berto, ¿dónde vas? Aún no hemos acabado y me gustaría que te quedases con nosotros hasta el final. Eres uno de los nuestros, ¿recuerdas?

–No, Ago. No es así. Sí, yo estoy aquí. Cuido los libros, los mimo, he llegado a leer, y casi a entender, algunos de ellos. Pero no soy uno de los vuestros, porque vosotros venís aquí, os reunís aquí por algo, por un motivo, un oscuro motivo que hasta ahora desconozco y que parece debo seguir desconociendo. Así que es mejor que todo siga como hasta ahora: yo estaré fuera cuando vosotros estéis dentro y estaré dentro cuando vosotros ya estéis fuera.

–Eres muy listo, Berto: has sabido ver donde yo creí que no verías. Además, todo este tiempo me has demostrado que podemos confiar en ti. Creo que ha llegado el momento de contarte algo más sobre nosotros y nuestra extraña devoción por esos libros.

»Desde tiempos inmemorables los estudiosos y filósofos se han formulado incansablemente las mismas preguntas: ¿cuál es el origen del lenguaje humano?, ¿cómo se formaron al principio las palabras?, ¿cuál es la lengua primitiva, la lengua del paraíso, la lengua de la que se valieron los primeros humanos que se comunicaron a través del lenguaje oral? Preguntas fascinantes, sin duda, a las que solo han seguido respuestas nulas y frustrantes. Para casi todos. No para nosotros.

»La fascinación por este tema surge en nosotros de forma casual y esa casualidad nos acercó. Así conocí a Doro, a Nadia, a Julius… Nosotros sí tenemos respuestas. Bueno, para ser más exacto, uno de los libros, uno de tus libros, tiene las respuestas.

No sabía qué decir, porque no entendía la magnitud de lo que me estaba contando. Solo se me ocurrió preguntar:

–¿Uno? ¿Solo uno? ¿Y los demás?

–Los demás son los pilares que lo sustentan, las manos que lo cobijan, los caminos que llevan a él.

cariño *s. m.* **1.** El cariño es un sentimiento de afecto hacia alguien o hacia algo. *Las madres tratan con mucho cariño a sus hijos.* SIN. **Aprecio, estima. 2.** Y también, los gestos que se hacen para demostrar ese afecto. *Belén y su novio son un poco empalagosos: siempre se están haciendo cariños.* SIN. **Caricia, carantoña. 3.** Hacemos algo con cariño si lo hacemos con esmero. *Este trabajo me ha salido muy bien porque lo he hecho con mucho cariño.* SIN. **Cuidado, mimo.** ✔

En su acepción 2, el sustantivo ***cariño*** se usa preferentemente en plural: *cariños.*

caro, cara *adj.* Es caro lo que tiene un precio elevado o más elevado de lo normal. ✪ SIN. **Costoso, prohibitivo.**

Sus padres le habían advertido hacía tiempo que no tomara nada de los minibares de los hoteles, que todo era muy caro.

El canto de la sirena

carrera *s. f.* **1.** Una carrera es la acción de ir corriendo de un lado a otro. *Si quiero llegar a tiempo tendré que echar una buena carrera.* SIN. **Marcha. 2.** También, una prueba deportiva en la que gana la persona, animal o vehículo más veloz. *En la séptima carrera ganó la yegua Venus.* SIN. **Competición. 3.** Estudiar una carrera es cursar estudios universitarios y obtener el título que permite ejercer una profesión. *Son muchos los universitarios que acaban sus carreras y no encuentran trabajo.* SIN. **Licenciatura. 4.** La carrera es la actividad profesional ejercida por una persona. *La actriz Sara Vals inició su carrera artística en el teatro.* SIN. **Profesión.**

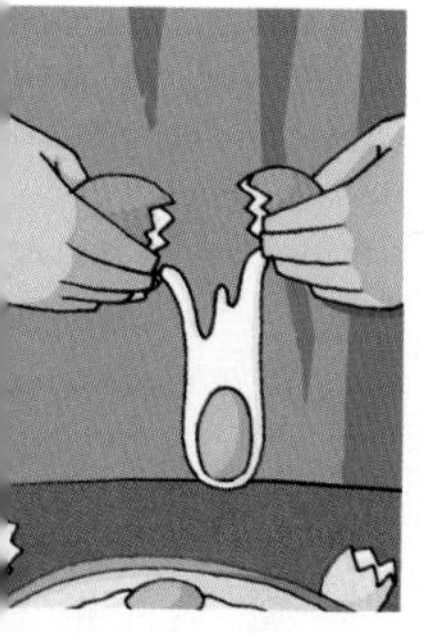

cascar *v.* **1.** Cascar algo, especialmente algo duro, es romperlo. También v. prnl. *Casca dos huevos para hacer la tortilla.* SIN. **Partir, quebrar. 2.** También, estropear algo. También v. prnl. *Creo que este coche ha cascado definitivamente, no hay* *forma de arrancarlo.* SIN. Dañar, deteriorar. **3.** Hablar más de la cuenta. *No se te puede contar nada, todo lo cascas.* SIN. Parlotear, rajar. **4.** Y morir. *Olvidó dar de comer a Casiopea y la pobre tortuga cascó.* SIN. Morir, diñarla.

Con esta revelación, la situación había cambiado extraordinariamente. Y tan rápido... En unos meses había pasado de simple aspirante a quiosquero, a casero un tanto particular para terminar siendo una especie de aprendiz de cabalista. Desde luego, mi vida estaba discurriendo por unos cauces que nunca hubiera imaginado.

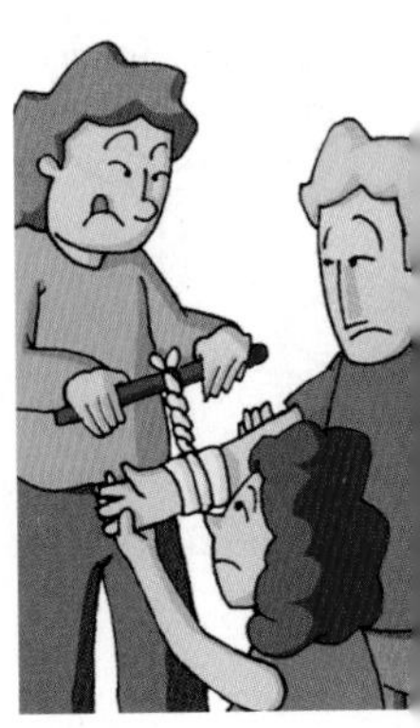

casero, casera *adj.* **1.** Una persona es casera si le gusta estar en casa. *A Marco no le gusta salir por ahí, es muy casero.* SIN. Hogareño. **2.** Una cosa es casera si se hace en casa o pertenece a ella. *No hay postre más sabroso que el bizcocho casero de mi madre.* SIN. Doméstico, familiar. **3.** Y si se hace con pocos medios o medios muy simples. *Mientras llegaba la ambulancia improvisamos un torniquete casero para detener la hemorragia.* SIN. Corriente, sencillo. // **casero, casera** *s. m. y f.* **4.** El casero es el dueño de una casa alquilada. ✩ SIN. Propietario, arrendador.

caso *s. m.* **1.** Un caso es algo que sucede. *La novela narra un curioso caso real que sucedió en Arizona.* SIN. Suceso, acontecimiento. **2.** También, la situación personal en la que se encuentra una persona. *El abogado me ha dicho que mi caso es diferente.* SIN. Circunstancia, condición. **3.** Una ocasión que se presenta o que hay posibilidad de que se presente. ✩ SIN. Coyuntura. **4.** Y un asunto del que se ocupa la policía o la justicia. *En el caso del Estado contra el sr. Láiz la sentencia fue justa.* SIN. Proceso, sumario.

Lo único que hicieron fue darme una pistol cargada, por si nos atacaban, y prometernos tener caballos ensillados para el cas de que fuésemos per seguidos al regreso.

La isla del teso

castigo *s. m.* Un castigo es una pena que se impone a alguien que ha hecho algo malo. *Tu castigo consistirá en escribir cincuenta veces: «Debo respetar a mis compañeros».* SIN. Sanción, multa.

El adjetivo ***casual*** tiene la misma forma para masculino y femenino.

casual *adj.* Es casual lo que sucede lo que sucede de forma imprevisible y sin poder predecirlo. SIN. Fortuito, accidental.

casualidad *s. f.* La casualidad es una combinación de circunstancias que caracterizan a lo que sucede de forma imprevisible. SIN. Azar, suerte.

Esta fabulilla,
salga bien o mal,
se me ha ocurrido ahora
por casualidad.

Fábulas literarias

catalogar *v.* **1.** Catalogar es hacer un catálogo, es decir, una lista ordenada de cosas o personas. *Para catalogar los discos, será mejor que primero los ordenes por la fecha de publicación.* SIN. Inventariar, registrar. **2.** Catalogamos algo si lo incluimos en un catálogo. *Hay que catalogar las nuevas adquisiciones de la biblioteca.* SIN. Clasificar, archivar. **3.** También, si decimos que algo o alguien es de una determinada manera. *Sin conocer mis propuestas, ya las has catalogado como insuficientes.* SIN. Valorar, etiquetar.

En 2004, la Tierra tembló a 4000 metros de profundidad en el océano Índico, en Indonesia, y provocó un terrible *tsunami*. La catástrofe causó más de 300 000 muertos.

Y había sido casual. Bueno, pensándolo bien, ya no estoy seguro de que la casualidad exista. ¿Y si todo forma parte de un plan, como una gran representación de títeres en la que nos vamos moviendo según se tire de un hilo o de otro? Bueno, será mejor no ponerse trascendentales, que eso cansa mucho.

catástrofe *s. f.* Una catástrofe es un suceso desastroso que causa desgracia. SIN. Desastre, cataclismo.

causa *s. f.* **1.** La causa de algo es la persona o cosa que lo producen. *El exceso de velocidad es la causa de gran parte de los accidentes de tráfico.* SIN. Origen, fundamento. **2.** También, la razón para hacer algo. *He llegado tarde por una causa justificada.* SIN. Justificación, motivo. **3.** Una idea por la que alguien toma partido. *Defendió la causa socialista hasta el final de sus días.* SIN. Ideal, proyecto.

causar *v.* Causar algo es hacer que suceda. SIN. Provocar, ocasionar.

[...] me pareció distinguir un fantasma blanco y gigantesco. Entonces me bajé del árbol atraído por tal curiosidad; pero, paralizado de miedo, fui avanzando muy lentamente y con mucha cautela hacia aquel sitio.

Cuentos de las mil y una noches

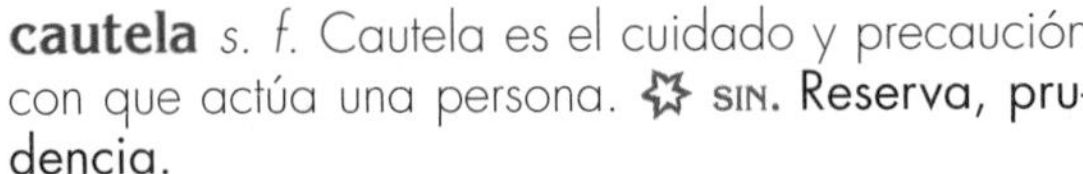

cautela *s. f.* Cautela es el cuidado y precaución con que actúa una persona. ✪ SIN. **Reserva, prudencia.**

cautivar *v.* **1.** Cautivamos a alguien cuando lo hacemos prisionero. *Después de cautivar a los atracadores del tren, el* sheriff *se fue de la ciudad.* SIN. **Apresar, capturar. 2.** Y también cuando atraemos totalmente su interés o su cariño. *La simpatía de los nuevos vecinos nos ha cautivado a todos.* SIN. **Seducir, fascinar.**

cazar *v.* **1.** Cazar animales es buscarlos para apresarlos o matarlos. ✪ SIN. **Atrapar, capturar. 2.** Cazar a una persona es pillarla en un error o haciendo algo que no debe. *Esta mañana, mi madre me ha cazado con las manos en la caja de las galletas.* SIN. **Sorprender, descubrir, pescar. 3.** Cazar es también comprender algo con rapidez. *Jorge es el alumno más avispado de la clase, lo caza todo a la primera.* SIN. **Captar, entender.**

El Paleolítico fue la primera etapa de la prehistoria y se extiende desde la aparición del ser humano hasta unos 10 000 años. Los humanos del Paleolítico se alimentaban preferentemente de la caza, la pesca y los frutos silvestres que recolectaban. Cazaban todo tipo de animales y, además de aprovechar su carne, utilizaban sus pieles para abrigarse.

cebar *v.* **1.** Cebamos a un animal cuando le damos mucha comida para que engorde. *Los pollos son cebados con pienso para que estén bien gordos.* SIN. **Criar, engordar. 2.** Cebamos un aparato o una máquina cuando le añadimos el combustible necesario para que funcione. *Ceba la caldera con carbón para que no se apague.* SIN. **Alimentar, avivar.** // **cebarse** *v. prnl.* **3.** Cebarse con algo o con alguien es ser demasiado cruel con ellos. *Últimamente, parece que la mala suerte se ha cebado con el pobre Miguel.* SIN. **Ensañarse, encarnizarse.**

Después, rastreando como un perro, a duras penas, aunque sin ceder a la incomodidad, avanzó a cuatro patas un par de metros, y se detuvo. En el lazo de una trepadora, un zarcillo pendía de un nudo.

El señor de las moscas

ceder *v.* **1.** Ceder es dar o entregar algo a alguien voluntariamente. *Siéntese, señora, le cedo mi asiento.* SIN. Traspasar, dejar. **2.** Y acceder a algo a lo que, en un principio, nos habíamos negado. ✪ SIN. Consentir, rendirse. **3.** También, perder algo fuerza o intensidad. *Los meteorólogos creen que el calor no cederá en los próximos días.* SIN. Aflojar, disminuir.

cegar *v.* **1.** Cegar a una persona o a un animal es quitarle la vista de forma permanente o temporal. *Una enfermedad sufrida en su infancia le cegó temporalmente.* SIN. Dejar ciego. **2.** Cegar es también no permitir que alguien piense con claridad o que se dé cuenta de las cosas. También v. prnl. ✪ SIN. Obcecarse, obsesionarse. **3.** Cegar un lugar de paso o una abertura es cerrarlos. También v. prnl. *La maleza arrastrada por la riada ha cegado el pozo.* SIN. Taponar, obstruir.

La obsesión por no defraudar la confianza que Ago y los demás habían puesto en mí me cegó de tal forma que pasaba todo el tiempo que podía dentro de la sala, leyendo un libro, ojeando otro, comparando pasajes de este y de aquel, deseando que llegara el día en el que, por fin, pudiera llegar al LIBRO. Ago lo había dejado bien claro: «Los demás son los pilares que lo sustentan, las manos que lo cobijan, los caminos que llevan a él». Recorrer esos caminos me llevó meses, incluso años, pero puedo afirmar que el trayecto fue emocionante.

celebrar *v.* **1.** Celebrar significa realizar una fiesta o una acto especial para mostrar nuestra alegría por algo. *Marta celebrará su cumpleaños en la bolera.* SIN. Festejar, conmemorar. **2.** También, organizar un acto o una ceremonia formal. *El último concierto de la soprano se celebrará en el Gran Teatro.* SIN. Tener lugar, realizar. **3.** Mostrar alegría por algo. *Todos celebramos que hayas sido seleccionado para la final.* SIN. Congratularse, alegrarse. **4.** Y elogiar a una persona o una cosa. *La prensa celebró el deportivo comportamiento de los dos equipos.* SIN. Alabar, ensalzar.

El Periódico

El día 23 de Febrero, en el Gran Teatro, se celebrará el último concierto de la soprano Mariana Louis antes de su retirada

celo *s. m.* **1.** Celo es el cuidado que una persona pone al hacer algo. *Elia trabaja con mucho celo*

En las acepciones 2 y 3, el sustantivo ***celo*** se usa preferentemente en plural: *celos*.

en la restauración de las vidrieras. SIN. **Interés, esmero.** 2. También, es el sentimiento que alguien experimenta cuando cree que la persona a la que quiere prefiere o dedica su cariño a otra persona. *Muchos niños sienten celos de sus hermanos.* SIN. **Recelo, pelusa.** 3. Y lo que siente una persona cuando otra alcanza o consigue lo que ella pretendía alcanzar. *Néstor siente celos de Olivia porque ella ha ganado el campeonato de ajedrez.* SIN. **Rabia, envidia.** ✔

Este general desengaño sirva a cada uno de los que me solicitan de su particular provecho; y entiéndase, de aquí adelante, que si alguno por mí muriere, no muere de celoso ni desdichado, porque quien a nadie quiere, a ninguno debe dar celos.

Don Quijote de La Mancha

celoso, celosa *adj.* 1. Una persona celosa es la que siente celos o envidia hacia alguien porque tiene lo que ella quiere o porque piensa que quiere a otra persona más que a ella. ✿ SIN. **Envidioso, receloso.** 2. También es celosa la persona que hace las cosas con celo, es decir, con cuidado e interés. *Los científicos son muy celosos en el análisis de sus investigaciones.* SIN. **Cuidadoso, diligente.**

censura *s. f.* 1. La censura es la crítica o la denuncia de alguien o de algo. *La profesora pronunció palabras de censura para la conducta de sus alumnos.* SIN. **Reprobación, condena.** 2. La censura es también la revisión de publicaciones, espectáculos, etc. por parte de algún poder, sea político, religioso, etc., para ver si se ajustan a sus exigencias morales o ideológicas. ✿ SIN. **Control, inspección.**

La censura suele ser un instrumento muy útil en países con gobiernos autoritarios. Así, las autoridades pueden impedir la difusión de información, obligar a modificar una obra literaria, prohibir la proyección de una película o un determinado programa... La censura es un impedimento a la libertad de expresión.

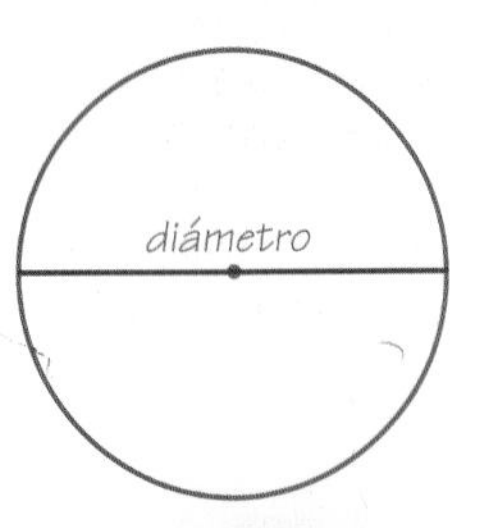

central *adj.* 1. Central es lo que está en el centro o a igual distancia de dos extremos. *El diámetro une dos puntos de una circunferencia pasando por su punto central.* SIN. **Céntrico, medianero.** 2. También, lo que extiende su acción sobre un terri-

El adjetivo ***central*** tiene la misma forma para masculino y femenino.

torio, un sistema o un conjunto de elementos. *Representantes del gobierno central se reunirán en breve con los presidentes autonómicos.* SIN. **Principal.** **3.** Central es lo importante, lo esencial. *El tema central de la conferencia es el trabajo de los voluntarios.* SIN. **Fundamental.** ✔

Fueron muchos los momentos en los que me invadió el desánimo, en los que estuve tentado a dejarlo todo: ¡quién me mandaba a mí involucrarme en semejantes complicaciones! ¡Bastante complicada era ya la vida! La verdad es que pensaba esto sabiendo que no sería capaz de engañarme a mí mismo. Mi vida, hasta el día en que derribé aquella puerta, había sido totalmente plana, sin sobresaltos, sin grandes emociones… Tenía la impresión de haber ido pasando de puntillas sobre cada día del calendario. Ahora no, ahora pisaba fuerte porque tenía una motivación. Y entonces centraba *de nuevo mi energía en una nueva página.*

centrar *v.* **1.** Centramos algo cuando lo colocamos en el centro de un lugar o cuando ponemos su centro en el lugar que le corresponde. *Si centras el título, el escrito quedará mejor presentado.* SIN. **Ajustar, encuadrar.** **2.** También cuando dirigimos la atención o el interés hacia algo. ✧ SIN. **Dedicar, enfocar.** **3.** Ser el centro de atención, de interés, etc. *Con esos zapatos verdes, no me extraña que centrara la atención de todos los asistentes.* **4.** Conseguir que una persona alcance un estado de equilibrio, de serenidad. También v. prnl. *Sus nuevos amigos están consiguiendo centrarla.* SIN. **Integrar, orientar.**

[…] en cuanto Ma y las demás mujeres arroparon a la señora Holton con sus ojos y sus manos vigilantes, fue como si un montón de soldados cercaran *la salita con las espadas en alto […].*

Elías de Buxton

cercar *v.* **1.** Cercar es poner una valla o un muro alrededor de un lugar. *Voy a cercar la finca con un muro de piedra.* SIN. **Vallar, cerrar.** **2.** También, rodear un lugar para impedir que salga quien está dentro. ✧ SIN. **Sitiar, asediar.** **3.** Y ponerse muchas personas alrededor de alguien o de algo. *Al final del partido, las jugadoras cercaron al árbitro para quejarse de su actuación.* SIN. **Rodear.**

cerrado, cerrada *adj.* **1.** Un lugar está cerrado si no se puede acceder a él. *Llegamos tarde, la puerta está cerrada.* SIN. **Clausurado, ocluido, sellado.** **2.** Una persona cerrada es la que tiene dificultad para entender las cosas. *Dani es un poco*

Fui descubriendo un mundo extraño al que yo nunca hubiera accedido. Nunca se me había ocurrido pensar por qué las cosas tienen un nombre; simplemente lo tienen y ya está. ¿Quién puso nombre a cada objeto, a cada sentimiento, a cada experiencia? ¡Quién lo sabe! ¿A quién le preocupa? A mí, hasta hacía pocos meses, desde luego no me preocupaba en absoluto. Es más, nunca hubiera pensado que una persona sería capaz de hacer lo que después supe que hizo por un cuestión semejante. Por eso, no se puede cerrar ninguna puerta, por extraña que parezca, porque nunca se sabe cuándo vamos a desear abrirla.

cerrado y tengo que explicarle las cosas varias veces. SIN. **Torpe, corto.** 3. También, la persona poco comunicativa. *Nunca me cuentas nada de lo que haces, eres tan cerrado…* SIN. **Callado, reservado.** 4. Y la que se opone a los cambios y a opiniones contrarias a las suyas. *El nuevo director es muy cerrado, no creo que acepte el cambio de horario.* SIN. **Conservador, tradicional.**

cerrar *v.* 1. Cerrar es poner una puerta, una tapa, un tapón, etc. de modo que impida el acceso al interior. También v. prnl. ✡ SIN. **Tapar, atrancar.** 2. También, accionar un mecanismo para impedir que un líquido o un gas fluya por un conducto. *Procura cerrar bien el grifo cuando salgas de la ducha.* SIN. **Obturar, sellar.** 3. Juntar las partes de algo para que no quede espacio abierto entre ellos. *Tienes que acabar el ejercicio de suelo cerrando perfectamente las piernas tras el salto.* SIN. **Plegar, doblar.** 4. Rodear un lugar con vallas o cercas. *He cerrado el patio con una valla para que no se escape el perro.* SIN. **Cercar, tapiar.** 5. Alcanzar un acuerdo. *Cerraron el acuerdo con un apretón de manos.* SIN. **Concertar, pactar.** 6. Impedir el paso. *Un desprendimiento de rocas ha cerrado la carretera.* SIN. **Obstaculizar, entorpecer.** 7. Poner fin a algo. *Un grupo escocés cerró el festival de música celta.* SIN. **Concluir, clausurar.** 8. Y curar una herida. También v. prnl. *Este ungüento es para que las heridas cierren mejor.* SIN. **Cicatrizar.** // **cerrarse** *v. prnl.* 9. Cerrarse es negarse a aceptar algo o a cambiar de idea. *Omar se cierra a escuchar cualquier propuesta.* SIN. **Obstinarse, rechazar.** 10. Y cubrirse el cielo de nubes. *El cielo se cerró repentinamente y comenzó a llover.* SIN. **Encapotarse, nublarse.**

En cuanto oyó cerrarse la puerta de entrada, mamá dijo que el tío era el polo opuesto de papá, porque no miraba dónde se metía, no pensaba antes de tomar decisiones.

Kira-Kira

Me solía levantar temprano. Tomaba un café en el bar de la esquina, mantenía una breve charla con el camarero y, un buen rato antes de abrir la puerta al público, entraba en la tienda. Me gustaba pasar unos minutos en la biblioteca para revisar que todo estuviera en orden. ¡Claro, siempre estaba en orden, porque yo era el último en marcharme cada tarde y el primero en llegar cada mañana! Por algo yo era el guardián de las palabras. Sin embargo, aquella mañana…

cesar *v.* 1. Cesar es dejar una persona de ocupar un cargo o de desempeñar un empleo. *El presidente del club cesará en su cargo el mes próximo.* SIN. Dimitir, renunciar. 2. Cesar es también dejar de producirse algo que dura un tiempo. *Tras varias horas de fuertes vientos, el temporal cesó.* SIN. Concluir, interrumpir.

chantaje *s. m.* Chantaje es la presión que se ejerce sobre alguien amenazándole con perjudicarle si no accede a hacer algo. *Denunció ante la policía el chantaje al que era sometido.* SIN. Coacción, extorsión.

chapucero, chapucera *adj.* 1. Una persona chapucera es la que no pone esmero ni cuidado en hacer las cosas bien. *No hay duda de que el ebanista que ha hecho la mesita es un chapucero.* SIN. Descuidado. 2. Una cosa es chapucera si está mal hecha, o se ha hecho con poco cuidado. ✩ SIN. Birrioso.

charla *s. f.* 1. Una charla es una conversación relajada. ✩ SIN. Conversación, plática. 2. Y la exposición informal de un tema ante un público. *En el colegio nos han dado una charla sobre los niños de la guerra.* SIN. Conferencia.

charlatán, charlatana *adj.* 1. Una persona charlatana es la que habla mucho. También s. m. y f. *Todos los profesores dicen que somos muy charlatanes.* SIN. Hablador, parlanchín. 2. Y la que utiliza las palabras para engañar a los demás. También s. m. y f. *Se dejó engañar por un charlatán que prometió curar sus dolencias.* SIN. Embaucador, farsante.

Se afeita usted todas las mañanas, y en esta época del año se afeita a la luz del sol, pero como su afeitado va siendo cada vez menos perfecto a medida que avanzamos hacia la izquierda, hasta hacerse positivamente chapucero a la altura del ángulo de la mandíbula, no puede caber duda de que ese lado está peor iluminado que el otro.

Las aventuras de Sherlock Holmes

—¡Hola, hijo! Ya he visto a tu padre. Sí, ya me quedo yo en la tienda —luego se dirigió a mí—. ¿Tú eres la nieta de Martín, no? ¿Qué, qué te parece Piedelagua? Muy chico, ¿verdad? Al lado de la capital.

Los caminos de Piedelagua

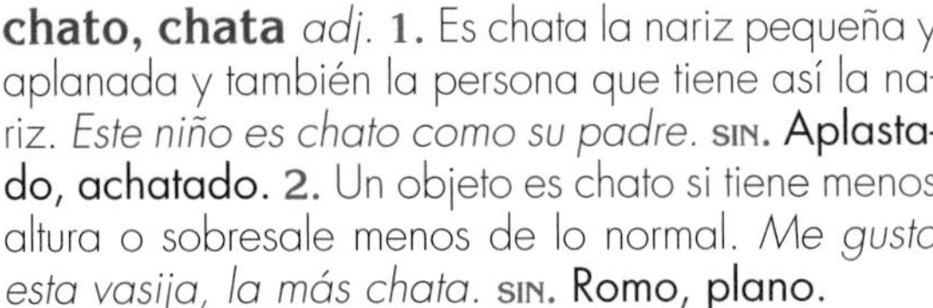

chato, chata *adj.* **1.** Es chata la nariz pequeña y aplanada y también la persona que tiene así la nariz. *Este niño es chato como su padre.* SIN. **Aplastado, achatado. 2.** Un objeto es chato si tiene menos altura o sobresale menos de lo normal. *Me gusta esta vasija, la más chata.* SIN. **Romo, plano.**

chequeo *s. m.* Un chequeo es un reconocimiento médico completo que se hace a alguien para saber si está bien de salud. *Todos los años me someto a un chequeo.* SIN. **Revisión, examen.**

chico, chica *adj.* **1.** Algo o alguien es chicos si tiene poco tamaño. ✡ SIN. **Pequeño, menudo.** // **chico, chica** *s. m. y f.* **2.** Un chico es una persona joven. *Los chicos de mi pandilla nos reunimos en la plaza.* SIN. **Muchacho, chaval.**

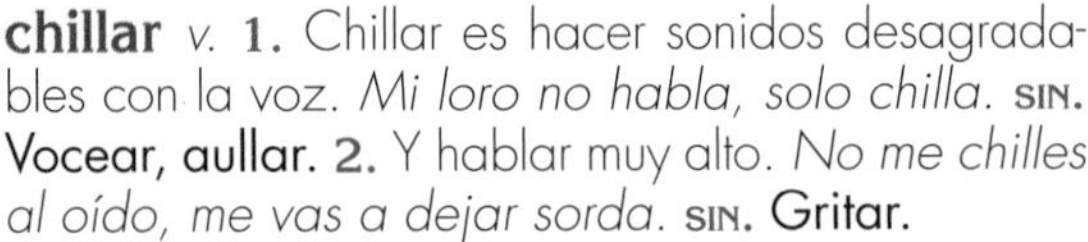

chillar *v.* **1.** Chillar es hacer sonidos desagradables con la voz. *Mi loro no habla, solo chilla.* SIN. **Vocear, aullar. 2.** Y hablar muy alto. *No me chilles al oído, me vas a dejar sorda.* SIN. **Gritar.**

chistoso, chistosa *adj.* **1.** Una persona chistosa es la que cuenta chistes y hace bromas. *Joaquín es muy chistoso.* SIN. **Bromista, ingenioso. 2.** Una cosa chistosa es la que hace gracia. *Ese disfraz de gato es muy chistoso.* SIN. **Gracioso, divertido.**

chocar *v.* **1.** Chocar significa encontrarse bruscamente dos cosas o dos personas dándose un golpe. *Se dice que en 2042 un meteorito chocará contra la Tierra.* SIN. **Colisionar, estrellarse. 2.** Algo choca a una persona cuando le produce extrañeza. ✡ SIN. **Asombrar, sorprender. 3.** Dos personas o dos

Llegué aproximadamente a la misma hora que todos los días. Abrí la puerta de la tienda, entré y encendí las luces porque el día había amanecido nublado y el local estaba casi en penumbra. Pronto me di cuenta de que la puerta de la biblioteca estaba abierta. No me chocó. Me recriminé a mí mismo el descuido. Estaba casi seguro de que la noche anterior había cerrado la puerta. Pero... bien decía, casi seguro.

cosas chocan cuando son contrarias. *Mi afición al baile choca con la oposición de mis padres.* SIN. **Discutir, enfrentarse.** **4.** Dos personas chocan sus manos cuando se las dan para saludarse, felicitarse... *¡Choca esos cinco!* SIN. **Estrechar.**

—No te pongas chulo —va y dice—. Desde que me marché te das muchas ínfulas. Ya te voy a bajar yo los humos antes de terminar contigo. Y me han dicho que estás educado: que sabes leer y escribir. Te crees que ahora vales más que tu padre, ¿no?, sólo porque él no sabe. Ya te enseñaré yo.

Las aventuras de Huckleberry Finn

chulo, chula *adj.* **1.** Una persona chula es la que presume mucho. *Adrián se pone muy chulo cuando va en su coche nuevo.* SIN. **Presumido, orgulloso.** **2.** Y la que actúa de un modo desafiante y provocador. ✲ SIN. **Arrogante, insolente.** **3.** Una cosa chula es una cosa bonita. *La película me ha parecido muy chula, ¿a ti no?* SIN. **Vistoso, guapo.**

Para alimentarse, las abejas chupan el néctar que las flores contienen en su cáliz. Con este néctar elaboran la miel.

chupar *v.* **1.** Chupar es extraer un líquido apretando los labios y la lengua. ✲ SIN. **Succionar, libar.** **2.** También, meter algo en la boca. *Gabriela chupa su dedo para dormir.* SIN. **Chupetear.** **3.** Absorber una sustancia, sobre todo, un líquido. *La planta estaba tan seca que ha chupado el agua en un momento.* SIN. **Embeber, empaparse.** **4.** Sacar provecho de algo o de alguien con astucia. *Sus sobrinos le han chupado hasta el último céntimo.* SIN. **Aprovecharse.**

En su acepción 2, el adjetivo ***cierto*** se coloca delante del sustantivo.

cierto, cierta *adj.* **1.** Una cosa es cierta si se corresponde con la verdad o con la realidad. *Te puedo asegurar que todo lo que te he contado es cierto.* SIN. **Verdadero, real.** **2.** Cierto también indica algo de modo impreciso. *Cierto día, salí de mi casa con las intención de recorrer el mundo.* SIN. **Un, algún.** ✔

cima *s. f.* **1.** La cima es la parte más alta de algo, por ejemplo, una montaña, un árbol... *En las cimas de las montañas ya se ven las primeras nieves.*

La dejé así un rato más para que circulara el aire y me dispuse a colocar los periódicos de la mañana que, aún calientes, acababan de llegar para inundar los estantes de enfrentamientos políticos y sucesos truculentos. Después me dirigí a la sala. Nada presagiaba que esta no fuera a ser una mañana como todas. Empujé un poco más la puerta entreabierta y...

SIN. **Cúspide, cumbre.** 2. La cima de una situación, de una actividad, de una cualidad... es su grado más alto. *Tras alcanzar el Óscar, se puede decir que está en la cima de su carrera como actor.* SIN. **Apogeo, esplendor.**

cimentar *adj.* 1. Cimentar un edificio es ponerle los cimientos. *Es preciso cimentar bien las casas para que sean seguras.* SIN. **Asentar, construir.** 2. Cimentar también es establecer las bases de algo para hacerlo más seguro. *Cimentaron su amistad en la sinceridad.* SIN. **Afianzar, consolidar.**

circular *adj.* 1. Circular es ir de un lugar a otro. SIN. **Transitar, caminar.** 2. También, moverse por una vía, un conducto o un circuito. SIN. **Recorrer.** 3. Y pasar algo de unas personas a otras, por ejemplo, noticias, dinero, enfermedades. *Internet es un medio fantástico para hacer circular las noticias.* SIN. **Difundirse, propagarse.**

citar *v.* 1. Citar es decir a una persona el día, la hora y el lugar en que debe presentarse para algo. *El abogado me ha citado el viernes a las doce en su despacho.* SIN. **Convocar, emplazar.** 2. Citamos nombres, datos o palabras textuales de alguien cuando los decimos para apoyar lo que estamos exponiendo o porque están relacionados con ello. *En su exposición, citó a varios autores clásicos.* SIN. **Mencionar, nombrar.** ✔

Cuando ***citamos*** lo que otro ha dicho o escrito textualmente, se utilizan comillas. Por ejemplo:
Newton dijo:
«Lo que sabemos es una gota de agua, lo que ignoramos es el océano».

claro, clara *adj.* 1. Es claro lo que tiene mucha luz. *Para estudiar, necesito un lugar claro y espacioso.* SIN. **Luminoso, iluminado.** 2. Un color claro es el que lleva mucho blanco en su mezcla. *Los colores claros*

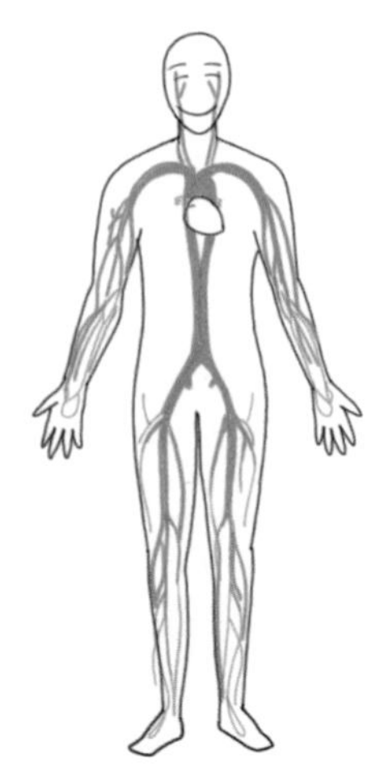

La sangre circula por todo el cuerpo a través de los vasos sanguíneos, es decir, las arterias, las venas y los capilares. La sangre pobre en oxígeno de nuestro cuerpo llega al lado derecho del corazón, desde donde es enviada a los pulmones para oxigenarse. Esta sangre vuelve a la parte izquierda y pasa a la red de arterias que llevan la sangre a todo el cuerpo para que nunca le falte oxígeno.

La voz del pavo real resonaba tan clara en su mente como la de su maestro en las lecciones de la tarde.

Los cien ojos del pavo real

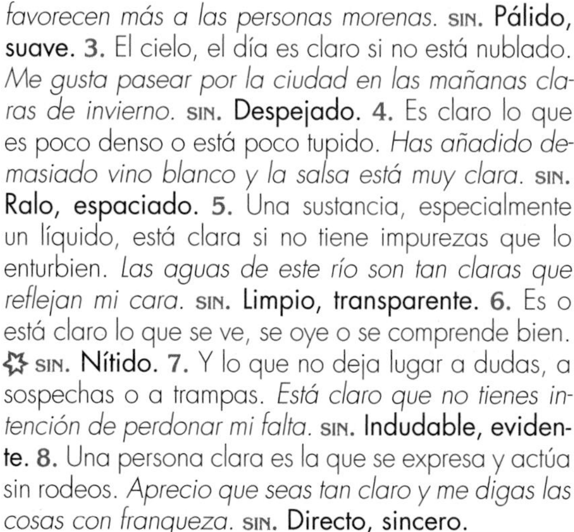

favorecen más a las personas morenas. SIN. **Pálido, suave.** **3.** El cielo, el día es claro si no está nublado. *Me gusta pasear por la ciudad en las mañanas claras de invierno.* SIN. **Despejado.** **4.** Es claro lo que es poco denso o está poco tupido. *Has añadido demasiado vino blanco y la salsa está muy clara.* SIN. **Ralo, espaciado.** **5.** Una sustancia, especialmente un líquido, está clara si no tiene impurezas que lo enturbien. *Las aguas de este río son tan claras que reflejan mi cara.* SIN. **Limpio, transparente.** **6.** Es o está claro lo que se ve, se oye o se comprende bien. SIN. **Nítido.** **7.** Y lo que no deja lugar a dudas, a sospechas o a trampas. *Está claro que no tienes intención de perdonar mi falta.* SIN. **Indudable, evidente.** **8.** Una persona clara es la que se expresa y actúa sin rodeos. *Aprecio que seas tan claro y me digas las cosas con franqueza.* SIN. **Directo, sincero.**

clasificar *v.* **1.** Clasificar es ordenar los elementos de un conjunto por clases. SIN. **Catalogar, encuadrar.** **2.** AM. Y lograr un determinado puesto en una competición deportiva o de otro tipo. *Los colombianos clasificaron para los JJ. OO.* SIN. **Obtener.** // **clasificarse** *v. prnl.* **3.** Clasificarse es lograr un determinado puesto en una competición deportiva o de otro tipo. *El equipo de baloncesto del colegio se ha clasificado para la final provincial.* SIN. **Conseguir.**

—¡No es posible! ¡Qué es esto! ¿Qué ha pasado aquí?

Los libros estaban descolocados, algunos tirados por el suelo, otros abiertos sobre la mesa, incluso había algunas hojas arrancadas.

—¡Me ha llevado meses intentar clasificarlos y ahora…! ¿Quién ha podido hacer una cosa así? ¿Quién y, sobre todo, por qué?

clavar *v.* **1.** Clavar es introducir un objeto puntiagudo en un cuerpo presionándolo o golpeándolo. También v. prnl. *La montañera clava el piolet en el hielo para ascender con más seguridad.* SIN. **Incrustar, hundir.** **2.** Clavamos algo cuando lo sujetamos con clavos o algo similar. *Clava el póster por los extremos para que no se caiga.* SIN. **Fijar, asegurar.**

Salí inmediatamente y telefoneé a Ago:
–¿Cómo que alguien ha entrado? ¿Quién?
Por su voz comprendí que Ago estaba igual de confundido que yo, y además se sentía impotente porque estaba lejos y no podía hacer nada.
–Berto, tranquilízate. Deja todo como esté, cierra la sala y atiende a tus clientes como si nada hubiera pasado. Déjame pensar. ¡Ah!, y no se te ocurra llamar a la policía.

cliente, clienta *s. m. y f.* Un cliente es una persona que compra en una tienda o utiliza los servicios prestados por una empresa o un profesional. *En esta librería podemos presumir de tener clientes muy fieles.* ✵ SIN. Comprador, usuario. AM. Marchante.

club *s. m.* **1.** Un club es un grupo de personas con intereses y aficiones comunes, sobre todo, deportivas y culturales. *El nuevo club de golf tiene unas instalaciones fantásticas.* SIN. Asociación, sociedad. **2.** Un club es también un local, normalmente nocturno, donde se bebe y se baila. *Todos los clubs de la ciudad deben estar perfectamente insonorizados.* SIN. Discoteca.

coaccionar *v.* Coaccionar a alguien es obligarle a decir o a hacer algo que no quiere. *El abogado pretendía coaccionar al testigo pero el juez lo impidió.* SIN. Intimidar, presionar.

cobarde *adj.* **1.** Es cobarde la persona que no se enfrenta al peligro o al riesgo por miedo o falta de valor. También s. m. y f. *Como nunca quiero pelear, los otros niños dicen que soy un cobarde.* SIN. Pusilánime, miedoso. **2.** Y la que hace daño aprovechándose de la debilidad del otro. ✵ SIN. Traidor, alevoso. ✔

El adjetivo ***cobarde*** tiene la misma forma para masculino y femenino.

Se preguntó cómo podía ser que un niño que se tenía por una buena persona pudiera actuar de forma tan cobarde con un amigo suyo. Se sentó en el salón y estuvo allí varias horas, pero no podía concentrarse en su libro.

El niño con el pijama de rayas

cobrar *v.* **1.** Cobrar es recibir dinero como pago de algo: un trabajo, una venta, etc. *Cobro mi nómina el día 28 de cada mes.* SIN. Percibir, recaudar. **2.** También, empezar a tener algo, como un sentimiento, fama, valor, importancia… *El cine español está cobrando importancia en el mercado estadounidense* SIN. Adquirir, tomar.

Hice lo que Ago me había ordenado. Salí y cuando me disponía a coger la llave para cerrar la puerta... caí en la cuenta: la cerradura no había sido forzada. Sin embargo, no había echado en falta ninguna de mis llaves y la puerta de la entrada estaba perfectamente. Solo hacía un rato que había separado la reja metálica y había introducido la llave en la cerradura. Y no había nada extraño en ella. Tampoco había nada extraño dentro de la tienda. Abrí el cajón donde guardaba el dinero. Las escasas monedas que había dejado el día anterior estaban allí. Y no faltaba nada de los expositores. Entonces...

coger *v.* **1.** Coger es tomar algo o a alguien con las manos o con un instrumento adecuado. ✡ SIN. **Asir, sujetar.** **2.** También, recoger algo. *¿Cuántos cestos de naranjas has cogido hoy?* SIN. **Recopilar, recolectar.** **3.** Apresar o capturar a alguien. *Cogieron al delincuente cuando intentaba escapar en una moto robada.* SIN. **Atrapar, pillar.** **4.** Empezar a tener o a manifestar algo. *Creo que he cogido la gripe.* SIN. **Agarrar, contraer.** **5.** Subirse a un vehículo. *¿Nos dará tiempo a coger el autobús de las cinco?* SIN. **Montar.** **6.** Tener capacidad para contener algo. *Estos zapatos no cogen en esta caja.* SIN. **Caber, entrar.** **7.** Coger lo que se oye o se explica es entenderlo. *Mateus es un niño muy despierto: lo coge todo a la primera.* SIN. **Captar, comprender.** **8.** Coger a alguien que va delante es llegar hasta donde él está. *Corre un poco más, estás a punto de coger al piloto canadiense.* SIN. **Alcanzar.** **9.** También, hallar a alguien en un lugar o haciendo algo. *Le cogieron robando datos confidenciales de la empresa.* SIN. **Sorprender, encontrar.** **10.** AM. Y realizar el acto sexual. *En Hispanoamérica, la palabra* coger *es vulgar.* SIN. **Copular.**

coherente *adj.* **1.** Una persona es coherente si actúa de acuerdo a sus ideas y principios. *Hilda ha dimitido para ser coherente con sus ideas.* SIN. **Consecuente.** **2.** Una cosa es coherente si los elementos que la componen están relacionados de un modo lógico. *No me convencen tus explicaciones porque son muy poco coherentes* SIN. **Acorde, lógico.** ✔

El adjetivo ***coherente*** tiene la misma forma para masculino y femenino.

colaborar *v.* **1.** Colaborar es trabajar con otras personas para hacer algo. *Todos los alumnos co-*

laboramos en el montaje de la obra teatral. SIN. Cooperar, participar. **2.** Y ayudar a alguien con dinero, con trabajo, con conocimientos... *La universidad colabora económicamente con la asociación* Un niño, un libro. SIN. Contribuir, aportar. **3.** Colaborar en un periódico es escribir habitualmente para él sin formar parte de su plantilla de empleados. *El escritor Manel Varas colabora en el suplemento dominical del periódico local.* SIN. Participar.

¿Cómo diablos se suponía que su gobierno iba a parar el colapso de ese puente? Era ofensivo que alguien sugiriera que no estaban gastando lo suficiente en puentes.

Harry Potter y el misterio del príncipe

colapso *s. m.* **1.** Un persona sufre un colapso cuando se produce un fallo en el funcionamiento del corazón. *Tras la intervención quirúrgica sufrió un colapso y tuvo que ser reanimado.* SIN. Síncope, desmayo. **2.** Un colapso es también la paralización o disminución en una actividad, en un sistema, en el tráfico... ✡ SIN. Estancamiento, atasco.

Estaba claro. La persona que había hecho esto conocía la existencia de la sala, sabía cuál de las llaves que colgaban de mi llavero abría su puerta y además buscaba algo en su interior.
Una evidencia más: solo podía ser uno de nosotros, una de las quince personas que conformaban nuestra extraña asociación secreta.
¿Quién?
Eso ya eran palabras mayores y, llegados a este punto, las evidencias dejaban de serlo para dar paso a mil interrogantes de respuesta incierta.

colgar *v.* **1.** Colgamos algo cuando lo sujetamos por un extremo de modo que cuelgue sin llegar a tocar el suelo. *Cuelga el abrigo en la percha.* SIN. Pender. **2.** Una cosa cuelga cuando está sujeta por una parte sin llegar a tocar el suelo. ✡ SIN. Suspender. **3.** Colgar el teléfono es colocar el auricular en su soporte o pulsar el botón que interrumpe la comunicación. *Nora, cuelga el teléfono, llevas media hora hablando con tu amiga.* SIN. Cortar. **4.** Colgar es abandonar una actividad. *Tras este combate el boxeador colgará los guantes.* SIN. Dejar. // **colgarse** *v. prnl.* **5.** Colgarse de alguien o de algo es depender de ellos hasta incluso llegar a la adicción. *Cuando era joven se colgó del hachís pero consiguió dejarlo.* SIN. Engancharse.

colisión *s. f.* **1.** Una colisión es un choque violento de dos o más cosas. *Tras la fuerte colisión, la grúa retiró los dos vehículos accidentados.* SIN. **Golpe, encontronazo. 2.** Y también una contraposición de ideas o de las personas que defienden esas ideas. *La colisión de opiniones no impidió sacar adelante el proyecto.* SIN. **Enfrentamiento, conflicto.**

colocar *v.* **1.** Colocamos algo o a alguien cuando lo ponemos en el lugar o en el orden que les corresponde. También v. prnl. ✡ SIN. **Situar, instalar. 2.** Colocar a una persona es proporcionarle un empleo. También v. prnl. *La fábrica de embutidos ha colocado a varias personas del pueblo.* SIN. **Emplear, ocupar. 3.** Una sustancia, como el alcohol o las drogas, coloca si pone a una persona en estado eufórico. *He oído decir que el pegamento coloca.* SIN. **Emborrachar, drogar.** // **colocarse** *v. prnl.* **4.** Colocarse es estar una persona bajo los efectos de una sustancia, como el alcohol o las drogas. *No es necesario colocarse para pasarlo bien.* SIN. **Emborracharse, drogarse.**

Hacía apenas una hora que acababan de colocar el último tronco del dique, cuando el buque de guerra apareció otra vez, y el bote con el oficial y ocho marineros se acercó de nuevo al dique.

Cuentos de la selva

El hombre avanzó hacia el cuadro de su antepasado, lo hizo girar sobre unos goznes que dejaban paso a una caja fuerte y, tras manipular su combinación, extrajo un fajo de billetes.

De la copa a la tumba

combinación *s. f.* **1.** Una combinación es la unión de cosas diferentes de forma que el conjunto resulte compensado. *La combinación de madera oscura y telas vistosas da armonía al salón.* SIN. **Composición, coordinación. 2.** También, números o letras que es preciso marcar para abrir una caja fuerte y otros mecanismos de seguridad. ✡ SIN. **Clave, contraseña.**

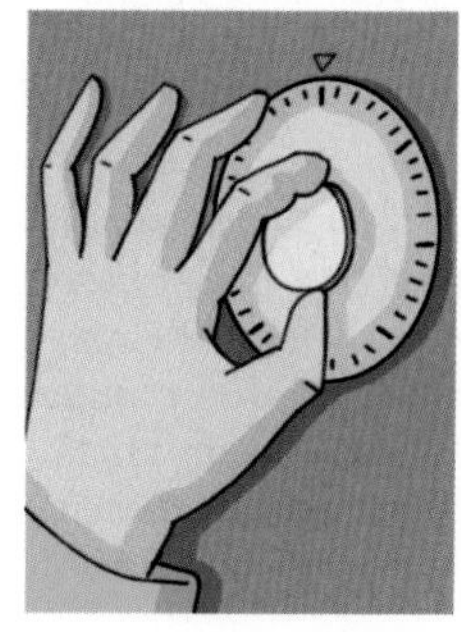

comer *v.* **1.** Comemos cuando tomamos alimentos por la boca, especialmente si los alimentos son sólidos. *No comas tanto chocolate, no te*

Ago me llamó a la hora de comer. Parecía más tranquilo pero, al mismo tiempo, su voz sonaba triste. Evidentemente, había llegado a las mismas conclusiones que yo. Solo nosotros sabíamos cómo acceder a la sala y solo nosotros sabíamos lo que allí había. Por lo tanto, uno de nosotros había traicionado a los demás.
–Berto, he conseguido hablar con Doro, Julius, Lhera, Iona, Luz, Efren, Simón, Sirius y Xav.
A los demás no he conseguido localizarlos. Todos se han mostrado igual de sorprendidos y todos me parecían sinceros, pero… ya no sé qué pensar. He convocado una reunión para el sábado. Antes me es imposible viajar hasta allí. ¿Te encargarás de preparar todo? Yo seguiré intentando hablar con los demás.

conviene. SIN. **Alimentarse, nutrirse. 2.** Y cuando tomamos la comida de mediodía. ✧ SIN. **Almorzar. 3.** En algunos juegos de mesa, comer una ficha o una pieza es retirarlas del juego. *Como la ficha roja y cuento veinte.* SIN. **Eliminar, anular. 4.** Comer es también desgastar, corroer. *El sol ha comido el color de la tapicería del sofá.* SIN. **Gastar, destruir.** // **comerse** *v. prnl.* **5.** Comerse una letra o una palabra es no escribirlas o no pronunciarlas. *Cuando hablamos, es frecuente comerse la* d *del participio de la primera conjugación y decimos* saltao *en vez de* saltado. SIN. **Omitir, suprimir.**

cómico, cómica *v.* **1.** Es cómico lo que nos hace reír o nos parece divertido. ✧ SIN. **Gracioso, grotesco. 2.** Un actor cómico es el que hace papeles graciosos. También s. m. y f. *Cantinflas fue un actor cómico mexicano.* SIN. **Comediante, gracioso.**

cómodo, cómoda *adj.* **1.** Una cosa es cómoda si hace que estemos a gusto. *Me gusta viajar en tren porque me resulta más cómodo.* SIN. **Confortable, acogedor. 2.** También, si es fácil de usar o se hace sin mucho esfuerzo. *Es más cómodo para todos que pase yo a recogerte.* SIN. **Factible, sencillo. 3.** Una persona es cómoda si le cuesta trabajo hacer las cosas y pretende que las hagan los demás por ella. *Eres tan cómoda que pretendes que te lleve el desayuno a la cama.* SIN. **Perezoso, remolón. 4.** Una persona está cómoda si se encuentra a gusto. *Me siento muy cómodo en compañía de nuestros amigos.* SIN. **Tranquilo, descansado.**

Las primeras manifestaciones de cine cómico eran películas mudas en las que se daban situaciones insólitas y divertidas protagonizadas por actores como Charles Chaplin, Buster Keaton o Harold Lloyd. Con el sonido llegarían nuevas comedias y nuevos actores como Laurel y Hardy o los hermanos Marx.

–¿Por qué bebes?
–volvió a preguntar el principito.
–Para olvidar.
–¿Para olvidar qué?
–inquirió el principito ya compadecido.
–Para olvidar que siento vergüenza –confesó el bebedor bajando la cabeza.
–¿Vergüenza de qué?
–se informó el principito deseoso de ayudarle.
–¡Vergüenza de beber!

El Principito

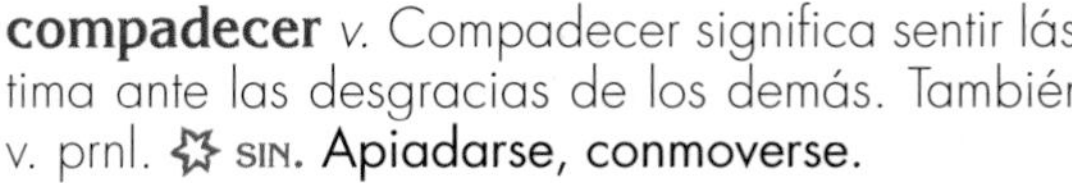

compadecer *v.* Compadecer significa sentir lástima ante las desgracias de los demás. También v. prnl. ✲ SIN. Apiadarse, conmoverse.

compaginar *v.* **1.** Una persona compagina dos cosas si es capaz de hacer una sin dejar de lado la otra. También v. prnl. *Irene compagina bien sus estudios con su carrera musical.* SIN. Compatibilizar. **2.** Una cosa compagina con otra si se corresponden entre sí. *El nuevo museo compagina perfectamente con el resto de edificios de la ciudad.* SIN. Adecuar, armonizar.

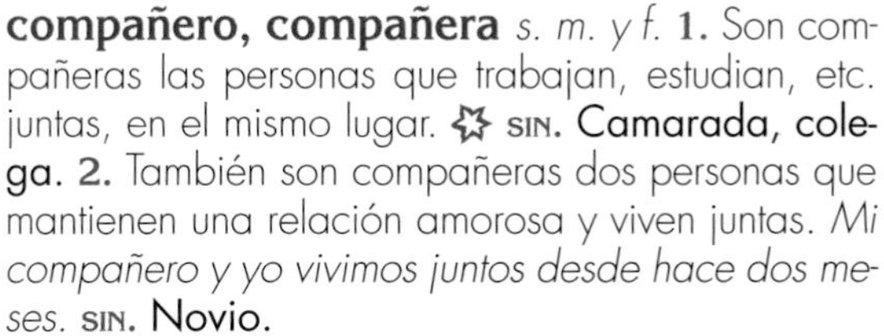

compañero, compañera *s. m. y f.* **1.** Son compañeras las personas que trabajan, estudian, etc. juntas, en el mismo lugar. ✲ SIN. Camarada, colega. **2.** También son compañeras dos personas que mantienen una relación amorosa y viven juntas. *Mi compañero y yo vivimos juntos desde hace dos meses.* SIN. Novio.

compañía *s. f.* **1.** Compañía es la acción de acompañar a alguien y la persona o animal que acompaña. *Mis cuatro perros me hacen mucha compañía.* SIN. Acompañamiento, acompañante. **2.** Una compañía es una empresa. *La compañía del gas me ha cobrado más de lo debido en el último recibo.* SIN. Sociedad. **3.** Y un conjunto de actores o bailarines que se unen para representar espectáculos. *La Compañía de Teatro Clásico representará* El alcalde de Zalamea. SIN. Grupo.

comparar *v.* Comparamos dos o más cosas o personas cuando las analizamos detenidamente para ver en qué se parecen y en qué se dife-

Reconoció algunos lugares por los que solía ir, pero prefirió no mirar para no ser reconocido por nadie, por algún antiguo compañero del instituto, por algún jugador de su equipo de baloncesto.

El alma del bosque

rencian. *Si lo comparamos con su disco anterior, diremos que este es mucho más bailable.* SIN. Contrastar, cotejar.

comparecer *v.* Comparecer es acudir una persona a un lugar donde ha sido citada o donde se la espera. ✪ SIN. Presentarse, personarse.

Cuando llegaron al Hootalinqua y al hielo firme, Buck estaba agotado. El resto de los perros se encontraba en un estado semejante; pero Perrault, para compensar el tiempo perdido, les exigía trabajar de sol a sol.

La llamada de la selva

compensar *v.* **1.** Compensar es igualar el efecto de algo negativo con algo positivo. ✪ SIN. Contrarrestar, neutralizar. **2.** Compensar a una persona es darle algo o hacer algo por ella para reparar un daño que ha sufrido. *El dueño del edificio derruido deberá compensar a las personas que se han quedado sin hogar.* SIN. Resarcir, recompensar. **3.** Hacer algo compensa si el beneficio que se obtiene es mayor que el esfuerzo que ha supuesto hacerlo. *Tus buenas notas compensarán tantas y tantas horas de estudio.* SIN. Merecer la pena.

El adjetivo ***competente*** tiene la misma forma para masculino y femenino.

competente *adj.* **1.** Es competente la persona, organismo o institución que tiene la responsibilidad de hacer algo. *El organismo competente debe velar por la seguridad del acto.* SIN. Autorizado, responsable. **2.** Una persona es competente si tiene capacidad para realizar sus funciones con eficacia. *Pedro es un arquitecto muy competente.* SIN. Eficaz, cualificado. ✔

competir *v.* **1.** Una persona compite con otras que aspiran a lo mismo si se esfuerza más que las demás para tratar de conseguirlo. *Cuatro reposteros competirán en la final del concurso de tartas.* SIN. Rivalizar, pugnar. **2.** Una cosa compite con otras de su misma clase si se presenta en igualdad

Me pareció una buena idea. Una reunión a la que se supone compareceríamos todos menos uno, o una. Repasé mentalmente la última reunión del grupo. Quizás había sucedido algo a lo que en ese momento no di importancia y que podía significar algo. No había sido una reunión especialmente larga pero sí densa. ¿Estábamos todos? Sí. Ago y Lhera habían llegado tarde. Los demás habían sido puntuales. Se habló de un par de libros nuevos que habían salido recientemente al mercado y de un filólogo alemán que parecía haber tomado una línea de estudio diferente, casi rozando la ciencia-ficción.

de condiciones. *El turismo rural puede competir con el turismo de playa.* SIN. Equiparar, medirse.

complacer *v.* 1. Complacer es causar satisfacción a alguien o acceder a sus deseos. SIN. Agradar, satisfacer. // **complacerse** *v. prnl.* 2. Complacerse en algo es encontrar satisfacción en ello. *Me complace presentaros mi nueva exposición de grabados.* SIN. Alegrarse, deleitarse.

Simplemente me complace contemplar cómo, a nivel microscópico, la tinta se expande por el papel de una manera caprichosa, pero no tan aleatoria como podría parecer a primera vista.

Misterioso asesinato en Oz

completo, completa *adj.* 1. Una cosa está completa si no le falta ninguno de sus componentes. *Pego el último cromo y el álbum ya está completo.* SIN. Entero, acabado. 2. Y si posee todas las cualidades que debe tener. *La natación es uno de los deportes más completos.* SIN. Perfecto, pleno. 3. Un lugar está completo si está lleno. *El aforo está completo, ya no podemos entrar.* SIN. Ocupado, repleto.

complicación *s. f.* Una complicación es todo lo que hace más difícil una cosa o la empeora. SIN. Dificultad, contratiempo.

Me mareaba cada vez que llegaba más información, era como si ya no pudiera con más complicaciones, como si mi umbral de entendimiento se hubiera superado y no pudiera absorber más malas nocticias.

Marioneta

complicar *v.* 1. Complicar una cosa es hacer que sea más difícil. También v. prnl. *Los fabricantes de teléfonos cada vez complican más su manejo.* SIN. Dificultar, enredar. 2. Complicar a una persona en un asunto es hacer que participe en él. *Sin quererlo, Jaime se ha visto complicado en una pelea callejera.* SIN. Implicar, comprometer.

cómplice *adj.* Un cómplice es una persona que, junto a otra, comete un delito o ayuda a cometerlo. *Fue considerado cómplice del robo y condenado a tres años de prisión.* SIN. Coautor.

El sustantivo ***cómplice*** tiene la misma forma para masculino y femenino.

El compositor austriaco Wolfgang Amadeus Mozart es un ejemplo de precocidad. Con cuatro años empezó a componer música y antes de los once ya había ofrecido conciertos por toda Europa. Aunque solo vivió treinta y cinco años, compuso más de setecientas cincuenta obras.

componer *v.* **1.** Componer es juntar varias personas o varias cosas para formar algo. *Un equipo de fútbol está compuesto por diez jugadores de campo y un portero.* También v. prnl. SIN. **Constituir, confeccionar. 2.** También, producir una obra literaria o musical. ✫ SIN. **Escribir, crear. 3.** Arreglar lo que está estropeado. *¿Cómo voy a componer la plancha si le faltan varias piezas?* SIN. **Reparar, restaurar. 4.** Y adornar una cosa o a una persona. *Voy a componerme para ir a la fiesta.* SIN. **Adornar, acicalar.** ✔

El participio de ***componer*** *es compuesto.*

comportamiento *s. m.* El comportamiento es la forma de actuar de algo o de alguien. ✫ SIN. **Conducta, actuación.**

Todo el mundo estaba muy alarmado: por el insólito comportamiento del pájaro y por la sangre que manchaba el manto del Dalái Lama.

Los cien ojos del pavo real

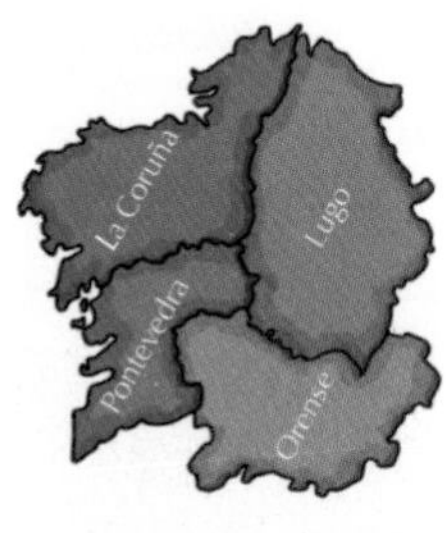

comprender *v.* **1.** Comprendemos una cosa si percibimos su significado a través de la inteligencia. SIN. **Captar, entender. 2.** Comprendemos a una persona si entendemos o encontramos razonable su forma de pensar o de actuar. *Tras años de amistad he conseguido comprender tus manías.* SIN. **Congeniar, entenderse. 3.** Una cosa comprende otra u otras si estas forman parte de ella. *Galicia comprende cuatro provincias.* SIN. **Incluir, contener.**

[…] cuando una de nosotras estaba enfurruñada, mi madre siempre decía y hacía cosas que eran al mismo tiempo comprensivas y divertidas, de modo que nos echábamos a reír.

Un verano para morir

comprensivo, comprensiva *adj.* Es comprensiva la persona que comprende algo o a alguien y se muestra tolerante con ellos. ✫ SIN. **Complaciente, condescendiente.**

comprobar *v.* Comprobar es asegurarse de que algo está bien, de que es verdadero, de que es exacto… *El mecánico comprueba el motor antes de tomar la salida.* SIN. **Verificar, contrastar.**

El adjetivo **común** tiene la misma forma para masculino y femenino.

común *adj.* **1.** Algo es común si es compartido por varias personas o por una comunidad. *Esta urbanización tiene una piscina común para todos los chalés.* SIN. Colectivo, comunitario. **2.** También, si es algo normal, frecuente. *Cada vez es más común realizar gestiones bancarias a través de internet.* SIN. Habitual, usual. ✔

El sustantivo **común** es el que designa personas, animales o cosas sin diferenciarlos de otros de su misma clase: *montaña, amigo, casa...*

comunicar *v.* **1.** Comunicar algo a alguien es hacérselo saber. *El profesor de Lengua aún no nos ha comunicado la fecha del examen.* SIN. Informar, decir. **2.** También, mostrar un sentimiento o un estado de ánimo. *Al despedirse, sus ojos comunicaban tristeza.* SIN. Transmitir, contagiar. **3.** Establecer un punto de unión o de acceso entre dos lugares. ✳ SIN. Conectar, enlazar. **4.** Y ponerse en contacto una persona con otra. También v. prnl. *No consigo comunicar con Inés: tiene el teléfono apagado o fuera de cobertura.* SIN. Contactar.

En 1994 se inauguró el Eurotúnel, un túnel que cruza el canal de la Mancha y que comunica Francia con Inglaterra. De sus 50 km, treinta y nueve son submarinos.

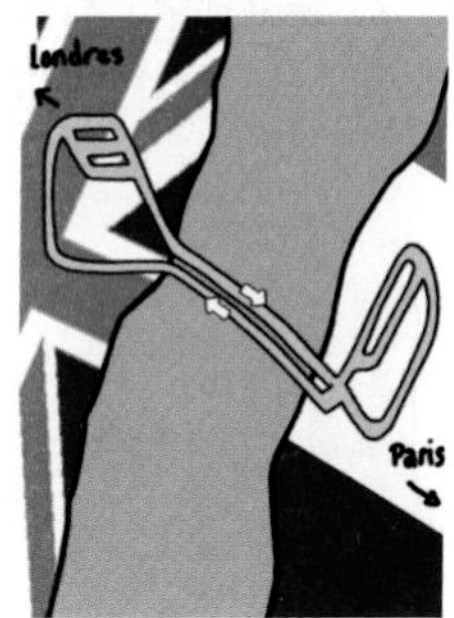

concentrar *v.* **1.** Concentrar es reunir en un lugar a personas o cosas que estaban separadas. También v. prnl. *El seleccionador ha decidido concentrar a los jugadores antes del partido.* SIN. Agrupar, juntar. **2.** También, disminuir el líquido que hay en una mezcla para que quede más espesa. *Desconozco cuál es el proceso para concentrar los zumos.* SIN. Condensar, espesar. // **concentrarse** *v. prnl.* **3.** Concentrarse es abstraerse y poner la atención en algo. ✳ SIN. Ensimismarse, centrarse.

Juntaron dos mesas, pusieron un centro de flores de papel y a Sara la sentaron al lado de Rod, que de tan concentrado como estaba comiendo a dos carrillos no tenía tiempo para hablar ni ganas de hacerlo.

Caperucita en Manhattan

concluir *v.* **1.** Concluir un proceso o una actividad es ponerles fin. *Solo me faltan tres capítulos* *para concluir el libro.* SIN. **Terminar, finalizar.** 2. Concluir es llegar a una decisión o una opinión tras analizar un asunto. *Tras ver esta partida, solo puedo concluir que el ajedrez es apasionante.* SIN. **Deducir, determinar.**

Ya tenía el sitio, solo me faltaba concretar el día, y ese día no podía estar muy lejos, porque mi límite de resistencia estaba tocando a su fin.

Marioneta

concretar *v.* 1. Concretar algo es definirlo con exactitud y hacer que sea preciso. ✧ SIN. **Precisar, detallar.** 2. Y quedarse solo con lo esencial. *¿Por qué no concretamos la entrevista al terreno profesional?* SIN. **Ceñirse, limitar.**

El día de la reunión se iba acercando. Me asustaba lo que pudiera ocurrir. ¿Vendrían todos? Mi lado más ingenuo confiaba en que sí, en que estaríamos todos como si nada hubiera ocurrido porque ninguno de nosotros sería responsable de lo que había ocurrido, en que hubiera sido una casualidad, un malentendido... no sé. Sin embargo, mi lado adulto y realista se reía y condenaba mi inocencia.

condenar *v.* 1. Condenar a una persona es imponerle un castigo por haber cometido una infracción o un delito. *Los conductores que no hagan uso del cinturón de seguridad serán condenados a pagar una multa.* SIN. **Sancionar, castigar.** 2. Condenar una conducta o una opinión es mostrar desacuerdo hacia ella por considerarla inadecuada. ✧ SIN. **Censurar, desaprobar.** 2. Condenar una puerta, una ventana, una habitación... es cerrarlas. *Unimos las dos habitaciones y condenamos la ventana que da al patio.* SIN. **Incomunicar, cegar.**

confiar *v.* 1. Confiar en una persona es saber que no nos va a fallar. *Me alegra tener un amigo en quien confiar.* SIN. **Fiarse, creer.** 2. Confiarle algo o a alguien a una persona es hacerla responsable de ellos. *Aída me confía sus perros mientras está de vacaciones.* SIN. **Encomendar, entregar.** 3. Y decir algo en confianza. *No sé si sabré guardar el secreto que me has confiado.* SIN. **Contar.** 4. Confiar en algo es tener la esperanza de que suceda. ✧ SIN. **Esperar.** //

confiarse *v. prnl.* **5.** Confiarse es no tener precaución y poner demasiada confianza en algo o en alguien. *El equipo se confió y acabó perdiendo el partido.* SIN. Descuidarse.

El sustantivo ***confidente*** tiene la misma forma para masculino y femenino.

confidente *s. m. y f.* **1.** Un confidente es una persona a la que confiamos nuestros secretos. ✡ SIN. Amigo. **2.** Y una persona que obtiene información para pasársela a la policía a cambio de dinero u otros beneficios. *La información ofrecida por el confidente fue decisiva para desmantelar la red de narcotraficantes.* SIN. Soplón, delator. ✔

Maddy era su mejor amiga y Zee era... bueno, Zee era mucho más que eso, era su compañero de armas, su confidente, el que chapaleaba con ella en la gran pecera de la vida, lo único que impedía que la aplastara la terrible carga que habían echado sobre sus hombros.

El canto de la sirena

congelar *v.* **1.** Congelar un líquido es enfriarlo hasta que se convierta en hielo. También v. prnl. *En invierno, el agua del lago se congela y podemos patinar.* SIN. Helar. **2.** Congelar un sólido, por ejemplo, los alimentos es someterlos a temperaturas inferiores a 0 °C para que se conserven durante más tiempo. *Es conveniente congelar los pescados que se van a consumir en crudo para destruir los parásitos.* SIN. Refrigerar. **3.** Una persona se congela cuando tiene mucho frío o cuando las bajas temperaturas producen lesiones en una parte de su cuerpo. También v. prnl. *Es muy frecuente que a los montañeros se les congelen los pies o las manos a causa de las bajas temperaturas.* SIN. Helar, aterir. **4.** Congelar una actividad, un proceso, una negociación es paralizarlos. SIN. Suspender, bloquear.

Entrando por la calle de la Fuente, de vuelta del huerto, las campanas, que ya habíamos oído tres veces desde los Arroyos, conmueven, con su pregonera coronación de bronce, el blanco pueblo.

Platero y yo

conmover *v.* **1.** Y causar emoción, enternecer. *Su discurso de despedida conmovió a todos los allí presentes.* SIN. Emocionar, impresionar. **2.** Conmover es causar perturbación, inquietar. ✡ SIN. Perturbar, alterar.

Uno a uno fueron llegando. Nadia, Julius, Luz, Lhera, Berto, Sirius, Simón, Iona... Es curioso. Los conocía a todos, habíamos compartido reuniones, charlas y hasta alguna cena y, sin embargo, hoy los miraba como si fueran extraños. El último en llegar fue Ago, como casi siempre. Estábamos todos. Hice un recuento rápido como cuando los profesores llevan a los alumnos de excursión y los cuentan una y mil veces para asegurarse de que no falta ninguno. Uno, dos, tres... doce, trece, catorce y...; doce, trece, catorce y...

conocer *v.* **1.** Conocer es tener idea de quién y cómo es una persona o qué y cómo es una cosa por haberlas visto antes o por haberlas estudiado. ✡ SIN. **Saber, tener conocimiento.** **2.** Distinguir a una persona o una cosa de las demás. *En la presentación del libro conocí a varios escritores famosos.* SIN. **Reconocer, identificar.** **3.** También, tener trato con una persona. *Teresa y yo nos conocemos desde que fuimos juntas a la guardería.* **4.** Y sentir, darse cuenta de algo. SIN. **Tratar, frecuentar.** *Conocí sus intenciones solo con mirarle a los ojos.* SIN. **Percibir, notar.**

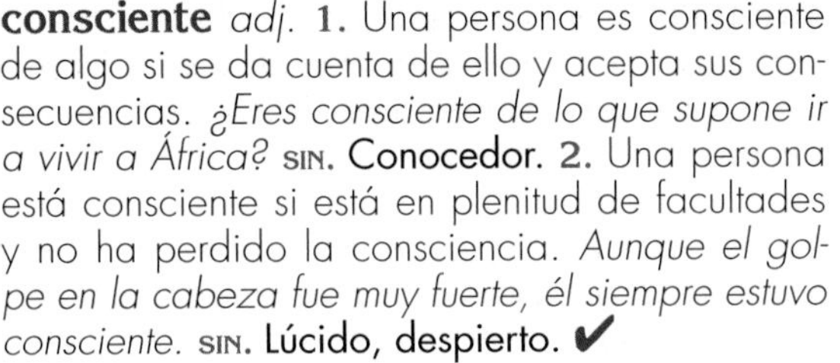

consciente *adj.* **1.** Una persona es consciente de algo si se da cuenta de ello y acepta sus consecuencias. *¿Eres consciente de lo que supone ir a vivir a África?* SIN. **Conocedor.** **2.** Una persona está consciente si está en plenitud de facultades y no ha perdido la consciencia. *Aunque el golpe en la cabeza fue muy fuerte, él siempre estuvo consciente.* SIN. **Lúcido, despierto.** ✔

El adjetivo ***consciente*** tiene la misma forma para masculino y femenino.

conservar *v.* **1.** Conservar es hacer que algo o alguien permanezca en buen estado o tenga buen aspecto durante más tiempo. También v. prnl. ✡ SIN. **Preservar, mantener.** **2.** También seguir teniendo algo que se posee desde hace tiempo. *Aún conservo mis primeras botas de fútbol.* SIN. **Guardar.** **3.** Y tener algo para cuidar de ello. *La Biblioteca Nacional conserva una importante colección de mapas antiguos y modernos de todo el mundo.* SIN. **Atesorar, archivar.**

Los antiguos egipcios creían que existía una vida después de la muerte. Para vivir esta segunda vida, el cuerpo debía conservarse en perfectas condiciones. Por eso hacían las momias.

[...] el pavo real hizo lo mejor que sabía hacer para consolarle: desplegar el abanico de su cola y ejecutar su danza ritual.

Los cien ojos del pavo real

consolar *v.* Consolar a alguien es aliviar su disgusto. ✡ SIN. **Animar, confortar.**

Para ir a una escuela de magia, uno tiene que poder desear algo con muchísima constancia y muy fervientemente.

La escuela de magia

constancia[1] *s. f.* La constancia es la tenacidad que una persona muestra en la realización y en la continuación de una tarea que ha comenzado. ✪ SIN. Tesón, perseverancia.

constancia[2] *s. f.* Constancia es la certeza, la seguridad o la prueba de algo que se ha dicho o se ha hecho. SIN. Seguridad, testimonio.

construir *v.* **1.** Construir algo es juntar los elementos que lo conforman. *Para construir su balsa utilizaron troncos de árbol.* SIN. Fabricar, montar. **2.** Construir es hacer edificios. ✪ SIN. Edificar, erigir. **3.** Y combinar unas palabras con otras teniendo en cuenta las reglas gramaticales. *Construye una oración cuyo verbo esté en voz pasiva.* SIN. Formar.

Dependiendo del lugar, podremos encontrar construcciones tradicionales que nos resultarán curiosas. En Kenya, el pueblo masai construye sus chozas redondas con ramas cubiertas de excrementos de vaca. En Mali hay casas construidas con adobe y techos de paja. Las casas tradicionales japonesas se construyen con madera y tienen puertas correderas que se abren al exterior. En el lago Titicaca, en Bolivia, los indios aymara construyen sus chozas con juncos.

consulta *s. f.* **1.** Una consulta es lo que preguntamos a alguien para que nos dé información o para pedir su opinión o consejo. *¿Puedo hacerte una consulta?* SIN. Pregunta, consejo. **2.** Y también la información que buscamos en un libro, en internet, en un mapa… *Para hacer bien este ejercicio, tengo que hacer varias consultas en un diccionario.* SIN. Búsqueda. **3.** Una consulta es también el examen que un médico hace a sus pacientes. *El traumatólogo solo pasa consulta los lunes y viernes.* SIN. Atención. **3.** Y el lugar donde el médico hace ese examen. *La consulta del pediatra está en la tercera planta.* SIN. Consultorio. ✔

En su acepción 3, el sustantivo ***consulta*** se construye con los verbos *pasar* y *tener.*

consumir *v.* **1.** Consumir es tomar alimentos o bebidas, especialmente si se hace en un bar o un restaurante. *Querían irse sin pagar lo que habían*

consumido. SIN. **Comer, beber.** **2.** Consumir es adquirir cosas y utilizarlas para cubrir nuestras necesidades básicas. *Debemos reducir la cantidad de agua que consumimos porque es un bien escaso.* SIN. **Comprar, gastar.** **3.** Consumir algo es hacer que sea más pequeño o que desaparezca por completo. También v. prnl. *El fuego se fue consumiendo hasta no quedar más que brasas.* SIN. **Extinguir, destruir.** **4.** Algo consume a una persona si le causa inquietud o nerviosismo. También v. prnl. *Vivir en un país extraño y lejos de su familia le está consumiendo.* SIN. **Angustiar, desazonar.**

contar *v.* **1.** Contar es calcular el número de cosas o de personas que hay asignando un número a cada una. *Antes de poner la mesa, cuenta los comensales que vamos a ser.* SIN. **Numerar, computar.** **2.** Contar es también decir una historia, un relato, un hecho... que pueden ser reales o ficticios. ✩ SIN. **Narrar, relatar.** AM. **Platicar.** **3.** Contar con algo es tenerlo. *El edificio cuenta con servicios centrales de calefacción y aire acondicionado.* SIN. **Poseer, disponer.** **4.** Contar con algo también es tenerlo en cuenta. *Yo ya contaba con que no vendrías a mi boda.* SIN. **Considerar.** **5.** Contar con alguien es tenerla en consideración. *Ya sabes que puedes contar conmigo para lo que necesites.* SIN. **Confiar.**

Había una casa encantada por cuya chimenea todas las noches caía una cabeza cubierta de sangre. O al menos eso es lo que la gente contaba, así que nadie se quedaba nunca a dormir en ella.

Historias de miedo

[...] mucho más cerca había un drip-drip-drip desde las ramas de todos los árboles. Entonces miró hacia uno de ellos y vio que una gran carga de nieve se deslizaba y caía y, por primera vez desde que había llegado a Narnia, contempló el color verde oscuro de un abeto.

Las Crónicas de Narnia (El león, la bruja y el armario)

contemplar *v.* **1.** Contemplar algo, normalmente agradable, es mirarlo con detenimiento. ✩ SIN. **Admirar, observar.** **2.** También, tenerlo en cuenta. *En ningún momento he contemplado la posibilidad de no presentarme al examen.* SIN. **Considerar.**

Palabras silenciadas entre páginas calladas esperan pacientes tu aliento para darle voz al viento.

Marena leyó estas palabras y contuvo la respiración. Tuvo la sensación de que ya había vivido este momento con anterioridad. Era como un ¿cómo se llama?: ¿un déjà-vu? Había leído algo en un libro sobre estas experiencias: tú estás viviendo algo que estás seguro ya has vivido antes.

3. Contemplar a alguien es tener demasiadas consideraciones con él. *No contemples tanto a tu hija, la estás malcriando.* SIN. Consentir, mimar.

contener *v.* 1. Una cosa contiene otra si la tiene dentro de sí. *Este baúl contiene ropa antigua y joyas de la abuela.* SIN. Incluir, encerrar. 2. Contener es impedir que algo o alguien avancen. *Nada puede contener el paso del tiempo.* SIN. Detener, sujetar. 3. Y no manifestar un impulso, un deseo... ✵ SIN. Reprimir, dominar.

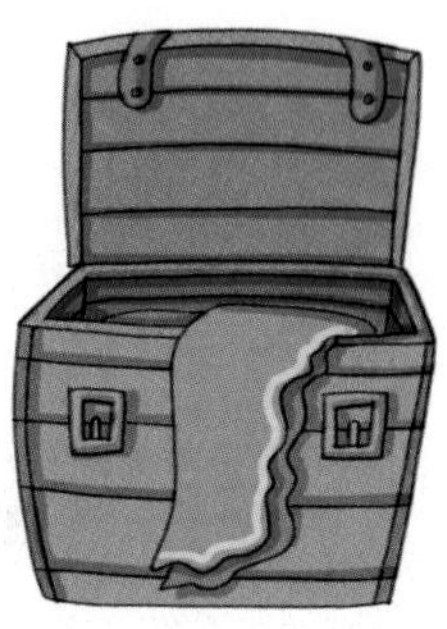

contestar *v.* 1. Contestar es dar respuesta a una pregunta, a una comunicación o a lo que alguien ha dicho o ha hecho. ✵ SIN. Responder. 2. También, responder con una actitud de protesta ante lo que alguien dice o hace. *No me contestes cuando te estoy hablando.* SIN. Replicar, contradecir. AM. Revirar.

Meggie no contestó. En lugar de eso se imaginó que se ponía de puntillas y le escupía tres veces en la cara a esa vieja bruja.

Corazón de tinta

continuar *v.* 1. Continuar algo que hemos comenzado es seguir haciéndolo. ✵ SIN. Proseguir, persistir. 2. Una cosa continúa si sigue en el mismo estado o en el mismo lugar que estaba. *Ya estamos en abril y continúa nevando.* SIN. Permanecer, persistir. 3. Continuar es también extenderse en el tiempo o en el espacio. *El guión al final de una línea indica que una palabra continúa en la línea siguiente.* SIN. Prolongarse.

Tu padre aceptó el trato de no fumar, mientras Berta continuaba dándole la matraca: que si los amigos eran estupendos, que si la fiesta iba a ser en un chalé de La Florida [...].

La mirada

contradecir *v.* 1. Contradecir a una persona es decir u opinar lo contrario de lo que ella ha dicho u opinado. *Siento contradecirte: los Lakers no van a ser los campeones de la NBA.* SIN. Rebatir, objetar. 2. Contradecir es también demostrar que

¡Claro! ¡Por supuesto que ya lo había vivido! Eran las mismas palabras que aparecían escritas en el papel guardado dentro de aquel sobre morado. Sí, aquel sobre que descubrió dentro de su caja de los tesoros.
—¿Has inventado tú esa frase, Jonás?
—No sé, supongo que sí. ¿Por qué?
—Por nada. ¿Estás seguro?
—Mmmm... Déjame que piense... A ver, no controlo todo lo que hay en estas páginas. Algunas cosas las he escrito yo, pero otras las he oído o las leído por ahí.

algo no es cierto o no es correcto. *El descenso en el número de aprobados contradice las expectativas de los profesores.* SIN. Negar, rechazar.

contraer *v.* **1.** Contraer es hacer que algo sea más pequeño o que ocupe menos espacio. También v. prnl. *No he hecho suficiente calentamiento y se me ha contraído el gemelo.* SIN. Reducir, disminuir. **2.** Y empezar a tener algo, como una obligación, una enfermedad, un hábito... *Todos hemos contraído el compromiso de cuidar las instalaciones del centro.* SIN. Adquirir, asumir.

contribuir *v.* **1.** Contribuir es dar una cantidad de dinero para un fin. *Diversas empresas de la ciudad contribuyeron con donaciones para restaurar el Gran Teatro.* SIN. Aportar, colaborar. **2.** También, pagar los impuestos correspondientes. *Los ciudadanos tienen el deber de contribuir.* SIN. Tributar, cotizar. **3.** Y ayudar a hacer algo. ✧ SIN. Colaborar, cooperar.

controlar *v.* **1.** Controlar algo o a alguien es comprobar que tienen un comportamiento adecuado. *La doctora controla todos los meses mi tensión arterial.* SIN. Vigilar, regular. **2.** También, tener capacidad de dominio sobre algo. ✧ SIN. Dominar. // **controlarse** *v. prnl.* **3.** Una persona se controla cuando consigue dominar sus impulsos. *Ante las injusticias, me cuesta controlar mi rabia.* SIN. Refrenarse, moderarse.

convencer *v.* **1.** Convencemos a un persona si, con nuestras razones, conseguimos que haga algo o que cambie de opinión. *Me has conven-*

Pero Llúvatar sabía que los Hombres [...] se extraviarían a menudo y no utilizarían sus dones en armonía; y dijo: —También ellos sabrán, llegado el momento, que todo cuanto hagan contribuirá al fin solo a la gloria de mi obra.

El Silmarillion

cido: pasaremos el verano en el pueblo de tus padres. SIN. Persuadir, inducir. // **convencerse** *v. prnl.* **2.** Convencerse de algo es estar seguro de ello. *Por fin te has convencido de que tu idea era descabellada.* SIN. Cerciorarse, asegurarse.

convenir *v.* **1.** Convenir es ser útil, oportuno para algo. *Conviene que te apliques crema solar para protegerte del sol.* SIN. Beneficiar, venir bien. **2.** Convenir dos o más personas es ponerse de acuerdo en algo. *Todos convinimos en que lo mejor era quedarse en casa.* SIN. Acordar, concertar.

Mi abuela me había contado que una rana se convirtió en príncipe solo porque una niña mimada le besó en medio de la boca.

El castillo de las ranas

conversar *v.* Conversar es hablar unas personas con otras de forma relajada. ✲ SIN. Charlar, dialogar. AM. Platicar.

—Bueno... Quizá... Algunas tardes me encuentro con un hombre que da largos paseos por el parque. Suele sentarse en un banco y alguna vez hemos conversado. Bueno, más bien, él es el único que habla pero yo disfruto mucho escuchando sus palabras porque son las palabras de un sabio. Es un personaje extraño, como uno de esos científicos locos que salen en las películas. Pero no, él no está loco. A veces trae libros y me lee pequeños fragmentos. Puede que esa cita pertenezca a uno de esos libros.

convertir *v.* **1.** Convertir una cosa o a una persona es hacer que sean otras distintas. También v. prnl. ✲ SIN. Transformar, mutar. **2.** Convertir a una persona a una religión o a una creencia es hacer que la profese o la practique. *La familia de su novia pretende que se convierta al judaísmo.* SIN. Convencer.

convocar *v.* **1.** Convocar es llamar a una o a varias personas para que vayan a un lugar o a un acto determinado. *Todos los alumnos han sido convocados a una reunión con el director del centro.* SIN. Avisar, citar. **2.** Convocar un concurso, un examen... es decir públicamente que se van a celebrar y el día en que tendrán lugar. *El ayuntamiento ha convocado un concurso de postales navideñas.* SIN. Publicar.

En informática, una copia de seguridad es un proceso que consiste en guardar toda o parte de la información que tenemos en el ordenador para poder recuperarla si es preciso. Para ello copiaremos esa información en un dispositivo de almacenamiento de datos o también vía internet y podremos restaurarla sin problemas si hay un error en el disco duro o se borran los archivos por accidente.

copia *s. f.* **1.** Una copia es una obra de arte, un escrito, una partitura, etc. que reproduce un original que ha servido como modelo. *Estoy intentando hacer una copia de* Las Meninas *pero no me sale bien.* SIN. **Imitación.** **2.** También, la reproducción exacta de algo por medios mecánicos. ✧ SIN. **Duplicado, fotocopia.** **3.** Y la imitación de la obra de otra persona con la pretensión de hacerla pasar por la original. *Ese bolso no es auténtico: es una copia de mala calidad.* SIN. **Plagio, falsificación.**

copiar *v.* **1.** Copiamos una cosa: un texto, una pintura, una escultura, si la tomamos como modelo para hacer otra igual. ✧ SIN. **Imitar, plagiar.** **2.** Copiamos en un examen si miramos a escondidas lo que pone el libro o lo que escribe un compañero para escribir lo mismo. *El profesor nos ha puesto en mesas separadas para evitar que copiemos en el examen.* SIN. **Falsificar.** **3.** Copiamos escritos, fotos, películas, etc. si hacemos reproducciones de ellos por medios informáticos. *Cópiame el último disco de Madonna en este CD.* SIN. **Fotocopiar, reproducir.** **4.** Copiamos a una persona si hacemos lo mismo que ella. *No soporto a Fátima, siempre está copiando lo que yo hago.* SIN. **Imitar, remedar.**

correcto, correcta *adj.* **1.** Es correcto lo que no tiene errores ni fallos o lo que respeta las reglas establecidas. ✧ SIN. **Perfecto, preciso.** **2.** Es correcta la persona que se comporta según las normas de la buena educación. *Alejandro es un alumno muy educado y correcto con sus compañeros.* SIN. **Atento, cortés.**

Antes de que existieran las imprentas, los monjes copiaban e ilustraban los libros a mano.

Por entre unas matas
seguido de perros
(no diré corría)
volaba un conejo.

Fábulas literarias

correr *v.* **1.** Correr es andar muy deprisa y con impulso de modo que, entre un paso y otro, los pies quedan en el aire un momento. ✲ SIN. **Trotar, galopar.** **2.** También, moverse muy deprisa. *La nueva moto del equipo Dakota ha corrido más de lo esperado.* SIN. **Acelerar, volar.** **3.** Hacer algo con rapidez. *Acabo este trabajo corriendo y paso a buscarte.* SIN. **Apresurarse, precipitarse.** **4.** Moverse el aire, el agua, un gas… *El agua corre clara y cristalina entre las rocas.* SIN. **Fluir, deslizarse.** **5.** Pasar el tiempo. *¡Cómo corre el tiempo: ya estamos de nuevo en primavera!* SIN. **Transcurrir, avanzar.** **6.** Mover una cosa o a una persona de un lado a otro. *Corre la mesa hacia un lado para que pueda pasar.* SIN. **Desplazar, deslizar.** **7.** Pasar una noticia, un rumor… de unas personas a otras. *Se ha corrido el rumor de que se va a convocar una huelga.* SIN. **Difundir, propagar.** **8.** Ir de un lugar a otro para conocer lugares nuevos. *Suso es un aventurero: ha corrido medio mundo en su furgoneta.* SIN. **Viajar, recorrer.** **9.** **AM.** Y echar a una persona de su puesto de trabajo. *A Ernesto le corrieron de su empleo por no atender bien a los clientes.* SIN. **Despedir, expulsar.**

El adjetivo ***corriente*** tiene la misma forma para masculino y femenino.

corriente *adj.* **1.** Es corriente lo que no tiene nada que lo haga especial. ✲ SIN. **Común, ordinario.** **2.** Y lo que le sucede a mucha gente o con mucha frecuencia. *Cuando hay hielo, es corriente ver coches fuera de la carretera.* SIN. **Habitual, frecuente.** **3.** También, el día, semana, mes o año en el que estamos. *El día 15 del mes corriente acaba el plazo para entregar las solicitudes.* SIN. **Actual, en curso.** ✔

–¿Y ese hombre hace mucho que no viene por aquí? –preguntó Marena intrigada–. Me gustaría conocerlo. Todas las personas que conozco son bastante corrientes, nunca he conocido a nadie que me parezca especial.

–¿No? ¿Y yo? ¿Acaso te parezco un tío normal? No me ofendas, por favor –bromeó Jonás–. Vale, en serio. Hace ya un par de semanas que no lo veo, no sé si volverá.

corromper *v.* **1.** Corromper una materia orgánica es estropearla. También v. prnl. *El calor corrompe los alimentos.* SIN. **Pudrir, descomponer.** **2.** Corromper a alguien es hacer que deje de comportarse correctamente. También v. prnl. *Las malas compañías que frecuenta últimamente le están corrompiendo.* SIN. **Pervertir, viciar.**

*Soñó que las flores amarillas volvían a su mesilla.
Pero no, aquello no era un sueño. Al despertar estaban allí, primorosas, como recién cortadas, quizá incluso más aromáticas que las veces anteriores.*

Mi tigre es lluvia

cortar *v.* **1.** Cortar es dividir una cosa o separar sus partes con un cuchillo o algo similar. ✪ SIN. **Seccionar, rajar.** **2.** También, interrumpir o impedir el paso de algo o de alguien. *Han cortado el suministro de luz porque hay una avería.* SIN. **Obstaculizar, detener.** **3.** Dividir algo. *La autovía corta la provincia en dos partes.* SIN. **Escindir, separar.** **4.** Dar con las tijeras, un punzón, etc. la forma apropiada a diferentes piezas de tela o de papel. *Corta una a una las piezas del tejado y pégalas a la maqueta.* SIN. **Recortar, troquelar.** **5.** Formar el frío o el viento grietas en la piel. *El frío me corta los labios.* SIN. **Agrietar.** **6.** Y tomar el camino más corto. *Corta por este atajo y llegaremos antes.* SIN. **Acortar, atajar.** // **cortarse** *v. prnl.* **7.** Cortarse es hacerse una herida con algo afilado. *Me he cortado con la cuchilla de la batidora.* SIN. **Herirse.** **8.** Y sentirse turbado y no saber qué hacer o qué decir. *Me corto mucho si tengo que hablar en público.* SIN. **Apurarse, aturdirse.**

corto, corta *adj.* **1.** Es corto lo que tiene poca longitud o mide menos de lo que debiera. *Caperucita fue a casa de la abuela por el camino más corto.* SIN. **Pequeño, bajo.** **2.** Lo que dura poco tiempo. ✪ SIN. **Breve, efímero.** **3.** Y lo que es escaso. *Te has quedado un poco corto con la comida.* SIN. **Insuficiente, exiguo.** **4.** Una persona corta

Desde que Marena acompañara a Jonás aquel día a su refugio secreto, ella pasó a ser la más interesada en repetir la experiencia y la repitieron tan a menudo que a Jonás no le quedó más remedio que acceder a compartir con ella su espacio, lo cual fue un paso decisivo para afianzar su corta pero cada día más sólida amistad.

es la que tiene poca inteligencia. *Me parece que eres demasiado corto para entender esta película.* SIN. **Torpe, necio.** 5. Y también la que es tímida. *No seas tan corta y explícame qué te pasa.* SIN. **Vergonzoso, retraído.**

Edgar Woolf, contra su costumbre, había empezado a salir de aquel barrio, a patearse todo Manhattan y a meterse de incógnito en diversas cafeterías del Village, de Lexinghton o de la Quinta Avenida.

Caperucita en Manhattan

costumbre *s. f.* 1. Es costumbre la forma habitual de comportarse. ✿ SIN. **Hábito, rutina.** 2. Y los hábitos que han adquirido pueblos o civilizaciones y que al ser repetidos a lo largo de los años pasan a formar parte de su cultura. *Son sus costumbres y tradiciones las que diferencian unos pueblos de otros.* SIN. **Tradición.** ✔

En su acepción 2, el sustantivo ***costumbre*** se usa preferentemente en plural: *costumbres*.

crecer *v.* 1. Crecer es hacerse más grande, especialmente más alto. ✿ SIN. **Acrecentar, desarrollarse.** 2. También, aumentar algo en cantidad o en importancia. *El fracaso escolar ha crecido de forma alarmante.* SIN. **Intensificarse, incrementarse.** 3. Y nacer y desarrollarse algo, como una planta, en un determinado lugar. *Los helechos crecen en lugares húmedos.* SIN. **Darse, nacer.** // **crecerse** *v. prnl.* 4. Crecerse es mostrarse más atrevido, más decidido, más seguro. *El equipo se creció ante la adversidad y consiguió dar la vuelta al marcador.* SIN. **Animarse, envalentonarse.**

Amparado por la seguridad del recinto, Bertie crecía mirando y aprendiendo. Ahora ya podía trepar al árbol cercano a la casa y sentarse en las ramas altas.

El león mariposa

¿Qué podía decir? Me gustaba que me halagaran. Sin embargo, me sentí bastante falsa por dejarles creer que había estado bromeando. Deseé tener mi propia amiga.

Kira-Kira

creer *v.* 1. Creer algo es aceptarlo como cierto. ✿ SIN. **Admitir.** 2. Y suponer, pensar algo. *Yo creo que en mi país se vive muy bien.* SIN. **Opinar, considerar.** 3. También, tener fe religiosa. *Los romanos creían en muchos dioses.* SIN. **Profesar, practicar.** 4. Y tener confianza en algo o en alguien. *Yo creo en ti y sé que puedes hacer lo que te propongas.* SIN. **Confiar, fiarse.**

Las osas paren a sus crías durante la hibernación y no se despiertan durante el parto. Los oseznos, que al nacer pesan unos 400 g y son ciegos, son criados por su madre, que tampoco se despierta para amamantarlos, y engordan rápidamente para así, en primavera, estar listos para salir de la cueva.

criar *v.* **1.** Criar es alimentar con leche, especialmente materna, una madre a su hijo recién nacido o una hembra a su cría. ✪ SIN. Amamantar. **2.** También, ocuparse del desarrollo y la formación los hijos. *Criar a los hijos exige mucha responsabilidad.* SIN. Cuidar, educar. **3.** Dedicarse al cuidado y alimentación de animales o plantas. *Mis tíos crían gallinas y venden sus huevos en el mercado.* SIN. Cultivar, cuidar. **4.** Un cuerpo cría algo cuando lo produce. También v. prnl. *Dos manzanas del frutero están podridas y han criado moho.* SIN. Generar, formar. // **criarse** *v. prnl.* **5.** Criarse un ser vivo es crecer. *Diego se está criando fuerte y sano.* SIN. Desarrollarse.

crítico, crítica *adj.* **1.** Es crítico lo que está relacionado con los juicios, positivos o negativos, que se realizan sobre algo o alguien. SIN. Analítico, mordaz. ✪ **2.** Y algo muy difícil o de mucha gravedad. *Según el último parte médico, la situación del enfermo es crítica.* SIN. Decisivo, complicado. **3.** Y hablando de tiempo, momento u ocasión, oportunos, adecuados. *Siempre me llamas en el momento crítico.* SIN. Preciso, justo. // **crítico, crítica** *s. m. y f.* **4.** Los críticos son personas que se dedican a hacer juicios sobre libros, películas, etc. *Los críticos han coincidido en la calidad literaria de su nueva novela.* SIN. Comentarista, articulista. // **crítica** *s. f.* **5.** Una crítica es un comentario sobre algo, como un libro, un espectáculo cultural o deportivo... *En la última página del periódico leo la crítica de las películas.* SIN. Valoración, juicio. **6.** Y una opinión negativa sobre algo o sobre alguien. *Quiero que sepas que tus duras críticas no me afectan.* SIN. Censura.

Marena reconocía que, al principio, había sido muy crítica con Jonás. Le veía superficial, poco interesante. Sin embargo, ahora, aunque le daba rabia o apuro reconocerlo, no sabría qué hacer sin él y más en estos momentos, en que el día de comienzo de las clases en el instituto se aproximaba. Los dos estaban más o menos en la misma situación. Bueno, él conocía a algunos chicos más, pero, aunque Marena no sabía bien por qué, prefería estar con ella.

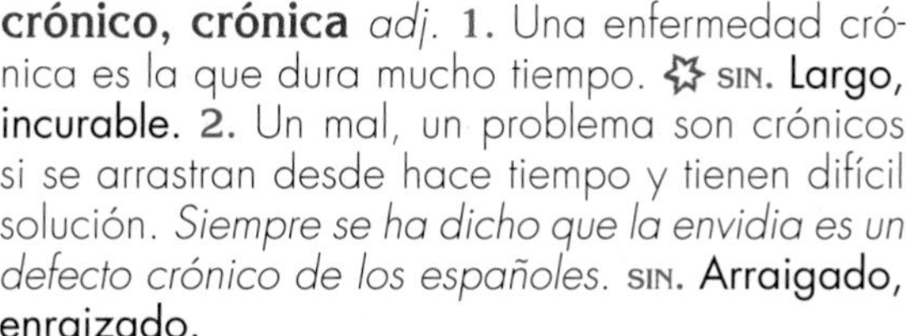

crónico, crónica *adj.* **1.** Una enfermedad crónica es la que dura mucho tiempo. ✪ SIN. **Largo, incurable.** **2.** Un mal, un problema son crónicos si se arrastran desde hace tiempo y tienen difícil solución. *Siempre se ha dicho que la envidia es un defecto crónico de los españoles.* SIN. **Arraigado, enraizado.**

Muchas damas americanas, al salir de su tierra natal, adoptan un aspecto de enfermedad crónica, bajo la impresión de que es una forma de renacimiento europeo.

El fantasma de Canterville

Gollum anduvo vagabundo y a solas, lloriqueando por la crueldad del mundo; [...]. Pescó en lagos profundos con dedos invisibles y se comió los pescados crudos.

El señor de los anillos. La Comunidad del Anillo

crudo, cruda *adj.* **1.** Está crudo el alimento que no ha sido cocinado o que lo ha sido de forma insuficiente. ✪ SIN. **Al natural.** **2.** Algunos materiales, como la seda o el cuero, están crudos si no han sido sometidos a ningún tratamiento. *La lana cruda se utiliza en la industria textil.* SIN. **Natural.** **3.** Crudo es el tiempo muy frío y desagradable. *Este invierno está siendo especialmente crudo.* SIN. **Desapacible, riguroso.** **4.** Son crudas las palabras o imágenes que reflejan algo negativo y que se muestran tal y como son, sin suavizar. *Los informativos muestran cada día crudas imágenes cargadas de violencia.* SIN. **Cruel, realista.** **5.** Crudo es también lo que es difícil de conseguir. *Lo vas a tener muy crudo para aprobar este examen.* SIN. **Complicado, difícil.**

cruel *adj.* **1.** Una persona es cruel si disfruta haciendo daño a los demás o viendo su sufrimiento. *Pedro I el Cruel fue un rey de Castilla.* SIN. **Despiadado, inhumano.** **2.** Una cosa es cruel si produce sufrimiento. *Es muy cruel ver el comportamiento de algunas personas hacia los animales.* SIN. **Atroz, brutal.** ✔

El adjetivo ***cruel*** tiene la misma forma para masculino y femenino.

cruzar *v.* **1.** Cruzar es estar una o varias cosas colocadas de tal modo que formen una cruz.

Para hacer una trenza tienes que ir cruzando tres mechones de pelo. SIN. **Atravesar, entrelazar.** 2. Cruzar un lugar es atravesarlo de un extremo a otro. *Para pasar a África cruzamos el estrecho de Gibraltar.* SIN. **Recorrer, pasar.** 3. También, dirigirse dos personas miradas, gestos, palabras... *Coincidí con Telma en el ascensor pero apenas cruzamos unas palabras.* SIN. **Intercambiar.** // **cruzarse** *v. prnl.* 4. Cruzarse es pasar al lado de una persona que va en dirección contraria. ✡ SIN. **Coincidir, encontrarse.** 5. Y ponerse algo o alguien en el camino de una persona para no dejar que pase. *El defensor se cruzó para que el delantero no se acercara a la portería.* SIN. **Obstaculizar, interponerse.**

Si el peligro te sale al encuentro, qué se le va a hacer, sin embargo, es de necios ir a cruzarse en su camino.

El cernícalo Porqué

cubrir *v.* 1. Cubrir una cosa es ponerle otra delante o encima para ocultarla o para protegerla. ✡ SIN. **Esconder, tapar.** 2. Cubrir es también ocupar un espacio. *Las pinturas cubren toda la cúpula central del edificio.* SIN. **Forrar, revestir.** 3. También, poner una sustancia sobre la superficie de una cosa. *Cubre los macarrones con la besamel y el queso rallado.* SIN. **Extender, repartir.** 4. Llenar de algo. *Tras su brillante actuación, le cubrieron de elogios.* SIN. **Colmar.** 5. Defender una persona el avance o la retirada de otra. *Un policía se acercó a la puerta mientras otro le cubría.* SIN. **Proteger.** 6. Hacer un determinado recorrido. *La línea 6 cubre la zona norte de la ciudad.* SIN. **Recorrer.** 7. Hacer un periodista el seguimiento de una noticia para un medio de comunicación. *Nico, tú cubrirás la noticia sobre la entrega de los premios del deporte.* SIN. **Seguir.** AM. **Reportear.** 8. Y ser algo suficiente para un determinado fin.

Con su capa dorada y la máscara de expresión terrible que cubría su rostro, el Oráculo inició una especie de danza en medio de la explanada.

Los cien ojos del pavo real

Si todos ponemos dos euros será suficiente para cubrir los gastos. SIN. **Alcanzar, llegar.** // **cubrirse** *v. prnl.* **9.** Cubrirse es poner algo sobre el cuerpo para taparlo total o parcialmente. *En muchos lugares del mundo, las mujeres se cubren la cabeza con un velo.* SIN. **Embozarse, abrigarse.** **10.** Y llenarse el cielo de nubes. *En pocos minutos, el cielo se cubrió y comenzó a llover.* SIN. **Nublarse, encapotarse.**

cuidar *v.* **1.** Cuidar es hacer lo necesario para que algo o alguien esté bien y no sufra ningún daño. *Elisa cuida sus plantas con mucha dedicación.* SIN. **Atender, encargarse.** **2.** Y poner interés en hacer algo bien. ✪ SIN. **Esmerarse, preocuparse.** // **cuidarse** *v. prnl.* **3.** Cuidarse es mirar uno por sí mismo. *Desde que sufrió el infarto, José se cuida mucho.* SIN. **Ocuparse.**

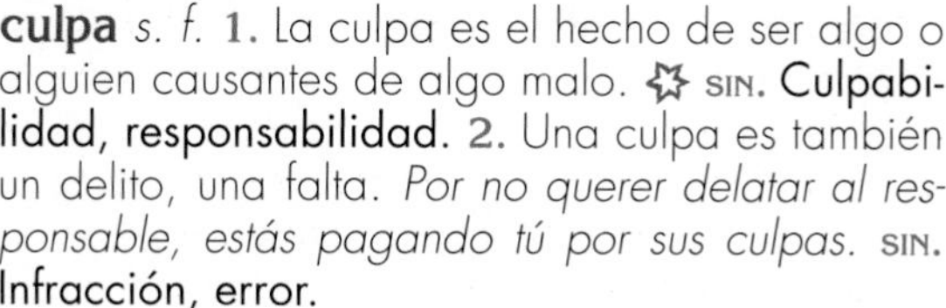

culpa *s. f.* **1.** La culpa es el hecho de ser algo o alguien causantes de algo malo. ✪ SIN. **Culpabilidad, responsabilidad.** **2.** Una culpa es también un delito, una falta. *Por no querer delatar al responsable, estás pagando tú por sus culpas.* SIN. **Infracción, error.**

curar *v.* **1.** Curar a alguien es hacer que recupere la salud, haciendo desaparecer su enfermedad, su lesión, sus heridas... También v. prnl. *La infusión de manzanilla es un remedio eficaz para curar las afecciones estomacales.* SIN. **Sanar, tratar.** **2.** Curar las carnes o pescados es tratarlos con sal, humo, etc. para que se conserven más tiempo. *En muchos pueblos de montaña curan los jamones con humo.* SIN. **Secar, ahumar.**

El curso comenzó y los días de Marena y Jonás se convirtieron en un ir y venir de casa al instituto y del instituto a casa. Como vivían cerca, iban y venían juntos. Habían conseguido llegar a un especie de acuerdo: unos días hacían el trayecto a pie, medio de transporte preferido de Marena, y otros días lo hacían en patines, medio de transporte preferido de Jonás. No es que Marena tuviera mucho dominio de la técnica del patinaje pero poco a poco consiguió cuidar su equilibrio y no llevarse a nadie por delante al mismo tiempo.

Como veis, me falta la mano izquierda. Pero no nací así [...]. Vosotros mismos podréis juzgar si fue por mi culpa y si me equivoqué al no mostrarme de forma tan serena como mi actual condición requeriría.

La caravana

d d d

D D D

d d d

d d d

D D D

d d d

daño *s. m.* **1.** Daño es cualquier mal o perjuicio hecho a alguien o a algo. *El perito está valorando los daños sufridos en los edificios afectados.* SIN. **Deterioro, agravio. 2.** Y también, el dolor físico o moral que puede sufrir una persona. ✡ SIN. **Dolor, afección.**

Sus compañeros de clase conformaban un grupo bastante heterogéneo; había tres o cuatro que encajaban perfectamente en el modelo de empollones: entraban y salían de clase sin mirar a los demás, como si estuvieran tan concentrados que temieran mirar alrededor por miedo a perder la concentración; unos siete u ocho se dedicaban a molestar y a dar dolor de cabeza a los profesores; Dani y Álvaro simplemente no estaban, bueno, sí estaba su cuerpo, pero su mente rara vez asistía a las clases; y después estaban los demás.

dar *v.* **1.** Dar algo a alguien es hacer que pase a sus manos. *Hoy me darán el coche nuevo.* SIN. **Ceder, entregar. 2.** También, dar algo fruto, dar resultado. *Sus inversiones no le están dando los resultados esperados.* SIN. **Producir. 3.** Ofrecer una película, una obra de teatro, un programa de televisión... al público. *Por la tele hoy dan la final de la Liga de Campeones.* SIN. **Echar, proyectar. 4.** Explicar, exponer algo ante los demás. *El mes próximo daré una conferencia en Aranjuez.* SIN. **Presentar, pronunciar. 5.** Impregnar la superficie de algo con una sustancia. *Para cubrir las imperfecciones, hay que dar dos manos de pintura.* SIN. **Extender, aplicar. 6.** Causar una sensación, provocar una reacción. ✡ SIN. **Producir, ocasionar. 7.** Hacer lo necesario para conectar o hacer funcionar algo. *¿Puedes dar la luz? Está anocheciendo y no se ve bien.* SIN. **Encender, abrir. 8.** Realizar algunas acciones: dar un beso, dar un abrazo, dar una patada... ✡ SIN. **Besar, abrazar, patear. 9.** Ofrecer algo como celebración. *Mis padres darán una fiesta para celebrar su aniversario.* SIN. **Celebrar, organizar. 10.** Dar con alguien o con algo es encontrarlos. *Aunque he tenido que preguntar varias veces, por fin he dado con tu casa.* SIN. **Localizar, ubicar.** // **darse** *v. prnl.* **11.** Darse a algo es dedicarse a ello. *Ahora Julián se ha dado a la gastronomía.* SIN. **Ofrecerse, consagrarse.**

Lanzó contra él varias veces el pie que estaba siendo mordido, pero solo lograba arrojar al perro a un metro de distancia y volvía otra vez para enfrentarse contra su presa. Emilio volvió a darle una patada, ahora con la pierna izquierda, y consiguió hacer daño al animal, que gimió.

El alma del bosque

deber *v.* **1.** Deber significa tener una obligación. *Debes escribir un poema de cuatro versos con rima asonante.* SIN. Tener que, estar a obligado. **2.** Deber algo, material o inmaterial, a alguien es tener la obligación de dárselo. *Creo que me debes una excusa.* SIN. Adeudar. **3.** Deber de significa tener dudas de algo. *Esas zapatillas deben de costar unos 45 euros.* SIN. Quizás, probablemente. ✔

En las acepciones 1 y 3, *deber* se construye seguido de infinitivo. Sin embargo, no confundir la perífrasis verbal ***deber* + infinitivo** que implica obligación, con ***deber de* + infinitivo** que implica duda o probabilidad.

El adjetivo ***débil*** tiene la misma forma para masculino y femenino.

débil *adj.* **1.** Es débil algo o alguien que tiene poca fuerza o resistencia. *Francis ha pasado varios días en el hospital y aún está débil.* SIN. Frágil, delicado. **2.** Es débil la persona que se deja dominar fácilmente. *Aprovecharse de las personas débiles es un abuso.* SIN. Dócil, blando. ✔

El adjetivo ***decente*** tiene la misma forma para masculino y femenino.

decente *adj.* **1.** Una persona decente es la que se comporta respetando las normal morales, legales y las buenas costumbres. *Fue una gran decepción descubrir su delito porque todos le tenían por decente.* SIN. Honesto, honrado. **2.** Está decente lo que está limpio y arreglado aunque sin lujos. *Deja tu cuarto decente, que van a venir los abuelos.* SIN. Aseado, curioso. **3.** Y lo que se considera suficiente en calidad o cantidad, pero no excesivo. *Tu examen es decente, pero podías haberlo hecho mejor.* SIN. Aceptable, satisfactorio. ✔

decidir *v.* **1.** Decidir es tomar una resolución. *Ya he decidido: me quedo con el vestido blanco.* SIN. Determinar, elegir. **2.** Y ser el motivo para hacer algo. *La piscina nos decidió a comprar esta casa.* SIN. Impulsar, inclinar. // **decidirse** *v. prnl.* **3.** Decidirse es atreverse a hacer algo, especialmente lo que antes no se había atrevido a hacer. ✸ SIN. Lanzarse.

Quería ver si la dirección del Nautilus nos acercaba a la costa o nos alejaba de ella. Seguíamos en aguas portuguesas, rumbo al Norte. Había que decidirse y disponerse a partir. Bien ligero era mi equipaje. Mis notas, únicamente.

20 000 leguas de viaje submarino

Lena se imaginó lo que los demás niños de la escuela le dirían si se corriera la voz de que un gato se había comido a sus padres.

Los mejores cuentos de Michael Ende

decir *v.* **1.** Decir algo es expresarlo hablando o escribiendo. ✵ SIN. **Contar, exponer. 2.** También, comunicar algo mediante gestos o indicios. *Tus ojos me dicen que me estás mintiendo.* SIN. **Gesticular, expresar. 3.** Manifestar una opinión. *Mayte me ha dicho que es mejor que hagamos el viaje en autobús.* SIN. **Opinar, sostener.**

declarar *v.* **1.** Declarar es comunicar algo. *El futbolista uruguayo declaró su intención de jugar en España.* SIN. **Decir, manifestar. 2.** Un juez o un tribunal declara cuando toma una decisión o emite un veredicto. *El juez declaró al acusado inocente.* SIN. **Dictaminar, fallar. 3.** Una persona declara ante un juez o un tribunal cuando dice lo que sabe sobre un asunto. *Tras declarar, el testigo fue escoltado por la policía.* SIN. **Testificar, confesar.** // **declararse** *v. prnl.* **4.** Declararse es decir una persona a otra que está enamorada de ella. *Rubén se declaró a Marta el día de San Valentín.* SIN. **Comprometerse. 5.** Declararse es aparecer algo o empezar a verse su efecto. *El incendio se declaró en el segundo piso.* SIN. **Manifestarse, advertirse.**

decorar *v.* **1.** Decoramos un objeto, un lugar cuando le ponemos adornos. ✵ SIN. **Adornar, ornamentar. 2.** Decorar una habitación, una casa es ponerles muebles, cuadros, alfombras... para embellecerlas. *Para decorar mi piso, he contratado los servicios de una decoradora.* SIN. **Amueblar.**

Martín [...] se dedicó a idear un nuevo chiste, mientras sus diligentes manos iban decorando con pintura roja, verde, azul y amarilla las figuritas de madera.

Los cinco en la isla de Kirrin

dedicar *v.* **1.** Dedicar algo, como un libro, un disco, etc. a alguien es ofrecérselo como prueba de cariño o gratitud. *En la feria del libro, el escritor dedicó ejemplares de su nuevo libro.* SIN.

Ofrecer, firmar. **2.** Dedicar una cosa a algo es utilizarla para ese fin. *He dedicado una parte del jardín para las plantas aromáticas.* SIN. Destinar, emplear. // **dedicarse** *v. prnl.* **3.** Dedicarse es tener una actividad como profesión. *Desde hace unos años, Luisa se dedica a la apicultura.* SIN. Ocuparse, trabajar.

Cuando en las obras
del sabio
no encuentra defectos,
contra la persona
cargos
suele hacer el necio.

Fábulas literarias

defecto *s. m.* **1.** Un defecto es una falta o imperfección que tiene una persona, un animal o una cosa. ✪ SIN. Fallo, deficiencia. **2.** Y la escasez o ausencia de algo. *El defecto de higiene produce infecciones.* SIN. Carencia, falta.

Los dragones y las
alimañas
no los defendieron del
tiempo.
Y los castillos están
solos,
tristes de sombras y
misterio.

Canciones para mirar

defender *v.* **1.** Defender algo o a alguien es protegerlos de un peligro. ✪ SIN. Amparar, preservar. **2.** Defender una idea o una opinión es mantenerla ante las ideas u opiniones de los demás. ✪ SIN. Sostener, apoyar.

defensa *s. f.* **1.** Defensa es la acción de defender algo o a alguien, es decir, protegerlos de un peligro o de un ataque. *La mejor defensa es un buen ataque.* SIN. Amparo, ayuda. **2.** También, el medio o instrumento que sirve para defenderse. *En la Edad Media las murallas eran la defensa de las ciudades.* SIN. Protección, cobijo. **3.** El abogado que se encarga de defender a un acusado. *La defensa estuvo muy acertada en su alegato final.* SIN. Abogado defensor. **4.** En fútbol, la defensa es la línea encargada de defender los ataques del equipo rival, y también los jugadores que forman esa línea. También s. m. *En el segundo gol, el delantero pilló a la defensa adelantada.* SIN. Central, lateral.

En 1543, Nicolás Copérnico formuló la teoría del heliocentrismo, es decir, que el Sol es el centro del Universo. Esta teoría fue defendida por Galileo Galilei, aunque tuvo que rechazarla ante el tribunal de la Inquisición porque entraba en conflicto con la Iglesia católica, que sostenía que era la Tierra el centro del Universo.

Marena pertenecía a ese grupo, el de los demás. Chavales a los que podría considerarse normales, con ilusiones y anhelos normales, decepciones y frustraciones normales...
Chavales que empiezan a tomar conciencia de que la línea por la que va a discurrir su vida como futuros adultos se empieza a definir ahora porque es ahora cuando empiezan a tomar decisiones. Y ven que no es fácil porque esas decisiones, a menudo, generan un conflicto entre sus propias expectativas y el deseo de no defraudar las expectativas paternas. Bueno, en definitiva, el llamado conflicto generacional.

deficiente *adj.* **1.** Es deficiente lo que está incompleto o no alcanza la cantidad adecuada. *Este año, la cosecha de trigo es deficiente.* **SIN.** **Insuficiente, escaso.** **2.** Y lo que está mal hecho. *El informe sobre el impacto del cambio climático es bastante deficiente.* **SIN.** **Defectuoso, imperfecto.** **3.** Una persona deficiente es la que padece alguna deficiencia mental. También s. m. y f. *La fundación Iguales trabaja con niños deficientes.* **SIN.** **Discapacitado.** ✔

El adjetivo ***deficiente*** tiene la misma forma para masculino y femenino.

definir *v.* **1.** Definir una palabra es decir su significado. *¿Alguno de vosotros sabría definir la palabra* entusiasmo*?* **SIN.** **Explicar, especificar.** **2.** Definir a una persona o una cosa es detallar sus características principales. ✵ **SIN.** **Describir, caracterizar.** **3.** Definir también es manifestar una persona su opinión o su punto de vista sobre algo. *Para saber si podemos contar contigo es preciso que definas tu postura.* **SIN.** **Pronunciarse, declararse.**

definitivo, definitiva *adj.* **1.** Es definitivo lo que no puede cambiarse ni admite dudas. *Por fin he entregado a la editorial la versión definitiva de mi libro de poemas.* **SIN.** **Inamovible, firme.** **2.** Y lo que decide o determina algo. ✵ **SIN.** **Decisivo, determinante.**

Aquella noche no dormí apenas, me dediqué a preparar el día siguiente, el que iba a ser un día definitivo, mi último día.

Marioneta

defraudar *v.* **1.** Defraudar a alguien es resultar algo o alguien peor de lo que esperaba. ✵ **SIN.** **Decepcionar, desilusionar.** **2.** Defraudar es no pagar los impuestos que hay que pagar. *Defraudar a Hacienda está castigado con fuertes sanciones.* **SIN.** **Estafar.**

El abuelo trotó alegremente de vuelta al torreón, y una vez en lo alto del cerro vieron que el huevo seguía donde lo habían dejado.

El cuervo Pantuflo

degradar *v.* **1.** Degradar a una persona es pasarla a una categoría o cargo inferiores a los que ocupaba. ✪ SIN. **Rebajar, descender. 2.** Y humillarla, hacer que pierda su dignidad. También v. prnl. *Su excesiva ambición le está degradando como persona.* SIN. **Deshonrar, envilecer. 3.** También, perder fuerzas o cualidades. *El alzhéimer le ha degradado tanto que ya no recuerda quién es.* SIN. **Deteriorar, degenerar.**

Un balti de cabeza afeitada y encorvado, que había venido del norte con los caballos y que era un budista degradado, acogió al lama con cortesía, y en su lenguaje gutural y duro invitó al santón a sentarse al lado del fuego con los mozos de cuadra.

Kim

dejar *v.* **1.** Dejamos algo que tenemos cogido cuando lo soltamos o lo ponemos en un lugar. ✪ SIN. **Soltar, depositar. 2.** Dejar algo o a alguien es abandonarlos. *Nelson dejó Colombia para buscar su futuro en España.* SIN. **Alejarse, apartar. 3.** Dejar es también dar permiso o consentimiento para hacer algo. *¿Me dejas pintar mi dibujo con tus acuarelas?* SIN. **Permitir, acceder. 4.** No seguir haciendo una actividad. *Montse dejó la carrera de Medicina en el cuarto curso.* SIN. **Abandonar. 5.** Entregar algo a alguien, prestárselo o hacer que se responsabilice de ello. *¿Te puedo dejar mis plantas mientras estoy de vacaciones?* SIN. **Ceder, encomendar. 6.** Y poner fin a una relación sentimental. *Mauricio y Rosa dejaron su relación porque no se llevaban bien.* SIN. **Romper, cortar. // dejarse** *v. prnl.* **7.** Dejarse es no cuidarse ni preocuparse por uno mismo. *No es bueno que te dejes de esta manera, tienes que reponerte del disgusto.* SIN. **Abandonarse, descuidarse.**

delgado, delgada *adj.* **1.** Una persona o un animal está delgado si pesa poco o menos de lo que debería. ✪ SIN. **Flaco, escuálido. 2.** Una

La obsesión por estar delgados, modelo de belleza en la sociedad actual, ha provocado el aumento de casos de anorexia y bulimia, dos graves enfermedades que pueden causar la muerte, que están relacionadas con trastornos de la alimentación y que afectan principalmente a los adolescentes.

cosa es delgada si tiene poco grosor o espesor. *Nacha disimula sus pecas con una delgada capa de maquillaje.* SIN. Fino, estrecho.

Aquella dama de voz delicada tenía un rostro angelical. Contaba tan sólo dieciséis años pero, a pesar de su juventud, la inteligencia brillaba en sus ojos azules. Todo en ella era dulzura y buen humor.

Oliver Twist

delicado, delicada *adj.* **1.** Un persona es o está delicada si no tiene buena salud o enferma con facilidad. *Alonso está muy delicado de los bronquios.* SIN. Débil, enfermizo. **2.** También, si tiene un trato correcto y educado. *La doctora Ramos tiene un trato muy delicado con todos sus pacientes.* SIN. Atento, considerado. **3.** Y si es muy fina. *¡Qué delicado eres! ¡A quién se le ocurre comer el pan con cuchillo y tenedor!* SIN. Remilgado, redicho. **4.** Una cosa es delicada si se rompe o estropea con facilidad. *Este búho de cristal de Murano es muy delicado.* SIN. Frágil, quebradizo. **5.** Y si destaca por su suavidad, su dulzura... ✲ SIN. Agradable, suave.

Tras la visita de Ignosi fui a ver a Good, y lo encontré delirando. La fiebre provocada por su herida parecía haberse apoderado de su organismo y haberse complicado con una lesión interna.

Las minas del rey Salomón

delirar *v.* **1.** Una persona delira cuando padece delirios o desvaríos a causa de una enfermedad, fiebre elevada... ✲ SIN. Alucinar, desvariar. **2.** Y cuando hace o dice tonterías o disparates. *¡Tú deliras! Lo que estás contando es una de tus fantasías.* SIN. Desatinar, desbarrar.

demandar *v.* **1.** Demandar es pedir algo. ✲ SIN. Pedir, requerir. **2.** Y también, presentar una demanda. *El contable ha sido demandado por apropiarse de los fondos de la asociación.* SIN. Denunciar, reclamar.

Las tardes de Marena y Jonás comenzaron a estar ocupadas por los deberes, las horas de estudio, las clases de inglés, las visitas a la biblioteca... Apenas les quedaba tiempo libre para divertirse, algo que ellos, como todos, demandaban. Hacía semanas que no iban a la casa abandonada, a su refugio secreto.

demostrar *v.* **1.** Demostramos algo cuando aportamos datos que hacen imposible dudar de su certeza. *La prueba demuestra que la división está bien* *efectuada.* SIN. **Probar, argumentar.** **2.** Demostrar es también revelar algo. *Sus delicados lienzos demuestran la gran sensibilidad del pintor.* SIN. **Denotar, evidenciar.** **3.** Y hacer una demostración práctica de algo. *Voy a demostrarte lo rápido que es este cortacésped.* SIN. **Enseñar, mostrar.**

Lo imprevisto de aquel espectáculo había devuelto a mi rostro su color saludable [...]. Por otra parte, la viveza de aquel aire tan denso me reanimaba, suministrando más oxígeno a mis pulmones.

Viaje al centro de la Tierra

denso, densa *adj* **1.** Una sustancia, una materia es densa si es espesa. ✧ SIN. **Compacto, consistente.** **2.** Es denso lo que está formado por muchos elementos que están muy juntos. *Los excursionistas atravesamos un denso bosque de hayas.* SIN. **Tupido, cerrado.**

depender *v.* **1.** Depender es estar sujeta una cosa a determinadas circunstancias. *El viaje de fin de curso dependerá de las notas que obtengas.* SIN. **Supeditarse, subordinar.** **2.** Depender de alguien o de algo es estar subordinado a ellos. ✧ SIN. **Someterse, obedecer.** **3.** Y necesitar la ayuda de alguien. *Como no tengo trabajo, tengo que depender económicamente de mis padres.* SIN. **Precisar, requerir.**

Sin el consentimiento de esta ilustre clase no puede hacerse, rechazarse ni alterarse ninguna ley; y de estas leyes dependen los fallos sobre todas nuestras propiedades, sin apelación.

Los viajes de Gulliver

derecho, derecha *adj.* **1.** Una cosa está derecha si no se inclina ni se tuerce a un lado ni a otro. *Clava un tutor en la maceta para que la planta crezca derecha.* SIN. **Erguido, recto.** **2.** Las partes derechas del cuerpo humano son las que están situadas al lado opuesto al corazón; las cosas que están situadas a ese lado. *Fiona se ha tatuado una mariposa en su hombro derecho.* SIN. **Diestro.** **3.** Derecho significa también sin rodeos, ni distracciones. *Vete derecho al grano, que no tengo mucho tiempo.* SIN. **Directo.**

Ícaro quiso volar con alas de plumas de pájaro pegadas con cera, pero el sol derritió la cera e Ícaro cayó al mar.

derretir *v.* **1.** Un sólido se derrite cuando se vuelve líquido por efecto del calor. También v. prnl. **SIN.** Fundir, licuar. // **derretirse** *v. prnl.* **2.** Una persona se derrite cuando se muestra muy cariñosa con otra. *Cuando me dices cosas bonitas me derrito.* **SIN.** Enternecerse, encariñarse.

derribar *v.* **1.** Derribar un edificio, una construcción es echarlos abajo. **SIN.** Demoler, derruir. **2.** Derribar algo o a alguien es hacerlos caer al suelo. *Ahora, en un jugada maestra, derribo tu torre y te pongo en jaque mate.* **SIN.** Tirar, tumbar. **3.** Derribar un gobierno o a un gobernante es quitarlos de su puesto. *La Revolución de los Claveles derribó la dictadura en Portugal en 1974.* **SIN.** Deponer, destituir.

Tras la II Guerra Mundial, Alemania quedó dividida. EE. UU., Francia y Gran Bretaña controlaron la parte occidental y la URSS ejerció el dominio en la parte oriental. En 1961 se construyó un muro que dividía Berlín entre ambos bandos. La caída del comunismo en la Europa del Este a partir de 1989 afectó también a Alemania y la muestra más clara de este proceso fue que se derribara el Muro de Berlín.

desaparecer *v.* **1.** Algo o alguien desaparece cuando deja de estar a la vista. **SIN.** Esconderse, ocultarse. **2.** También, cuando deja de estar en un lugar. *Pablo desapareció de la fiesta cuando llegó su ex mujer.* **SIN.** Ausentarse, irse. **3.** Y cuando deja de existir o muere. *Los rosales desaparecieron con las primeras nevadas.* **SIN.** Fallecer, extinguirse.

Julián desapareció en el interior del túnel, mientras los demás se quedaban afuera, aguardando impacientes la señal.

Los cinco han de resolver un enigma

desarrollar *v.* **1.** Desarrollar es hacer que algo se haga más grande, más valioso, más importante… También v. prnl. *Con tantas horas de gimnasio ha conseguido desarrollar sus músculos de forma espectacular.* **SIN.** Aumentar, incrementar. **2.** Y hablar o escribir detallada y extensamente sobre un tema, una idea… *El examen constaba de 10 preguntas cortas y una para desarrollar.* **SIN.** Exponer, explicar. **3.** También, llevar a cabo un proyecto, un plan. *Por fin han desarrollado un programa antivirus eficaz.* SIN. **Realizar, ejecutar.** // **desarrollarse** *v. prnl.* **4.** Desarrollarse es ocurrir un hecho. *La feria del libro* Tú lees *se desarrolló con gran éxito de público.* SIN. **Suceder, producirse.** **5.** Y crecer hasta convertirse en adulto. *Los cuidadores del zoo consiguieron que los cachorros se desarrollaran perfectamente.* SIN. **Crecer, madurar.**

Marena estaba ansiosa por volver a aquella casa. No se olvidaba del hombre del que le había hablado Jonás, el sabio que había pronunciado aquellas mismas palabras que ella guardaba en su caja.
A la hora del recreo, desde las ventanas de su clase, Marena buscó a Jonás entre el grupo de chicos que habitualmente jugaban al fútbol. Vio que estaba bajo la portería y, además, le acababan de meter un churro de gol. Y es que Jonás, como portero, era un desastre.
Marena descendió hasta el patio y esperó a que su amigo acabara de jugar el partido.

desastre *s. m.* **1.** Un desastre es una desgracia, un suceso lamentable. *Los desastres naturales son imprevisibles e inevitables.* SIN. **Catástrofe, ruina.** **2.** También, una cosa que funciona mal, que está mal hecha o que tiene poca calidad. *El viaje a Segovia resultó un completo desastre.* SIN. **Calamidad, ruina.** **3.** Y una persona poco hábil o con poca suerte. ✰ SIN. **Torpe, inepto.**

descansar *v.* **1.** Una persona descansa cuando deja de hacer una actividad que le ha cansado para reponer fuerzas. ✰ SIN. **Reposar, recuperarse.** **2.** También, cuando duerme. *Voy a descansar un rato en el sofá, no me molestéis.* SIN. **Acostarse, reposar.** **3.** Dejar de tener dolor, preocupaciones… *Las vacaciones son para descansar de los estudios.* SIN. **Descargarse, aliviarse.** **4.** Servir de apoyo o de base una cosa a otra. *La ciencia descansa en la experiencia y el análisis.* SIN. **Apoyarse, basarse.** **5.** Y estar enterrado en un lugar. *Sus restos descansan en el cementerio del pueblo.* SIN. **Yacer.**

«Calma, recuerda que eres un cernícalo y cuando quieras puedes detenerte en el aire y descansar» se dijo para tranquilizarse.
El cernícalo Porqué

descender *v.* **1.** Descender es ir a un lugar que está más bajo. ✰ SIN. **Bajar.** **2.** Y disminuir el nivel de algo. *El precio del aceite ha descendido.* SIN. **Reducir, decrecer.** **3.** También pasar a una categoría, posición, rango... inferior. *El equipo de baloncesto de mi ciudad ha descendido a segunda división.* SIN. **Bajar, degradar.** **4.** Y tener su origen en unos antepasados o en un lugar. *Aunque vive aquí desde los doce años, Nuria desciende de Barcelona.* SIN. **Proceder, provenir.**

descifrar *v.* **1.** Descifrar es encontrar la clave para entender un mensaje. SIN. **Transcribir, interpretar.** **2.** Y llegar a comprender algo misterioso u oculto. *Los científicos no consiguen descifrar el origen de esas extrañas marcas en el suelo.* SIN. **Averiguar, desentrañar.**

Gracias a la piedra Rosetta, un piedra negra con una inscripción en escritura egipcia y en griego, se logró descifrar el significado de los jeroglíficos egipcios.

60	2
30	2
15	3
5	5
1	

descomponer *v.* **1.** Descomponer algo es separar las partes que lo conforman. *Un número entero se puede descomponer en factores primos.* SIN. **Dividir, aislar.** **2.** Y estropear o desordenar algo. También v. prnl. *El viento descompuso el tocado de la novia.* SIN. **Desbaratar, desarreglar.** **3.** Alterar, enfadar a alguien. También v. prnl. *Las discusiones familiares me descomponen.* SIN. **Irritar, molestar.** **4.** Provocar algo una indisposición. También v. prnl. *Creo que el marisco estaba en mal estado y me ha descompuesto.* SIN. **Enfermar, indisponerse.** **5.** Y alterar la expresión del rostro. También v. prnl. *Cuando vio a Nora con Isaac, a Mateo se le descompuso el rostro.* SIN. **Demudar, desencajar.** ✔

El participio de ***descomponer*** es *descompuesto.*

desconocido, desconocida *adj.* **1.** Es desconocido lo que no se sabe o no se conoce. También s. m. y f. SIN. **Ignorado, extraño.** **2.** Es o está desconocida una persona que ha cambiado mucho. *Con el pelo rubio y flequillo estás desconocida.* SIN. **Irreconocible.**

Un presentimiento, pegajoso por el miedo, se instaló en su corazón: con ese desconocido [...] había irrumpido en su vida algo amenazador.

Corazón de tinta

–Jonás, ¿qué te parece si vamos hoy hasta la casa? Yo no tengo mucho que hacer e intentaré acabar pronto.
–Yo tengo clase de inglés a las cinco, pero a las seis ya estoy libre. De acuerdo, hoy vamos. La verdad es que lo estoy deseando. ¿Pasas a buscarme a la academia?
–Vale. A las seis estaré allí.
Y a las seis allí estaba. Los dos muchachos se encaminaron hacia la casa a bastante velocidad pues las tardes ahora eran más cortas y anochecía pronto. El trayecto resultaba diferente. El sol se estaba escondiendo en su horizonte nocturno y dejaba reflejos anaranjados sobre las hojas que abrigaban el suelo.

descubrir *v.* **1.** Descubrir es hallar algo que está oculto o que se desconocía. *Descubrir el fuego cambió la vida de los humanos porque les permitió calentarse y cocinar.* SIN. **Inventar, crear. 2.** También, enterarse de algo que no se sabía. *He descubierto que mis amigos están preparando una fiesta sorpresa.* SIN. **Saber, averiguar. 3.** Y quitar lo que cubre algo. *La alcaldesa descubrió una placa en honor del pintor Jandro Vargas.* SIN. **Destapar, mostrar.**

desear *v.* Deseamos algo cuando queremos tenerlo o realizarlo. ✪ SIN. **Anhelar, ansiar.**

desesperar *v.* **1.** Algo o alguien desespera a una persona si le hace perder la calma o los nervios. También v. prnl. ✪ SIN. **Exasperar, irritar. 2.** Una persona desespera cuando deja de tener confianza. *No desesperes de encontrar un buen trabajo, sigue intentándolo.* SIN. **Desanimarse, desalentarse.**

Una confusa masa gris pasó junto a la cabeza del muchacho, y él llegó a distinguir una paloma que aleteaba desesperada.

Eragon

deshacer *v.* **1.** Deshacer una cosa que está hecha es dejarla como estaba antes de hacerla. También v. prnl. *¿Para qué hacemos la cama cada mañana si luego hay que deshacerla cada noche?* SIN. **Desarmar, desordenar. 2.** También, separar las partes que componen un todo. *El grupo Monster se ha deshecho porque sus componentes se han separado.* SIN. **Disgregar, desmontar. 3.** Destruir algo o causarle gran daño. *El terremoto deshizo varios pueblos por completo.* SIN. **Arruinar, dañar. 4.** Convertir un sólido en líquido o mezclar un cuerpo sólido con un líquido. *Deshaz la pastilla de caldo en la salsa.* SIN. **Desleír, derretir. 5.**

Mientras cruzaban el parque, Marena miraba disimuladamente buscando a un hombre con aspecto de sabio que estuviera paseando por allí. ¡Como si la sabiduría fuera algo externo, algo palpable; algo así como una banda de honor de esas que ponen en los concursos de belleza! Marena era consciente de ello; sin embargo, no perdía la esperanza. Si Jonás había conocido a este hombre, ¿por qué no lo iba a conocer ella también?
Viendo que el parque, a esa hora, comenzaba a quedarse desierto sintió cierta desilusión. Quizá otro día.
Llegaron a la casa. Dentro había una luz tenue, cálida a la vez que misteriosa.
–¡Qué diferente parece todo sin la luz del sol! En verano nos deslumbraba hasta casi cegarnos y ahora, sin ella, esto parece una casa de película de miedo.

Recorrer un camino en sentido contrario al que se ha hecho. *Cuando se puso a llover, deshicimos el camino y volvimos a casa.* SIN. **Desandar, retroceder.** // **deshacerse** *v. prnl.* **6.** Deshacerse en alabanzas, elogios, cariños... es hacer o decir estos con frecuencia. *Tras ver la película, los críticos se deshicieron en elogios.* SIN. **Prodigarse.** **7.** Deshacerse de alguien o de algo es eliminarlo o desprenderse de ello. *Me cuesta deshacerme de mi colección de muñecas de porcelana.* SIN. **Librarse, prescindir.**

desierto, desierta *adj.* **1.** Un lugar desierto es un lugar en el que no hay nadie. ✪ SIN. **Deshabitado, solitario.** **2.** Un premio, un concurso, una subasta... quedan desiertos si no se presenta nadie o si no hay ningún ganador. *La calidad de los trabajos presentados es tan baja que el jurado ha declarado el concurso desierto.* SIN. **Nulo.**

desilusión *s. f.* La desilusión es una tristeza, un desengaño que se siente al comprobar que algo o alguien no son como se esperaba. ✪ SIN. **Desencanto, decepción.**

deslumbrar *v.* **1.** Una luz nos deslumbra si nos impide ver durante unos momentos. También v. prnl. ✪ SIN. **Cegar.** **2.** Algo o alguien nos deslumbra si nos causa muy buena impresión. ✪ SIN. **Fascinar, asombrar.**

Y lo que acabó de deslumbrarle fue la sala de la cúpula de cristal, cuya arquitectura aérea y cuya ornamentación no podía dejar de admirar.

Cuentos de las mil y una noches

desmontar *v.* **1.** Desmontar algo es separar las piezas que lo componen. *Desmonta la torre y recoge las piezas en la caja.* SIN. **Desarmar, desencajar.** **2.** Desmontar es también bajar de un caballo, de un coche, etc. *El jinete ganador desmontó del caballo y saludó al público.* SIN. **Apear, descender.** **3.** Y plantear argumentos serios para rebatir una teoría, una tesis, etc. *Las pruebas aportadas desmontaron la teoría de la policía.* SIN. **Rebatir, anular.**

La madre de Bertie era siempre muy paciente con el león, sin importarle el desorden que causara.

El león mariposa

En su acepción 2, el sustantivo ***desorden*** se usa preferentemente en plural: *desórdenes.*

desorden *s. m.* **1.** El desorden es la falta de orden, la desorganización. ✪ SIN. **Desbarajuste, confusión.** **2.** Y las alteraciones públicas. *Varias personas han sido detenidas por causar desórdenes públicos.* SIN. **Bullicio, alboroto.** ✔

despedir *v.* **1.** Despedir algo es lanzarlo o echarlo hacia afuera. *Tensé el arco y la flecha salió despedida hacia la diana.* SIN. **Arrojar, soltar.** **2.** Despedir a una persona es echarla del trabajo. *La empresa está despidiendo a muchos trabajadores.* SIN. **Expulsar.** AM. **Correr.** **3.** También apartarla, sobre todo si resulta molesta. *Me despidió de su lado sin dar explicaciones.* SIN. **Alejar.** **4.** Y hacer algún gesto de despedida cuando se va. También v. prnl. *Despedí a Mauro en el puerto.* SIN. **Decir adiós.** // **despedirse** *v. prnl.* **5.** Despedirse de algo es perder la esperanza de obtenerlo. *Con este suspenso, creo que tendré que despedirme de la moto.* SIN. **Renunciar, desistir.**

Apenas había terminado Jonás de pronunciar esas palabras, cuando el crujido de la puerta al abrirse les heló el corazón. Una silueta se dibujaba en la puerta pero la escasa luz impedía ver a quién pertenecía.
Marena y Jonás estaban quietos, callados, no sabían qué hacer. ¿Quién les había descubierto?
Las dudas se despejaron. Al menos para Jonás.

despejar *v.* **1.** Despejar un lugar es quitar de él todo lo que estorba. *Hubo que despejar la carretera para que pasara la ambulancia.* SIN. **Desalojar, desocupar.** **2.** Despejar una duda, una incógnita es aclararla. ✪ SIN. **Esclarecer.** **3.** Despejar a una persona es hacer que su mente esté despierta. También v. prnl. *Por la mañana no me* *despejo hasta que no tomo el café.* SIN. **Espabilar.** **4.** Despejar el cielo es quedarse sin nubes. *El viento despejará el cielo y saldrá un sol radiante.* SIN. **Abrirse.**

despertar *v.* **1.** Despertar a alguien que está durmiendo, o despertarse alguien que está dormido, es interrumpir su sueño. También v. prnl. *Me despertó un trueno muy fuerte.* SIN. **Espabilar, desvelar.** **2.** También, estar una persona o hacer que una persona esté más atenta. *Procura despertar porque, de lo contrario, no podrás seguir el ritmo de los demás.* SIN. **Espabilar.** **3.** Y provocar algo. *Nadar tanto tiempo me despierta el hambre.* SIN. **Estimular, animar.**

Los icebergs son grandes masas de hielo que se desprenden de los glaciares y que flotan en el mar. En 1912 el Titanic chocó con un iceberg y se hundió. Murieron 1500 personas.

desprender *v.* **1.** Desprender es separar una cosa de otra a la que estaba unida. También v. prnl. ✪ SIN. **Desunir, soltar.** **2.** Y salir algo de dentro de una persona o de una cosa. También v. prnl. *La caldera de gasóleo desprendía un fuerte olor.* SIN. **Despedir, emanar.** // **desprenderse** *v. prnl.* **3.** Desprenderse de algo es renunciar a ello. *No me pidas que me desprenda de mi cazadora de cuero.* SIN. **Dar, despojarse.** **4.** También, deducirse una cosa de otra. *De tus palabras se desprende que no estás contento en tu trabajo.* SIN. **Concluir, inferir.**

Holmes se rio suavemente para sus adentros y se estiró sobre el mullido asiento.
—Tanto usted como el juez instructor se han esforzado a fondo —dijo— en destacar precisamente los aspectos más favorables para el muchacho.

Las aventuras de Sherlock Holmes

destacar *v.* **1.** Destacar algo es resaltarlo o llamar la atención sobre ello. También v. prnl. ✪ SIN. **Acentuar, subrayar.** **2.** Una persona o una cosa destaca sobre las demás si tiene más tamaño, más importancia, más valor… que ellas. *¡Qué alto está tu hijo! Destaca por encima de todos sus compañeros.* SIN. **Sobresalir, despuntar.**

destapar *v.* 1. Destapar algo o a alguien es quitar la tapa, una prenda o cualquier cosa que los tape o los cubra. También v. prnl. SIN. **Destaponar, desarropar.** 2. Y descubrir algo que está oculto. También v. prnl. ✡ SIN. **Revelar, exhibir.** // **destaparse** *v. prnl.* 3. Una persona se destapa cuando hace algo que nadie esperaba que hiciese. *En la fiesta, Jorge se destapó como un imitador fantástico.* SIN. **Mostrarse.**

Jonás sacó el teléfono móvil de su bolso y dirigió su pequeña pantalla hacia la puerta. La débil luz que emitía apenas destapó una figura hasta ahora cubierta por la oscuridad. –¿Qué tal, muchacho? Te vi entrar y quise saludarte. Veo que compartes tu refugio con una amiga. Bien, eso está bien. Yo, hace tiempo, también tuve amigos. Me llamo Torcuato –se presentó la silueta, que ya tenía rostro y voz, al tiempo que se acercaba para estrechar la mano de Marena– y creo que el destino nos ha vuelto a unir.

destello *s. m.* 1. Un destello es una ráfaga de luz intensa que dura poco tiempo. ✡ SIN. **Resplandor, fulgor.** 2. También, una muestra breve y momentánea de una cualidad. *En sus disculpas conseguí ver un destello de arrepentimiento.* SIN. **Atisbo, viso.**

Las auroras boreales son destellos de luz de colores intensos que pueden observarse cerca de los Polos. En el sur se llaman auroras australes.

destino *s. m.* 1. El destino es el lugar hacia el que alguien o algo se encamina. *El tren con destino a Córdoba está en el andén número dos.* SIN. **Punto de llegada.** 2. También, el uso que se le da a algo. *El destino de estos cuatro lotes de libros es el bibliobús provincial.* SIN. **Empleo, utilidad.** 3. El empleo de alguien y el lugar donde lo desempeña. *Mi próximo destino es un instituto de Badajoz.* SIN. **Ocupación, cargo.** 4. Fuerza que actúa de forma inevitable sobre la vida de las personas y el curso de los acontecimientos. ✡ SIN. **Azar, sino.**

destruir *v.* 1. Destruir algo material es romperlo o deshacerlo totalmente. ✡ SIN. **Destrozar, derruir.** 2. Destruimos algo inmaterial si lo dejamos sin valor. *Sin duda, mis argumentos han destruido tus ideas.* SIN. **Inutilizar, anular.**

Charlotte conocía el mito; era la historia de la princesa Andrómeda, hija de la reina Casiopea. La reina, muy bella pero vanidosa, proclamó que superaba en belleza a todas las diosas marinas, así que Poseidón envió un monstruo –el Ceto– para destruir su pueblo.

El canto de la sirena

Marena también había comenzado a acercarse al hombre pero detuvo sus pasos en seco cuando le oyó pronunciar sus últimas palabras. Desde luego, ella no recordaba haber visto a este hombre en su vida.

—Perdón, ¿cómo dice? —inquirió—. Creo que me confunde con otra persona, yo hace pocos meses que vivo aquí.

—Sí, claro, perdona. Pero yo he visto antes esos ojos —respondió el hombre con un tono un tanto misterioso.

Marena miró a Jonás confundida. ¿Acaso no le había dicho Jonás que el hombre al que él había conocido era un sabio de interesante conversación? A ella le parecía que este estaba un poco despistado, por decirlo con palabras suaves.

detalle *s. m.* **1.** Un detalle es la vista parcial de un cuadro, un libro, una fotografía, etc. *¿Te has fijado en el detalle de la mano que parece salir del cuadro?* SIN. Fragmento, elemento. **2.** Un detalle es también una parte de algo que lo mejora pero que no es indispensable. *Mi nuevo coche tiene muchos detalles: DVD,* bluetooth, *ambientador de serie...* SIN. Accesorio, complemento. **3.** También, un acto de cortesía, de delicadeza. *¡Una caja de bombones! ¡Qué detalle por tu parte!* SIN. Gesto, atención. **4.** Y un dato con el que se aclara o completa algo. *Aquí tienes el detalle de todos los socios que no han pagado su cuota.* SIN. Información, pormenor.

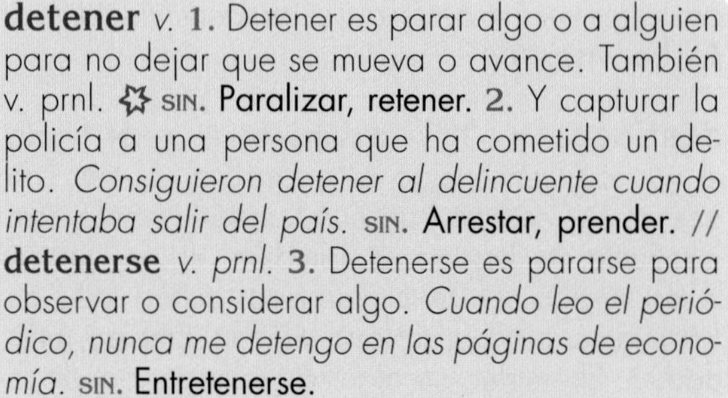

detener *v.* **1.** Detener es parar algo o a alguien para no dejar que se mueva o avance. También v. prnl. ✪ SIN. Paralizar, retener. **2.** Y capturar la policía a una persona que ha cometido un delito. *Consiguieron detener al delincuente cuando intentaba salir del país.* SIN. Arrestar, prender. // **detenerse** *v. prnl.* **3.** Detenerse es pararse para observar o considerar algo. *Cuando leo el periódico, nunca me detengo en las páginas de economía.* SIN. Entretenerse.

El tren se detuvo diez minutos en una estación sin pueblo para abastecerse de agua.

Cuentos.

devastador, devastadora *adj.* Es devastador lo que destruye o causa graves daños en un lugar. *El devastador huracán Katrina arrasó Nueva Orleans en 2005.* SIN. Destructor, asolador.

devorar *v.* **1.** Devoramos un alimento cuando lo comemos deprisa y con ansia. *Cuando llega a casa, mi hijo devora la merienda.* SIN. Engullir, tragar. **2.** El fuego, o algo similar, devora cuando consume o destruye algo. ✪ SIN. Arruinar, asolar.

Pensé que el calor me iba a devorar
como la bruja de Hansel y Gretel
y que no quedaría ni rastro de mí.

Lejos del polvo

3. Un animal devora a su presa cuando la come. *El guepardo devora a la gacela con sus afilados dientes.* SIN. Zampar. 4. Un sentimiento, un deseo devoran cuando produce inquietud. *La indecisión me está devorando.* SIN. Trastornar, inquietar.

La lona que recubría la parte posterior de la barraca se prendía sin dificultad y las llamas avanzaban sin que nadie lograra advertirlo [...].

El paraguas poético

diario, diaria *adj.* Es diario lo que se hace todos los días. *Tras dar mi paseo diario, desayuno y leo la prensa.* SIN. Cotidiano, habitual.

dificultad *s. f.* 1. La dificultad es la característica de las cosas difíciles o complicadas. ✵ SIN. Complicación, complejidad. 2. Una dificultad es un obstáculo para conseguir algo. *La mayor dificultad para obtener el trabajo de azafato es que no domino el inglés.* SIN. Incoveniente, impedimento.

digno, digna *adj.* 1. Una persona es digna de algo, bueno o malo, si lo merece. *Tu comportamiento es digno de reprobación.* SIN. Merecedor, acreedor. 2. Una persona digna es la que es respetada por los demás por su honradez e integridad. *La presidenta del Consejo es una mujer digna y honesta.* SIN. Íntegro, honesto. 3. Algo es digno si es suficiente, si está bien. *A pesar de la caída, el ciclista leonés ha obtenido un digno segundo puesto.* SIN. Satisfactorio, aceptable.

discutir *v.* 1. Varias personas discuten sobre un un asunto si lo examinan y tratan atentamente y cada una expone su punto de vista acerca de él. *Esta reunión ha sido convocada para discutir las fechas de los exámenes.* SIN. Debatir, analizar 2. También, si muestran posturas enfrentadas. *Ya sabes que no me gusta discutir, pero no tienes razón*

Normalmente yo discuto con Molly si me manda que haga algo, simplemente por principios. Pero sentía que pasaba algo grave.

Un verano para morir

Todos los profesores de lengua en el mundo disfrutan haciendo que los alumnos usen el diccionario.

Fríndel

La noche se había cerrado por completo.
–Jonás, tenemos que irnos. Si llego tarde mis padres se disgustan conmigo.
–Sí, vamos. Adiós, señor Torcuato –se despidió Jonás.
Los tres salieron de la casa y siguieron direcciones opuestas. De pronto, Marena se giró y, alzando la voz dijo:
–Volverá usted otro día, ¿verdad?
–Sí, pequeña, volveré. Y tú también.

en lo que dices. ✣ SIN. **Polemizar, contradecir.** 3. Y si se pelean. *Fran e Iván discutieron tan acaloradamente que casi llegan a las manos.* SIN. **Disputar, enfadarse.**

disfrazar *v.* 1. Disfrazar es ponerse un disfraz o algo que cambie la apariencia de alguien. ✣ SIN. **Caracterizar, enmascarar.** 2. También es encubrir algo. *No intentes disfrazar tus sentimientos hacia Yolanda.* SIN. **Disimular, fingir.**

disfrutar *v.* 1. Una persona disfruta si siente satisfacción, alegría mientras hace algo. ✣ SIN. **Gozar, divertirse.** 2. Un persona disfruta de algo bueno si lo posee. *El mes próximo disfrutaré de tres días de vacaciones.* SIN. **Beneficiarse, disponer.**

disgustar *v.* 1. Disgustar a una persona es causarle enfado o preocupación por algo. También v. prnl. *Sabes que me disgusta mucho que me mientas.* SIN. **Molestar, apenar.** // **disgustarse** *v. prnl.* 2. Disgustarse con alguien es enfadarse o perder la amistad con él. ✣ SIN. **Enfadarse, enojarse.**

disminuir *v.* Una cosa disminuye si se hace menor o si alguien la hace menor. *Disminuye la velocidad, que vamos a más de 100.* SIN. **Aminorar, reducir.**

disponer *v.* 1. Disponer es colocar algo o a alguien de modo conveniente. También v. prnl. *Dispón los enchufes donde creas que son necesarios.* SIN. **Situar, acomodar.** 2. También, preparar algo o a alguien para un fin, para una ocasión. *El anestesista dispuso al paciente para la intervención.* SIN.

El origen del teatro parece que está en las fiestas que los griegos celebraban en honor al dios Dionisos. En ellas, los actores se disfrazaban de machos cabríos, que, en griego, se dice tragoi. De ahí viene la palabra tragedia.

Prevenir. **3.** Determinar lo que hay que hacer. *La sentencia dispone que el hotel debe ser demolido.* SIN. **Ordenar, mandar.** **4.** Disponer de algo o de alguien es valerse de ellos o recurrir a ellos cuando es necesario. *Dispongo de unos ahorros para viajar cuando me jubile.* SIN. **Poseer, tener.** ✔

El participio de ***disponer*** *es dispuesto.*

distanciar *v.* **1.** Distanciar a una persona o una cosa es ponerla más lejos de lo que está. También v. prnl. *Distancia un poco el altavoz para que suene mejor.* SIN. **Alejar, separar.** **2.** Distanciar es también enfriar la relación o la amistad entre dos personas. También v. prnl. *Desde que nació Carlota, Concha se ha distanciado de sus amigos.* SIN. **Desligarse, apartarse.**

Meggie opinaba que ese primer susurro sonaba distinto en cada libro, dependiendo de si sabía lo que iba a relatar o no.

Corazón de tinta

distinto, distinta *adj.* Son distintas las cosas o personas que no son iguales ni semejantes. ✿ SIN. **Diferente, desigual.**

Los niños y niñas egipcios ya jugaban con muñecas y pelotas de cuero. Los adultos se divertían con un juego de mesa similar al ajedrez.

diurno, diurna *adj.* Diurno es lo relacionado con el día o lo que sucede por el día. *En la fábrica tienen turno diurno y nocturno.* SIN. **Vespertino.**

divertir *v.* Divertir a alguien es hacerle pasar momentos de alegría, entretenerlo. También v. prnl. ✿ SIN. **Distraer, amenizar.**

doblar *v.* **1.** Doblamos algo si ponemos una de sus partes pegada sobre otra. *Dobla los pantalones antes de colgarlos en la percha.* SIN. **Plegar.** **2.** También si lo torcemos o le damos forma de ángulo. *Primero, dobla una rodilla hacia arriba y despúes la otra.* También v. prnl. SIN. **Curvar, arquear.** **3.** Y si hacemos que sea el doble de lo que

es. También v. prnl. ✪ SIN. Redoblar, duplicar. **4.** Una persona dobla a otra en algo si tiene dos veces más. *Te doblo en edad y en responsabilidad.* SIN. Duplicar. **5.** Doblar es cambiar de dirección o pasar al otro lado. *Al doblar la esquina me encontré con Laia.* SIN. Girar. AM. Voltear. **6.** Y cambiar las voces de los actores por otras de otros actores o en otro idioma. *Me gustan más las películas en versión original que dobladas.* SIN. Traducir.

El pueblo entero ha cambiado porque se ha doblado su población con los trabajadores de temporada.

La casa de los diablos

doblegar *v.* **1.** Doblegar algo que está recto es torcerlo. *El herrero aplica calor al hierro para doblegarlo.* SIN. Doblar, curvar. **2.** Doblegar a alguien es obligarle a obedecer, a acatar la voluntad de otra persona. ✪ SIN. Someter, humillar.

Si era fuerte no podrían hacerme nada, se darían cuenta de que no me había doblegado a sus órdenes, de que no habían podido conmigo por más que hubiesen intentado anularme.

Marioneta

dominar *v.* **1.** Dominar a alguien o algo es tener poder o autoridad sobre ellos. *Pedro es el líder de la banda, el que domina a los demás.* SIN. Someter, manejar. **2.** Dominar un impulso, un sentimiento es controlarlo. *Cuando hago un examen, apenas puedo dominar mis nervios.* SIN. Contener, reprimir. **3.** Dominar un idioma, una materia, etc. es conocerlo bien. *Domino perfectamente el alemán.* SIN. Saber. **4.** Dominar es también sobresalir algo o alguien por tener más altura, más calidad, etc. ✪ SIN. Destacar, resaltar. **5.** Y divisar una extensión de terreno desde un lugar elevado. *Desde este cerro domino mi hacienda.* SIN. Ver, distinguir.

En pocos momentos, los dos muchachos estuvieron en el borde superior del acantilado, dominando una cueva de forma extraña.

Los cinco frente a la aventura

donar *v.* Una persona dona algo que le pertenece o de lo que dispone si lo cede a los demás de forma voluntaria y sin percibir dinero a cambio. ✪ SIN. Dar, regalar.

La principal exigencia para donar sangre es la voluntad de una persona para llevar a cabo un acto de generosidad y solidaridad.

dulce *adj.* **1.** Un sabor o un alimento con este sabor es dulce si se parece al azúcar o si no es amargo. *Me gustan las manzanas de caramelo porque son dulces.* SIN. **Almibarado, dulzón. 2.** Una cosa es dulce si es suave y agradable. *No olvidaré los dulces recuerdos de aquel verano.* SIN. **Grato, apacible. 3.** Una persona dulce es la que se muestra afectuosa y agradable. *Olga es muy dulce, por eso todos la adoran.* SIN. **Cordial, afable.** ✔

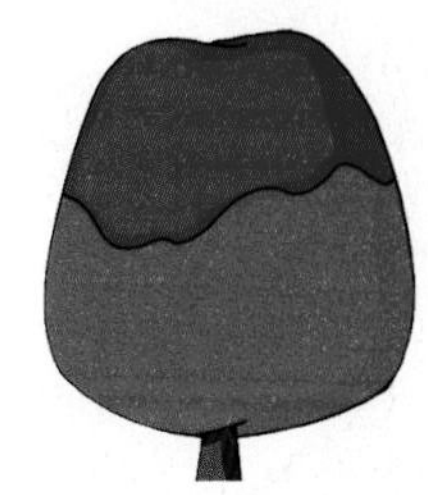

El adjetivo ***dulce*** tiene la misma forma para masculino y femenino.

duro, dura *v.* **1.** Una superficie es dura si resulta muy difícil de rayar o doblar. ✸ SIN. **Compacta, resistente. 2.** Una persona es dura si soporta bien las situaciones adversas. *Hay que ser muy duro para aguantar tanto infortunio.* SIN. **Fuerte, firme. 3.** También, si se muestra exigente y severa. *El profesor de Lengua es el más duro de todos.* SIN. **Estricto, insensible. 4.** Es duro lo que es difícil de soportar y causa sufrimiento. ✸ SIN. **Insufrible, insoportable. 5.** Y lo que exige mucho esfuerzo. *El trabajo en la mina es muy duro y peligroso.* SIN. **Trabajoso, agotador.**

El diamante es el mineral más duro. En la escala de dureza de Mohs se le asigna la máxima puntuación, diez. La mínima puntuación la tiene el talco.

Marena se sorprendió a sí misma. ¿Por qué tenía interés en volver a ver a ese hombre si la impresión que le había causado era un tanto confusa?
La misma pregunta estaba a punto de hacerle Jonás. Marena le hizo un gesto para silenciarle:
–No sé, Jonás. Creo que está solo, muy solo. Y la soledad es muy dura.

e e e

E E e

e e e

e e e

E E e

e e e

eclipsar *v.* **1.** Un astro eclipsa a otro cuando, durante unos instantes, lo oculta total o parcialmente. También v. prnl. ✡ SIN. **Oscurecer, tapar. 2.** Eclipsar a una persona o una cosa es dejar de fijarnos en ellas en favor de otras que destacan más. También v. prnl. *La interpretación de Hilda eclipsó al resto de actores de la película.* SIN. **Anular, hacer sombra.**

Cuando la Luna se mueve a través de la sombra que proyecta la Tierra, los rayos solares no llegan a ella y es eclipsada por la Tierra. Son los eclipses lunares y se producen cuando la Luna está llena.

Saltó del caballo, se cruzó de brazos, lanzó una mirada furiosa a la tripulación que lo rodeaba y, pasando por alto la norma de buena educación de saludar a los presentes, empezó a protestar [...].

El planeta de los árboles de Navidad

educación *s. f.* **1.** La educación es la formación que recibe una persona para que desarrolle sus facultades intelectuales, sociales y morales. SIN. **Instrucción, enseñanza. 2.** También, el comportamiento correcto (buena educación) según las normas sociales. También el incorrecto (mala educación). ✡ SIN. **Cortesía, civismo.**

eficaz *adj.* **1.** Una cosa eficaz es la que produce el efecto pretendido. *¡Cuántas moscas! Parece que el insecticida no ha sido eficaz.* SIN. **Efectivo, válido. 2.** Una persona eficaz es la que realiza bien su trabajo. *El nuevo secretario es muy eficaz.* SIN. **Eficiente, competente.** ✔

El adjetivo ***eficaz*** tiene la misma forma para masculino y femenino.

elevar *v.* **1.** Elevar es poner algo o a alguien en un lugar más alto. También v. prnl. *Eleva el cuadro un poco más para alinearlo con los otros.* SIN. **Subir, aupar. 2.** También, hacer que el tamaño, la intensidad, la importancia... de algo sea mayor. *Eleva el volumen de la tele porque no oigo nada.* SIN. **Aumentar, incrementar. 3.** Dar a un persona un trabajo o una posición de más categoría que el que tenía. *Jordi ha sido elevado al cargo de subdirector.* SIN. **Ascender. 4.** Y dirigir algo hacia arriba. *Eleve los brazos y respire profundamente.* SIN. **Alzar, levantar.**

En el eclipse solar, la Luna se alinea entre el Sol y la Tierra, y proyecta una sombra que eclipsa totalmente al Sol.

Su madre le dijo que los ruiseñores solían vivir en el bosque [...] pero raras veces se los podía ver, pues eran pájaros reservados y huidizos, que solían eludir la proximidad de los hombres.

Tres cuentos de hadas

Aunque Jonás y Marena siguieron con sus rutinas, los dos tenían la sensación de que algo había cambiado. Esa última visita a la casa había sido especial. ¿Qué la hacía especial? Marena no sabía bien la razón: quizá que era la primera vez que iban casi de noche, y ya se sabe que la noche otorga un extra de emoción a cualquier suceso; quizá la aparición, o más concretamente, el comportamiento extraño de aquel hombre, que la trataba como si fuese una vieja conocida con la que se reencontraba después de un tiempo...

eludir *v.* **1.** Eludir es evitar hacer frente a una responsabilidad o a una dificultad. *No puedes eludir tu responsabilidad como padre.* SIN. **Rehuir, librarse.** **2.** También, esquivar el encuentro con alguien. ✪ SIN. **Evitar, rechazar.**

emigrar *v.* **1.** Una persona emigra cuando abandona el lugar donde vive y se establece en otro, dentro de su país o en un país distinto. *Son muchas las personas obligadas a emigrar para buscar un futuro mejor.* SIN. **Exiliarse, desplazarse.** **2.** Un animal emigra cuando se va a otro lugar para buscar mejor tiempo o alimento o para reproducirse. ✪ SIN. **Migrar.**

emoción *s. f.* La emoción es una alteración del ánimo que experimentamos ante un suceso agradable, una sorpresa, un disgusto, etc. ✪ SIN. **Exaltación, conmoción.**

empezar *v.* **1.** Algo empieza cuando tiene un principio o cuando alguien se lo da. *El partido empezó una hora tarde a causa de la lluvia.* SIN. **Comenzar, iniciar.** **2.** Empezar una cosa es comenzar a utilizarla o a consumirla. *Como no llegabas, hemos empezado la tarta.* SIN. **Estrenar, probar.** ✔

emplear *v.* **1.** Emplear algo es utilizarlo para un fin concreto. *¿Para qué vas a emplear estos botes de pintura de colores?* SIN. **Destinar, invertir.** **2.** Emplear a alguien es darle un empleo. *En esta pizzería emplean a varios repartidores.* SIN. **Colocar.** AM. **Enganchar.**

empuje *s. m.* **1.** Empuje es la fuerza que se ejerce contra alguien o contra algo para intentar mover-

Muchos animales emigran para evitar el frío y el escaso alimento. Algunos hacen desplazamientos cortos pero otros recorren grandes distancias, atravesando continentes y océanos. Para encontrar sus rutas se valen de la vista, los campos magnéticos terrestres, el olfato, etc.

La perífrasis verbal ***empezar + a + infinitivo*** significa dar comienzo a lo expresado por el infinitivo: *empezar a leer, empezar a pintar...*

los. *Gracias al empuje del viento, la cometa alcanzó mucha altura.* SIN. **Presión.** 2. Y también, el ánimo, las ganas que se ponen para hacer algo. *Su éxito profesional se debe al empuje y energía que atesora.* SIN. **Coraje, vitalidad.**

encajar *v.* 1. Encajar una cosa es meterla o ponerla en otra de modo que quede bien ajustada y no sobre ni falte espacio. ✲ SIN. **Insertar, ensamblar.** 2. Encajar una situación o un suceso doloroso es aceptarlo. *El aspirante al título mundial encajó los golpes de su adversario con gran entereza.* SIN. **Asimilar, reaccionar.** 3. Dos personas o dos cosas encajan si hay conformidad entre ellas, si se pueden combinar. *Mara y Lisa formarán equipo porque encajan bien.* SIN. **Casar, coincidir.** 4. Una persona encaja en un grupo, en un lugar... si se adapta a ellos. *Nora ha encajado perfectamente en nuestra clase.* SIN. **Integrarse, acomodarse.**

encender *v.* 1. Encender una cosa es hacer que arda. ✲ SIN. **Prender, quemar.** 2. Y poner en funcionamiento un aparato eléctrico o un mecanismo. *Enciende la radio, que quiero escuchar el partido.* SIN. **Conectar, poner.** AM. **Prender.** 3. También, provocar a alguien o hacer más intensos sus sentimientos o sus reacciones. También v. prnl. *Marco se encendió cuando el entrenador decidió sustituirle.* SIN. **Enardecer, exaltar.** // **encenderse** *v. prnl.* 4. Encenderse es ponerse colorado. *Cuando Vicente habla con Irma se enciende y titubea.* SIN. **Sonrojarse, ruborizarse.**

encoger *v.* 1. Nuestro cuerpo, o una parte de él, se encoge cuando se contrae. ✲ SIN. **Retraer.**

Marena y su amigo decidieron añadir en su agenda una visita semanal a la casa. No era fácil encajar las obligaciones escolares con esta furtiva escapada, porque ambos tenían bastantes tareas, pero se propusieron intentarlo y, por supuesto, conseguirlo.
Así, todos los jueves, Marena esperaba a Jonás a la salida de la academia de inglés y se iban hacia la casa. Cuando llegaban, ya era de noche, pero no importaba porque completaron la decoración de la casa con una potente linterna que el padre de Jonás guardaba en el garaje. Además, también habían comprado un montón de velas que encendían en cuanto entraban en la casa.

El Tetris es unos de los videojuegos que más seguidores ha tenido. Consiste en encajar figuras geométricas formadas por cuatro bloques cuadrados que caen desde la parte superior de la pantalla.

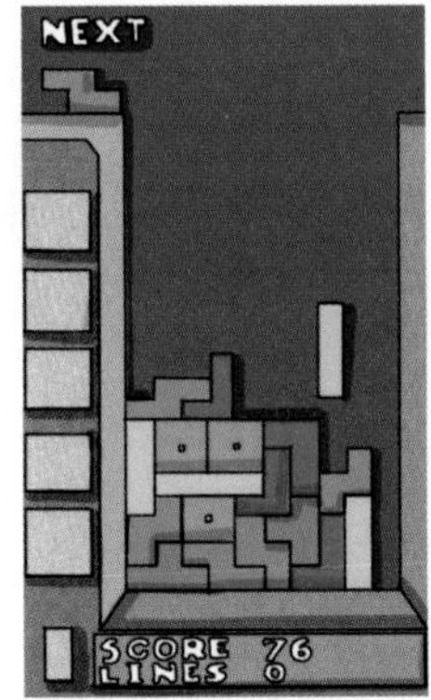

Descubrí la casa del abuelo, frente a frente con la de las Josefinas. Mi estómago pareció encogerse. El sonido del freno de mano rasgó el mediodía y mi corazón.

Los caminos de Piedelagua

2. Un objeto encoge si disminuye de tamaño. También v. prnl. *Las prendas de lana encogen si las lavas a temperatura alta.* SIN. Mermar. // **encogerse** *v. prnl.* **3.** Una persona se encoge si muestra poca energía y decisión. ✫ SIN. Cohibirse, apocarse.

Cuando de verdad logro alguna vez con gran esfuerzo que suba a escena la auténtica Ana durante quince minutos, se encoge como una mimosa sensitiva en cuanto le toca decir algo [...].

Diario de Ana Frank

Lo primero que hicieron el rey Pantufo y la reina Chancla fue remover en todas las soperas y en todos los pucheros que fueron capaces de encontrar.

Los mejores cuentos de Michael Ende

encontrar *v.* **1.** Encontrar una cosa o a una persona que estamos buscando es dar con ellos. ✫ SIN. Hallar, localizar. **2.** Encontrar es también ver a alguien por casualidad. *Me ha hecho mucha ilusión encontrarte después de tantos años.* SIN. Topar, tropezarse. **3.** Y ver o considerar algo o a alguien de una determinada forma. *Encontré a Juanma muy ilusionado con su nuevo proyecto.* SIN. Sentir, notar. // **encontrarse** *v. prnl.* **4.** Dos personas se encuentran si coinciden en un lugar, bien porque se han citado, bien por casualidad. *Nos encontraremos a las siete en la puerta de tu casa.* SIN. Reunirse, topar. **5.** Encontrarse es también estar de una determinada forma o en cierto lugar. *En estos momentos me encuentro en Madrid para asistir a la Feria de Turismo.* SIN. Sentirse, verse.

enfermo, enferma *adj.* Una persona está enferma si padece una enfermedad, es decir, una alteración de su salud. ✫ SIN. Malo, indispuesto.

Batalla el enfermo con la enfermedad, él por no morirse y ella por matar.

Fábulas literarias

enfocar *v.* **1.** Enfocar es dirigir un foco de luz, una cámara de cine, etc. sobre algo o alguien. *El presentador siempre pide que enfoquen su lado derecho.* SIN. Iluminar, alumbrar. **2.** También, hacer que lo que vamos a fotografiar o a grabar aparezca en el visor de la cámara con precisión y nitidez. *Si la pones en modo automático, la cámara enfoca sola.* SIN. Ajustar, encuadrar. **3.** Y dirigir la atención, el interés hacia algo. *¿Cómo podemos enfocar este asunto para solucionarlo cuanto antes?* SIN. **Afrontar, abordar.**

Lo peor era que cualquiera de las dos podía tomar la apariencia de una pálida y esmirriada niña de unos ocho o nueve años, capaz de engañar con crueldad a sus víctimas.

El mensaje de los pájaros

engañar *v.* **1.** Engañar a una persona es hacerle creer algo que no es verdad o que no es como parece. ✪ SIN. **Mentir, confundir. 2.** Una persona engaña a su pareja si le es infiel. *Se separó de su marido porque la engañaba.* SIN. **Traicionar. 3.** Engañar el hambre, la sed... es aliviarlos momentáneamente. *Tomo un tentempié a las 11 para engañar el hambre.* SIN. **Burlar, matar.** // **engañarse** *v. prnl.* **4.** Engañarse es no querer ver o aceptar la verdad. *No te engañes, tu nivel de inglés es penoso.* SIN. **Resistirse.**

enlazar *v.* **1.** Enlazar dos cosas es unirlas o relacionarlas. También v. prnl. ✪ SIN. **Asociar, conectar. 2.** Un medio de transporte enlaza con otro si sus horarios o trayectos están combinados. *Las diferentes líneas de metro están enlazadas entre sí.* SIN. **Empalmar, conectar.**

Dentro de la casa Jonás y Marena se sentían libres. No pasaban allí mucho tiempo, 15 ó 20 minutos que dedicaban a escuchar los sonidos cambiantes de un mar a veces benévolo y otras veces huidizo, los gritos estridentes de las gaviotas, la nana que la brisa cantaba a la noche y, de vez en cuando, las lecturas breves de Torcuato que, arropado por el cariño de los dos muchachos, se animaba a frecuentar la casa. Solía llevar uno o dos libros y enlazaba unos párrafos con otros conformando historias fragmentadas pero llenas de matices comunes.

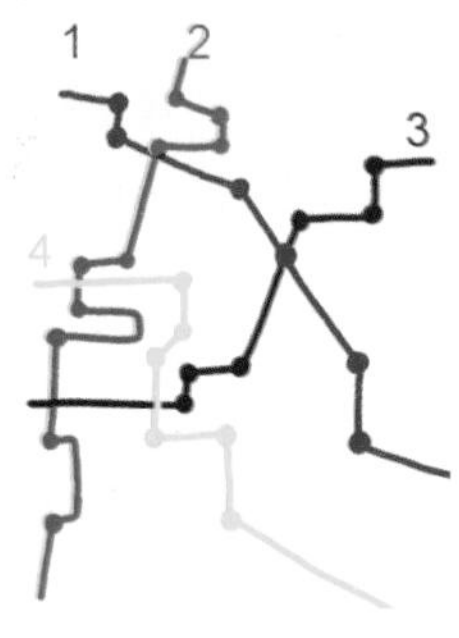

enorme *adj.* Una persona o una cosa es enorme si es más grande de lo normal. *La montaña ha sido dinamitada para construir un enorme túnel.* SIN. **Inmenso, gigantesco.** ✔

El adjetivo ***enorme*** tiene la misma forma para masculino y femenino.

enredar *v.* **1.** Enredar es hacer una maraña, un embrollo con hilos, pelos o algo parecido. También v. prnl. *Jugando con el ovillo, el gato ha enredado la lana.* SIN. **Liar, embarullar. 2.** Enredar es también meter a una persona en algo malo o peligroso. *¿Cómo has dejado que te enreden en un lío tan grande?* SIN. **Involucrar, implicar. 3.** Hacer más difícil un asunto. *Para enredar más el argumento, ahora aparece un ex novio de la protagonista.* SIN. **Complicar, entorpecer.** 4. Y meter cizaña para que dos personas discutan o se peleen. *No enredes más con tus mentiras.* SIN. **Cizañar, picar.** // **enredarse** *v. prnl.* **5.** Enredarse una persona es hacerse un lío. *En el examen oral de Francés, me enredé y no supe contestar.* SIN. **Aturdirse, confundirse.**

En el ensayo, el autor defiende su punto de vista sobre un tema cualquiera: filosofía, arte, política, deporte... Los ensayos suelen ser breves y de estilo cuidado. Aunque en España tuvo sus primeros intentos en los siglos XVI y XVII, no se considera como tal hasta el siglo XIX.

ensayo *s. m.* **1.** Un ensayo es cada una de las repeticiones que se hacen de un espectáculo antes de representarlo ante el público. *El ensayo general es el último ensayo antes del estreno.* SIN. **Representación.** 2. Y una prueba que se hace para comprobar la calidad, la resistencia, el funcionamiento de algo. *Tras numerosos ensayos, parece que la nueva vacuna ya está lista.* SIN. **Test, análisis.** 3. Un ensayo es también una obra literaria en prosa en la que el autor expone sus ideas y pensamientos. ✪ SIN. **Tratado, estudio.**

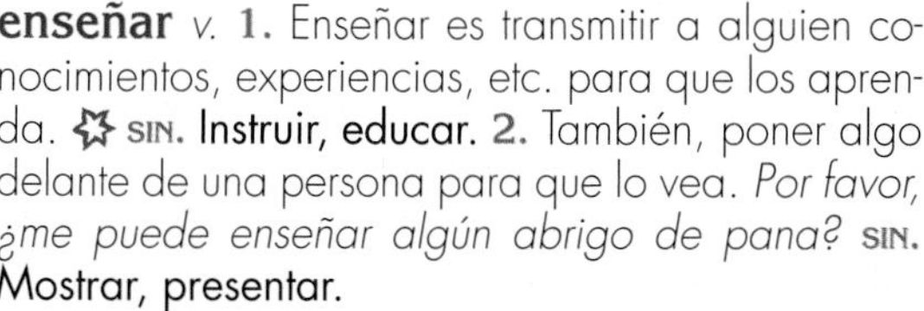

enseñar *v.* **1.** Enseñar es transmitir a alguien conocimientos, experiencias, etc. para que los aprenda. ✪ SIN. **Instruir, educar.** 2. También, poner algo delante de una persona para que lo vea. *Por favor, ¿me puede enseñar algún abrigo de pana?* SIN. **Mostrar, presentar.**

Una vez hecho todo esto, le enseñé a mi siervo Viernes los pormenores de la navegación.

Robinson Crusoe

entender *v.* **1.** Entendemos algo cuando conocemos su significado. *Nunca entiendo lo que escriben los médicos.* SIN. **Comprender, descifrar.** 2. También, cuando conocemos las causas o justificaciones de algo. *Entiendo que estés asustado después de ver esa película.* SIN. **Comprender, justificar.** 3. Y cuando opinamos, juzgamos... *En-*

tiendo que no te has comportado como debías. SIN. **Creer, pensar.** 4. Entender de algo es tener conocimientos sobre ello. *¿No sabes que yo entiendo mucho de astronomía?* SIN. **Dominar, saber.** // **entenderse** *v. prnl.* 5. Dos o más personas se entienden si hay buena relación entre ellas. ✪ SIN. **Congeniar, simpatizar.**

La verdad es que Torcuato se entendía bien con Marena y Jonás. Parecía tener una habilidad especial para tratar con ellos, como si estuviera acostumbrado.
–¿Tendrá hijos? –se habían preguntado alguna vez–. ¿Estará casado? ¿Dónde vivirá?
Todo alrededor de Torcuato era una incógnita. No hablaba nunca de él. Solo alguna vez había dejado caer alguna pincelada, pero eran comentarios sueltos, inconexos, insuficientes para rastrear la línea de una vida.
El día en que Marena le conoció había hablado de sus amigos del pasado; y otro día había mencionado los frecuentes viajes que antaño hacía a Madrid.

No me enteré de nada de lo que se dijo en clase, solo estaba pendiente de no moverme, de no hacer nada que pudiese provocar su ira, que pudiese desencadenar algún incidente.

Marioneta

enterarse *v. prnl.* Enterarse es saber o darse cuenta de algo. ✪ SIN. **Comprender, percatarse, averiguar.**

entero, entera *adj.* 1. Una cosa está entera si no le falta nada, si tiene todas sus partes o no ha sufrido desperfectos. *¿Compro el pollo entero o solo la pechuga?* SIN. **Completo, intacto.** 2. Una persona entera es la que controla sus emociones en situaciones difíciles, la que tiene fortaleza de ánimo. *Pedro se mantuvo entero durante todo el funeral.* SIN. **Sereno, firme.**

enterrar *v.* 1. Enterrar algo es ponerlo bajo la tierra o cubrirlo con ella. *Había una vez un tesoro enterrado en una isla…* SIN. **Soterrar.** 2. Enterrar a alguien que ha fallecido es darle sepultura. *En la cultura maya las personas de clase social inferior eran enterradas bajo el suelo de la casa.* SIN. **Sepultar, inhumar.** 3. Enterrar a alguien o algo es cubrirlo o taparlo. *Los bomberos rescataron a dos personas enterradas bajo los escombros.* SIN. **Ocultar.**

Los grupos de hinchas del equipo escarlata saltaban ya las barreras y entraban en el terreno de juego.

Harry Potter y el prisionero de Azkaban

entrar *v.* 1. Entrar es ir dentro de un lugar. ✪ SIN. **Adentrarse, internarse.** 2. También, meterse una cosa dentro de otra. *El líquido entra despacio en la jeringuilla.* SIN. **Introducirse, penetrar.** 3. Tener el tamaño o la cantidad adecuada para meterse en un lugar. *Estos guantes son demasiado pequeños y no me entran.* SIN. **Caber, contenerse. 4.** Pasar a pertenecer a una asociación, un grupo, etc. *Para entrar en el equipo tienes que superar las pruebas físicas.* SIN. **Inscribirse, apuntarse. 5.** Con algunos sustantivos, empezar a sentir lo que estos expresan. *Cuando habláis de fantasmas me entran escalofríos.* SIN. **Dar. 6.** Participar en algo. *Yo no quiero entrar en vuestras disputas.* SIN. **Intervenir, formar parte. 7.** Y empezar un periodo de tiempo, una etapa. *Estoy deseando que entre la primavera.* SIN. **Llegar, iniciarse.**

No hace muchos años, la gente del campo aún se entretenía por las noches contándose historias al amor de la lumbre.

El bosque de los sueños

entretener *v.* **1.** Entretener a alguien es no dejarle hacer algo o retrasarle. También v. prnl. *No me entretengas, tengo que acabar los deberes.* SIN. **Interrumpir, demorar. 2.** Y también pasar, o hacer pasar, el tiempo de un modo divertido y placentero. También v. prnl. ✧ SIN. **Divertir, distraer.**

Para cuando tocó la campanilla de la escuela, Cúter había hecho que me entusiasmara tanto que ¡quien parecía sentado sobre un fogón caliente era yo!

Elías de Buxton

entusiasmar *v.* **1.** Entusiasmar es provocar en alguien entusiasmo, es decir, emoción, ánimo, empeño. También v. prnl. ✧ SIN. **Enfervorizar, emocionar. 2.** Y gustarle mucho algo a alguien. *Me entusiasman mis clases de bailes de salón.* SIN. **Apasionar, encantar.**

envidia *s. f.* La envidia es un sentimiento de tristeza y disgusto que produce no tener lo que otros tienen. *Un acertado refrán dice que la envidia es mala consejera.* SIN. **Celos, rabia.**

En 1904, el géiser Waimangu, en Nueva Zelanda, entró en erupción y alcanzó una altura de casi 460 metros.

erupción *v.* **1.** Una erupción es una salida, normalmente violenta, de materiales procedentes del interior de la Tierra. ✧ SIN. **Emisión, expulsión. 2.** Una erupción es también la aparición de granos y manchas en la piel, y también esos granos y manchas. ✪ SIN. Sarpullido, eccema.

Él se daba cuenta de la curiosidad que generaba en los niños. Por eso, cuando Marena o Jonás, con cierta picardía, le hacían alguna pregunta sobre su vida, su casa, su familia... él esbozaba una débil sonrisa, guardaba silencio y escapaba como podía de la trampa tendida por los chavales. Torcuato tenía muy claro que su pasado no era digno de admiración.

esbozar *s. f.* **1.** Esbozar es hacer un esbozo, es decir, trazar los elementos o líneas generales, sin entrar en detalles. *En la pizarra he esbozado los puntos principales de esta unidad didáctica.* SIN. Bosquejar, perfilar. **2.** También empezar a hacer un gesto o hacerlo de forma poco pronunciada. ✪ SIN. Insinuar, sugerir.

Siempre que sus amigos le proponían ir, se inventaba una excusa: un partido de fútbol, una cena familiar, una erupción cutánea deformante.

El canto de la sirena

escapar *v.* **1.** Escapar es huir de un lugar, o de alguien o algo que supone un peligro o una amenaza. También v. prnl. ✪ SIN. Fugarse, evadirse. **2.** Y librarse de algo. *Como estaba enfermo me escapé del examen sorpresa.* SIN. Salvarse, eludir. // **escaparse** *v. prnl.* **3.** Un líquido, un gas... se escapa si sale por algún resquicio. *El grifo no cierra bien y se escapa el agua.* SIN. Rezumar, filtrarse. **4.** Se escapa algo cuando se hace o dice de forma involuntaria, sin poder controlarlo. *No pude evitar que se me escapara la risa en mitad de la ceremonia.* SIN. Salir, soltarse. **5.** Un transporte público se escapa si se va antes de que podamos subir a él. *¡Qué rabia, se me ha escapado el taxi!* SIN. Partir, marchar.

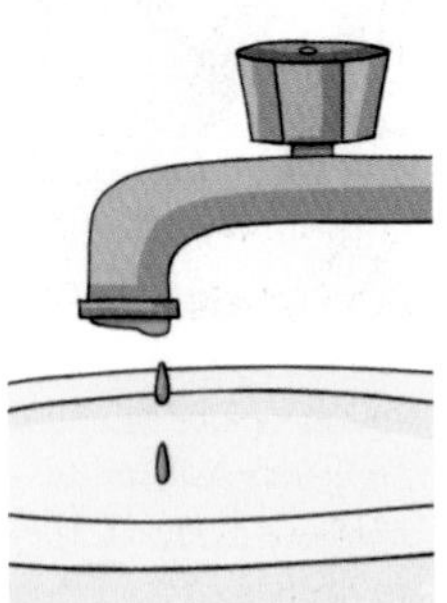

escaso, escasa *adj.* **1.** Algo es escaso si es poco abundante. *En este pueblo las nieves son escasas.* SIN. Insuficiente. **2.** También, si es poco o pequeño. *1- 0 es un resultado escaso para afrontar el partido de vuelta.* ✪ SIN. Corto, exiguo. **3.** Y si no está entero o completo. *El piloto sufrió una caída a escasos 100 m de la línea de meta.* SIN. Incompleto.

En una oquedad de escasa profundidad abierta en la roca caliza podremos contemplar una gallina, un bisonte y un bote de Coca-Cola.

Hasta (casi) 100 bichos

Entre los siglos XVI y XIX, más de veinte millones de africanos fueron sacados de sus poblados y vendidos como esclavos para trabajar en América.

esclavo, esclava *adj*. Un esclavo es una persona que no tiene libertad o que está sometida a alguien o a algo. También s. m. y f. ✪ SIN. **Cautivo, siervo, oprimido.**

Érase una vez un duende llamado Pom-Pom que encontró once huevos escondidos en un rincón de su granero.

Cuentos para irse a la cama

esconder *v.* **1.** Esconder a alguien o algo es ponerlo donde nadie pueda verlo o encontrarlo. También v. prnl. ✪ SIN. **Encubrir, ocultar. 2.** Intentar no manifestar o no mostrar algo. También v. prnl. *No pudo esconder la emoción que le produjo conocer a su actor favorito.* SIN. **Disimular, enmascarar. 3.** Y contener algo que no se sabía. También v. prnl. ✪ SIN. **Guardar, encerrar.**

Como hemos dicho, Torcuato siempre acudía a la casa con algún libro en su cartera, una cartera de piel marrón bastante ajada que, según él, un día escondió un gran tesoro. Otro retazo de su pasado envuelto en misterio.

Las palabras se usan para pensar, para escribir, para soñar, para esperar y para orar.

Fríndel

escribir *v.* **1.** Escribir es representar las palabras o las ideas en un papel o en otra superficie mediante letras y otros signos. ✪ SIN. **Trazar, transcribir. 2.** Escribir también es hacer libros, discursos, partituras musicales... *Algún día escribiré un libro de aventuras.* SIN. **Componer, crear. 3.** Y utilizar la escritura para comunicarse con alguien. *Cuando chateamos, escribimos y recibimos mensajes en tiempo real.* SIN. **Cartearse, chatear.**

escuchar *v.* **1.** Escuchamos cuando prestamos atención a los sonidos o a lo que alguien dice. ✪ SIN. **Atender, percibir. 2.** Y cuando hacemos caso o nos dejamos influir por lo que alguien nos dice. *Si escucharas los consejos que te damos, no harías tantas tonterías.* SIN. **Acatar, obedecer.**

Lo que la pequeña Momo sabía hacer como nadie era escuchar.

Momo

escultural *adj*. Es escultural la persona o cosa que por su belleza y perfección se puede comparar con las esculturas clásicas. *Aarón puede presumir de un cuerpo escultural.* SIN. **Bello, hermoso.** ✔

El adjetivo **escultural** tiene la misma forma para masculino y femenino.

Una mano exenta, separada de su cuerpo, se escurrió entonces por el borde del cofre y cayó sordamente encima de la mesa.

La princesa manca

escurrir *v.* **1.** Escurrir es dejar caer o hacer que caiga el líquido que queda en un recipiente. *Le gusta tanto la limonada que escurre hasta la última gota.* SIN. Apurar, exprimir. **2.** Y despedir una cosa empapada el líquido que contiene o hacer que lo despida. *Escurre bien la ropa antes de tenderla.* SIN. Secar, enjugar. **3.** Escurrir es también deslizarse una cosa por encima de otra. También v. prnl. ✪ SIN. Resbalar.

Yo miro a Joe y sé que nuestro futuro se está secando y se esfuma en el aire con el polvo.

Lejos del polvo

esfumarse *v. prnl.* **1.** Una cosa se esfuma cuando desaparece. ✪ SIN. Disiparse, desvanecerse. **2.** Una persona se esfuma cuando se va de un lugar rápidamente y con disimulo. *Cuando vi lo aburrida que era la charla, me esfumé de la sala.* SIN. Marcharse, escabullirse.

esperar *v.* **1.** Esperar es tener confianza o desear que suceda algo. *Espero que me den el papel de Julieta.* SIN. Confiar, anhelar. **2.** También, quedarse quieto en un sitio hasta que llegue alguien o pase algo. *Llevo más de veinte minutos esperándote.* SIN. Aguardar.

espeso, espesa *adj.* **1.** Un líquido es espeso si es denso. *¡Qué espeso te ha quedado el gazpacho!* SIN. Concentrado, pastoso. **2.** Es espeso lo que tiene sus partes juntas y apretadas. *El espeso pinar oculta el horizonte.* SIN. Tupido, cerrado. **3.** Y lo que es grueso y consistente. *Las espesas paredes de piedra aíslan la casa del frío y del calor.* SIN. Macizo, compacto.

Un rayo esquivo de la lámpara fijó su extremo en la lente del profesor, que sintió la molestia del deslumbramiento [...].

El paraguas poético

esquivo, esquiva *adj.* Una persona, y las cosas que hace, es esquiva si rehúye el trato con los demás. ✪ SIN. Arisco, huraño.

Como cada jueves, Jonás y Marena se dirigen tranquilamente hacia la casa. El invierno va pasando y el día lucha por estirar su presencia un poco más arañando unos minutos a la noche. Cada una de las tardes en que Torcuato acude a la casa, que no eran todas, ya que solía ir una vez al mes, dos como mucho, Marena desea que alguno de sus libros sea el que recoge las palabras que ella guarda en su caja, las mismas que Jonás había escrito en su libreta.

estirar *v.* **1.** Estiramos algo cuando lo hacemos más largo tirando de sus extremos. *Si sigues estirando la goma no cerrará bien la carpeta.* SIN. **Alargar, dilatar. 2.** Cuando lo ponemos más tenso. *El funambulista pidió que estiraran bien el cable por el que debía caminar.* SIN. **Tensar, atirantar. 3.** Cuando le quitamos las arrugas. También v. prnl. *Antes de tender la ropa la estiro para quitarle las arrugas.* SIN. **Alisar. 4.** Y cuando hacemos que dure más, especialmente si es el dinero o el tiempo. ✫ SIN. **Prolongar, administrar. 5.** Estiramos el cuerpo, o una de sus partes, cuando lo ponemos recto. *Estira la espalda, que pareces un jorobado.* SIN. **Extender.** // **estirarse** *v. prnl.* **6.** Estirarse es alargar los músculos del cuerpo para desentumecerlos. *Cuando me levanto, me estiro todo lo que puedo para despejarme.* SIN. **Desperezarse.**

estrecho, estrecha *adj.* **1.** Es estrecho lo que es menos ancho o menos amplio de lo normal o de lo que debiera. *El nuevo túnel es peligroso porque es muy estrecho.* SIN. **Angosto, reducido. 2.** Y lo que queda ajustado o aprieta. *Me gustan los pantalones de pitillo porque son estrechos.* SIN. **Justo, ceñido. 3.** Una relación estrecha es aquella en la que se establecen vínculos muy fuertes. *Mónica y Candela tienen una estrecha amistad.* SIN. **Íntimo, cercano.**

estrépito *s. m.* Un estrépito es un ruido muy fuerte que sobresalta. ✫ SIN. **Estruendo, alboroto.**

estresar *v.* Estresar es causar estrés, que es una tensión nerviosa producida por una situación angustiosa. También v. prnl. *Estoy estresada por el exceso de trabajo.* SIN. **Angustiar, agobiar.**

Estaba Marco buscando las palabras más enérgicas cuando de repente estalló un estrépito horrible, como si cien mil perros furiosos hubiesen empezado a ladrar [...].

El planeta de los árboles de Navidad

Saltó sobre la mesa ladrando sin sentido y estuvo a punto de estropear el plano del cementerio con las patas sucias.

Cuentos

estropear *v.* **1.** Estropeamos algo si lo deterioramos y lo dejamos inservible. También v. prnl. ✪ SIN. **Romper, dañar. 2.** Y si evitamos que un proyecto o un plan salga adelante. *La huelga de trenes estropea por completo mis planes.* SIN. **Frustrar, malograr.**

El científico británico Charles Darwin defendía que el ser humano es un animal que ha seguido una evolución a partir de otras especies hasta alcanzar su apariencia actual. Es la famosa teoría de la evolución.

evolución *s. f.* **1.** La evolución es un cambio que experimenta algo o alguien y que implica un desarrollo. ✪ SIN. **Progreso, transformación. 2.** Las evoluciones de alguien o de algo son los movimientos en forma de curva que describen al desplazarse. *Me asombraron las armoniosas evoluciones de la pareja de patinadores.* SIN. **Giros, vueltas.** ✔

En su acepción 2, el sustantivo ***evolución*** se usa preferentemente en plural: *evoluciones.*

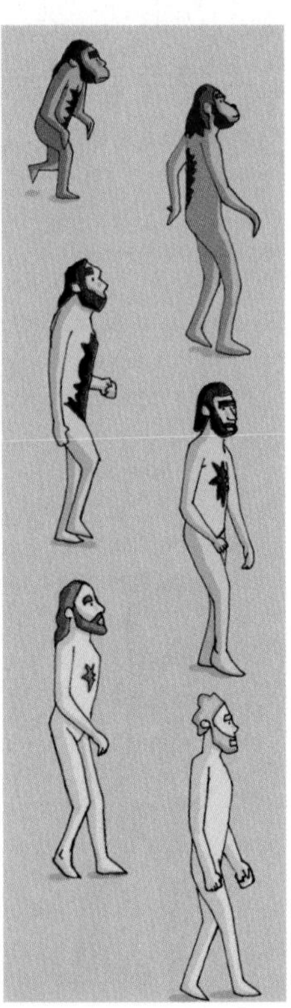

examinar *v.* **1.** Examinamos a una persona o una cosa si la miramos con atención para ver cómo es o en qué condiciones está. *Me gusta examinar la perfecta organización del trabajo de las hormigas.* SIN. **Investigar, inspeccionar. 2.** Examinar a una persona es someterla a un examen o prueba para conocer su preparación. *Creo que el tribunal que me examina es muy exigente.* SIN. **Valorar, evaluar.** // **examinarse** *v. prnl.* **3.** Examinarse es hacer un examen. *Hoy me examino de la última asignatura para acabar la carrera.* SIN. **Concursar, opositar.**

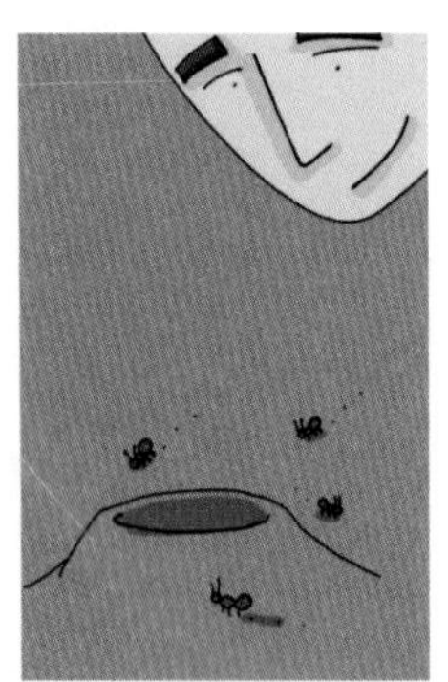

excluir *v.* **1.** Excluir algo o a alguien es dejarlo fuera de un lugar o de un grupo. *Pretendían excluir a Sonia del equipo por ser una chica.* SIN. **Exceptuar, descartar. 2.** También, rechazar algo. *Los científicos no han querido excluir los ensayos clínicos con animales.* SIN. **Negar, desechar.**

exhibir *v.* **1.** Exhibimos algo cuando lo mostramos ante un público. *En la sala* Cinemyou *exhiben carteles de películas antiguas.* SIN. Exponer, presentar. // **exhibirse** *v. prnl.* **2.** Una persona se exhibe cuando hace lo posible para que los demás la miren. *¡Qué presumido es Alberto, siempre está exhibiéndose con su moto!* SIN. Llamar la atención.

Pero como los días van pasando y eso no ocurre, Marena decide forzar la situación. Por eso, exponiéndose a una reacción incómoda por parte de Torcuato, algo que ella esperaba que no sucediera porque su comportamiento siempre era exquisito, guardó en su carpeta el sobre morado que aún conservaba en su caja y confió en que este jueves Torcuato acudiera a la casa.

exponer *v.* **1.** Exponer es mostrar algo para que lo vean los demás. *Expondré mi nueva colección de grabados en la sala Ónix.* SIN. Exhibir, enseñar. **2.** También es hablar sobre algo. *Cada alumno debe exponer sus ideas para mejorar el rendimiento escolar.* SIN. Explicar, plantear, formular. **3.** Poner algo o a alguien para que reciba la acción o el efecto de un agente. *Los trabajadores de la central estuvieron expuestos a la radiación.* SIN. Someter. **4.** Y poner a alguien en peligro. También v. prnl. ✡ SIN. Arriesgarse.

No puedo hallar las palabras precisas para expresar la extraña melancolía y los ardientes deseos que este naufragio suscitó en mi espíritu.

Robinson Crusoe

expresar *v.* Expresamos algo cuando lo manifestamos por medio de palabras, gestos, etc. También v. prnl. ✡ SIN. Declarar, mostrar, reflejar.

exquisito, exquisita *adj.* **1.** Es exquisito el trato de una persona refinada y educada. ✡ SIN. Distinguido, elegante. **2.** Y algo, especialmente un sabor, delicado y agradable. *Te aconsejo los pasteles de canela, son exquisitos.* SIN. Selecto, delicioso.

extender *v.* **1.** Extender es hacer que algo ocupe más espacio. También v. prnl. *Parece que las lluvias se extenderán por todo el país.* SIN. Expandir. **2.** También, que algo deje de estar amontonado. *Extiende bien el barniz para que quede uniforme.*

SIN. **Esparcir.** **3.** Que algo deje de estar doblado. *Extendió un viejo mapa y señaló una pequeña isla.* SIN. **Desdoblar, desplegar.** **4.** Y que algo llegue a más lugares o más personas. También v. prnl. *La correcta atención sanitaria deberá extenderse por todo el mundo.* SIN. **Divulgar, difundir.** **5.** Extender es escribir un cheque o un recibo. *¿Te importa que te extienda un cheque?* SIN. **Firmar, redactar.** // **extenderse** *v. prnl.* **6.** Extenderse es ocupar algo cierta extensión o durar cierto tiempo. *¿Es cierto que la finca se extiende hasta el final del valle?* SIN. **Prolongarse, dilatarse.** **7.** Y hablar o escribir muy detalladamente sobre algo. *Procura no extenderte mucho para que la exposición no resulte pesada.* SIN. **Enrollarse.**

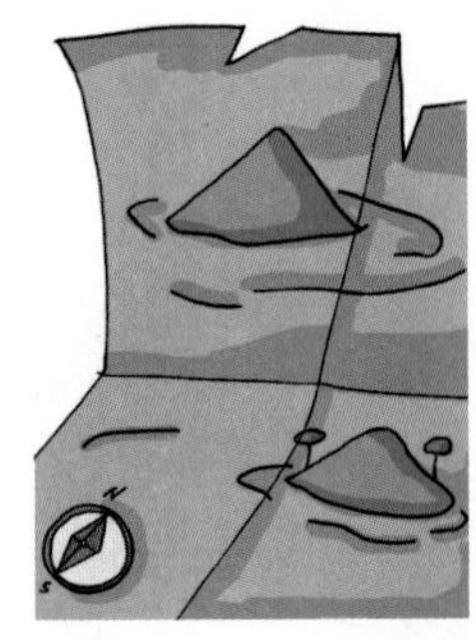

Y efectivamente, Torcuato acudió. Y, aunque a Marena le pareció una reacción extraña, tuvo que reconocer que se había equivocado. ¿Por qué? No lo sabía. ¿Por qué Torcuato se había puesto tan nervioso, tan exaltado cuando ella, casi inocentemente, le había leído el breve poema guardado en su sobre morado?

extraño, extraña *adj.* **1.** Es extraño lo que es raro o poco frecuente. ✲ SIN. **Distinto, singular.** **2.** Una persona extraña es una persona a la que no se conoce o con la que no se tiene relación. También s. m. y f. ✲ SIN. **Desconocido, raro.** **3.** Y una persona que pertenece a un grupo o a una familia distintos. *En la cena con tus compañeros de trabajo me sentí extraño.* SIN. **Forastero, intruso.**

En la comunidad sabían que el extraño señor Kafka no trabajaba, estaba enfermo y acudía a clínicas con una periodicidad cada vez mayor.

Kafka y la muñeca viajera

extraviar *v.* **1.** Extraviar algo es perderlo o no saber dónde se ha dejado. También v. prnl. *He extraviado mi mochila.* SIN. **Traspapelar, descuidar.** // **extraviarse** *v. prnl.* **2.** Una persona se extravía si va por un camino equivocado o si pierde la orientación. *No conozco la ciudad y me he extraviado.* SIN. **Perderse, desorientarse.**

f f f

F F F

f f f

f f f

F F F

f f f

Los incas, que fueron un pueblo que vivió en la cordillera de los Andes, fabricaban hermosos tejidos utilizando lana de alpaca o de llama.

fabricar *v.* 1. Fabricar es hacer cosas a partir de la transformación de otras, bien de modo natural, bien utilizando medios mecánicos. ✵ SIN. **Elaborar, confeccionar, producir.** 2. También inventar algo no material. *Ya tienes edad suficiente para ir fabricando tu futuro.* SIN. **Imaginar, crear.**

fácil *adj.* 1. Es fácil lo que no requiere mucha habilidad, esfuerzo o inteligencia para ser realizado o entendido. ✵ SIN. **Sencillo, simple, comprensible.** 2. Una persona fácil es la que tiene un trato apacible y no causa problemas. *Miguel es un niño fácil que nunca se mete en líos.* SIN. **Dócil, manejable.** 3. Decimos que es fácil que suceda algo si tiene probabilidad de que ocurra. *Es fácil que se aplace el partido por las malas condiciones del campo.* SIN. **Probable, posible.** ✔

El adjetivo ***fácil*** tiene la misma forma para masculino y femenino.

Colocar la enorme mesa boca abajo sobre el techo no era un trabajo fácil, pero se las arreglaron para hacerlo al fin.

Los Cretinos

fallar[1] *v.* Un tribunal o un jurado falla cuando decide el resultado de un juicio o de un concurso. *El tribunal falló en contra del demandante.* SIN. **Sentenciar, dictaminar.**

fallar[2] *v.* 1. Una persona falla cuando comete un error o no acierta algo. ✵ SIN. **Errar, equivocarse.** 2. También, cuando esperamos que actúe de un determinado modo y no lo hace. *Nunca pensé que mi compañero me fallara.* SIN. **Decepcionar.** 3. Una cosa falla si no funciona correctamente o si deja de funcionar. *Tengo que cambiar de coche porque este está fallando bastante.* SIN. **Estropearse, averiarse.**

–Torcuato, me gustaría leerle algunas cosas que he escrito o que he leído en libros o en páginas de internet. ¿Le parece bien?
–Claro, Marena, me parece una buena idea.
Marena estaba un poco nerviosa. Sus dedos temblaban ligeramente. Intentó abrir su cartera pero la cremallera a veces fallaba y se quedaba trabada.
Lo intentó de nuevo. Ahora sí.

falso, falsa *adj.* 1. Es falso lo que no se ajusta a la verdad. *La primera declaración del testigo es falsa.* SIN. **Engañoso, simulado.** 2. Una cosa falsa

Marena comenzó leyendo recortes de libros que había escogido al azar. Leyó uno, después otro y después:

Palabras silenciadas entre
páginas calladas
esperan pacientes tu
aliento
para darle voz al viento.

Para no parecer falsa, Marena hacía como que estaba leyendo, aunque lo cierto es que se sabía estos versos de memoria y de reojo intentaba escrutar la reacción de Torcuato.

es la que se quiere hacer pasar por otra auténtica. *Los timadores querían pagar con dinero falso.* SIN. **Simulado, fraudulento.** 3. Una persona falsa es la que no se comporta con sinceridad. ✡ SIN. **Hipócrita, cínico.**

faltar *v.* 1. Falta algo o alguien si no existen o no existen en la cantidad suficiente. *Faltan cuatro personas para completar la plantilla.* SIN. **Necesitar, carecer.** 2. Faltar es no acudir alguien a un lugar o no estar en el sitio donde suele estar. *Hoy han faltado varios alumnos a causa de la fuerte nevada.* SIN. **Fallar.** 3. También, tener que pasar un tiempo para que suceda algo. ✡ SIN. **Quedar.** 4. Incumplir una promesa, un compromiso, etc. *Has faltado a tu palabra y eso me disgusta.* SIN. **Quebrantar, infringir.** 5. Y cometer una falta, una ofensa. *No voy a tolerar que me faltéis al respeto.* SIN. **Ofender, agraviar.**

Faltaba todavía una semana para el comienzo de las clases y Nick ya sentía que quinto iba a ser un curso muy largo.

Fríndel

fantasma *s. m.* 1. Un fantasma es la imagen de un muerto que se dice se aparece a los vivos. ✡ SIN. **Espectro, espíritu.** 2. Y una imagen irreal producto de la imaginación o el recuerdo. *Los fantasmas de su juventud aún no le han abandonado.* SIN. **Visión, aparición.** 3. Decimos que una persona es un fantasma si es presuntuosa y engreída. *Mario es un fantasma que se cree el mejor en todo.* SIN. **Fanfarrón, fantasmón.**

La segunda aparición del fantasma fue el domingo por la noche. Poco después de acostarse fueron repentinamente alarmados por un terrible estrépito en el vestíbulo.

El fantasma de Canterville

farsante *adj.* Un farsante es una persona que pretende parecer lo que no es o que simula lo que siente. También s. m. y f. *Noelia resultó ser una farsante que fingió ser mi amiga.* SIN. **Mentiroso, falso.** ✔

El adjetivo ***farsante*** tiene la misma forma para masculino y femenino.

fastidiar *v.* **1.** Fastidiar es ocasionar una molestia, un daño o un disgusto a alguien. ✪ SIN. **Molestar, incordiar.** **2.** También, hacer que algo deje de funcionar o se eche a perder. También v. prnl. *Deja de jugar con el mando a distancia, que lo vas a fastidiar.* SIN. **Estropear, cargarse.** // **fastidiarse** *v. prnl.* **3.** Fastidiarse es tener paciencia para soportar una situación negativa. *Me fastidiaré y me quedaré en casa todo el fin de semana estudiando.* SIN. **Aguantarse.**

Y la reacción de Torcuato se fue reflejando en su rostro, que pasó de la sonrisa complaciente al gesto contrariado, de la mirada serena a los ojos brillantes. Evidentemente, algo había en esas breves líneas que le había fastidiado, mejor aún, que le había turbado.
Y, sin embargo, trató de disimular convencido de la inocencia de los niños.
Pero se equivocó.
Se equivocó con los dos.
Con Marena porque ella sabía lo que hacía.
Con Jonás porque reconoció el poema y, aunque no conocía las intenciones de Marena, inmediatamente se puso en alerta y también se percató del nerviosismo de aquel hombre.

favorecer *v.* **1.** Favorece lo que es beneficioso para alguien o para algo. *El fertilizante favorecerá los cultivos.* SIN. **Ayudar, beneficiar.** **2.** Y lo que hace que una persona esté más guapa. *¿A que me favorece esta camisa negra?* SIN. **Sentar bien, embellecer.**

favorito, favorita *v.* **1.** Es favorito lo que se prefiere, lo que es más apreciado que los demás. *Mi película favorita es* La guerra de las galaxias. SIN. **Predilecto, preferido.** **2.** En una competición, el favorito es el que se cree que va a ganar. También s. m. y f. *Aunque el nadador estadounidense era el favorito, no logró ganar la prueba.* SIN. **Preferido.**

Madre había dicho a Bruno que felicitara a Padre y él lo había hecho, aunque sinceramente (y él siempre procuraba ser sincero consigo mismo) no entendía muy bien el motivo de esa felicitación.

El niño con el pijama de rayas

felicitar *v.* **1.** Felicitamos a alguien si le mostramos nuestra satisfacción por algo bueno que le sucede o si le deseamos felicidad en su cumpleaños, en Navidad... ✪ SIN. **Congratular, agasajar.** // **felicitarse** *v. prnl.* **2.** Felicitarse es estar contento o satisfecho por algo. *Todo el equipo se felicitó por el éxito del desfile.* SIN. **Congratularse, alegrarse.**

Por primera vez en su vida, Bertie era completamente feliz.

El león mariposa

El adjetivo ***feliz*** tiene la misma forma para masculino y femenino.

feliz *adj.* **1.** Una persona feliz es la que siente felicidad, es decir, plena satisfacción. ✪ SIN. **Dichoso, contento.** **2.** Una cosa feliz es la que aporta felicidad. *Jaime y Lara nos dieron la feliz noticia de su compromiso.* SIN. **Alegre, afortunado.** **3.** Y la que es acertada. *Tu feliz idea de pasar la tarde en el campo ha sido un acierto.* SIN. **Oportuno, eficaz.** ✔

¡¡¡Escuchen a Calíope!!! ¡¡¡Degusten las Delicias de Azúcar!!! ¡¡¡Vean los más asombrosos Fenómenos de la Naturaleza que puedan imaginar!!! ¡¡¡Contemplen al Mayor Hipnotizador del Mundo!!!

Elías de Buxton

fenómeno *s. m.* **1.** Un fenómeno es cualquier manifestación que se puede entender o percibir con los sentidos. *El fenómeno de las redes de comunicación social sigue su ascenso imparable.* SIN. **Acontecimiento, suceso.** **2.** También, una persona que destaca en alguna actividad. *El nuevo fichaje del Barcelona es un fenómeno cerca del área.* SIN. **Portento, as.** **3.** Y algo extraordinario o fuera de lo normal. ✪ SIN. **Rareza, monstruo.**

feroz *adj.* **1.** Un animal feroz es un animal agresivo y peligroso. *Este oso es más feroz de lo que parecía.* SIN. **Fiero.** **2.** Una persona, y las cosas que hace, es feroz si se comporta con dureza y no muestra piedad hacia los demás. *No acepto las críticas feroces y nada constructivas.* SIN. **Violento, despiadado.** **3.** Algo que sentimos es feroz si se presenta con mucha intensidad. *No he desayunado y tengo un hambre feroz.* SIN. **Intenso, fuerte.** ✔

El adjetivo ***feroz*** tiene la misma forma para masculino y femenino.

El adjetivo ***fértil*** tiene la misma forma para masculino y femenino.

fértil *adj.* **1.** Una tierra fértil es la que produce frutos y vegetación abundantes. *Los valles del Nilo son tierras fértiles.* SIN. **Fructífero, productivo.** **2.** Un ser vivo es fértil si puede reproducirse. *Los conejos son animales muy fértiles.* SIN. **Fecundo.** ✔

fiable *adj.* **1.** Una persona fiable es aquella en la que se puede confiar. ✪ SIN. **Fiel, creíble.** **2.** Una cosa fiable es la que nos ofrece seguridad porque no falla ni se estropea. *Me gustan los relojes suizos porque son muy fiables.* SIN. **Seguro, preciso.** ✔

adjetivo **fiable** tiene misma forma para asculino y femenino.

No nos importaría lo que Van Maaren pudiera pensar del asunto, si no fuera porque tiene fama de ser poco fiable y porque es tremendamente curioso, y que no se contenta con vagas explicaciones.

Diario de Ana Frank

fiar *v.* **1.** Una persona fía a otra si le vende algo sin exigirle que lo pague en el momento de la compra sino más adelante. *El panadero ha tenido que fiarme porque no me quedaba dinero.* SIN. **Prestar, facilitar.** // **fiarse** *v. prnl.* **2.** Fiarse de una persona es tener confianza en ella. *No me fío de las personas demasiado aduladoras.* SIN. **Confiar.**

Torcuato dejó que Marena acabara de eer todo los pasajes que llevaba aunque la preocupación y la uriosidad le estaban quemando las entrañas. ¿De dónde había sacado la niña ese papel? Solo unos pocos coocían esas palabras. ¿Acaso él, en un desuido, se las había leído lgún día? No. Estaba seguro de que no. Al niño sí, pero el niño ra diferente. Él no le reocupaba, era como n cachorro: juguetón, agradecido y fiel. *a niña era algo más.*

fichar *v.* **1.** Fichar es completar una ficha con los datos de una persona o de una cosa. *Cuando acabes las fichas de los CD sigue con los DVD.* SIN. **Clasificar, archivar.** **2.** Una persona ficha por un equipo, una empresa… cuando firma un contrato laboral con ellos. *La cadena* Octo *ha fichado a un nuevo presentador de informativos.* SIN. **Contratar.** **3.** Un trabajador ficha cuando marca la hora en la que entra y sale de trabajar. *En esta empresa es obligatorio fichar al entrar y al salir.* SIN. **Registrar.**

fiel *adj.* **1.** Una persona es fiel si mantiene los compromisos, los sentimientos o las obligaciones que ha adquirido con alguien o con algo. ✪ SIN. **Leal, sincero.** **2.** Es fiel lo que se ajusta a la verdad o a la realidad. *La película pretende ser un retrato fiel de la España de los años noventa.* SIN. **Exacto, verídico.** **3.** Fiel es también el creyente de una religión o el seguidor de un grupo. También s. m. y f. *En la plaza de San Pedro había miles de fieles.* SIN. **Adepto, devoto.** ✔

El adjetivo **fiel** tiene la misma forma para masculino y femenino.

Él, sin embargo, no era capaz de permanecer tranquilo observando al viejo y miraba a uno y otro lado, al lago, al rebaño, al perro. Sin fijar la atención en nada. Respirando deprisa.

El alma del bosque

fijar *v.* **1.** Fijamos algo a un lugar si lo ponemos de forma que no pueda moverse. *¿Has conseguido fijar el espejo a la pared?* SIN. **Asegurar, sujetar.** **2.** Fijar algo, como la mirada, la atención..., es ponerlo y mantenerlo en un lugar, una persona, una cosa... ✩ SIN. **Dirigir.** **3.** Fijar una fecha, unas bases, etc. es establecerla, precisarla para que quede clara. *En julio se fija el calendario escolar del próximo curso.* SIN. **Determinar, aclarar.** // **fijarse** *v. prnl.* **4.** Fijarse en algo es reparar en ello. *¿Te has fijado en lo mucho que ha crecido Roberto?* SIN. **Notar, darse cuenta.**

fijo, fija *adj.* **1.** Está fijo lo que no se puede mover ni desprender del lugar donde está. *La barra fija es una modalidad de la gimnasia artística.* SIN. **Firme, estable.** **2.** Es fijo lo que no puede ser modificado, alterado o rescindido. *Después de tres años en la empresa, por fin le han hecho fijo.* SIN. **Permanente, inmutable, definitivo.**

Sara, antes de saber leer bien, a aquellos cuentos les añadía cosas y les inventaba finales diferentes.

Caperucita en Manhattan

final *adj.* **1.** Final es lo que termina o remata algo. *La fase final del campeonato comenzará el domingo.* SIN. **Último, postrero.** // **final** *s. m.* **2.** El final es el punto que termina algo. ✩ SIN. **Fin, terminación, conclusión.** ✔

Como adjetivo, **final** tiene la misma forma para masculino y femenino.

fino, fina *adj.* **1.** Una cosa es fina si tiene poco grosor. *Suavizarás el retrato si le pintas las cejas más finas.* SIN. **Delgado, estrecho.** **2.** También, si tiene una superficie lisa y sin asperezas. *Pasa la lijadora varias veces hasta que la madera quede fina.* SIN. **Suave, pulido.** **3.** Y si es de buena calidad. *Un fino perfume impregna la estancia.* SIN. **Exquisito, delicado.** **4.** Una persona fina es la que

tiene modales muy correctos. *El nuevo profesor de Música es muy fino.* SIN. **Cortés, cumplido.** 5. Un sentido, especialmente el oído, es fino si percibe las cosas con claridad. *Tengo el oído muy fino, me despierta el vuelo de una mosca.* SIN. **Agudo, hábil.**

firme *adj.* 1. Es firme lo que está bien sujeto y no se mueve. *A pesar de las embestidas del temporal, los árboles se mantuvieron firmes.* SIN. **Fijo, asentado.** 2. Y lo que no admite cambios. *Las sanciones son firmes y no serán revocadas.* SIN. **Final, definitivo.** 3. Una persona es firme si sabe mantener sus opiniones y no se deja influir. ✧ SIN. **Tenaz, constante.** ✔

El adjetivo ***firme*** tiene la misma forma para masculino y femenino.

La niña tenía algo... Mantenía la mirada y sus ojos eran desafiantes. Su voluntad parecía firme como firmes eran también sus decisiones. Con ella no se podían cometer errores y Torcuato sentía que él, en algún momento, había cometido uno. ¿Por qué la niña había fingido leer la cita cuando, en realidad, lo que hacía era recitarla de memoria? ¿Por qué le miraba, mientras tanto, con el rabillo del ojo?

flexible *adj.* 1. Es flexible lo que se dobla con facilidad sin romperse. *La gimnasia rítmica exige cuerpos muy flexibles.* SIN. **Dúctil, maleable.** 2. Es flexible lo que se adapta a las exigencias o necesidades. *Las condiciones para devolver el préstamo son bastante flexibles.* SIN. **Adaptable, acomodable.** 3. Una persona, y su comportamiento, es flexible si cede y acata fácilmente las opiniones y propuestas de los demás. *Tienes que ser más flexible y no imponer siempre tu criterio.* SIN. **Tolerante, comprensivo.** ✔

El adjetivo ***flexible*** tiene la misma forma para masculino y femenino.

flotar *v.* 1. Un cuerpo flota si se mantiene sobre un líquido. *¿Has visto lo bien que flota mi barco de papel?* SIN. **Sostenerse, nadar.** 2. Y si se mantiene en el aire o en un gas sin caerse. ✧ SIN. **Estar suspendido.** 3. Una sensación, un estado de ánimo... flota en el ambiente si se siente. *La tensión flotaba en la sala.* SIN. **Percibir, notar.**

El fantasma había desaparecido en la oscuridad aprovechando su capacidad de flotar, algo que Pascal, dada su condición de vivo, no poseía.

La Puerta Oscura

El guía dispuso a sus hombres para que hicieran guardia y se quedó con el forastero para asistir a la llegada de la caravana.

La caravana

forastero, forastera *adj.* Una persona forastera es la que viene de otro lugar o la que vive temporalmente en un lugar distinto a su lugar de residencia. También s. m. y f. ✪ SIN. Foráneo, extranjero.

El adjetivo ***formal*** tiene la misma forma para masculino y femenino.

formal *adj.* **1.** Es formal lo que está relacionado con la forma. *Tenéis que hacer un estudio formal de este artículo.* SIN. Estructural. **2.** Y lo que se ajusta a unas determinadas exigencias. *En los actos formales siempre visto traje y corbata.* SIN. Oficial. **3.** Una persona formal es la que se comporta con seriedad y responsabilidad. *Mi compañía de seguros es muy formal, no tengo ninguna queja.* SIN. Educado, correcto. ✔

El adjetivo ***formidable*** tiene la misma forma para masculino y femenino.

formidable *adj.* **1.** Algo es formidable si es muy grande. ✪ SIN. Enorme, inmenso. **2.** Y si es extraordinario, magnífico. *Puedes estar contento: has hecho un examen formidable.* SIN. Excelente, estupendo. ✔

La silueta del monje, sentado como un Buda, se recortaba en el vacío contra la formidable cordillera de Himalaya.

Los cien ojos de pavo rea

fortuna *s. f.* **1.** La fortuna es un conjunto de causas que no se pueden explicar y que supuestamente determinan todo lo que ocurre. ✪ SIN. Destino, sino. **2.** La fortuna es también la buena suerte o un suceso favorable. *Ha sido una gran fortuna encontrar esta casa tan grande y soleada.* SIN. Suerte, chorra. **3.** Fortuna es también la aceptación que algo tiene. *La última gira del grupo Cvus no ha tenido mucha fortuna.* SIN. Acogida, éxito. **4.** Una fortuna es el conjunto de bienes de una persona y también gran cantidad de dinero. *En este coche te habrás dejado una fortuna.* SIN. Dineral, patrimonio.

La diosa Fortuna es una de las divinidades vinculadas con la suerte favorable y desfavorable de la vida humana. Representa la incertidumbre y el desarrollo imprevisto de los acontecimientos en la suerte humana.

–¿Qué os ha parecido? ¿Os ha gustado lo que he leído? –preguntó Marena expectante. –Sí, Marena. Ha estado muy bien. Me gustaría que otro día trajeses más citas para compartir con nosotros. Algunos fragmentos estaban realmente bien. Estoy impresionado. Cuando comencé a frecuentar este lugar y vuestra compañía, no podía sospechar las sorpresas que me aguardaban. –Y mientras decía estas últimas palabras clavaba la mirada en los ojos de Marena. Marena captó la intensidad de esta mirada y la intensidad de su voz, y se sintió pequeña y frágil, como el que sabe que está librando una batalla en inferioridad de condiciones.

fractura *s. f.* Un fractura es el hecho de romperse algo, especialmente un hueso. También v. prnl. *Sergio se ha fracturado la clavícula y tiene el brazo inmovilizado.* SIN. Fragmentación, fisura.

frágil *adj.* 1. Algo material es frágil si se rompe con facilidad. *Mi caja de música es muy frágil.* SIN. Quebradizo. 2. Algo no material es frágil si se daña con facilidad. *El acuerdo era tan frágil que no resistió el primer contratiempo.* SIN. Delicado. 3. Una persona es frágil si no es fuerte ni física ni moralmente. ✶ SIN. Débil. ✔

El adjetivo ***frágil*** tiene la misma forma para masculino y femenino.

frecuentar *v.* 1. Frecuentamos un lugar si acudimos a él con frecuencia. ✶ SIN. Concurrir, visitar. 2. Frecuentamos a una persona si tenemos trato con ella de forma habitual. ✶ SIN. Tratar, relacionarse.

fresco, fresca *adj.* 1. Está fresco lo que tiene una temperatura moderadamente fría. *El agua fresca me acariciaba los pies.* SIN. Frío. 2. Un alimento es o está fresco si se acaba de obtener o si no ha sido congelado. ✶ SIN. Reciente, tierno. 3. Una persona está fresca si no da muestras de cansancio o de fatiga. *Aunque llevo dos horas estudiando, aún estoy fresca.* SIN. Descansado, despejado. 4. Si se comporta con tranquilidad en situaciones adversas. *Le acaban de expulsar y se queda tan fresco.* SIN. Tranquilo, impasible. 5. Y si es descarado y desconsiderado con los demás. También s. m. y f. *Con lo fresco que es, no sé si te devolverá los discos.* SIN. Insolente, sinvergüenza. 6. Una tela, una prenda es fresca si no da calor. *Me pondré el vestido de lino, es el más fresco.* SIN. Ligero.

Si el señor Lyndon o cualquier otro hubiera venido a nuestra casa enfadado, mi padre le hubiera dado la bienvenida y la mejor comida que tuviéramos en la cocina: el pescado más fresco, el arroz más caliente, las galletas más dulces.

Kira-Kira

frío, fría *adj.* **1.** Es frío lo que tiene una temperatura baja o más baja de lo normal. ✸ SIN. **Fresco, gélido.** **2.** Una persona, y su forma de actuar, es fría si es distante y poco cariñosa. *Jason tiene fama de ser un hombre frío y calculador.* SIN. **Distante, seco.** **3.** Y si mantiene la calma y no se pone nerviosa. *Rafa mantuvo la cabeza fría y no respondió a las provocaciones.* SIN. **Tranquilo, impasible.** **4.** Un lugar es frío si es poco acogedor. *La ausencia casi total de muebles da un aspecto frío a la estancia.* SIN. **Inhóspito, incómodo.**

El clima más frío de la Tierra es el clima polar, que es el que presentan la región ártica y la Antártida, donde las temperaturas están entre -20 °C y -50 °C.

frustrar *v.* **1.** Frustrar es impedir que algo se lleve a cabo, hacer que fracase. También v. prnl. *La intervención del guarda de seguridad frustró el atraco.* SIN. **Malograr, desbaratar.** **2.** Y disgustar a alguien por impedir que obtenga lo que desea. *Una gran decepción en la infancia puede frustrarnos para siempre.* SIN. **Defraudar, decepcionar.**

fuerte *adj.* **1.** Una cosa es fuerte si tiene resistencia o se hace con fuerza. *Si haces el nudo más fuerte no se desatará el cordón.* SIN. **Duro, resistente.** **2.** Una persona es fuerte si tiene fuerza física o mental. ✸ SIN. **Robusto, tenaz, animoso.** **3.** Si tiene buena salud. *Felipe es un niño muy fuerte, nunca se pone enfermo.* SIN. **Sano, saludable.** **4.** Y si tiene un carácter irascible, difícil de dominar. *Tu fuerte carácter te va a ocasionar más de un problema.* SIN. **Irritable, temperamental.** **5.** Una persona está fuerte en algo si sabe mucho de ello. *Yo te ayudo con este poema: estoy fuerte en literatura.* SIN. **Experto, entendido.** **7.** Una sensación, un sentimiento, una percepción… es fuerte si se manifiesta con intensidad. ✸ SIN. **Intenso, agudo.** **8.** Fuerte es

Pero de todos ellos, el peor era él. Ninguno lo aventajaba en el **fuerte** *tono de aquella especie de incipiente gruñido que emitían. Sus rabietas superaban siempre en mucho, por lo terribles, a las de los demás.*

Colmillo Blanco

Con sus enormes piernas y brazos, anchos hombros y músculos **fuertes** *y poderosos, se alzaba imponente en un carro de guerra dorado, tirado por cuatro bueyes blancos con arneses al estilo de su país.*

Cuentos de Canterbury

también algo o alguien que tiene poder. *Los países más fuertes intentan imponer sus decisiones sobre los países más débiles.* SIN. **Experto, entendido.** **9.** Una noticia, una obra de ficción… es fuerte si tiene contenidos violentos o eróticos que pueden molestar al espectador. *No me gustan las películas demasiado fuertes.* SIN. **Crudo, escabroso.** ✔

El adjetivo ***fuerte*** tiene la misma forma para masculino y femenino.

fugaz *adj.* **1.** Es fugaz lo que dura poco. *Su noviazgo fue tan fugaz que no llegué a conocer a la novia.* SIN. **Breve, efímero.** **2.** Y lo que se mueve velozmente hasta desaparecer. ✪ SIN. **Rápido, veloz.** ✔

El adjetivo ***fugaz*** tiene la misma forma para masculino y femenino.

fundar *v.* **1.** Fundar es crear una empresa, una sociedad, una institución… *Para fundar esta asociación he contado con la ayuda de mis amigos.* SIN. **Formar, establecer.** **2.** Fundar una cosa en otra es apoyarla en ella. También v. prnl. *¿En qué pruebas te has fundado para establecer tu teoría?* SIN. **Basar, apoyar.**

*Aunque se llaman estrellas **fugaces**, en realidad son restos de cometas y asteroides que entran en la atmósfera atraídos por la gravedad de la Tierra. Se mueven tan rápido que se encienden y por eso parecen estrellas. Sin embargo, su vida es muy corta pues se convierten en cenizas antes de llegar a la Tierra.*

g g g

G G G

g g g

g g g

G G G

g g g

Después se fueron. Tanto Marena como Torcuato sabían que esa tarde había sucedido algo, aunque ninguno de los dos sabía muy bien qué, aparentaron normalidad y se despidieron como siempre. En el camino de vuelta Jonás y Marena apenas hablaron. Marena suponía que Jonás le haría alguna pregunta, pero no fue así. Jonás se sentía un poco decepcionado. Él pensaba que la amistad garantizaba la confianza y había comprobado que, al menos en esta ocasión, no había sido así. Sabía que Marena se traía algo entre manos pero le hubiera gustado que hubiese sido ella la que se lo contara.

ganar *v.* 1. Ganar es obtener una cosa por haber hecho lo necesario para merecerla. *Sigue así y ganarás el reconocimiento de todos.* SIN. **Conseguir, merecer.** 2. También, recibir un sueldo por el trabajo. ✡ SIN. **Cobrar, percibir.** 3. Obtener dinero. *Ha ganado bastante dinero con la venta de unas propiedades.* SIN. **Embolsar, ingresar.** 4. Ser el que vence en un concurso, en una competición... *Hoy se sabrá quién gana el concurso* El millonetis. SIN. **Vencer, triunfar.** 5. Sacar ventaja a alguien. *Mi clase gana a la tuya en número de aprobados.* SIN. **Aventajar, superar.** // **ganarse** *v. prnl.* 6. Ganarse algo es hacerse merecedor de ello. *¡Qué paciencia tienes: te has ganado el cielo!* SIN. **Merecerse.**

Estaba él en lo más profundo de sus reflexiones, cuando entró el orfebre: era un irlandés de los más hábiles en su arte, y que confesaba él mismo ganar cien mil libras al año con el duque de Buckingham.

Los tres mosqueteros

garantizar *v.* Garantizar es dar garantía, es decir, ofrecer la certeza de que algo se va a cumplir o de que se respetan unas condiciones. ✡ SIN. **Respaldar, asegurar, avalar.**

gastar *v.* 1. Gastar es emplear dinero en algo. *¿Has gastado toda tu paga en esta camiseta?* SIN. **Pagar, derrochar.** AM. **Erogar.** 2. También, deteriorar algo por el uso. También v. prnl. *Tengo que cambiar las ruedas del coche porque ya están muy gastadas.* SIN. **Desgastar, estropear.** 3. Usar algo hasta que se acaba. También v. prnl. *Has gastado toda la gomina que quedaba.* SIN. **Consumir, agotar.** 4. Y llevar algo de forma habitual. *Siempre gasta pantalones vaqueros.* SIN. **Usar, ponerse.**

gay *adj.* Un gay es una persona, especialmente un hombre, que siente atracción por una persona de su mismo sexo. También s. m. *En junio se celebra el Día del Orgullo Gay.* SIN. **Homosexual.** ✔

El plural de ***gay*** es *gais*. Tiene la misma forma para masculino y femenino.

generación *s. f.* **1.** Generación es el hecho de generar, es decir, de causar, de hacer que surja algo. *La generación de energía limpia es una prioridad.* SIN. **Creación, producción.** **2.** Una generación es el conjunto de las personas que viven en la misma época. *Los jóvenes de mi generación éramos bastante alocados.* SIN. **Coetáneo.** **3.** Y los descendientes directos en la línea de sucesión. *Juan pertenece a la tercera generación de los Ordóñez.* SIN. **Familia.** **4.** También, un conjunto de personas de edad parecida y que tienen comportamientos similares por haber crecido con similares influencias. ✩ SIN. **Grupo.**

*En la historia de la literatura española ha habido dos **generaciones** especialmente destacadas: la generación del 98 y la generación del 27.*

Miguel de Unamuno, Azorín, Pío Baroja, Valle-Inclán, Antonio Machado... son algunos de los escritores más representativos de la primera, que surgió de la profunda decepción que provocó la pérdida de las últimas colonias españolas.

El nexo de unión de los miembros de la generación del 27 fue la admiración por Góngora y de ellos se recuerda especialmente a Rafael Alberti, Federico García Lorca, Jorge Guillén, Gerardo Diego, Pedro Salinas...

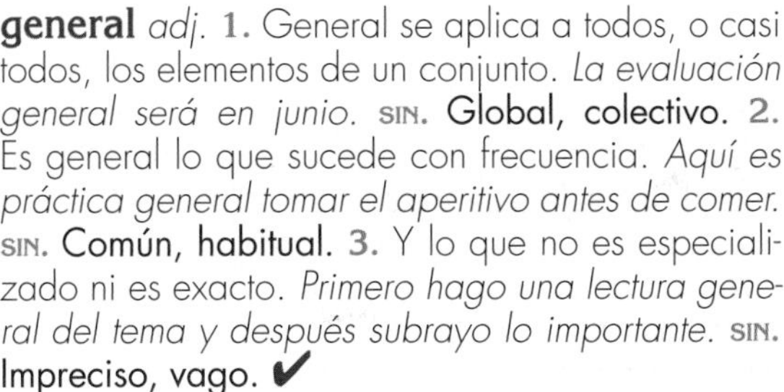

general *adj.* **1.** General se aplica a todos, o casi todos, los elementos de un conjunto. *La evaluación general será en junio.* SIN. **Global, colectivo.** **2.** Es general lo que sucede con frecuencia. *Aquí es práctica general tomar el aperitivo antes de comer.* SIN. **Común, habitual.** **3.** Y lo que no es especializado ni es exacto. *Primero hago una lectura general del tema y después subrayo lo importante.* SIN. **Impreciso, vago.** ✔

El adjetivo ***general*** tiene la misma forma para masculino y femenino.

género *s. m.* **1.** Género es un conjunto de personas, animales o cosas con características comunes. *La conciencia caracteriza al género humano.* SIN. **Clase, especie.** **2.** Género es también cada una de las clases a las que pertenecen las obras de arte teniendo en cuenta su forma y su contenido. La casa de Bernarda Alba *pertenece al género dramático.* SIN. **Categoría, grupo.** **3.** También, los productos que se van a vender. *Descarga el género de la furgoneta antes de abrir la frutería.* SIN. **Mercancía.**

*Desde el punto de vista gramatical, el **género** es la categoría por la que los sustantivos, adjetivos, artículos y pronombres se clasifican en masculinos y femeninos, y algunos pronombres y el artículo determinado, además, en neutros.*

El adjetivo ***genial*** tiene la misma forma para masculino y femenino.

genial *adj.* **1.** Es genial una persona con capacidad y habilidad para hacer algo extraordinario. *Lourdes es una escultora genial.* SIN. **Inteligente, brillante.** **2.** Y algo o alguien muy bueno, extraordinario. ✩ SIN. **Excelente, ingenioso.** ✔

genio *s. m.* **1.** El genio de una persona es su forma de ser, especialmente si esta tiende fácilmente al enfado. *Esther tiene un mal genio insoportable.* SIN. **Talante, carácter.** **2.** Un genio es una persona con una capacidad especial para inventar o crear algo. *El genio Dalí nació en 1904 y murió en 1989.* SIN. **Lumbrera, sabio.** **3.** Un genio es también un ser fantástico con poderes mágicos. *El genio se aparece a Aladino para concederle tres deseos.* SIN. **Duende.**

El plural de ***germen*** es *gérmenes.*

germen *s. m.* **1.** El germen es el principio de un ser vivo. *El germen de una planta es la semilla.* SIN. **Embrión, célula.** **2.** También, el origen de algo no material. ✩ SIN. **Motivo, causa.** ✔

En la acepción 1, el adjetivo ***gigante*** tiene la misma forma para masculino y femenino.

gigante *adj.* **1.** Es gigante lo que tiene un tamaño muy grande. *King Kong es un gorila gigante.* SIN. **Enorme, descomunal.** // **gigante, giganta** *s. m. y f.* **2.** Un gigante es un personaje fantástico que destaca por su enorme estatura. ✩ SIN. **Cíclope.** **3.** También, una persona de estatura muy superior a lo normal. *Los jugadores de baloncesto son gigantes de más dos metros.* SIN. **Goliat, coloso.** **4.** Y una persona que sobresale en alguna actividad. *Natacha es una giganta de la biología.* SIN. **As.** ✔

girar *v.* **1.** Una persona o una cosa giran si se mueve formando círculos sobre sí misma o alrededor de algo. *Los caballitos del tiovivo no cesaban*

El enfado, o casi enfado, le duró a Jonás un par de días. Después, sencillamente, pasó del tema. Si hasta ahora su amistad con Marena había sido genial, no iba a dejar que una tontería fuera el germen de un distanciamiento.
Marena, por su parte, se sentía mal por no haber hecho a Jonás partícipe de su plan; por eso decidió confiar un poco más en él.
–Jonás, ¿te gustaría venir a merendar hoy a mi casa? Quisiera enseñarte algo.
–Mmmmmm… No sé.
–Venga, Jonás. No seas así.
–Vale. Para que veas que no soy rencoroso. No vamos a convertir a un gnomo en un gigante.
A Marena le hizo gracia la ocurrencia. Era una interpretación bastante libre del refrán «Hacer una montaña de un grano de arena».

de girar y girar. SIN. **Rotar, voltear. 2.** Una conversación, un asunto... gira alrededor de un tema si se desarrolla en torno a él. *Mi próximo libro girará en torno a la poesía para los jóvenes.* SIN. **Tratar, versar. 3.** Girar es tomar una dirección distinta a la tomada inicialmente. ✫ SIN. **Desviarse, torcer. 4.** Y hacer llegar a alguien una cantidad de dinero a través de la oficina de correos o de telégrafos. *En los próximos días recibirás el dinero; lo he girado esta mañana.* SIN. **Enviar, mandar.**

Mira, ve a esa luz que ves allá y gira al oeste al llegar, y aproximadamente un cuarto de milla después llegas a la taberna; [...].

Las aventuras de Hukleberry Finn

golpe *s. m.* **1.** Un golpe es el hecho de entrar en contacto de forma violenta dos o más personas o cosas, y el ruido que produce ese impacto. *¡Qué golpe me he dado con la puerta!* SIN. **Choque, impacto. 2.** Un golpe es también una contrariedad, una desgracia. *Separarse de su familia ha sido un duro golpe para ella.* SIN. **Disgusto, adversidad. 3.** Algo gracioso que se dice o se hace. ✫ SIN. **Agudeza, ocurrencia. 4.** Un robo. *La película* El golpe *es una de mis favoritas.* SIN. **Atraco. 5.** Y una manifestación repentina de algo. *En primavera sufro golpes de tos a causa de la alergia.* SIN. **Ataque, acceso.**

Y es que Jonás a veces tenía unos golpes muy graciosos. Marena se reía con él y admiraba su carácter; y ahora más, porque le estaba demostrando que valoraba la buena relación que mantenían.
–¡Marena! Está aquí Jonás. Baja.
A Santi también le caía bien Jonás y le gustaba que su hija tuviera amigos. Así todo era más fácil.

gordo, gorda *adj.* **1.** Una persona o un animal gordo es el que tiene mucha carne o pesa más de lo normal. También s. m. y f. *Tu perro está demasiado gordo.* SIN. **Rollizo, fuerte. 2.** Una cosa gorda es la que tiene más grosor que otras de su especie. *El libro que me estoy leyendo es muy gordo: tiene 754 páginas.* SIN. **Grueso, voluminoso. 3.** Un suceso, un hecho es gordo si tiene mucha importancia o gravedad. *Algo muy gordo habrá hecho para que le expedienten.* SIN. **Grave, importante.**

grabar *v.* **1.** Grabar es marcar algo sobre una superficie, bien en hueco con un instrumento punzante, bien en relieve. ✪ SIN. **Labrar, tallar. 2.** Grabar sonidos, datos, imágenes... es recogerlos en un disco o en otro soporte para después poder reproducirlos. *¿Me podrías grabar el nuevo disco de Madonna?* SIN. **Registrar, imprimir. 3.** Grabar sentimientos, recuerdos... es tenerlos fijados en el pensamiento. *Aún tengo grabados en mi memoria los últimos días del verano.* SIN. **Fijar, inculcar.**

[...] está clarísimo que algún gran rey de los antiguos gigantes, que está enterrado ahí, hizo que se grabara esa fanfarronada en las piedras que cubren su sepulcro [...].

Las Crónicas de Narnia. La silla de plata

—Y después de esta magnífica actuación de Los Gusarapos, que, según dicen ellos, «son los más guapos», ahora vamos a ver a Los Birriosos, que, por lo visto, son los más graciosos.

Mi tigre es lluvia

gracioso, graciosa *adj.* **1.** Una persona o una cosa es graciosa si nos divierte. También s. m. y f. ✪ SIN. **Divertido, chistoso. 2.** Una persona también es graciosa si resulta agradable, atractiva. *¡Qué niña tan graciosa, con esas mejillas sonrosadas!* SIN. **Encantador, simpático. 3.** En sentido irónico, una persona es graciosa si es molesta, si no tiene nada de gracia. *Te creerás muy gracioso por gastar esas bromas tan pesadas.* SIN. **Pesado, pelmazo.**

graduar *v.* **1.** Graduar es dar a algo el grado que se desea. *Con este termostato puedes graduar la temperatura del agua.* SIN. **Regular, ajustar. 2.** Y medir el grado de algo. *El oftalmólogo gradúa nuestra vista.* SIN. **Calibrar, evaluar.** // **graduarse** *v. prnl.* **3.** Una persona se gradúa cuando obtiene un grado o título, especialmente en enseñanzas medias y superiores. *Después de años de esfuerzo, por fin he conseguido graduarme como doctor.* SIN. **Licenciarse, doctorarse.**

Un día, la planta de diente de león dio una flor dorada más grande y más bonita que ninguna de las que habían florecido antes.

Cuentos para irse a la cama

grande *adj.* **1.** Es grande si sus dimensiones o su intensidad son superiores a las normales. ✪ SIN. **Extenso, enorme. 2.** También, si tiene mucha importancia. *Tengo grandes dificultades para aprender idiomas.* SIN. **Importante, considerable.** **3.** Una persona grande es una persona adulta. *Cuando sea grande quiero trabajar como piloto de avión.* SIN. **Mayor.** ✔

El adjetivo ***grande*** tiene la misma forma para masculino y femenino.
Cuando va colocado delante de un sustantivo en singular, se utiliza la forma apocopada ***gran***.

*El 26 de abril de 1986 se produjo en Chernóbil el accidente nuclear más **grave** de la historia. La radioactividad afectó a siete millones de personas.*

grave *adj.* **1.** Algo es grave si tiene mucha importancia o mucho peligro. ✪ SIN. **Importante, trascendental.** **2.** Una persona está grave si padece una enfermedad o una lesión muy peligrosa. *Aunque está grave, los médicos confían en salvar su vida.* SIN. **Enfermo, crítico.** **3.** Grave también es algo serio, formal. *Su expresión grave indicaba que algo estaba pasando.* SIN. **Severo, solemne.** **4.** Un sonido grave es el que tiene una frecuencia de vibración pequeña. *Benito tiene una voz muy grave.* SIN. **Bajo, ronco.** ✔

El adjetivo ***grave*** tiene la misma forma para masculino y femenino.

gritar *v.* **1.** Gritar es emitir sonidos altos y fuertes o hablar levantando la voz. ✪ SIN. **Bramar, vocear, chillar.** **2.** También, dar gritos para regañar a alguien. *Violeta se enfadó conmigo y me gritó.* SIN. **Abroncar.**

*Los úrgalos **gritaron** asustados y tiraron de las riendas de los caballos, que resbalaron y chocaron entre sí, pero los monstruos volvieron a organizarse deprisa para enfrentarse a Saphira con las armas desenfundadas.*

Eragon

grosero, grosera *adj.* Una persona, y las cosas que hace o dice, es grosera si no muestra educación hacia los demás. También s. m. y f. *Tu comportamiento ha sido tan grosero que me ha avergonzado.* SIN. **Insolente, soez.**

*La nieve aumentaría de **grosor**; el viento arrebataría de los árboles aquellas pocas hojas últimas [...].*

Un verano para morir

grosor *s. m.* En un cuerpo plano, el grosor es la más pequeña de sus tres dimensiones, es decir, la que no es la altura ni la anchura; en un cuerpo cilíndrico, el grosor es su diámetro. ✪ SIN. **Espesor, grueso.**

En cuanto Harry llegó a la casa, tío Vernon le guardó en un baúl bajo llave [...] todos sus libros de hechizos [...].

Harry Potter y la cámara secreta

guardar *v.* **1.** Guardar algo es ocuparse de su cuidado o de su vigilancia. *Numerosos policías a caballo guardan el castillo real.* SIN. Cuidar, vigilar. **2.** También, colocarlo en un lugar seguro. ✡ SIN. Recoger, meter. **3.** Guardar es reservar algo, especialmente dinero. *Guardo mi paga para poder comprarme un videojuego.* SIN. Ahorrar, economizar. **4.** Proteger algo o a alguien de un mal. *Procura guardar a tu hijo de las malas compañías.* SIN. Defender, librar. **5.** Mantener un sentimiento, un recuerdo... *Guardo un buen recuerdo de mi estancia en Nápoles.* SIN. Conservar. **6.** Y cumplir una regla o una obligación. *Todos los vecinos del edificio guardan unas normas de convivencia.* SIN. Respetar, acatar. // **guardarse** *v. prnl.* **7.** Guardarse es ser precavido contra alguien o contra algo. *Intento guardarme de las personas entrometidas.* SIN. Precaverse, defenderse.

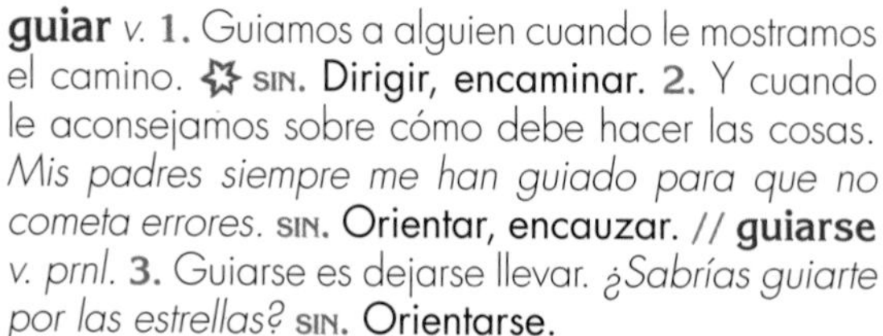

guiar *v.* **1.** Guiamos a alguien cuando le mostramos el camino. ✡ SIN. Dirigir, encaminar. **2.** Y cuando le aconsejamos sobre cómo debe hacer las cosas. *Mis padres siempre me han guiado para que no cometa errores.* SIN. Orientar, encauzar. // **guiarse** *v. prnl.* **3.** Guiarse es dejarse llevar. *¿Sabrías guiarte por las estrellas?* SIN. Orientarse.

Aunque no era más que un bebé, su minúscula manita parecía guiarme por el buen camino como no lo había hecho nadie.

Las aventuras de Sherlock Holmes

gustar *v.* **1.** Una cosa nos gusta si nos causa satisfacción, si nos parece bien. *Me gustaría que me acompañases al concierto.* SIN. Agradar, encantar. **2.** Una persona nos gusta si nos sentimos atraídos por ella. *Tu hermano me gusta desde el día que le conocí.* SIN. Atraer. **3.** Gustar es también sentir el sabor de una comida o una bebida. *¿Quiere gustar el vino antes de que lo sirva?* SIN. Paladear, saborear.

h h h

H H H

h h h

h h h

H H H

h h h

El adjetivo ***hábil*** tiene la misma forma para masculino y femenino.

hábil *adj.* **1.** Es hábil una persona que tiene la capacidad, la inteligencia y la disposición para llevar a cabo una determinada tarea, bien manual, bien intelectual. ✪ SIN. **Inteligente, competente, diestro.** **2.** Hábil es también una persona o un periodo de tiempo apto legalmente para algo. *Solo quedan cinco días hábiles para presentar la reclamación.* SIN. **Útil.** ✔

–Di a Jonás que suba –respondió Marena. Santi acompañó a Jonás al cuarto de Marena. Después bajó y siguió revisando unas cartas que el cartero había traído por la mañana. Una venía de Madrid. Rasgó el sobre al tiempo que rasgaba el papel que contenía. «¡Vaya! No soy muy hábil *abriendo sobres». Sacó la carta y la leyó.*

Cuando China alcanzó los 1000 millones de **habitantes***, el gobierno se propuso controlar la natalidad y estableció la ley «una pareja, un hijo», que prohibía tener más de un hijo por familia.*

habitante *adj.* **1.** Los habitantes de un lugar son las personas o animales que viven en él. *Los animales habitantes de estos parajes se adaptan al frío.* SIN. **Ocupante, morador.** // **habitante** *s. m. y f.* **2.** Habitante es también cada una de las personas que conforman la población de un pueblo, una ciudad, un país... ✪ SIN. **Ciudadano, residente.**

habitual *adj.* **1.** Es habitual lo que se hace por hábito, por costumbre. *Mi desayuno habitual consiste en un café con leche y pan tostado.* SIN. **Acostumbrado, normal.** **2.** Y también lo que es frecuente. *Los naufragios son habituales en esta parte de la costa.* SIN. **Común, usual.** **3.** Una persona es habitual si acude por hábito a un lugar o si hace algo de forma repetida. *Moisés es cliente habitual de esta peluquería.* SIN. **Asiduo, frecuente.** ✔

El adjetivo ***habitual*** tiene la misma forma para masculino y femenino.

hablar *v.* **1.** Hablar es pronunciar palabras. *Yo fui un niño bastante precoz: empecé a hablar muy pronto.* SIN. **Pronunciar.** **2.** También, establecer una comunicación con alguien por medio de palabras. También v. prnl. ✪ SIN. **Conversar, dialogar.** **3.** Comunicarse con alguien por otros medios. *¿Te conectas al chat por la tarde y hablamos?* SIN. **Chatear.** **4.** Dar una charla o un discurso ante un

Es que las damas de clase alta son muy sensibles y muy nerviosas, gastan perfume, bajito **hablan** *y un ruido fuerte no lo soportan.*

Los mejores cuentos de Michael Ende

–Hola, Jonás. Pasa.
–Es chulo tu cuarto, y grande. El póster de la pared deja bastante que desear, pero supongo que eso no tiene remedio.
–¡Qué gracioso! Espera un momento, que estoy acabando de hacer este ejercicio. Paso la x para el otro lado... así... y ya está.

público. *¡Qué bien ha hablado el conferenciante!* SIN. **Disertar, orar.** 5. Referirse a algo o a alguien. *¿Sabes de qué habla este documental?* SIN. **Tratar, ocuparse.** 6. Criticar algo o a alguien. *No me importa lo que la gente hable de mí.* SIN. **Murmurar, chismorrear.** 7. Intervenir a favor de alguien. *He hablado de ti a mi jefe para que te contrate.* SIN. **Recomendar, mediar.** 8. Y revelar algo. *El detenido se queja de haber sido presionado para que hablara.* SIN. **Confesar, cantar.**

hacer *v.* 1. Hacer es dar existencia o dar forma a algo. *En esta gran explanada van a hacer una piscina.* SIN. **Crear, fabricar, construir.** 2. También, realizar algo. ✪ SIN. **Efectuar, ejecutar.** 3. Preparar. *Mientras acabo de hacer la comida, vete poniendo la mesa.* SIN. **Disponer, arreglar.** 4. Ser causa de algo. *El sol me hace mucho daño en los ojos.* SIN. **Causar, originar.** 5. Llegar a tener. *Sí, mamá, estoy haciendo muchos amigos en Londres.* SIN. **Lograr, alcanzar.** 7. Dar a alguien aspecto de algo. *Las gafas te hacen más interesante.* SIN. **Aparentar.** 8. Volver algo o a alguien de un determinado modo. *Los desengaños me han hecho muy desconfiado.* SIN. **Transformar, convertir.** 9. Cumplir años. *Hoy hago 20 años.* SIN. **Tener.** 10. Representar un papel en una película o en una obra de teatro. *¿Quién es la actriz que hace de lady Macbeth?* SIN. **Interpretar.** 11. Y pasar un periodo de tiempo. *Hace muchos años que no sé nada de Alberto.* SIN. **Transcurrir.** // **hacerse** *v. prnl.* 12. Hacerse con algo es obtenerlo. *El equipo local se ha hecho con la victoria.* SIN. **Conseguir, lograr.** 13. Hacerse el... seguido de adjetivo es fingir lo expresado por el adjetivo. ✪ SIN. **Aparentar, simular.**

–Jonás, quiero enseñarte algo que servirá para explicar mi comportamiento del otro día o, quizá para complicar las cosas un poco más. No sé.
Jonás fingió no estar interesado en el asunto. Pero Marena le conocía bien.
–No te hagas el interesante, Jonás. No se te da bien. Ven, mira esto.

hallar *v.* **1.** Hallar es ver algo o a alguien que estamos buscando. ✪ SIN. **Localizar, encontrar.** **2.** Hallar es ver por casualidad algo o a alguien que no estamos buscando. *Varios excursionistas hallaron huellas de un gran oso pardo.* SIN. **Topar, tropezar.** **3.** Hallar también es descubrir algo que no existía. *Por fin hemos hallado la fórmula que asegura la eterna juventud.* SIN. **Inventar.** // **hallarse** *v. prnl.* **4.** Hallarse es estar en un determinado lugar. *En estos momentos me hallo ante las puertas del Congreso.* SIN. **Encontrarse, situarse.** **5.** Y estar de una determinada manera. *Después del accidente, Vilma se hallaba un poco confusa.* SIN. **Sentirse.**

Me tiene harta ese chico de ojos azules con su cara bonita y su voz de terciopelo.

Lejos del polvo

harto, harta *adj.* **1.** Una persona está harta de algo o de alguien si está cansada de ellos. ✪ SIN. **Hastiado, aburrido.** **2.** Está harta también la persona que ha comido o ha bebido mucho. *Ya no puedo comer más macarrones, estoy harto.* SIN. **Lleno, saciado.**

helar *v.* **1.** Helar es convertir un líquido en sólido, especialmente el agua en hielo, por la acción del frío. También v. prnl. *Si metes el zumo en el congelador, se helará y tendrás un granizado.* SIN. **Congelar.** **2.** Helar es dañar el frío las plantas o sus frutos. También v. prnl. *Todos los tomates se han helado.* SIN. **Congelar, secar.** **3.** Helar algo o a alguien es hacer que estén muy fríos. También v. prnl. *¡Qué noche tan fría! Se me están helando los pies.* SIN. **Aterirse, temblar.** **4.** Helar a alguien también es dejarlo desconcertado. *La noticia que me has dado me ha dejado helado.* SIN. **Asombrar, desconcertar.**

Marena buscó en su caja el sobre morado. Lo halló *en el fondo, bajo un montón de cosas. Lo sacó de la caja y extrajo el papel del sobre.*

–Toma, lee.

Jonás leyó el papel. Miró a Marena y volvió a leer el papel.

–Ya lo he leído... ¿y? No entiendo qué quieres decirme. Recuerda que fui yo quien te la pasó.

–No, Jonás. No has entendido nada. Este sobre lleva mucho tiempo aquí guardado. No sé cuánto porque no fui yo quien lo metió en esta caja, así que tampoco sé de dónde salió, pero yo ya había leído este texto antes de que tú me lo enseñaras.

Viernes tenía mucha mejor puntería que yo, pues mató a dos e hirió a otros tres mientras que yo maté a uno y herí a dos.

Robinson Crusoe

herir *v.* **1.** Herir es hacer una herida a alguien. ✲ SIN. Lesionar, lastimar. **2.** También, causarle un daño moral. *No clasificarse para la final ha herido a Leo en su orgullo.* SIN. Apenar, ofender. **3.** Y producir algo molestia en alguno de los cinco sentidos. *Tu forma de hablar hiere mis oídos.* SIN. Molestar, desagradar.

*Laura había adelgazado extraordinariamente, pero estaba muy **hermosa**, con su largo pelo extendiéndose como un helecho sobre la blanca almohada.*

Tres cuentos de hadas

hermoso, hermosa *adj.* **1.** Una persona o una cosa es hermosa si resulta agradable a la vista o al oído por su belleza. ✲ SIN. Bello, divino. **2.** Es hermoso lo que es grande y abundante. *Has conseguido formar un hermoso rebaño.* SIN. Espléndido, magnífico. **3.** Un sentimiento, una acción… son hermosos si son buenos. *Donar parte de su riqueza para reconstruir la ciudad devastada ha sido un hermoso gesto.* SIN. Honesto, bondadoso. **4.** El tiempo es hermoso cuando es agradable, cálido, despejado. *Las nubes desaparecieron y disfrutamos de una hermosa noche.* SIN. Apacible, sereno, soleado.

Al nivel del mar, el agua hierve a 100 °C. Esta temperatura se llama punto de ebullición del agua.

En altitudes superiores, el agua necesita temperaturas menores para entrar en ebullición porque la presión atmosférica es menor.

hervir *v.* **1.** Un líquido hierve cuando, al alcanzar determinada temperatura, forma burbujas. ✲ SIN. Bullir, borbotear. **2.** Hervir es calentar un líquido, en el que a veces se introduce algo para que cueza, hasta que forme burbujas. *Cuando el agua hierva, pon a cocer los guisantes.* SIN. Cocer, escaldar. **3.** Una persona hierve en deseos, en ira… si los siente de forma intensa. *Ana hierve de rabia por no poder decir todo lo que piensa.* SIN. Agitarse, arder.

hispano, hispana *adj.* **1.** Es hispano lo que está relacionado con España. *La Selección hispana fue* *eliminada en la semifinal.* SIN. **Español.** **2.** Es hispano lo que hace referencia a las naciones de Hispanoamérica y a los habitantes que tienen allí su origen y residen en Estados Unidos. ✪ SIN. **Hispanoamericano.**

En Estados Unidos viven más de 300 millones de personas. De ellas, más de 45 millones son de origen **hispano**. *Las minorías representan más de la cuarta parte de la población.*

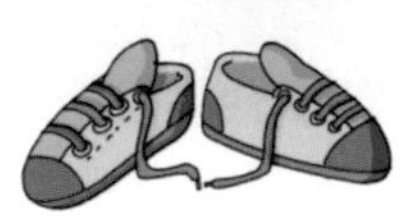

holgura *s. f.* **1.** Holgura es el espacio que queda entre dos cosas que encajan o van unidas entre sí. *Necesito un número más pequeño, con este queda holgura.* SIN. **Huelgo.** **2.** También, la amplitud, la comodidad de algo que es mayor de lo que se necesita. *La holgura del resultado refleja lo fácil que nos resultó el partido.* SIN. **Anchura, espaciosidad.** **3.** Y la situación del que tiene una buena posición económica. *Su puesto en la dirección de la empresa le permite vivir con holgura.* SIN. **Bienestar, desahogo.**

homogéneo, homogénea *adj.* **1.** Un conjunto es homogéneo si está formado por elementos semejantes entre sí o de las mismas características. *La clase de 2.° B es bastante homogénea, ningún alumno destaca sobre los demás.* SIN. **Uniforme, coherente.** **2.** Una mezcla es homogénea si tiene una estructura uniforme. *Procura que la masa quede homogénea para que resulte más consistente.* SIN. **Equilibrado.**

Si estás de cabeza durante un largo periodo de tiempo, pasa algo **horrible**, *y esto fue lo que el dio al señor Cretino el mayor susto de todos.*

Los Cretinos

horrible *adj.* **1.** Algo es horrible si produce miedo, rechazo. ✪ SIN. **Aterrador, espeluznante.** **2.** También, si es muy feo. *Tu peluquero te ha hecho un peinado horrible.* SIN. **Horrendo, horroroso.** **3.** Y si es muy intenso, muy grande. *Viajar en avión me produce una ansiedad horrible.* SIN. **Enorme, tremendo.** ✔

El adjetivo ***horrible*** tiene la misma forma para masculino y femenino.

–Pero ¿quién puso aquí este papel? Se supone que es tu caja de los secretos. ¿Quién sabe que la tienes?
–Pues… mis padres, claro, y alguna amiga de las que tenía antes: Valeria, Inés… no sé. Pero ¿para qué iban a poner ellas aquí este sobre? Si quisieran que lo tuviera, me lo habrían dado directamente. Además, yo guardaba la caja en un hueco *del armario, no estaba a la vista.*
–¿Y tus padres?
En ese momento, sonó un suave golpe en la puerta y esta se abrió.

hueco, hueca *adj.* **1.** Está hueco lo que no tiene nada dentro. *Los bombones que más me gustan son lo que están huecos.* SIN. Vacío. **2.** También, lo que es esponjoso. *Sacude la almohada para que la fibra quede hueca.* SIN. Mullido, ahuecado. **3.** Una persona se pone hueca cuando muestra una actitud demasiado presumida. *Cuando saca un 10, Daniel se pone muy hueco.* SIN. Presumido, vanidoso. // **hueco** *s. m.* **4.** Un hueco es un espacio vacío. ✵ SIN. Cavidad, oquedad. **5.** También, un sitio, una plaza libre y disponible. *Mira, al lado de aquella señora hay tres huecos.* SIN. Asiento, puesto. **6.** Y un tiempo que no tiene ocupación. *Quería llamarte, pero no he tenido un hueco.* SIN. Lapso, intervalo.

huir *v.* **1.** Huir es marcharse rápidamente de un lugar en el que hay algo o alguien que asusta. *Todos los animales huyeron del bosque incendiado.* SIN. Escapar, alejarse. **2.** También, irse de un lugar donde se está encerrado. *El detenido logró huir del furgón policial cuando era trasladado.* SIN. Fugarse, evadirse. **3.** Huir de una persona es evitar encontrarse con ella. *Siempre que puedo huyo de Candi porque es una pesada.* SIN. Esquivar, rehuir.

Fue un momento de sobresalto, como si la ciudad quisiera avisaros de que erais seres humanos mortales […].

La mirada

humano, humana *adj.* **1.** Es humano lo que es propio del hombre. ✵ SIN. Racional, terrenal. **2.** Una persona, o las cosas que hace, es humana si es buena, solidaria, caritativa… con los demás. *En la clínica nos dispensaron un trato muy humano.* SIN. Caritativo, bondadoso. // **humano** *s. m.* **3.** El humano es un ser racional, una persona. *Los humanos se sirven de los animales para obtener alimento, vestido y compañía.* SIN. Individuo, humanidad. ✔

En su acepción 3, el sustantivo **humano** se usa preferentemente en plural: *humanos.*

La hierba estaba todavía húmeda y parecía casi negra en aquellos momentos en que el sol se ponía.

Harry Potter y el prisionero de Azkaban

húmedo, húmeda *adj.* **1.** Una cosa está húmeda si está un poco mojada. ✪ SIN. Humedecido, mojado. **2.** Un lugar, un tiempo... son húmedos si tienen lluvias frecuentes o si tienen mucha humedad en el aire. *El clima en la costa cantábrica es bastante húmedo.* SIN. Lluvioso.

hundir *v.* **1.** Hundimos algo si lo metemos en el interior o en el fondo de un lugar. También v. prnl. *Para cavar, tienes que hundir la pala en la tierra.* SIN. Sumergir, meter. **2.** También, presionar la superficie de algo hacia abajo o hacia adentro. También v. prnl. *No me gustan los colchones blandos porque me hundo.* SIN. Abollar, deformar. **3.** Derrumbar un edificio o una parte de él. También v. prnl. *Las obras de construcción del túnel han hundido varias casas.* SIN. Derruir, tirar. **4.** Hacer que algo fracase. También v. prnl. *La escasa audiencia ha hundido el nuevo concurso de cantantes.* SIN. Arruinar, frustrar. **5.** Y causar un fuerte daño a alguien. También v. prnl. ✪ SIN. Entristecer, abatir.

husmear *v.* **1.** Husmear es seguir el rastro de algo con el olfato. *El sabueso husmea el rastro de la pieza.* SIN. Rastrear. **2.** Y curiosear en los asuntos de los demás. *Me gusta husmear la vida de los famosos en las revistas del corazón.* SIN. Fisgar, cotillear.

Yo solo quería salir corriendo de allí, irme lejos, hundirme para siempre y no volver a salir a flote jamás, pero él insistía en que le dijese quién me había tratado así.

Marioneta

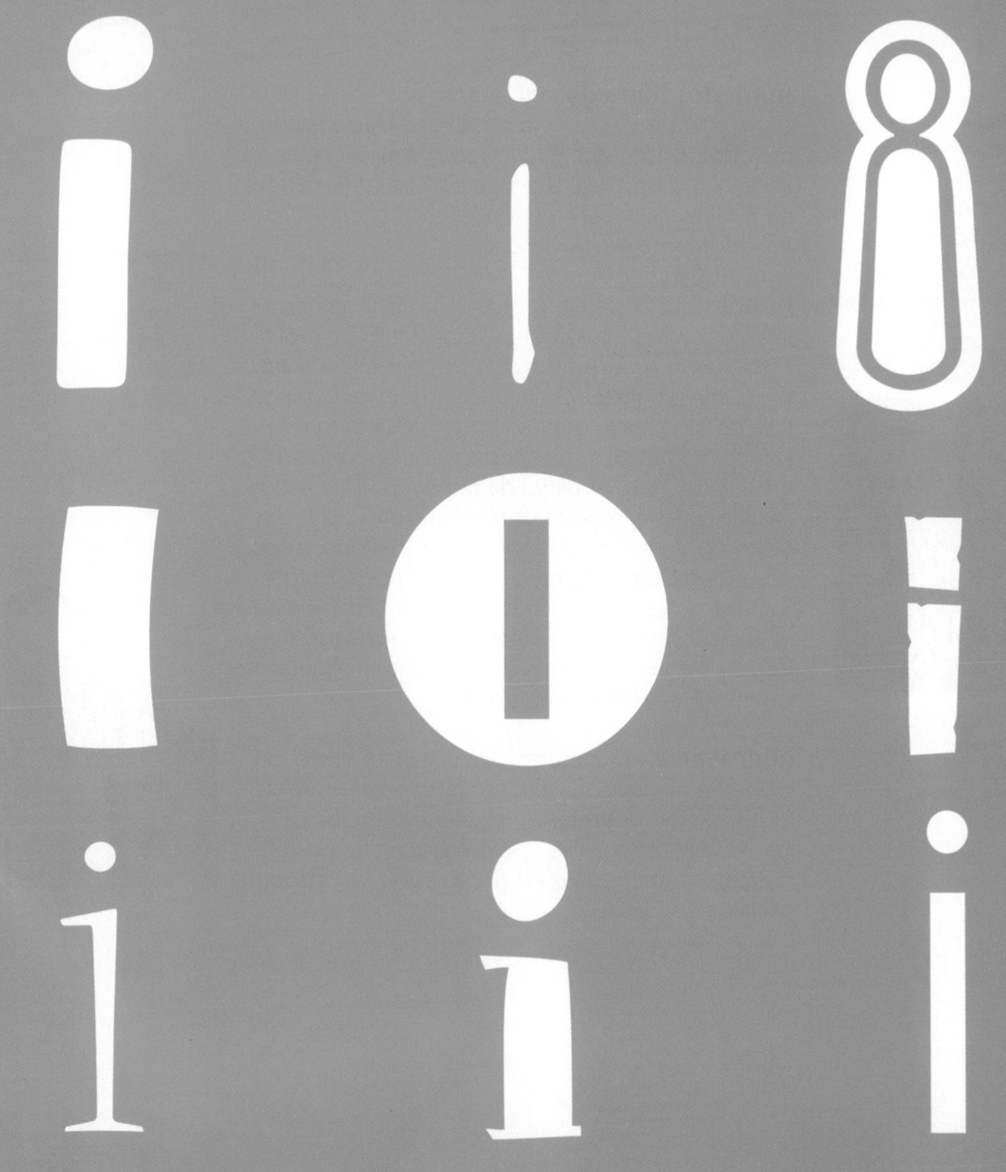

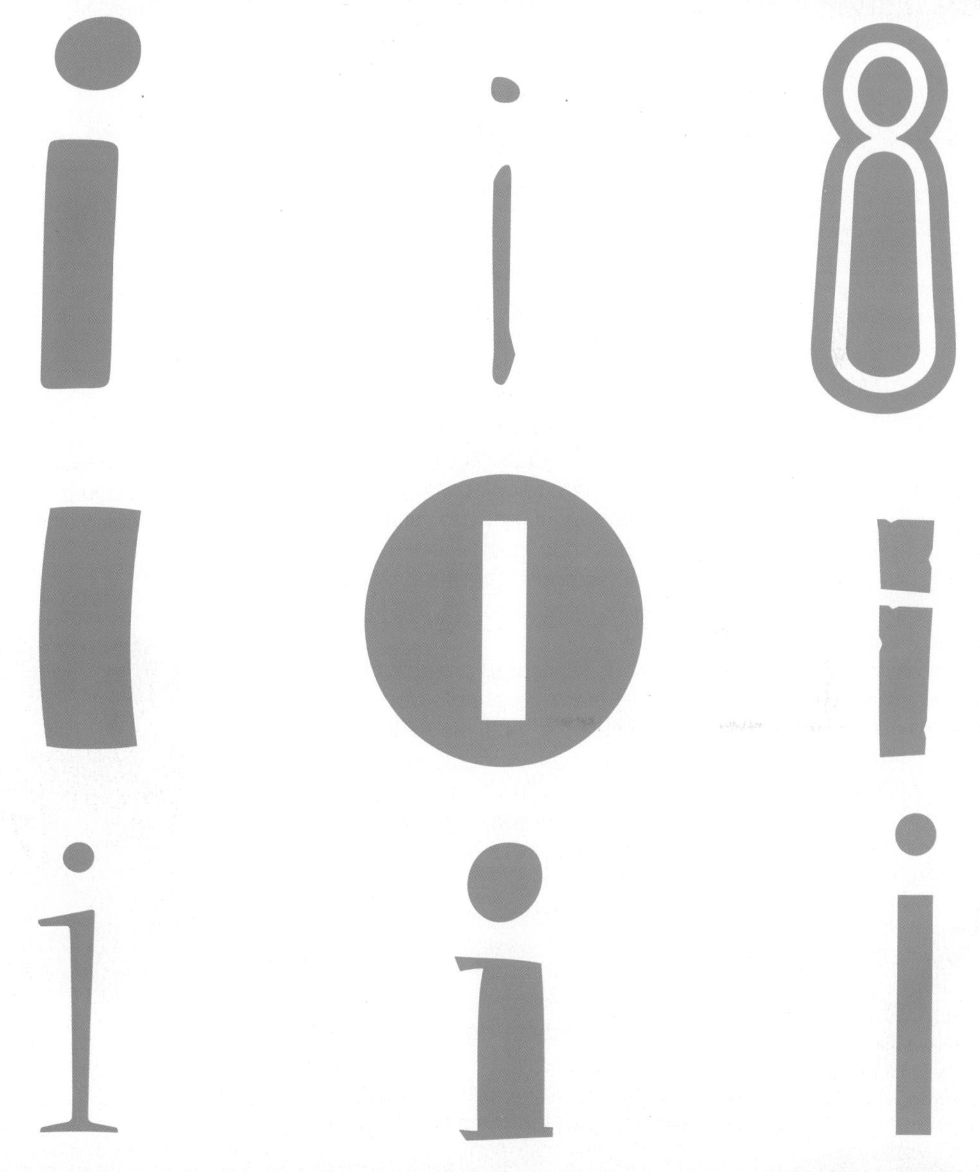

¿Cómo era posible que el padre de Jorge conociera un escondite que ellos ignoraban?

Los cinco en la isla de Kirrin

ignorar *v.* **1.** Ignorar es no saber algo. ✿ SIN. **Desconocer.** **2.** Y no hacer caso, no prestar atención a algo o a alguien. *Desde que discutimos, Flor me ignora, hace como que no me ve.* SIN. **Desoír, desestimar.**

¡Atención! No debes escribir la misma letra del abecedario dos veces igual.

Cómo escribir realmente mal

igual *adj.* **1.** Dos personas, dos animales o dos cosas son iguales si tienen las mismas características, la misma cantidad, la misma naturaleza, etc. ✿ SIN. **Idéntico, exacto.** **2.** Algo o alguien están iguales si no cambian. *¡Qué bien te conservas! Estás igual que siempre.* SIN. **Constante, invariable.** **3.** Una superficie igual es la que no presenta desniveles ni rugosidades. *Antes de colocar la piedra, tienes que dejar el terreno igual.* SIN. **Liso, uniforme.** **4.** A una persona le es o le da igual algo si no le preocupa ni le interesa. *La verdad es que me da igual que me critiquen los que no me conocen.* SIN. **Indiferente.** ✔

El adjetivo **igual** tiene la misma forma para masculino y femenino.

iluminar *v.* **1.** Iluminar es proyectar luz hacia algo o alguien. *La mesa de estudio debe estar bien iluminada.* También v. prnl. SIN. **Alumbrar.** **2.** También, poner luces como adorno en lugares públicos. También v. prnl. *El día 20 de diciembre las calles de la ciudad se iluminan con luces navideñas.* SIN. **Adornar, alumbrar.** **3.** Y dar color a los dibujos o a las letras de un libro. *Los monjes iluminaban los libros con gran maestría.* SIN. **Pintar, colorear.**

Santi asomó la cabeza dentro de la habitación.
–Chicos, imagino que tendréis hambre. ¿Queréis bajar a merendar algo?
Jonás y Marena se miraron con gesto de fastidio. Santi les había interrumpido en un momento de lo más inoportuno.
Santi percibió ese gesto y se extrañó; por eso, mientras esperaba la respuesta, se fijó un poco más en lo que estaban haciendo.

imaginar *v.* **1.** Imaginar es representar algo en nuestra mente. *De pequeño, me gustaba imaginar que vivía en un submarino.* SIN. **Fantasear, soñar.** **2.** También, suponer algo. ✿ SIN. **Suponer, creer.** **3.** E inventar. *He imaginado un juego de palabras muy divertido.* SIN. **Idear, crear.**

imitar *v.* **1.** Imitar a una persona es hacer las cosas del mismo modo que ella. *Esta claro que este grupo pretende imitar a ABBA.* SIN. **Parodiar, emular. 2.** Imitar una cosa es hacer otra igual. *Los grabados de esta exposición imitan los dibujos de los niños.* SIN. **Copiar, falsificar. 3.** Una cosa imita a algo si pretende parecerse a ello. *Tus zapatos imitan la piel de cocodrilo.* SIN. **Semejar.**

Había varias cosas sobre la alfombra, cosas que Marena guardaba desde hacía tiempo y que no parecían muy importantes: pulseras, gomas del pelo, papeles, bolis, un sobre morado... Sí, un sobre morado.

impedir *v.* Impedir una cosa es no dejar, o hacer muy difícil, que suceda. *Su baja estatura le impide ser una buena jugadora de baloncesto.* SIN. **Obstaculizar, dificultar.**

importante *adj.* **1.** Son importantes las personas y cosas que tienen importancia, es decir, que tienen valor, o que son motivo de interés para alguien. ✡ SIN. **Considerable, interesante. 2.** Una persona importante es la que ocupa una posición relevante. *Importantes representantes de la vida social, política y cultural asistirán al acto.* SIN. **Eminente, prestigioso.** ✔

El adjetivo ***importante*** tiene la misma forma para masculino y femenino.

El arte de imprimir es la imprenta. Las antiguas civilizaciones imprimían en piedras, en bloques de madera... En el siglo XV, Johann Gutenberg inventó la imprenta propiamente dicha. Utilizaba tipos, es decir, bloques que llevaban en sus caras una letra o un símbolo en relieve, que se disponían en fila y se podían reutilizar.

imprimir *v.* **1.** Imprimir es pasar a papel u otro material textos, ilustraciones, imágenes... ✡ SIN. **Estampar, editar. 2.** También, presionar sobre algo para dejar una marca. *El detenido imprimió su huella dactilar en la ficha policial.* SIN. **Estampar, fijar. 3.** Y dejar en la memoria o en la mente un sentimiento, una idea... *Aquel año en Londres quedó impreso en su memoria.* SIN. **Retener, inculcar.** ✔

Imprimir tiene dos participios: *imprimido* e *impreso.*

incapaz *adj.* **1.** Una persona incapaz es la que no tiene talento, formación o inteligencia para hacer algo. *Yo, para estudiar idiomas, soy totalmente*

Los lobos del bosque que rodeaba el Arroyo Francés estaban fuera de control. Había tantos que los granjeros eran incapaces de impedir que mataran al ganado y a sus ovejas [...].

Historias de miedo

incapaz. SIN. Inepto, inútil. 2. Y la que no puede hacer algo. ✪ SIN. Torpe, incompetente. ✔

El adjetivo ***incapaz*** tiene la misma forma para masculino y femenino.

inclinar *v.* 1. Inclinar algo es apartarlo de la posición horizontal o vertical que tiene. También v. prnl. *Inclina un poco la sombrilla para que dé más sombra.* SIN. Desviar, torcer. 2. También, ejercer influencia sobre alguien para que haga o diga algo. *Cada candidato pretendía inclinar a los votantes a su favor.* SIN. Influir, persuadir. // **inclinarse** *v. prnl.* 3. Inclinarse es bajar el tronco o la cabeza para mostrar respeto, cortesía... *Para hacer la reverencia de forma correcta hay que inclinar el cuerpo ligeramente.* SIN. Doblar, agachar. 4. También mostrar más interés o preferencia por algo o alguien. *De las opciones que me propones, me inclino por la segunda.* SIN. Preferir, escoger. 5. Y tener tendencia a pensar o a decir algo. *Por la cara que traes, me inclino a pensar que has suspendido el examen.* SIN. Tender, propender.

indefinido, indefinida *adj.* 1. Es indefinido lo que no es preciso, ni exacto. ✪ SIN. Impreciso, confuso. 2. Y lo que no tiene un límite o un final concreto. *Se suspenden las clases por tiempo indefinido.* SIN. Indeterminado, ilimitado.

El profesor se llamaba Rosamarino Silber y era un orondo señor de edad indefinida [...].

La escuela de magia

A cada lado de las puertas había diez soldados que miraban con indiferencia al gentío. Eragon y Brom entraron en la ciudad sin incidentes.

Eragon

indiferencia *s. f.* La indiferencia es la actitud de la persona indiferente, es decir, la persona que no muestra interés, ni afecto, ni preferencia por algo o alguien. ✪ SIN. Impasibilidad, desinterés, apatía.

indigno, indigna *adj.* 1. Ser indigno de algo o de alguien es no merecerlos. *Si no sabe apreciar tus virtudes, es indigno de ti.* SIN. Desmerecedor. 2.

Una actitud, un comentario... son indignos de una persona si no son propios de ella. *Ser tan grosero es indigno de una persona de su condición.* SIN. Impropio, extraño. 3. Es indigno algo o alguien que no merece respeto ni consideración. *El mendigo vivía en unas condiciones lamentables e indignas.* SIN. Vil, despreciable, intolerable.

Las fotografías individuales habían sido tomadas y por último llegó el momento de la foto de grupo.

Fríndel

individual *adj.* 1. Individual es lo relacionado con el individuo. *Es preciso reconocer el respeto para nuestros derechos individuales.* SIN. Personal, propio. 2. Y lo que es para una sola persona. ✲ SIN. Particular, unipersonal. ✔

El adjetivo ***individual*** tiene la misma forma para masculino y femenino.

El adjetivo ***inevitable*** tiene la misma forma para masculino y femenino.

inevitable *adj.* Es inevitable lo que no se puede evitar que suceda. ✲ SIN. Ineludible, obligatorio. ✔

Marena y Jonás bajaron a merendar. Era inevitable; de no hacerlo, Santi se extrañaría y comenzaría a hacer preguntas: ¿qué estáis haciendo?, ¿es tan importante como para dejar de lado la merienda?, ¿puedo ayudaros?...

infancia *s. f.* 1. La infancia son los años que pasan en la vida de una persona desde que nace hasta que llega a la adolescencia. ✲ SIN. Niñez. 2. La infancia es también el conjunto de todas las personas que están en la niñez. ✲ SIN. Niños.

La princesa Beatriz iba saliendo de la infancia entre dulces cuidados, y el brillo de su pelo despertaba la admiración de sus damas y compañeras.

El bosque de los sueños

ingenuo, ingenua *adj.* Una persona es ingenua si no tiene malicia y no piensa mal de los demás. También s. m. y f. *Charly parece muy ingenuo pero no se chupa el dedo.* SIN. Inocente, iluso.

inmóvil *adj.* 1. Es inmóvil lo que no se mueve, ni se desplaza. *Todas las piezas giran alrededor de un mástil central que permanece inmóvil.* SIN. Fijo, quieto. 2. Y también lo que no sufre cambios o modificaciones. *A pesar de las críticas, la postura del director permanece inmóvil.* SIN. Invariable, inamovible. ✔

El adjetivo ***inmóvil*** tiene la misma forma para masculino y femenino.

En 1989 se firmó en la ONU la Convención sobre los Derechos del Niño, 12 derechos para proteger a la infancia.

Santi estaba inquieto por la carta que había recibido de Madrid. Las noticias no eran buenas, aunque eso no era novedad: ya hacía tiempo que las noticias que recibía desde Madrid eran decepcionantes.
Marena y Jonás disfrutaban en la cocina de un merienda ligera. Decían chorradas propias de adolescentes y se reían sin saber bien de qué.
Santi aprovechó este momento y entró en el cuarto de Marena. Cogió el sobre morado y sacó el papel que contenía. Lo leyó. Sus ojos se llenaron de nostalgia.

inquieto, inquieta *adj.* **1.** Una persona o un animal están inquietos si no están tranquilos. *Supuse que pasaba algo porque los perros estaban muy inquietos.* SIN. **Intranquilo, nervioso, agitado.** **2.** Una persona está inquieta si siente preocupación por algún motivo. ✡ SIN. **Alarmado, preocupado.** **3.** Y si muestra curiosidad por conocer cosas nuevas. *Desde pequeño, Jaime siempre ha sido un niño inquieto con ganas de aprender muy rápido.* SIN. **Curioso, interesado.**

Cuando el ministro americano míster Hiram B. Otis compró Canterville Chase, todo el mundo le dijo que estaba haciendo una insensatez, ya que no cabía duda alguna de que había fantasmas en el lugar.

El fantasma de Canterville

insensatez *adj.* Una insensatez es lo que hacen las personas insensatas, es decir, las personas que actúan de forma imprudente e irreflexiva. También s. m. y f. ✡ SIN. **Imprudencia, irresponsabilidad.**

insignificante *adj.* Es insignificante algo muy pequeño o que tiene poca importancia. *Nuestras diferencias eran tan insignificantes que se resolvieron enseguida.* SIN. **Ínfimo, inapreciable.** ✔

El adjetivo ***insignificante*** tiene la misma forma para masculino y femenino.

insistir *v.* **1.** Insistir es mantenerse firme en una idea, en una actitud… *Insisto en ir hoy al cine porque tengo interés en ver la película.* SIN. **Persistir, perseverar.** **2.** Insistir también es hacer o decir la misma cosa varias veces. *No sigas insistiendo porque no voy a acceder a lo que pides.* SIN. **Repetir, reiterar.**

inspirar *v.* **1.** Inspiramos cuando tomamos aire y lo hacemos llegar a los pulmones. *El doctor me mandaba inspirar y espirar.* SIN. **Aspirar, inhalar.** **2.** Inspirar es aportar ideas para crear una obra artística. *En la mitología griega, las musas eran las diosas que inspiraban a los artistas.* SIN. **Imbuir, sugerir.** **3.** También, producir cierto sentimiento

o cierta impresión en una persona. *El novio de Mariana no me inspira confianza.* SIN. **Infundir, provocar.** // **inspirarse** *v. prnl.* **4.** Inspirarse es tomar modelos o ideas como punto de partida para crear algo. *Para crear su nueva colección, la diseñadora se inspiró en los colores de las flores.* SIN. **Fijarse.**

En Chile hallé palabras
de lluvia y de nieve
intacta
mas ninguna tan clara
-Panimávida.

Nicolás Guillén para niños

intacto, intacta *adj.* Decimos que está intacto lo que no sido tocado por nadie, ni dañado, ni deteriorado. ✲ SIN. **Íntegro, entero, indemne.**

El adjetivo ***inteligente*** tiene la misma forma para masculino y femenino.

inteligente *adj.* **1.** Es inteligente quien tiene inteligencia, es decir, capacidad para entender y razonar las cosas. *Los animales más inteligentes son los delfines.* SIN. **Listo. 2.** Una persona es inteligente si tiene mucha capacidad para entender las cosas. ✲ SIN. **Perspicaz, vivo.** AM. **Abusado. 3.** Un edificio inteligente es el que consta de sistemas que automatizan sus instalaciones. *Los edificios inteligentes están programados para ahorrar energía.* SIN. **Domótico.** ✔

El agua no tenía color,
y aquella extensión
enorme y movediza
era de un intenso azul
verdoso.

El cuervo Pantuflo

Para medir la inteligencia de una persona se recurre a una escala media de 100 puntos. La mayoría de la población tiene entre 80 y 120 puntos. Son personas muy inteligentes, brillantes, las que tienen entre 120 y 130 puntos. A partir de 130 puntos podemos hablar de personas superdotadas.

intenso, intensa *adj.* Es intenso lo que se manifiesta con más intensidad, es decir, con más fuerza o más energía de lo normal.✲ SIN. **Potente, vivo, entusiasmado.**

intentar *v.* Intentar es hacer todo lo posible por realizar o por conseguir algo. *Aunque no sé si lo conseguiré, intentaré mejorar mi salto anterior.* SIN. **Tratar, procurar.**

interrumpir *v.* **1.** Interrumpir algo es no dejar que siga sucediendo. *No es correcto interrumpir a los demás cuando hablan.* SIN. **Impedir, parar. 2.** Interrumpir es también obstruir el paso. *Un coágulo estaba interrumpiendo la correcta circulación sanguínea.* SIN. Dificultar, bloquear.

intervenir *v.* **1.** Intervenimos en un asunto, en una actividad... cuando tomamos parte en ellos. *En el programa de debate de hoy intervendrán dos ilustres escritores.* SIN. Participar, actuar. **2.** También, cuando mediamos en favor de alguien. *Intervendré a tu favor para que el director autorice tu traslado.* SIN. Terciar, interceder. **3.** Intervenir una comunicación privada es investigarla, leerla o escucharla. *El juez ordenó intervenir el teléfono para facilitar la investigación.* SIN. Interceptar, pinchar. **4.** El cirujano interviene cuando realiza una operación quirúrgica a un paciente. *El equipo de cirujanos ya está preparado en el quirófano para empezar a intervenir.* SIN. Operar.

Introdujo de nuevo el papel dentro del sobre y lo dejó donde estaba. Cada día esperaba que Marena le preguntase algo acerca de ese misterioso sobre morado que un día había encontrado en su caja. Pero Marena ni siquiera lo había mencionado. Santi pensaba que quizá no lo había visto aún, o que con el traslado se había olvidado de él, o que, simplemente, no le había dado importancia.

intoxicar *v.* **1.** Intoxicar a un ser vivo es causarle daño con sustancias tóxicas. También v. prnl. *Todos los comensales han sido intoxicados con la nata de la tarta.* SIN. Envenenar. **2.** Intoxicar es también distribuir información manipulada o errónea. *El alcalde está intentando intoxicar a los ciudadanos con sus mentiras.* SIN. Manipular, engañar.

Emilio se volvió hacia su petate y cogió el saco de dormir. Lo abrió, se introdujo en él y se sentó apoyado en un árbol, dispuesto a esperar una vez que había comprobado la extraña actitud de aquellos hombres que tenían que recogerlo.

El alma del bosque

introducir *v.* **1.** Introducir algo en un lugar es meterlo en él. También v. prnl. ✣ SIN. Meter, insertar. **2.** Introducir a una persona es llevarla al interior de un lugar. También v. prnl. ✣ SIN. Conducir. **3.** Introducir a una persona en un grupo, en un lugar, en un ambiente... es facilitarle el acceso a ello. *Mi amiga Carol me ha introducido en el mundillo del teatro.* SIN. Presentar, relacionar. **4.** Y hacer que una costumbre, una idea, etc. empiece a utilizarse o sea conocida en un lugar. *Internet ha introducido nuevos modos de comunicación.* SIN. **Implantar, asentar.**

intuir *v.* 1. Intuimos algo si nos damos cuenta de ello sin que intervenga el razonamiento. SIN. **Captar, percibir.** 2. También, si presentimos algo que aún no ha sucedido. *Intuyo que estas vacaciones van a ser muy divertidas.* SIN. **Presagiar, adivinar.**

Aunque [...] nunca había estado en Francia, intuía desde hacía tiempo que las salamandras eran francesas.

El castillo de las ranas

inundar *v.* 1. Inundar es cubrir un lugar con agua u otro líquido. También v. prnl. *El desbordamiento del río inundó la avenida.* SIN. **Anegar, bañar.** 2. Y haber muchas personas o cosas en un lugar. También v. prnl. *La recepción del hotel estaba inundada de periodistas.* SIN. **Atestar, llenar.**

invento *s. m.* 1. Un invento es una cosa nueva que se descubre. SIN. **Hallazgo.** 2. Una cosa que se imagina o que se cuenta como real aunque sea falsa. *Yo creo que lo que me estás contando son inventos tuyos.* SIN. **Invención, fantasía.** 3. Y el hecho de inventar algo. SIN. **Descubrimiento.**

El invento de la escritura es uno de los más importantes para la humanidad. Surgió en Mesopotamia hace unos 5000 años.

Aunque siempre se ha creído que el teléfono fue un invento de Alexander Graham Bell, lo cierto es que su inventor fue Antonio Meucci y que Bell se apropió de la idea de Meucci. El 11 de junio de 2002 el Congreso de los Estados Unidos reconoció que el inventor del teléfono había sido Meucci y no Alexander Graham Bell.

invitar *v.* 1. Invitamos a una persona cuando le comunicamos nuestro deseo de que acuda a una ceremonia, a un acto, a una celebración... *Sergio nos ha invitado a su boda con Estefanía.* SIN. **Convidar, convocar.** 2. Invitamos a una persona cuando, por cortesía, pagamos lo que ella consume. *Te invito a un café.* SIN. **Convidar.** 3. También, cuando le pedimos que haga algo. *Después de comer, el anfitrión nos invitó a pasar al jardín.* SIN. **Sugerir, solicitar.**

Los verbos **irregulares** son los que, en alguna de sus formas, no siguen la conjugación del verbo tomado como modelo y presentan cambios en la raíz, las desinencias o en ambas.

ira *s. f.* La ira es un enfado muy fuerte que se manifiesta con gritos, insultos, etc. *En un ataque de ira, Pablo tiró la mesa y la silla al suelo.* SIN. Cólera, furia, rabia.

Los hombres prehistóricos aprovechaban las paredes **irregulares** para conseguir un efecto tridimensional en sus pinturas.

irregular *adj.* **1.** Es irregular lo que no es homogéneo, lo que presenta cambios en su forma, en su funcionamiento, en su comportamiento... ✪ SIN. Desigual, discontinuo. **2.** También, lo que no se ajusta a una regla o a una norma. ✪ SIN. Anómalo, anormal. ✔

El adjetivo ***irregular*** tiene la misma forma para masculino y femenino.

irresponsable *adj.* Una persona, y sus actos, es irresponsable si no cumple con sus obligaciones o no piensa en las consecuencias de lo que hace. También s. m. y f. *Dejar al niño solo en casa ha sido una conducta muy irresponsable.* SIN. Insensato, imprudente. ✔

El adjetivo ***irresponsable*** tiene la misma forma para masculino y femenino.

izquierdo, izquierda *adj.* Las partes izquierdas del cuerpo humano son las que están situadas al lado del corazón; también las cosas que están situadas a ese lado. *Lorenzo se ha tatuado una dragón en su hombro izquierdo.* SIN. Siniestro, zurdo.

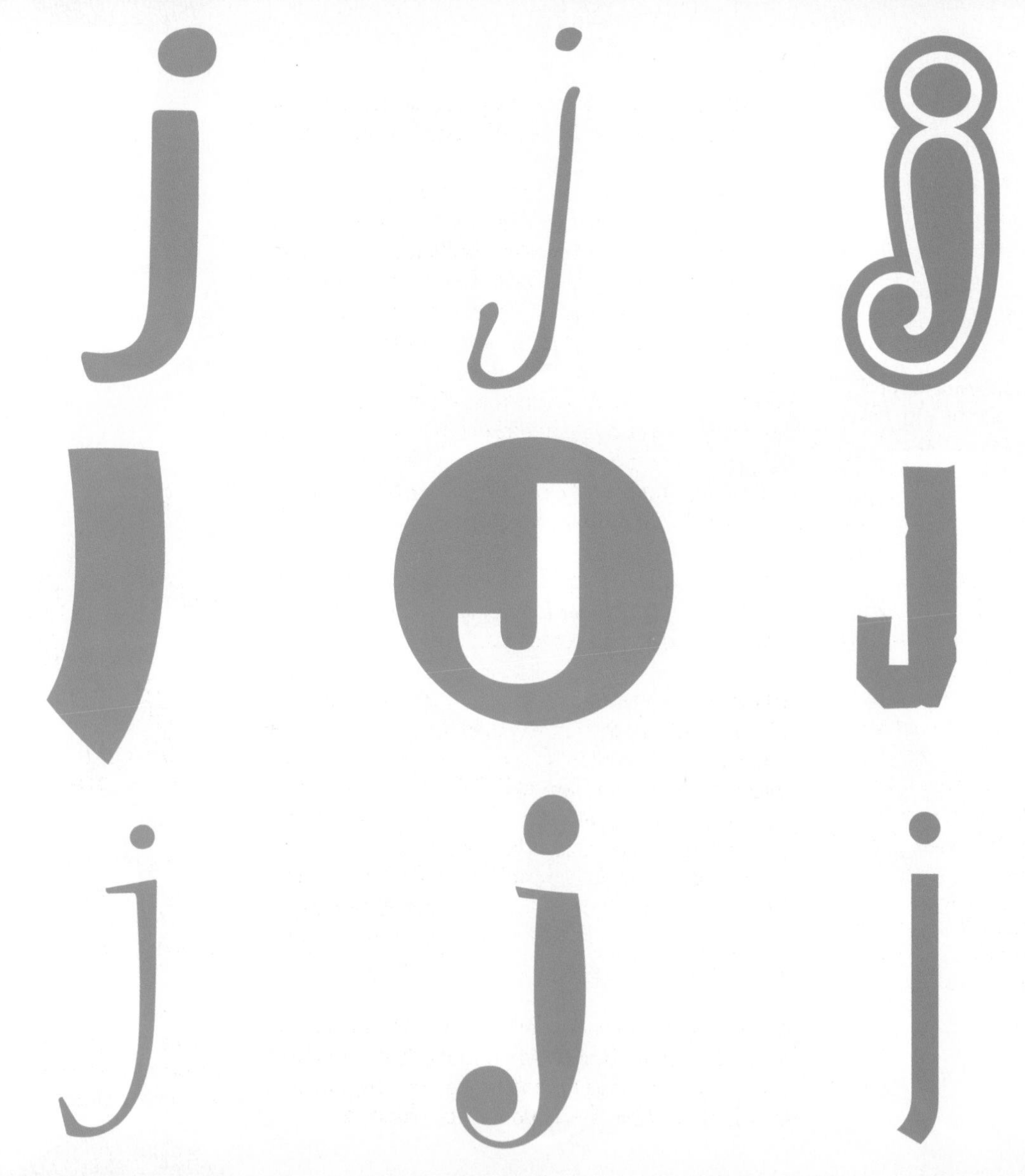

Una niña se jactó de que había escrito la palabra frίndel *cuarenta y cinco veces en su castigo de hoy.*

Fríndel

jactarse *v. prnl.* Jactarse es presumir de lo que se tiene o lo que se es. ✪ SIN. **Alardear, fanfarronear.**

Hacia el cielo volaba Atreyu. [...] Fújur, el dragón blanco de la suerte, de deslizaba con movimientos sinuosos, lentos y regulares, entre la niebla y los jirones de las nubes.

La historia interminable

jaleo *s. m.* **1.** Jaleo es ruido, alboroto. *Los universitarios celebran hoy una fiesta y hay mucho jaleo en el campus.* SIN. **Tumulto, bullicio.** **2.** También una situación en la que se produce confusión. *Me confundí en la operación porque me hice un jaleo con los números.* SIN. **Lío, desconcierto.**

La jornada *iba acercándose a su fin. Jonás se había ido a casa y Santi y Marena estaban solos, ya que Sara había acudido a la inauguración de una exposición.*
Marena estaba sentada en el sofá viendo la tele. Santi se sentó a su lado.
–¿Qué estás viendo?
–Nada en especial.
Santi no sabía cómo interponerse entre la pantalla y los ojos de su hija sin resultar brusco.
–¿Qué tal con Jonás? Parece que sois buenos amigos, ¿no?

jirón *s. m.* **1.** Un jirón es un trozo desgarrado de una prenda de vestir o de cualquier tela. *Tras el ataque del perro, su ropa quedó hecha jirones.* SIN. **Desgarrón, rasgadura.** **2.** Y también una parte pequeña de algo. ✪ SIN. **Retazo, fragmento.**

jocoso, jocosa *adj.* Es jocoso lo que nos resulta divertido. *Sus comentarios jocosos alegraron la velada.* SIN. **Gracioso, chistoso.**

jornada *s. f.* **1.** Una jornada es un periodo que dura 24 horas. ✪ SIN. **Día.** **2.** También, tiempo diario o semanal que dedicamos al trabajo. *Mi jornada diaria dura siete horas.* SIN. **Jornada laboral.** **3.** El camino recorrido en un día. *La jornada resultó muy dura por el fuerte viento.* SIN. **Etapa, trayecto.** **4.** Y las reuniones que se celebran para tratar un tema determinado y que duran uno o más días. *Las jornadas sobre agricultura ecológica tendrán lugar en octubre.* SIN. **Sesión.** ✔

En su acepción 4, el sustantivo ***jornada*** se usa preferentemente en plural: *jornadas.*

joven *adj.* Es joven la persona que ha pasado de la niñez y aún no ha llegado a la madurez. También s. m. y f. *Se necesita persona joven con experiencia en diseño gráfico.* SIN. **Muchacho, chico.** ✔

El adjetivo ***joven*** tiene la misma forma para masculino y femenino.

–Sí, papá, ya sabes que somos amigos. ¿Qué quieres? Te conozco, cuando empiezas a merodear a mi alrededor y a hacerme preguntas tontas, es que quieres algo. ¿No querrás jugar una partida de ajedrez? Si es eso, me niego. Odio el ajedrez.
–¡Qué cruel eres, Marena! No. No quiero jugar al ajedrez. Solo quería ser amable. Vi que le estabas enseñando a Jonás tus cosas y ese es un paso que solo se da con los verdaderos amigos.
–Mmmmm. Bueno sí, más o menos. Papá, ¿tú sabes por qué desde hace tiempo en mi caja hay un sobre morado con un papelito dentro?

jubilar *v.* **1.** Jubilar a una persona es decidir que deje de trabajar por haber llegado a la edad fijada por la ley o por una enfermedad, concediéndole una pensión. *La dirección de la empresa ha decidido jubilar anticipadamente a varios de sus trabajadores.* SIN. **Retirar.** **2.** Jubilar una cosa es deshacerse de ella porque está vieja o porque ya no sirve. *A ver si jubilas ya esa moto, que está muy vieja.* SIN. **Desechar, tirar.** // **jubilarse** *v. prnl.* **3.** Una persona se jubila cuando decide dejar de trabajar a causa de su edad o de una enfermedad, y recibe la pensión correspondiente. *Cuando me jubile, me dedicaré a viajar.* SIN. **Retirarse.**

júbilo *s. m.* El júbilo es una alegría muy grande que manifestamos con gestos, gritos, etc. ✡ SIN. **Entusiasmo, alborozo.**

La niña quedó feliz. María dos Prazeres, a su vez, regresó a casa con el júbilo de haber vivido un sueño madurado durante años en su corazón.

Cuentos

jugar *v.* **1.** Jugar es realizar acitividades por diversión o entretenimiento. ✡ SIN. **Divertirse, entretenerse.** **2.** También, participar en un juego o en una competición. *El Liverpool y el Barcelona jugarán la final de la Copa.* SIN. **Intervenir, tomar parte.** **3.** Tomar parte en juegos de azar como la lotería, las máquinas, etc. *Todas las semanas juego dos euros a la primitiva.* SIN. **Apostar.** **4.** Tratar cosas serias como si no lo fueran. *No juegues con mi paciencia.* SIN. **Trivializar, banalizar.** **5.** Y tocar algo con las manos repetidamente como entretenimiento. *Deja de jugar con las llaves, me estás poniendo nervioso.* SIN. **Juguetear.** // **jugarse** *v. prnl.* **6.** Jugarse algo es arriesgarlo. *Me estoy jugando mi empleo por ayudarte.* SIN. **Exponerse.**

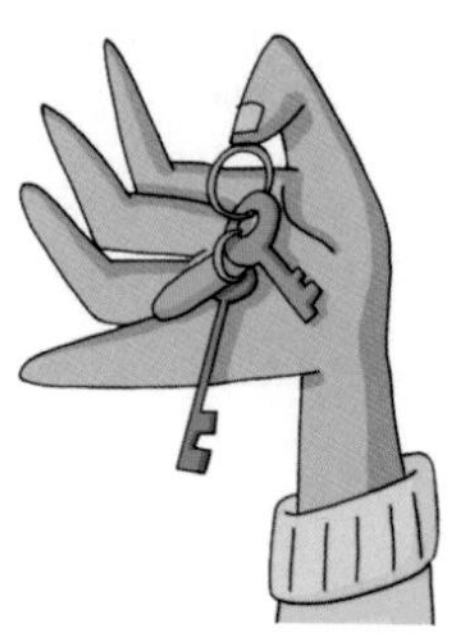

jugoso, jugosa *adj.* **1.** Un alimento está jugoso si tiene jugo, si tiene sustancia. *El solomillo de terne-*

ra es muy jugoso. SIN. **Sabroso, sustancioso.** 2. Es jugoso algo que resulta valioso, provechoso. *El estudio publicado por Cienciae es muy jugoso para los investigadores.* SIN. **Estimable, interesante.**

El rey me oyó con atención y empezó a concebir de mí un juicio mucho mejor del que había tenido hasta entonces.

Los viajes de Gulliver

juicio *s. m.* 1. Juicio es la capacidad para valorar algo o a alguien. *A mi juicio, es necesario restaurar todas las vidrieras de la cúpula.* SIN. **Reflexión, valoración.** 2. También, la opinión que nos merece algo o alguien. ✫ SIN. **Dictamen, parecer.** 2. Un juicio es un acto en el que un juez, tras informarse de los hechos, pronuncia una sentencia. *Tengo que asistir al juicio en calidad de testigo.* SIN. **Proceso, causa.**

Bueno, parecía que Marena empezaba a juntar algunas piezas. Por fin. Estaba deseando hablar con ella, compartir con su hija lo que él como hijo compartió tiempo atrás con su padre. Pero no era fácil.

juntar *v.* 1. Juntar personas o cosas es ponerlas muy cerca unas de otras. También v. prnl. ✫ SIN. **Acercar, aproximar.** 2. Juntar es también reunir una cantidad de algo para formar un conjunto. *Estoy juntando cromos para completar el álbum de las estrellas de la NBA.* SIN. **Coleccionar, agrupar.** 3. Y hacer que varias personas vayan a la vez a un mismo lugar. *Una vez al año nos juntamos todos los compañeros de promoción.* SIN. **Congregar** // **juntarse** *v. prnl.* 4. Juntarse con una o más personas es tener amistad con ellas. *¡A ver con qué compañías te juntas!* SIN. **Relacionarse.**

jurar *v.* 1. Jurar es afirmar o negar algo poniendo como testigo a Dios, a una persona o algo importante. ✫ SIN. **Prometer.** 2. También, comprometerse por medio de un juramento a aceptar las obligaciones y deberes de un cargo. *Los ministros juraron su cargo ante el Rey.* SIN. **Prometer, acatar.** 3. Y decir tacos o palabras malsonantes. *Los dos conductores*

Él entró y me dejó llorar un rato. Luego le revelé mi horrible secreto, el que me había propuesto no contar a nadie, el que hice jurar a Sammy que nunca contaría.

Kira-Kira

salieron de sus coches y se pusieron a discutir, a jurar y a insultarse. SIN. **Blasfemar, insultar.**

justo, justa *adj.* **1.** Una persona es justa si actúa respetando la ley y la moral. *Mi profesor es muy justo evaluando nuestros exámenes.* SIN. **Objetivo, imparcial.** **2.** Un cosa es justa si está de acuerdo con la ley y la moral. ✧ SIN. **Razonable, cabal.** **3.** También, si está en la cantidad que debe estar, sin que sobre ni falte. *No tiene que darme vuelta, le pago el dinero justo.* SIN. **Exacto.** **4.** Si se adapta al espacio en el que debe estar. *Aquí queda el espacio justo para poner un sofá.* SIN. **Adecuado.** **5.** Y si queda un poco escaso. *La ensalada era abundante pero el estofado era bastante justo.* SIN. **Ajustado, apretado.**

María pensó que lo que habían hecho con aquella chica no era **justo**. *En lugar de terapia era una venganza por haber protestado.*

Mi tigre es lluvia

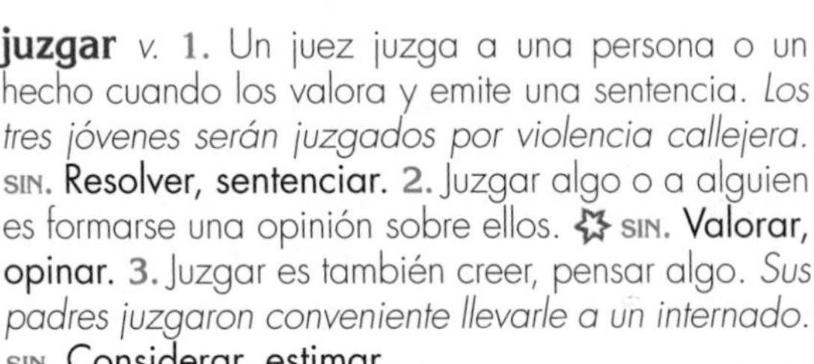

juzgar *v.* **1.** Un juez juzga a una persona o un hecho cuando los valora y emite una sentencia. *Los tres jóvenes serán juzgados por violencia callejera.* SIN. **Resolver, sentenciar.** **2.** Juzgar algo o a alguien es formarse una opinión sobre ellos. ✧ SIN. **Valorar, opinar.** **3.** Juzgar es también creer, pensar algo. *Sus padres juzgaron conveniente llevarle a un internado.* SIN. **Considerar, estimar.**

No supe comprender nada entonces. Debí **haberla juzgado** *por sus actos y no por sus palabras. Me perfumaba y me iluminaba.*

El Principito

—Marena, ven, siéntate aquí, quiero hablar contigo.

—Papá, me estás asustando. ¿Qué pasa? No me digas que tenemos que volver a marcharnos. No me lo digas porque no quiero escucharlo.

—No, no es eso. Déjame hablar.

Marena se sentó al lado de su padre con gesto resignado. Esto no tenía buena pinta. Su padre estaba poniendo la cara de las grandes ocasiones.

—Quiero contarte por qué un día, así, de pronto, en la caja donde guardas tus cosas aparece un sobre morado con un extraño papel dentro.

—¿Lo pusiste tú, papá? ¿Por qué?

—Déjame hablar, Marena. No me interrumpas. Sí. Ese sobre es mío, bueno, era mío. Ahora ya no. Y antes perteneció a mi padre. Él me lo dio a mí cuando tenía más o menos la edad que tú tienes ahora y lo hizo del mismo modo: lo metió entre mis cosas preferidas que, por supuesto, nada tienen que ver con las tuyas: canicas, alguna carta de alguna chica, saltamontes disecados…

—¡Qué asco, papá! —exclamó Marena—. ¿Y por qué te dio ese papel el abuelo? ¿Qué quiere decir?

—Bueno, tu abuelo era una persona muy sabia. Te habría gustado. Podías hablar con él de cualquier cosa porque sus conocimientos abarcaban mucho más de lo que te puedes imaginar. Pero su auténtica obsesión eran las palabras, lo que decimos, por qué lo decimos, desde cuándo lo decimos… Y él quiso transmitirme a mí ese interés. Por eso me dio ese papel, porque en él está el secreto del lenguaje. Y ese secreto solo lo conocemos unos pocos.

—¿El secreto del lenguaje? El lenguaje no tiene secretos, papá. Las palabras están en los diccionarios y no es tan difícil conocerlas.

—Sí, Marena, sí. Es más difícil de lo que te imaginas porque no podemos quedarnos solo con las seis letras de la palabra *olvido*, o las cuatro letras de *amor* o las de *risa*; hay que saber por qué existen esas palabras y todas las demás. Yo lo sé. Y quiero que también lo sepas.

k k k

K K K

k k k

k k k

K K K

k k k

En la Segunda Guerra Mundial, un kamikaze era un piloto japonés que se lanzaba con su avión cargado de explosivos contra los objetivos enemigos.

El sustantivo ***kamikaze*** tiene la misma forma para masculino y femenino.

káiser *adj.* Káiser es el título que recibían los emperadores de Alemania y Austria. *La palabra káiser proviene del latín* Caesar, *césar, que era el título de los emperadores romanos.* SIN. Soberano, césar.

kamikaze *s. m. y f.* **1.** Un kamikaze es una persona que pone en peligro su vida. *Violeta es una verdadera kamikaze al volante.* SIN. Temerario, loco. **2.** Y un terrorista que se suicida en un acto de terrorismo. *El kamikaze llevaba una carga explosiva adosada a su cuerpo.* SIN. Suicida. ✔

karateca *adj.* Un karateca es una persona que practica kárate. ✪ SIN. Luchador. ✔

El kárate es un deporte de origen japonés. En cada combate se enfrentan dos personas, llamadas karatecas, que intentan darse golpes con el borde de la mano, los codos o los pies.

El adjetivo ***karateca*** tiene la misma forma para masculino y femenino.

Sara entró en ese momento en la estancia. Y Santi y Marena interrumpieron su conversación. Fue algo espontáneo por parte de ambos, como si ambos hubieran acordado tácitamente que Sara, de momento, no debía saber nada.
–Vengo muerta –se quejó Sara mientras se sentaba al lado de Marena–. Estos actos son agotadores; y más cuando no conoces a casi nadie y tienes que intentar retener nombres y caras para no meter la pata. ¿De qué hablábais?

labrar *v.* **1.** Labrar es trabajar la tierra. *Antes de sembrar, hay que arar la tierra.* SIN. **Arar, cavar.** **2.** También, dar forma a un material como la madera, la piedra… o grabar algo en él. *En la empuñadura del bastón he labrado tus iniciales.* SIN. **Tallar, esculpir.** **3.** Y hacer lo necesario para conseguir algo. *Ha trabajado duro para labrarse un futuro digno.* SIN. **Crear, forjar.**

lado *s. m.* **1.** Un lado es la parte izquierda o derecha de alguien o de algo. *Yo prefiero dormir en el lado derecho de la cama.* SIN. **Mitad, costado.** **2.** Un lado es también cada una de las superficies de una tela, de una moneda… *Tienes que escribir tu nombre en ambos lados del papel.* SIN. **Anverso, reverso.** **3.** Y un lugar. ✵ SIN. **Sitio, emplazamiento, zona.**

lamentable *adj.* **1.** Es lamentable lo que nos causa pena. ✵ SIN. **Triste, dramático.** **2.** Y lo que nos produce rechazo por no estar bien hecho, por no ser oportuno, por ser de mala calidad… *El aspecto de tu apartamento es lamentable.* SIN. **Deplorable, desastroso.** ✔

El adjetivo ***lamentable*** tiene la misma forma para masculino y femenino.

¿Era tal vez el capitán Nemo un campeón de los pueblos oprimidos, un liberador de las razas esclavas? […] ¿Había sido tal vez uno de los héroes de la terrible guerra americana, guerra lamentable y para siempre gloriosa?

20 000 leguas de viaje submarino

lánguido, lánguida *adj.* Un persona lánguida es una persona débil, sin energía. *Su lánguida mirada se posó sobre el horizonte.* SIN. **Fatigado, decaído.**

lanzar *v.* **1.** Lanzar algo es impulsarlo lejos con fuerza. *El portero lanzó el balón fuera del campo.* SIN. **Arrojar, tirar.** **2.** Lanzar una mirada, una crítica, un desafío… es dirigirlos hacia alguien o hacia algo. *Rosa me lanzó una mirada fulminante.* SIN.

Dar, proferir. 3. Lanzar es también hacer que algo sea más conocido. *La nueva campaña publicitaria para lanzar el Six 300 ha sido un éxito.* SIN. Difundir, promocionar.

El señor Cretino empezó a comer, enrollando en su tenedor las largas tiras cubiertas de tomate y empujándolas dentro de la boca.

Los Cretinos

largo, larga *adj.* 1. Es largo lo que tiene mucha longitud o más longitud de lo normal. ✪ SIN. Prolongado, dilatado. 2. También lo que dura mucho o nos parece que dura mucho. *¡Qué película tan larga! Pensé que no acababa.* SIN. Extenso, interminable. 3. Una cantidad o una medida son largos si sobrepasan lo justo. *Hoy habré corrido cinco kilómetros largos.* SIN. Sobrado, pasado. 4. Con sustantivos que indiquen tiempo, como meses, años, etc., largo significa mucho. *Tras largos años de escasez, por fin llegó la prosperidad.* SIN. Numeroso. // **largo** *s m.* 5. El largo de un objeto es la más grande de sus tres dimensiones. *El largo de una piscina olímpica suele ser de cincuenta metros.* SIN. Longitud.

Utilizamos la interjección ***¡Lástima!*** para expresar el disgusto por algo.

lástima *s. f.* 1. La lástima es un sentimiento de compasión que inspira en una persona el sufrimiento de otra. *Da mucha lástima ver a esos pobres animales enjaulados.* SIN. Dolor, pena. 2. También, un hecho que inspira fastidio o tristeza. *Es una lástima que no hayamos conseguido ganar este partido tan decisivo.* SIN. Pena. ✔

El corazón late más de 30 millones de veces al año. Los latidos del corazón son movimientos de contracción (sístole) y dilatación (diástole).

latir *v.* El corazón late cuando realiza movimientos rítmicos y acompasados. ✪ SIN. Palpitar.

leal *adj.* 1. Una persona es leal si se comporta con honradez con los demás. *Nunca tendré un amigo más leal que tú.* SIN. Honrado, legal. 2. Un

El adjetivo ***leal*** tiene la misma forma para masculino y femenino.

animal es leal si muestra obediencia y fidelidad a su amo. *Mi leal Platón, mi amigo fiel.* SIN. **Noble, fiel.** ✔

El adjetivo ***legal*** tiene la misma forma para masculino y femenino.

legal *adj.* **1.** Es legal todo aquello relacionado con la ley o con el Derecho. *Desde el punto de vista legal, no hay motivos para condenarle.* SIN. **Judicial, procesal.** **2.** También, lo que se ajusta a lo que dice la ley. *No es legal la venta de tabaco a menores de 16 años.* SIN. **Legítimo, lícito.** **3.** Una persona es legal si es digna de confianza. *Tu hermano se ha portado muy bien, es un chico muy legal.* SIN. **Leal, honrado.** ✔

Marena no podía quitarse de la cabeza lo que su padre le había contado, bueno, le había medio contado, porque la irrupción de Sara había cortado la conversación. La verdad es que no entendía bien qué pretendía su padre, qué querían decir sus palabras… Y otra cuestión: ¿se lo debía contar a Jonás? Por una parte, parecía una confidencia de padre a hija, pero por otra parte a Marena no le parecía legítimo dejarle fuera porque ya lo había hecho una vez y se había sentido fatal.

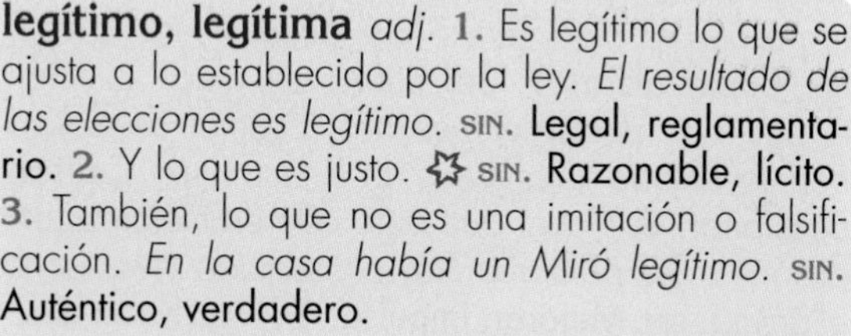

legítimo, legítima *adj.* **1.** Es legítimo lo que se ajusta a lo establecido por la ley. *El resultado de las elecciones es legítimo.* SIN. **Legal, reglamentario.** **2.** Y lo que es justo. ✲ SIN. **Razonable, lícito.** **3.** También, lo que no es una imitación o falsificación. *En la casa había un Miró legítimo.* SIN. **Auténtico, verdadero.**

lejano, lejana *adj.* **1.** Es o está lejano lo que está lejos en el espacio. *En la noche se oían los lejanos aullidos del lobo.* SIN. **Alejado, apartado.** **2.** Y lo que está lejos en el tiempo. ✲ SIN. **Remoto, antiguo.**

Su antigua vida en Berlín ya parecía un lejano recuerdo, y casi no se acordaba del aspecto de Karl, Daniel y Martin, salvo que uno de ellos era pelirrojo.

El niño con el pijama de rayas

lento, lenta *adj.* **1.** Una persona es lenta si tarda mucho en hacer o en comprender las cosas. *Adrián es tan lento que siempre es el último en acabar los exámenes.* SIN. **Pausado, tranquilo.** **2.** Es lento lo que se mueve o desarrolla a poca velocidad. *El tren turístico hace un lento recorrido por las calles de la ciudad.* SIN. **Pesado.**

Muchas letras se levantan
de su cuna de papel
y se escapan caminando
como hormigas en tropel.

Canciones para mirar

levantar *v.* **1.** Levantar es llevar algo hacia arriba o ponerlo en un lugar más alto. También v. prnl. *Para correr más rápido tienes que levantar más las piernas.* SIN. **Subir, alzar.** AM. **Arriscar.** **2.** También, poner algo o alguien en posición vertical. También v. prnl. ✧ SIN. **Erguir, enderezar.** **3.** Dirigir algo hacia arriba. También v. prnl. *Levanta los ojos y mírame a la cara.* SIN. **Elevar, alzar.** **4.** Hacer un edificio. *En estos terrenos se levantarán varios bloques de cinco pisos.* SIN. **Construir, edificar.** **5.** Retirar una cosa que está adherida o cubriendo a otra. También v. prnl. *Para pegar la tirita tienes que levantar la tira protectora.* SIN. **Separar, quitar.** **6.** Hacer que suene la voz u otro sonido con más fuerza. *Si quieres que el público te oiga tienes que levantar más la voz.* SIN. **Subir, alzar.** **7.** Ser causa de algo. También v. prnl. *Las declaraciones del concejal de cultura han levantado una fuerte polémica.* SIN. **Causar, ocasionar.** **8.** Hacer que algo esté en mejores condiciones. *Tus palabras han conseguido levantarme el ánimo.* SIN. **Mejorar, impulsar.** **9.** Y no hacer efectivo un castigo o una pena. *Si prometes que no vas a volver a hacerlo te levanto el castigo.* SIN. **Perdonar, absolver.** // **levantarse** *v. prnl.* **10.** Levantarse es dejar la cama una persona que está acostada. *Me cuesta mucho trabajo levantarme tan pronto.* SIN. **Ponerse en pie.**

Marena dibujó una leve sonrisa al recordar el enfado y el posterior perdón de su amigo. No, no iba a dejarle al margen. Además, quizá necesitara su ayuda.

El adjetivo ***leve*** tiene la misma forma para masculino y femenino.

leve *adj.* **1.** Es leve algo que pesa poco. *Esta leve chaqueta es ideal para las tardes de verano.* SIN. **Ligero, vaporoso.** **2.** También algo de escasa importancia o de escasa trascendencia. *Tres faltas leves son castigadas como una grave.* SIN. **Insignificante, intrascendente.** **3.** Y algo de poca intensidad. ✧ SIN. **Tenue, sutil.** ✔

Antiguamente, cuando las familias acababan de cenar, se sentaban alrededor del hogar, o del fuego, para contarse cuentos, leyendas y canciones tradicionales. Mientras se hacía todo esto, las mujeres mayores hilaban y por eso se conocen estos encuentros con el nombre de filandón. Así se transmitían de padres a hijos.

leyenda *s. f.* **1.** Una leyenda es una narración de hechos fabulosos que se transmite, normalmente de forma oral, de generación en generación. ✪ SIN. **Historia, cuento.** **2.** También, el texto que acompaña a una imagen para explicarla. *Cada fotografía va acompañada de una leyenda con el título y la fecha en que fue tomada.* SIN. **Epígrafe, inscripción.** **3.** Decimos que una persona es una leyenda si es recordada y admirada durante mucho tiempo. *El futbolista argentino Diego Armando Maradona es una leyenda.* SIN. **Mito, figura.**

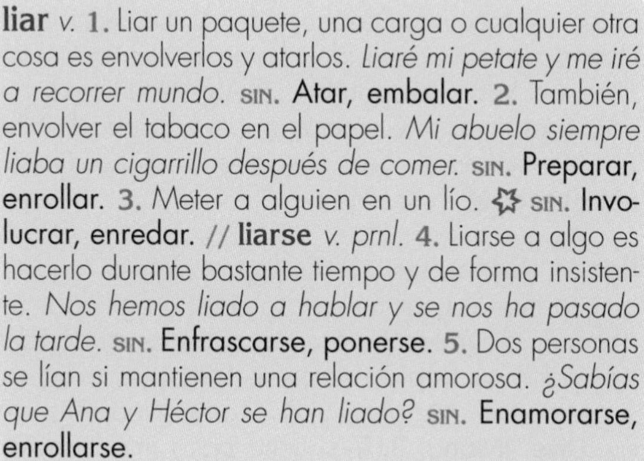

liar *v.* **1.** Liar un paquete, una carga o cualquier otra cosa es envolverlos y atarlos. *Liaré mi petate y me iré a recorrer mundo.* SIN. **Atar, embalar.** **2.** También, envolver el tabaco en el papel. *Mi abuelo siempre liaba un cigarrillo después de comer.* SIN. **Preparar, enrollar.** **3.** Meter a alguien en un lío. ✪ SIN. **Involucrar, enredar.** // **liarse** *v. prnl.* **4.** Liarse a algo es hacerlo durante bastante tiempo y de forma insistente. *Nos hemos liado a hablar y se nos ha pasado la tarde.* SIN. **Enfrascarse, ponerse.** **5.** Dos personas se lían si mantienen una relación amorosa. *¿Sabías que Ana y Héctor se han liado?* SIN. **Enamorarse, enrollarse.**

liberar *v.* **1.** Liberar es dar libertad a quien no la tiene. *Un grupo ecologista liberó cientos de visones que estaban enjaulados.* SIN. **Soltar, libertar.** **2.** Hacer que una persona no tenga que cumplir con una obligación o con un compromiso. *Si hago un trabajo, el profesor me libera de hacer el examen de recuperación.* SIN. **Eximir, librar.** **3.** Y desprender algo. *La caldera lleva días liberando un olor bastante sospechoso.* SIN. **Emanar, emitir.**

Porque no podemos olvidar el tercer lado de este extraño triángulo: Torcuato. Marena estaba convencida de que Torcuato tenía algo que ver en esta historia. No sabía qué ni cómo, porque Torcuato y su padre no se conocían y aparentemente no tenían nada en común. Bueno, algo sí. Los dos conocían un secreto que, según su padre, estaba al alcance de muy pocas personas. Y Marena tenía intención de liar a Jonás para que la ayudase a descubrir por qué.

Para consolarse de su pérdida, se imaginó a Pantuflo volando ***libre*** *y feliz en compañía de otros cuervos.*

El cuervo Pantuflo

libre *adj.* 1. Es libre el que puede actuar como quiera porque no está sujeto a limitaciones. ✲ SIN. **Independiente, autónomo.** 2. También, el que no está sometido ni es esclavo de otros. *La India es un país libre desde 1947.* SIN. **Emancipado, independiente.** 3. El que no está preso. *Tras cumplir su condena, Liam ha quedado libre.* SIN. **Liberado.** 4. Y el que no tiene compromisos sentimentales. *Yo no quiero complicarme la vida, prefiero seguir libre, sin compromisos.* SIN. **Soltero.** 5. Tiempo libre es el que no tenemos que dedicar al trabajo u otras obligaciones. *Dedico mi tiempo libre a escuchar música y leer.* SIN. **Desocupado.** 6. Un lugar está libre si no está ocupado. *Llama a ese taxi, está libre.* SIN. **Vacío, disponible.** 7. Algo está libre si no está sujeto o fijo. *Con este aparato puedo hablar por el móvil en el coche dejando las manos libres.* SIN. **Suelto.** ✔

El adjetivo ***libre*** tiene la misma forma para masculino y femenino.

ligero, ligera *adj.* 1. Es ligero algo o alguien que se mueve o actúa con rapidez y agilidad. *La ligera trucha intentaba escaparse de las manos del pescador.* SIN. **Rápido, veloz.** 2. Una cosa es ligera si pesa poco. *Me gusta viajar con equipaje ligero.* SIN. **Leve, liviano.** 3. Y si tiene poca importancia, poca intensidad, poca fuerza… *La ligera brisa hacía más agradable el paseo a la orilla del mar.* SIN. **Suave, débil, frágil.** 4. Un alimento ligero es el que se digiere fácilmente. *En la cena siempre tomo alimentos ligeros.* SIN. **Liviano, digestible.**

limitar *v.* 1. Limitar es poner límites a algo. *El muro que limita su finca apareció cubierto de grafitis.* SIN. **Delimitar, demarcar.** 2. Y hacer que algo se ajuste a unos límites. *La dirección de la empresa ha*

No se limitaría a esperar que los acontecimientos se desencadenaran por sí solos. Torcuato parecía muy listo y, si ocultaba algo, la única forma de descubrirlo sería saber jugar una baza sorpresa.
Marena se sorprendió a sí misma. Se veía como una superheroína justiciera intentando restablecer el orden mundial. Bueno, casi…

limitado el horario de visitas a los fines de semana. SIN. **Ajustar, restringir.** 3. Un territorio limita con otro si están juntos. *Chile limita al este con Argentina.* SIN. **Lindar.** // **limitarse** *v. prnl.* 4. Seguido de la preposición *a* y un infinitivo, limitarse significa no pasar los límites de lo expresado por el infinitivo. ✪ SIN. **Atenerse, sujetarse.**

limpio, limpia *adj.* 1. Es o está limpio lo que no tiene suciedad. *¡Qué limpio tienes el pelo!* SIN. **Pulcro, impoluto.** 2. Una persona o un animal es limpio si cuida su higiene. *Me gustan los gatos porque son animales muy limpios.* SIN. **Pulcro, aseado.** 3. Una persona y su comportamiento son limpios si se ajustan a las normas, sin trampas ni engaños. *Siempre voy de frente porque me gusta jugar limpio.* SIN. **Honesto, honrado.** 4. Es limpio lo que no tiene impurezas ni contamina. *La eólica es una energía muy limpia.* SIN. **Puro.** 5. Y lo que no tiene nada que lo oscurezca o que lo cubra. *El cielo está limpio de nubes y cubierto de estrellas.* SIN. **Nítido, despejado.**

liso, lisa *adj.* 1. Una superficie está lisa si no tiene arrugas ni salientes. *Con el lijado se consigue que la madera quede lisa.* SIN. **Uniforme, regular.** 2. Un cabello liso es el que no está rizado. ✪ SIN. **Lacio.** 3. Es liso lo que es de un color solamente. *Con esta falda de cuadros te queda bien una blusa lisa.* SIN. **Monocolor.**

La mujer era alta y escultural, de cabellos lisos y negros como el azabache, piel cremosa y grandes ojos rasgados de color verde esmeralda.

El canto de la sirena

listo, lista *adj.* 1. Ser listo es ser despierto, espabilado. ✪ SIN. **Inteligente, sagaz.** 2. Estar listo es estar preparado para algo. *Espera un momento, en cinco minutos estoy lista.* SIN. **Presto, dispuesto.**

Como era sábado y no había clase, llamó a Jonás por teléfono y quedaron por la tarde. Marena estaba impaciente por contarle a su amigo la conversación que había mantenido con su padre así que se enfadó un poco cuando vio que Jonás llegaba con un ligero retraso.
–¿Qué pasa? –preguntó Jonás–. Últimamente estás de un misterioso...
–Tenemos que hablar.
–Vale, vamos a la casa.
–No, no puedo arriesgarme a que esté Torcuato. Damos una vuelta y te voy contando.

llamar *v.* **1.** Llamar es captar la atención de alguien por medio de voces o de gestos. *Como no le veía, Juan empezó a dar gritos para llamarme.* SIN. **Avisar, vocear. 2.** También, establecer comunicación telefónica. ✡ SIN. **Telefonear. 3.** Pedir a alguien que vaya a un lugar. *El profesor me llamó a su mesa para felicitarme por mi rendimiento.* SIN. **Convocar, citar. 4.** Poner un nombre o un apodo a algo o a alguien. *A la catedral de León la llaman «la pulchra leonina».* También v. prnl. SIN. **Nombrar, denominar. 5.** Tocar en un puerta o al timbre. *Creo que están llamando al timbre.* SIN. **Picar, pulsar. 6.** Y atraer algo a alguien. *No me llama nada la literatura fantástica.* SIN. **Seducir, fascinar.**

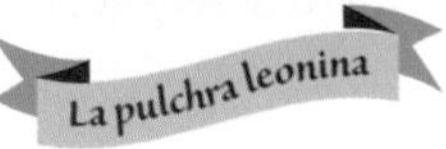
La pulchra leonina

llano, llana *adj.* **1.** Es llano un terreno, una superficie que no tiene irregularidades ni diferencias de altura. *Para pasear prefiero los terrenos llanos.* SIN. **Plano, liso. 2.** Una persona llana es la que es muy cercana y familiar en el trato con los demás. *El rey fue muy llano y campechano con la gente que le aclamaba.* SIN. **Afable, natural. 3.** Es llano lo que no tiene adornos ni artificios. SIN. **Sencillo, sobrio.** ✔

Las palabras **llanas** o **graves** son aquellas en las que se pronuncia con mayor intensidad la penúltima sílaba: *cama, cercano.* Llevan tilde cuando no acaban en vocal, *-n* o *-s*: *césped, cárcel.*

llegar *v.* **1.** Llegar es alcanzar el final de nuestro recorrido. ✡ SIN. **Arribar, aparecer. 2.** También, producirse algo previsible. ✡ SIN. **Producirse, entrar. 3.** Durar algo o alguien hasta un momento, un lugar o un límite concreto. *Mi caballo está muy enfermo, el veterinario no cree que llegue al domingo.* SIN. **Resistir, aguantar. 4.** Alcanzar alguien un objetivo que se ha propuesto. *Trabajó duro para llegar a catedrático.* SIN. **Triunfar, lograr. 5.** Tener algo cierta medida, cierta cantidad. *La manga francesa llega hasta el antebrazo.* SIN. **Ascender, extenderse. 6.**

Había una vez un cuco que no quiso marcharse cuando llegó el otoño.

Cuentos para irse a la cama

Ser suficiente. *No sé si con cinco euros me llegará para comprar el libro.* SIN. Bastar, alcanzar. // **llegarse** *v. prnl.* **7.** Llegarse es ir a un lugar que está cerca. *Andrés no contesta al teléfono, así que me llegaré hasta su casa para saber si está bien.* SIN. Acercarse.

Pa decía que los que habían sido esclavos no perdían jamás una ocasión de llegar tarde, así que debería esperar donde estaba a que se llenara la iglesia y a que entraran los rezagados.

Elías de Buxton

llenar *v.* **1.** Llenar es ocupar un espacio por completo. También v. prnl. ✩ SIN. Atestar, abarrotar. **2.** También, colmar a una persona de algo. *Cuando veo a mis sobrinos, les colmo de cariños.* SIN. Saturar, saciar. **3.** Y gustar algo a alguien. *Dedicar mis ratos de ocio a la pintura me llena mucho.* SIN. Satisfacer, agradar. // **llenarse** *v. prnl.* **4.** Llenarse es comer o beber mucho. *Ya no puedo comer más, me he llenado de calamares.* SIN. Atiborrarse, atracarse.

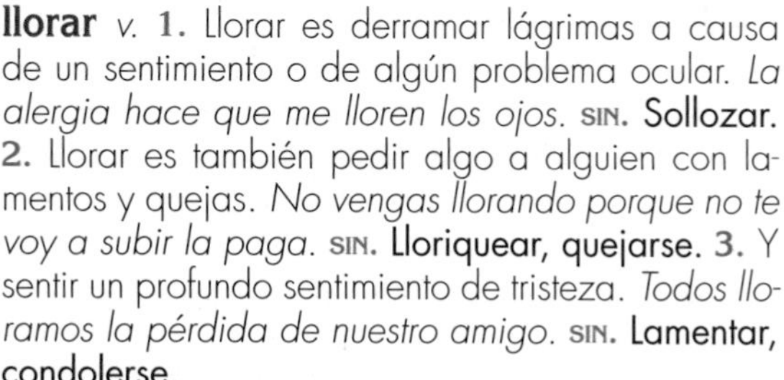

llorar *v.* **1.** Llorar es derramar lágrimas a causa de un sentimiento o de algún problema ocular. *La alergia hace que me lloren los ojos.* SIN. Sollozar. **2.** Llorar es también pedir algo a alguien con lamentos y quejas. *No vengas llorando porque no te voy a subir la paga.* SIN. Lloriquear, quejarse. **3.** Y sentir un profundo sentimiento de tristeza. *Todos lloramos la pérdida de nuestro amigo.* SIN. Lamentar, condolerse.

[Los chicos] Localizaron un lugar que les pareció agradable y excavaron en la arena confortables hoyos en los que se acomodaron.

Los cinco frente a la aventura

localizar *v.* Localizar es averiguar el lugar donde se halla una persona o una cosa. ✩ SIN. Situar, ubicar, encontrar.

El adjetivo ***locuaz*** tiene la misma forma para masculino y femenino.

locuaz *adj.* Es locuaz la persona que habla mucho. *María estaba muy locuaz: me contó todo lo que había hecho en clase.* SIN. Hablador, charlatán. ✔

luchar *adj.* **1.** Luchar es oponerse a algo o a alguien por medio de la fuerza, las armas u otros recursos. *Los dos leones lucharon hasta quedar malheridos.* SIN. **Pelear, combatir.** **2.** También, esforzarse por conseguir algo. *Es loable el esfuerzo de los que luchan contra la injusticia.* SIN. **Trabajar, afanarse.** **3.** Y tener trato con personas o cosas que exigen mucho trabajo. *Llevo toda la tarde luchando con estos mocosos y estoy agotada.* SIN. **Lidiar, bregar.**

[…] y entre otras cosas que el loco le dijo fue que el rector le tenía ojeriza, por no perder los regalos que sus parientes le hacían porque dijese que aún estaba loco, y con lúcidos intervalos […].

Don Quijote de La Mancha

lúcido, lúcida *adj.* Una persona lúcida es la que capta y comprende las cosas con facilidad y es capaz de establecer razonamientos inteligentes. SIN. **Sagaz, intuitivo, espabilado.**

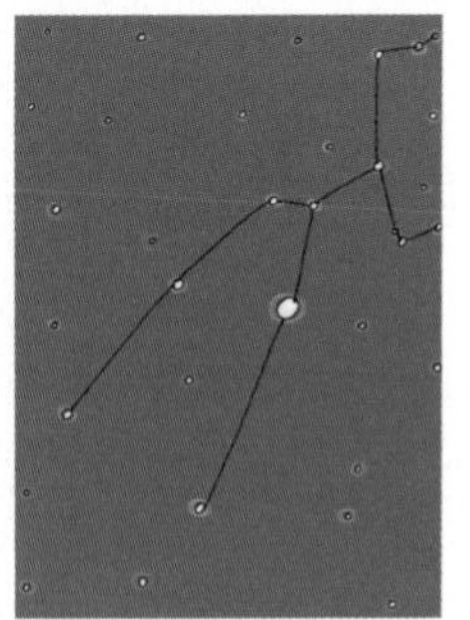

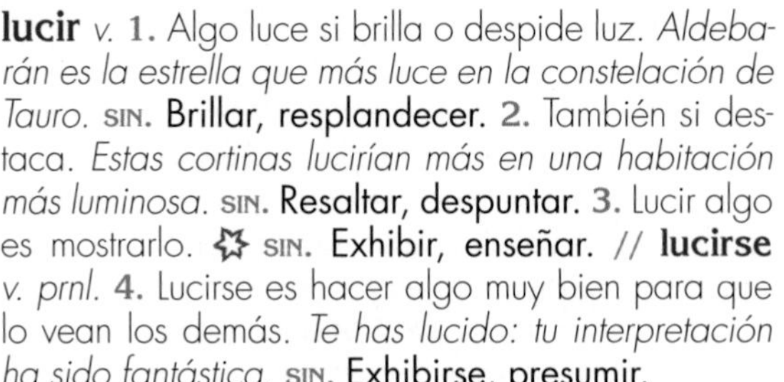

lucir *v.* **1.** Algo luce si brilla o despide luz. *Aldebarán es la estrella que más luce en la constelación de Tauro.* SIN. **Brillar, resplandecer.** **2.** También si destaca. *Estas cortinas lucirían más en una habitación más luminosa.* SIN. **Resaltar, despuntar.** **3.** Lucir algo es mostrarlo. SIN. **Exhibir, enseñar.** // **lucirse** *v. prnl.* **4.** Lucirse es hacer algo muy bien para que lo vean los demás. *Te has lucido: tu interpretación ha sido fantástica.* SIN. **Exhibirse, presumir.**

[…] y este corpulento afgano, cuya barba estaba teñida de rojo (porque era ya algo viejo y no le gustaba lucir sus cabellos grises), conocía el valor del muchacho para enterarse de cualquier chismorreo.

Kim

lujo *s. m.* **1.** Lujo es la abundancia de riqueza y comodidades que obligan a un gran gasto. *En su garaje guarda tres coches de lujo.* SIN. **Fastuosidad, opulencia.** **2.** También, la abundancia de algo que normalmente no es necesario. *Me contó sus vacaciones con todo lujo de detalles.* SIN. **Profusión, exceso.** **3.** Y algo que no está al alcance de todas las personas. *Poder disfrutar de la vida en el campo es un lujo.* SIN. **Privilegio, suerte.**

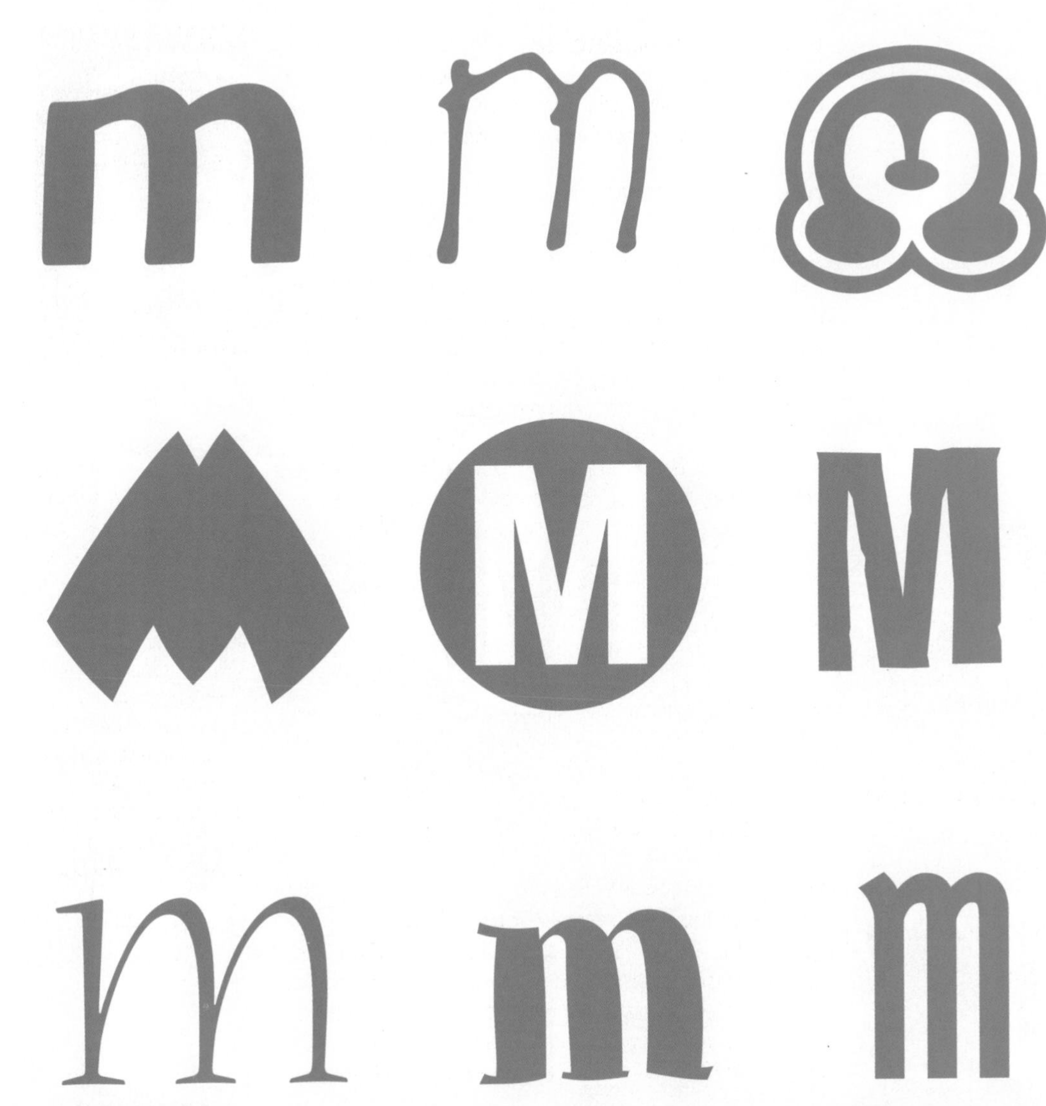

macabro, macabra *adj.* Es macabro lo relacionado con la muerte y la persona aficionada a ello. *Las escenas más macabras de la película se rodaron en el cementerio.* SIN. **Tétrico, siniestro.**

machacar *v.* **1.** Machacar es dar golpes a algo hasta aplastarlo o reducirlo a trozos muy pequeños. *Primero hay que adobar la carne con ajo y perejil muy machacados.* SIN. **Moler, majar.** **2.** También, hacer algo daño a alguien. *Este asiento tan incómodo me está machacando la espalda.* SIN. **Dañar, perjudicar.** **3.** Ser muy pesado con algo. *Te has pasado la tarde machacándome para que te deje ir al concierto.* SIN. **Insistir, reiterar.** **4.** Y, en una competición, lograr una abultada victoria sobre el adversario. *Tras machacar al equipo contrario, los jugadores celebraron su victoria.* SIN. **Aplastar, humillar.**

Me gusta escribir porque es hacer magia con las palabras.

En un bosque de hoja caduca

madurar *v.* **1.** Un fruto madura cuando alcanza el punto ideal para ser recolectado. *El calor ha madurado los frutos rápidamente.* SIN. **Granar, fructificar.** **2.** Una persona madura cuando se hace más responsable y seria. ✪ SIN. **Crecer, formarse.** **3.** Madurar una idea, un plan… es darle la forma definitiva después de pensarlo detenidamente. *Es preciso madurar el proyecto antes de presentarlo.* SIN. **Reflexionar, meditar.**

Santi no había quedado muy satisfecho con la conversación que había mantenido con Marena. «Creo que no supe transmitirle la importancia de lo que le estaba contando. No parecía impresionada. Quizá debería haber esperado un poco más para contárselo; quizá aún no había madurado lo suficientemente; quizá… quizá si Sara no nos hubiera interrumpido…».

magia *s. f.* **1.** La magia es el conjunto de trucos con los que se consiguen efectos sorprendentes que parecer irreales. ✪ SIN. **Prestidigitación, ilusionismo.** **2.** Es magia también un arte que se sirve de fuerzas ocultas, invocaciones de espíritus, brujería, etc. para producir efectos sobrenaturales. *Antiguamente, en las cuevas se hacían ritos de magia.* SIN. **Brujería, ocultismo.**

magnífico, magnífica *adj.* 1. Es magnífico algo grandioso, suntuoso. *Tras la remodelación, el magnífico teatro presenta un aspecto imponente.* SIN. **Fastuoso, opulento.** 2. Y algo muy bueno, de mucho valor o mucha calidad. *El reportaje sobre la cultura japonesa me ha parecido magnífico.* SIN. **Estupendo, extraordinario, admirable.**

Si Sara no nos hubiera interrumpido... De todos modos, ¿qué sentido tiene todo esto ya? La carta de su amigo de Madrid lo decía bien claro: «Estamos perdiendo todas las esperanzas y, sin ellas, luchar contra el mal *que nos acecha se me antoja una misión casi imposible. Todas las indagaciones, todas las preguntas, todas las sospechas mueren el mismo día en que todo ocurrió. Y el tiempo va pasando, y cada día que pasa es un día perdido».*

mal *s. m.* 1. El mal son las cosas malas. ✩ SIN. **Maldad, perversidad.** 2. También, una enfermedad. *Debo tomar dos pastillas diarias para mi mal.* SIN. **Dolencia, padecimiento.** 3. Y un infortunio, una desgracia. *Según un dicho popular, los males nunca vienen solos.* SIN. **Calamidad, adversidad.**

maldito, maldita *adj.* 1. Maldito es lo que está castigado por una maldición. *Como no le di unas monedas, la mujer me dijo: «Maldita sea tu suerte».* SIN. **Maldecido.** 2. Aplicado a una persona, maldito quiere decir malvado. *El maldito traidor se aprovechó de todos.* SIN. **Perverso, miserable.** 3. Delante de un sustantivo, maldito expresa molestia o enfado. ✩ SIN. **Dichoso.** 4. Delante de un sustantivo también equivale a nada o ninguno. *Maldito el caso que me hace cuando le reprendo.* SIN. **Nulo.**

Maldito nueve y medio de Física, **malditas** *notas que eran para m una tortura,* **maldita** *cárcel en la que me sentía atrapada sin nada que me atase pero sin poder alargar ni un dedo para pedir la ayuda que tanto necesitaba.*

Marioneta

maleable *adj.* 1. Un metal maleable es el que puede batirse y extenderse en planchas muy finas *El cobre es un metal maleable.* SIN. **Dúctil, flexible.** 2. Es maleable algo que se puede trabajar sin que se rompa. *Con agua y cola podemos hacer una pasta maleable.* SIN. **Blando, moldeable.** 3. Una persona es maleable si se la domina con facilidad. *No seas tan maleable, saca tu carácter de vez en cuando.* SIN. **Dócil, sumiso.** ✔

El adjetivo ***maleable*** tiene la misma forma para masculino y femenino.

malo, mala *adj.* **1.** Una persona es mala si carece de bondad. *Las malas personas tienen pocos amigos.* SIN. **Perverso, malvado.** **2.** Estar malo es estar enfermo. *No podré ir a esquiar porque estoy malo.* SIN. **Indispuesto, pachucho.** **3.** Ser malo es también ser travieso. *Mi hijo pequeño es el más malo de los tres.* SIN. **Revoltoso, trasto.** **4.** Una cosa es mala si carece de calidad o si no tiene utilidad o efectividad. *La calidad de estas prendas es bastante mala.* SIN. **Imperfecto, defectuoso.** **5.** Y si va en contra de la moral. *Ser tan egoísta es malo.* SIN. **Ilícito, deshonesto.** **6.** También, si es perjudicial para la salud. *Los alimentos con demasiada grasa son malos para nuestra salud.* SIN. **Dañino, nocivo.** **7.** Y si no es agradable. *¡Qué sabor tan malo tiene esta berenjena!* SIN. **Desagradable, penoso.** ✔

Cuando el adjetivo ***malo*** va colocado delante de un sustantivo en singular, se utiliza la forma apocopada ***mal***.

manchar *v.* **1.** Manchamos algo cuando lo ponemos sucio. ✪ SIN. **Ensuciar, salpicar.** **2.** Y cuando dañamos la fama o el honor de alguien. *Verse involucrado en ese asunto tan turbio ha manchado su buena fama.* SIN. **Deshonrar, afrentar.**

El chico manchado de barro se llamaba Hans y cuidaba del Cerdo Sabio, motivo por el que estaba cubierto de barro [...].

Lionboy

mandar *v.* **1.** Mandar es decir a alguien lo que tiene que hacer. ✪ SIN. **Ordenar, disponer.** **2.** También, tener la autoridad. *En esta empresa la que más manda es la directora de Recursos Humanos.* SIN. **Gobernar, dirigir.** **3.** Hacer llegar algo a alguien. *Ayer te mandé un correo electrónico y no he recibido respuesta.* SIN. **Enviar, remitir.** **4.** Y hacer un encargo. *¿Por qué siempre me mandas a mí a por el pan?* SIN. **Encargar, encomendar.**

–Jonás, estoy seguro de que hay algo que une a mi padre con Torcuato, aunque quizá ellos no lo sepan.
–Marena, yo creo que ves demasiadas películas de espionaje. ¿Qué van a tener en común un ingeniero de puentes que lleva aquí unos pocos meses con un pobre hombre, muy culto, sí, pero un pobre hombre al fin y al cabo, más solo que la una?
–Jonás, ya sé que igual me estoy metiendo donde nadie me manda pero el tiempo me dará la razón.

manejar *v.* **1.** Manejar es hacer algo con las manos. *Todavía no sé manejar bien mi nuevo or-*

denador. SIN. **Manipular, maniobrar.** 2. Manejar es servirse de algo. *Ha manejado la situación con bastante habilidad.* SIN. **Usar, utilizar.** 3. Y dirigir algo o a alguien. *Esta decisión debe tomarla la persona que maneja el Consejo de Dirección.* SIN. **Gobernar, mandar.** 4. AM. Manejar es llevar un coche. *Estoy aprendiendo a manejar.* SIN. **Conducir.** // **manejarse** *v. prnl.* 5. Manejarse es saber actuar en una situación concreta. *Yo me manejo muy bien entre los fogones.* SIN. **Desenvolverse.**

Cuando fuera una hechicera, podría volver a preguntarle a Fenris, a Kai, incluso al Maestro. Sabría muchas cosas y tal vez tendría la capacidad de mantener a raya a los lobos, como hacía el elfo.

El Valle de los Lobos

mantener *v.* 1. Mantenemos a alguien cuando le damos alimento, o el dinero necesario para cubrir sus necesidades. *Mi sueldo es suficiente para mantener a mi familia.* SIN. **Alimentar, nutrir.** 2. También, cuando hacemos que algo o alguien esté en una situación durante un tiempo. ✲ SIN. **Prolongar, resistir.** 3. Cuando sostenemos algo para que no se caiga o no se tuerza. *Mantén el poste derecho mientras yo lo anclo al suelo.* SIN. **Sujetar, soportar.** 4. Cuando defendemos una opinión. *Yo mantengo que no es buena idea cambiar los planes fijados.* SIN. **Asegurar, declarar.** 5. Y cuando conseguimos que algo siga existiendo. *Es un acierto mantener los edificios históricos de la ciudad.* SIN. **Preservar, conservar.** // **mantenerse** *v. prnl.* 6. Mantenerse es presentar buen aspecto durante un tiempo. *Es increíble lo bien que se mantiene con la edad que tiene.* SIN. **Conservarse.**

Si alguien hubo en el mundo que se distinguiera por ser el mayor enemigo de su propia raza, ese fue Colmillo Blanco. [...] Si continuamente lo herían las dentelladas de los otros, continuamente marcaba también con ellas a los demás.

Colmillo Blanco

marcar *v.* 1. Marcar es hacer una marca, una señal en algo o en alguien. *El Zorro siempre marcaba una Z con su espada.* SIN. **Señalar, señalizar.** 2. Marcar es también hacer una herida de forma que deje una señal. ✲ SIN. **Señalar.** 3. Algo marca

–Vale, Marena, suponiendo que tienes razón, ¿qué sugieres que hagamos? Porque seguro que en ese GPS que tienes por cabeza ya has marcado todos y cada uno de los pasos que tenemos que dar. ¿Me equivoco?
–Bueno, más o menos. Yo creo que la pieza clave es Torcuato. Torcuato esconde algo y tenemos que saber qué es. Pero hay que tener cuidado porque yo creo que sospecha algo.
–Pero Marena, ¿qué va a sospechar?

cuando deja una huella inmaterial. *Vivir una guerra marca profundamente a las personas.* SIN. **Impresionar, afectar.** 4. Marcar es también establecer los términos de algo. ✪ SIN. **Determinar, fijar.** 5. Indicar un aparato medidas o cantidades. *¿Qué temperatura marca el termómetro?* SIN. **Señalar.** 6. Pulsar las teclas del teléfono hasta formar un número. *Antes de marcar, tienes que escuchar la señal.* SIN. **Teclear.** 7. Poner los precios en un producto. *La etiqueta marca una rebaja del 50% en el precio de esta camisa.* SIN. **Indicar, fijar.** 8. Y en algunos deportes, conseguir un tanto. *Márquez ha marcado el segundo gol para su equipo.* SIN. **Puntuar, anotar.**

marginar *v.* 1. Marginamos a una persona cuando la dejamos al margen. *No es justo marginar a Débora, ella también forma parte del grupo.* SIN. **Arrinconar, apartar.** 2. Marginar es también dejar a una persona o a un grupo en condiciones sociales de inferioridad. *Las minorías frecuentemente son marginadas.* SIN. **Discriminar, segregar.**

masivo, masiva *adj.* 1. Es masivo lo que se hace en gran cantidad. *La circulación masiva de motos colapsó la carretera.* SIN. **Máximo, enorme.** 2. Y lo que afecta a gran número de personas. *El masivo interés por el libro electrónico desborda las previsiones.* SIN. **Colectivo.**

matar *v.* 1. Matar es quitar la vida. ✪ SIN. **Asesinar, liquidar.** 2. También, hacer que algo desaparezca. *Come esta chocolatina para matar el hambre.* SIN. **Eliminar, destruir.** 3. Causar sufrimiento. *Este dolor de cabeza me está matando.* SIN. **Dañar, lastimar.** 4. Causar molestia. *¡Qué quejica eres!*

El tío Katsuhisa dijo que nos podía parecer triste tener que matarlos, pero que llegaríamos a ser niños de granja, y que los niños de granja entendían el significado de la muerte.

Kira-Kira

Me matas con tus continuos lamentos. SIN. **Molestar, incomodar.** 5. Hacer algo para que el tiempo se haga más corto. *¿Matamos la tarde jugando una partida al parchís?* SIN. **Entretenerse, distraerse.** 6. Quitar la intensidad a un color o el brillo de algo. *Si añades un poco más de blanco matarás ese rojo tan chillón.* SIN. **Apagar, atenuar.** 7. Y hacer más redondas las esquinas o las aristas de algo. *Estaría bien matar las esquinas de esta mesa, son muy peligrosas.* SIN. **Limar, redondear.** // **matarse** *v. prnl.* 8. Matarse es perder la vida. *El montañero cayó por un barranco y casi se mata.* SIN. **Fallecer, morir.** 9. Y hacer todo lo posible por conseguir algo. *Me mato en cada competición por mejorar mi marca personal.* SIN. **Esforzarse, desvivirse.**

máximo, máxima *adj.* 1. Es máximo el de mayor tamaño o el de más importancia de los de su género. *Bécquer es uno de los máximos representantes del Romanticismo.* SIN. **Mayúsculo, culminante.** // **máximo** *s. m.* 2. El máximo es el límite más alto al que puede llegar la cantidad, la calidad o la importancia de alguien o de algo. ✪ SIN. **Máximum, tope.**

El adjetivo ***mayor*** tiene la misma forma para masculino y femenino.

mayor *adj.* 1. Es mayor lo que tiene más tamaño, intensidad, importancia, cantidad, etc. *Asia es el continente de mayor tamaño.* SIN. **Superior, principal.** 2. Una persona es mayor si tiene mucha edad, si ha alcanzado la mayoría de edad y también si tiene más años que otra. *De las tres hijas, solo la mayor vive aún con sus padres.* SIN. **Anciano, adulto.** ✔

mediano, mediana *adj.* 1. Es mediano lo que no tiene una calidad muy mala, ni tampoco muy buena. *El montaje de la obra teatral resultó bastan-*

—Tú hazme caso. ¿No has oído hablar de la intuición? Pues en este caso mi intuición funciona al máximo —insistía Marena.
—Vale, pues el jueves vamos a la casa y le tiramos de la lengua —propuso Jonás.
—Sí, claro, como que va a ser tan fácil. Yo creo que es mejor que nos comportemos como si no sospecháramos nada y, cuando él se vaya, seguir sus pasos sin que se dé cuenta.
—Vaya, esto se empieza a poner interesante.

te mediano y gris. SIN. **Mediocre, vulgar.** 2. Y lo que no es ni muy grande ni muy pequeño. ✪ SIN. **Regular, intermedio.**

medir *v.* 1. Medir es hallar la cantidad, la altura, el volumen, el peso, la temperatura, el tiempo... utilizando las unidades de medida establecidas en cada caso. *¿Me puedes prestar la regla para medir este segmento?* SIN. **Determinar, calcular.** 2. También, ser algo o alguien de una determinada medida. *Mi apartamento solo mide cincuenta metros cuadrados.* SIN. **Tener.** 3. Comparar algo no material. *Los dos concursantes medirán sus conocimientos en una disputada final.* SIN. **Enfrentar, igualar.** 4. Y ser prudente cuando se habla o se actúa. ✪ SIN. **Moderar, contener.**

mejor *adj.* 1. Algo o alguien son mejores si son más buenos que otros. *Los mejores fresones son los de Huelva.* SIN. **Superior.** 2. Algo mejor también es algo más conveniente. *Es mejor que pasemos la noche en este albergue.* SIN. **Preferible, deseable.** ✔

melancolía *s. f.* La melancolía es un abatimiento y una tristeza profunda. ✪ SIN. **Aflicción, pena, pesar, nostalgia.**

mencionar *v.* Mencionamos algo o a alguien cuando decimos su nombre, o hablamos de ellos. *No me menciones los exámenes, que me pongo muy nerviosa.* SIN. **Nombrar, citar.**

menor *adj.* 1. Es menor lo que tiene menos tamaño, intensidad, importancia, cantidad, etc. *Oceanía es el continente de menor tamaño.* SIN. **Inferior, míni-**

El adjetivo ***mejor*** tiene la misma forma para masculino y femenino.

*Yo soy la pájara Pinta,
si alguien pregunta
dónde estoy
le dirán que me vieron
sola
y sentadita en un rincón,
llorando de melancolía
por culpa de aquel
cazador.*

Canciones para mirar

Era de mediana estatura, lleno de vida y fortaleza. Había intervenido en salidas de caballería en Flandes, Artois y Picardía.

Cuentos de Canterbury

*—Sí, emocionante y peligroso. Realmente no sabemos con quién estamos tratando, no sabemos nada de él. Debemos medir cada acción, cada palabra, cada paso, para no cometer errores.
—Marena, me estás asustando. ¿No sabrás algo sobre Torcuato que no me has contado? A ver si va a ser un asesino en serie o algo así a lo Jocker.*

Soñó que lo exhibían en un zoo, dentro de una jaula con un letrero que decía: «Mago menor de edad».

Harry Potter y la cámara secreta

mo. 2. Una persona es menor si tiene pocos años y también si tiene menos años que otra. ✡ SIN. **Niño, chico.** ✔

El adjetivo ***menor*** tiene la misma forma para masculino y femenino.

mentira *s. f.* Una mentira es algo que decimos y que no es verdad. ✡ SIN. **Embuste, engaño.**

merecer *v.* 1. Una persona merece un premio o un castigo si se hace digna de ellos. *El jugador no hizo méritos para merecer la victoria.* SIN. **Lograr, alcanzar.** 2. Merecer es también tener algo cierto grado de estimación. *Su entrega merece un elogio.* SIN. **Valer.** AM. **Ameritar.**

Está bien saber (que si fuera mentira, ya está urdida, y si fuera verdad, lo mismo da) que había un reino más allá de los mares cuyo rey se pasaba la vida suspirando, quejándose y maldiciendo.

El Bosque de los Sueños

–Jonás, no te metas conmigo. Eres un payaso. Si no me vas ayudar dímelo ahora, pero luego no te quejes ni vengas diciendo que no cuento contigo. ¿Vale?
–De acuerdo. Perdona. Estoy deseando que llegue el jueves para ver si somos capaces de descubrir algo.

meter *v.* 1. Meter algo o a alguien en un lugar es ponerlos dentro de él. También v. prnl. *Mete la ropa en el armario.* SIN. **Introducir, insertar.** 2. Meter algo, por ejemplo ruido, es causarlo. *No me metas ruido, vas a despertar al niño.* SIN. **Ocasionar, producir.** 3. Meter es también hacer que alguien esté en una determinada situación. *Yo no quiero meterme en tus líos.* SIN. **Implicar, involucrar.** 4. Hacer más corta o más estrecha una prenda. *Como ahora se lleva la mini, voy a meter los bajos de esta falda.* SIN. **Acortar, estrechar.** 5. Hacer creer algo falso. *¡Qué ingenuo eres! Te meten cada trola...* SIN. **Engañar.** 6. Hacer que una persona soporte algo. *El día de la inauguración el director nos mete siempre la misma charla.* SIN. **Decir, soltar.** // **meterse** *v. prnl.* 7. Meterse es intervenir en un asunto ajeno. *Procura no meterte donde nadie te llama.* SIN. **Entrometerse, inmiscuirse.** 8. Desempeñar un oficio, una profesión. *Ahora me he metido a escritor.* SIN. **Trabajar, ejercer.** 9. Y criticar o importunar a alguien. ✡ SIN. **Molestar.**

mezclar *v.* 1. Mezclar es juntar dos o más cosas para que queden unidas. También v. prnl. *Para que no se corte la mayonesa, mezcla el huevo con el aceite suavemente.* SIN. **Unir, incorporar.** 2. También, juntar dos o más cosas o personas sin que queden unidas. También v. prnl. *No mezcles las facturas del mes de agosto con las de septiembre.* SIN. **Revolver, desordenar.** 3. Mezclar a un persona en un asunto es involucrarla en él. También v. prnl. *Es mejor que los padres no se mezclen en las discusiones de los hijos.* SIN. **Implicar, comprometer.**

Los pioneros solían entretenerse contándose historias de miedo [...] Hay chicos y chicas que en los pueblos o ciudades hacen lo mismo.

Historias de miedo

miedo *s. m.* 1. El miedo es un sentimiento de angustia que se experimenta ante algo o alguien que puede causarnos daño. SIN. **Pánico, horror.** 2. Y también un sentimiento de inquietud ante la posibilidad de que suceda algo contrario a lo que se espera. SIN. **Recelo, aprensión.**

mimar *s. m.* 1. Mimamos algo o a alguien cuando lo tratamos con cariño y ternura. *Me gusta que mis padres me mimen cuando me acuesto.* SIN. **Acariciar, estimar.** 2. También, cuando tratamos a alguien, especialmente a un niño, con excesivo mimo y condescencia. *Olivia está tan mimada que resulta una niña repelente.* SIN. **Malcriar, consentir.**

mirar *s. m.* 1. Mirar es dirigir la vista hacia algo o hacia alguien para verlos. SIN. **Ver, observar.** 2. También, fijar la atención en algo o alguien para descubrir sus características. *Estuve varios minutos mirando el cuadro pero no conseguí entender lo que expresaba.* SIN. **Examinar, escrutar.** 3. Considerar algo con detenimiento antes de hacerlo.

El jueves se iba acercando y Marena se iba poniendo más nerviosa. Tenía miedo de no saber disimular, de que Torcuato intuyera su desconfianza, de que cada vez que Jonás y ella se miraran él adivinara su complicidad... Ensayó en el espejo varios gestos: seriedad, indiferencia, normalidad... Sí, este era el que más convenía. Todo debía desarrollarse con aparente normalidad.

Antes de trasladarte a Nairobi, mira bien si serás capaz de adaptarte. SIN. **Valorar, reflexionar.** 4. Y estar algo orientado en una determinada dirección. *Los balcones del salón miran hacia los jardines.* SIN. **Dar, apuntar.** 5. Mirar por algo o por alguien es tener cuidado de ellos. *Si quieres mirar por tu salud, empieza por dejar de fumar.* SIN. **Cuidar, proteger.**

Los Miserables es una novela del siglo XIX escrita por el escritor francés Victor Hugo. En ella se reflejan varios momentos de la historia de Francia. Ha sido llevada al cine en varias ocasiones, a la televisión y también ha sido adaptada para un musical de gran éxito.

miserable *s. m.* 1. Una persona miserable es una persona triste e infeliz. ✪ SIN. **Desdichado, desgraciado.** 2. También, una persona muy pobre, que carece de todo. *Es un pobre miserable que no tiene donde caerse muerto.* SIN. **Indigente.** 3. Una persona muy tacaña. *Es tan miserable que no compra ropa desde hace varios años.* SIN. **Tacaño, roñoso.** 4. Y una persona perversa y despreciable. *¡Cómo has podido hacerme esto! Eres una miserable.* SIN. **Canalla, ruin.** ✔

El adjetivo ***miserable*** tiene la misma forma para masculino y femenino.

En Perú se encuentra uno de los grandes misterios *de la humanidad: las famosas líneas de Nazca, enormes figuras que se realizaron entre los años 100 y 800 d. C.*

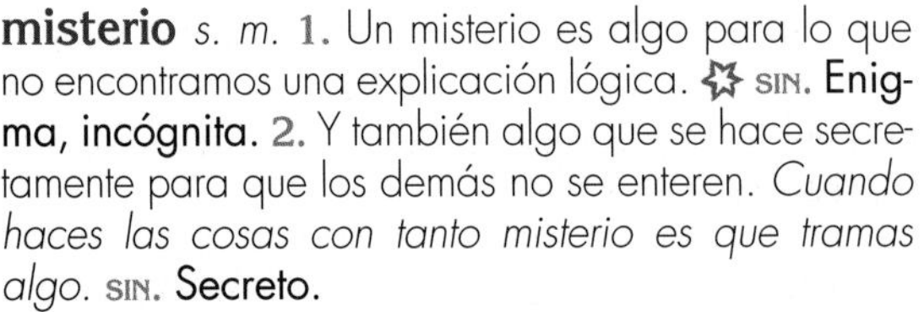

misterio *s. m.* 1. Un misterio es algo para lo que no encontramos una explicación lógica. ✪ SIN. **Enigma, incógnita.** 2. Y también algo que se hace secretamente para que los demás no se enteren. *Cuando haces las cosas con tanto misterio es que tramas algo.* SIN. **Secreto.**

modelar *v.* 1. Modelar es hacer figuras con barro, plastilina, cera… *Te voy a enseñar a modelar con una masa elaborada con miga de pan.* SIN. **Formar, moldear.** 2. También, formar, concretar algo no material. ✪ SIN. **Configurar.**

[…] tendrían en cambio el poder de modelar *sus propias vidas, entre las fuerzas y los azares mundanos, más allá de la Música de los Ainur, que es como el destino para toda otra criatura […].*

El Silmarillion

moderar *v.* 1. Moderar es ajustar algo para que no resulte excesivo. *Carril derecho cortado.*

Modere su velocidad. SIN. **Frenar, suavizar, atenuar.** 2. Moderar es también dirigir un debate, una reunión, una mesa redonda. *El debate entre los dos aspirantes será moderado por Valentina Luque.* SIN. **Regular, presidir.**

Pero ¿dónde encontrar una verdadera hada así, sin más ni más, en una gran ciudad moderna?

Los mejores cuentos de Michael Ende

moderno, moderna *adj.* 1. Es moderno lo que es del tiempo actual. ✪ SIN. **Actual, contemporáneo.** 2. Y lo que sigue las últimas tendencias o los últimos avances. *El nuevo hospital está dotado con las más modernas tecnologías.* SIN. **Novedoso, vanguardista.**

mojar *v.* 1. Mojamos algo cuando hacemos que el agua u otro líquido toque su superficie o entre en su interior. *No entres en la cocina, acabo de fregar el suelo y aún está mojado.* SIN. **Humedecer, empapar.** 2. También cuando celebramos algo con bebida. *¿Quedamos hoy para mojar mi ascenso?* SIN. **Remojar, convidar.** // **mojarse** *v. prnl.* 3. Mojarse es tomar parte en un asunto conflictivo dejando clara nuestra posición. *No he querido mojarme porque el proyecto es confuso.* SIN. **Comprometerse, responsabilizarse.**

Ya llevaban un ratito en la casa cuando llegó Torcuato. Su comportamiento con los niños fue cariñoso y cordial, como siempre, o incluso más que siempre según la apreciación de Marena. Charlaron sobre cosas triviales y, cuando el hombre se disponía a sacar un libro de su cartera para leer alguna página, Marena le sugirió que no se molestase en hacerlo y se disculpó argumentando que tenían que irse ya porque Jonás y ella tenían tareas escolares pendientes. Los tres salieron de la casa y se despidieron.

molestar *v.* 1. Molestar es causar fastidio a alguien. ✪ SIN. **Fastidiar, incomodar.** 2. También, ser algo un obstáculo. *¿Puedes quitar el coche? Me molesta para entrar en el garaje.* SIN. **Obstaculizar, impedir.** // **molestarse** *v. prnl.* 3. Molestarse en algo es tomarse interés en ello. ✪ SIN. **Afanarse, esforzarse.**

Dominique no parecía descontento con aquella contestación y semejante actitud empezaba ya a molestar a Pascal, que se removió en la silla volviendo a mirar a la bruja.

monotonía *s. f.* La monotonía es la falta de variedad. ✪ SIN. **Igualdad, rutina.**

Una tarde parda y fría de invierno. Los colegiales estudian. Monotonía de lluvia tras los cristales.

Poesías completas

Aquello fue demasiado para Sam. O necesitaba una semana para contestarle, o no le decía nada. Bajó los escalones y volvió a montar el póney. Pero en el momento en que se disponía a partir, Rosita llegó, corriendo.

El señor de los anillos. El retorno del rey

montar *v.* **1.** Montar una cosa sobre otra es colocarlas de forma que una parte de la primera esté sobre una parte de la otra. *La mesa no asienta bien porque una pata está montando sobre la alfombra.* SIN. **Cubrir, tapar.** **2.** También, subir a un vehículo. También v. prnl. ✪ SIN. **Subir.** **3.** Subir o estar sobre un caballo. ✪ SIN. **Cabalgar.** **4.** Poner en su lugar cada una de las piezas que componen algo. *¿Me ayudas a montar esta mesa de estudio?* SIN. **Encajar, ensamblar.** **5.** Disponer la instalación de un lugar. *He pedido un préstamo para montar una peluquería.* SIN. **Instalar, equipar.** **6.** Poner una piedra preciosa en una joya. *Su anillo de compromiso lleva montado un diamante..* SIN. **Engarzar, engastar.** **7.** Hacer la selección de las secuencias de una película y ordenarlas. *Una vez acabado el rodaje, el director procede a montar la película.* SIN. **Editar.** Y cubrir el macho a la hembra. *Este macho ya ha montado a varias hembras.* SIN. **Fecundar, aparearse.**

Torcuato fue caminando un trecho. Andaba despacio, como si no tuviese prisa.
Jonás y Marena le siguieron a distancia. Se habían tomado muy en serio su rol de espías y antes de dar cada paso se aseguraban bien de que Torcuato no pudiera verlos.
El problema llegó cuando Torcuato se detuvo en una parada de autobús.
—¿Qué hacemos? Si monta en el autobús estamos perdidos.
Si subimos al mismo autobús que él nos verá y si no lo hacemos le perderemos.
—Es verdad. Además, de esta parada salen un montón de autobuses.

montón *s. m.* **1.** Un montón es un conjunto de cosas acumuladas sin orden. *¿Por qué no organizas este montón de papeles que tienes sobre tu mesa?* SIN. **Pila, montaña.** **2.** Y gran cantidad de personas o cosas. ✪ SIN. **Cantidad, multitud.**

morder *v.* **1.** Morder a una persona o una cosa es clavar los dientes en ellos. *Paula ha mordido a uno de sus compañeros de la guardería.* SIN. **Mordisquear, dentellear.** **2.** Morder es también manifestar enfado, mal humor. *Por las mañanas estoy que muerdo.* SIN. **Enfadarse, irritarse.**

morir *v.* **1.** Un ser vivo muere cuando deja de vivir. También v. prnl. *Como no estaba su madre* *para alimentarlos, los tres cachorros murieron de hambre.* SIN. **Fallecer, perecer.** 2. Algo muere cuando llega a su fin. También v. prnl. *No podemos ir más allá porque el camino muere aquí.* SIN. **Terminar, extinguirse.** 3. Morimos de algo, como el frío, la risa, las ganas... cuando lo sentimos con mucha intensidad. *Creí que me moría de risa cuando te vi disfrazado de pingüino.* SIN. **Congelarse, desternillarse, anhelar.**

[...] y en esto mostrarás la generosidad de tu ilustre y noble pecho, y verá el mundo que tiene contigo más fuerza la razón que el apetito.

Don Quijote de La Mancha

mostrar *v.* 1. Mostramos algo si lo ponemos ante la vista de los demás. *Su trabajo en la inmobiliaria consiste en mostrar pisos a los posibles compradores.* SIN. **Enseñar, exhibir.** 2. También, si damos a conocer una cualidad o un estado de ánimo. ✧ SIN. **Demostrar, manifestar.** 3. Y si indicamos o explicamos algo. *¿Quieres que te muestre los pasos que he dado para resolver el problema?* SIN. **Orientar, sugerir.** // **mostrarse** *v. prnl.* 4. Mostrarse es dejarse ver alguien de determinada manera. *Doña Leonor se mostró como lo que es, una señora.* SIN. **Comportarse.**

Llegaron un par de autobuses pero Torcuato no subió en ninguno de ellos.
Esperó un poco más. Miró el reloj con impaciencia.
Siguió esperando. Comenzó a chispear ligeramente y la lluvia movió a Torcuato a seguir caminando, ahora más deprisa.
–¡Bien! –exclamaron Jonás y Marena al tiempo que retomaban su persecución.

mover *v.* 1. Mover es cambiar un cuerpo, o parte de él, su posición. También v. prnl. ✧ SIN. **Desplazar, trasladar.** 2. También, agitar algo. *No dejes de mover la salsa para que no se queme.* SIN. **Menear, remover.** 3. Y hacer que un asunto sea gestionado con más rapidez. *Ya estoy moviendo el tema de tu ascenso para que sea inmediato.* SIN. **Activar, acelerar.** 4. Mover a algo es incitar. ✧ SIN. **Provocar, motivar.** // **moverse** *v. prnl.* 5. Moverse es darse prisa. *Muévete o llegarás tarde al trabajo.* SIN. **Apresurarse.** 6. Y frecuentar o saber estar en un lugar o en un ambiente. *Mi trabajo me obliga a moverme en ambientes muy selectos.* SIN. **Desenvolverse.**

El Salón Panorámico estaba totalmente acristalado (a menos, claro, que el chico pudiera teletransportarse, desaparecer o moverse a tal velocidad que la vista no lo captara. Charlotte no descartaba nada).

El canto de la sirena

El teléfono móvil nos permite hablar por teléfono desde cualquier lugar y además incorpora una serie de funciones que el teléfono fijo no posee, como la transmisión de imágenes, de música, el acceso a internet, etc. El teléfono móvil emplea ondas de radio y la señal se transmite a través del aire.

móvil *adj.* **1.** Es móvil lo que se mueve o puede moverse. *Están renovando el parque móvil del Ministerio de Defensa.* **SIN.** **Movible, portátil.** **2.** También, un teléfono portátil con el que se puede establecer comunicación sin utilizar cables. También s. m. ✧ **SIN.** **AM. Celular** // **móvil** *s. m.* **3.** El móvil es la causa o el motivo de algo. *Parece claro que el móvil de la agresión fue el robo.* **SIN.** **Razón, porqué.** ✔

El adjetivo ***móvil*** tiene la misma forma para masculino y femenino.

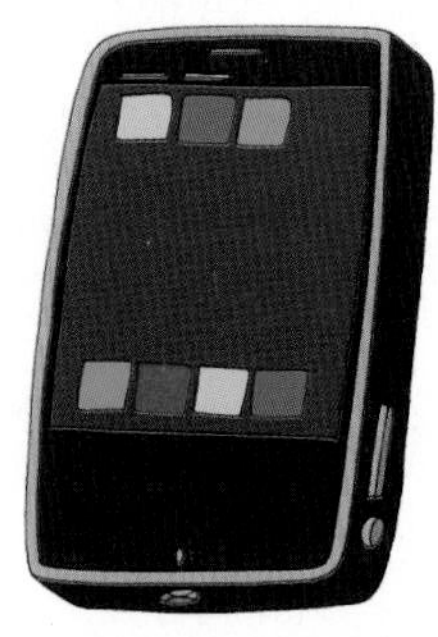

muestra *s. f.* **1.** Una muestra es una parte de un producto o de una mercancía que sirve para enseñarla, para analizarla... *La policía científica toma muestras de tejidos para hacer las pruebas de ADN.* **SIN.** **Ejemplar, ejemplo.** **2.** Un modelo que se debe imitar. *Nos enseñaron una muestra de cómo debíamos rellenar el formulario.* **SIN.** **Modelo, prototipo.** **3.** Y una señal de algo. *El nuevo coche es una muestra de la nueva línea que la empresa está probando.* **SIN.** **Prueba, indicio.**

multiplicar *v.* **1.** Multiplicar es aumentar el número o la cantidad de algo. ✧ **SIN.** **Incrementar, redoblar.** // **multiplicarse** *v. prnl.* **2.** Multiplicarse es reproducirse los seres vivos. *Están a punto de conseguir que las células cancerígenas dejen de multiplicarse.* **SIN.** **Procrear, engendrar.** **3.** Y tratar de atender muchas cosas a la vez. *El trabajo, los niños, la casa... tengo que multiplicarme para atender a todo.* **SIN.** **Esforzarse, desvivirse.**

Creo que escribo para hacer mejor la vida, para multiplicarla por diez, por mil, y con esas cifras hacer una vida menos fea.

Un bosque de hoja caduca

n n n

N N N

n n n

n n n

N N N

n n n

Hace muchísimos
inviernos
que lloriqueando en
alemán
nació entre fusas y
corcheas
el señor Juan Sebastian.

Canciones para mirar

nacer *v.* **1.** Nacer es salir un ser vivo del vientre materno, como los mamíferos; del huevo, como las aves; o de una semilla, como las plantas. ✡ SIN. **Venir al mundo.** **2.** Nacer es también comenzar algo a existir. SIN. **Aparecer, empezar.** **3.** Proceder de una familia, una clase social... *Claudia nació en una familia acomodada que procedía de Alemania.* SIN. **Descender, provenir.** **4.** Nacer alguien para algo es estar dotado para ello. *No hay duda de que Gustavo ha nacido para la poesía.* SIN. **Gustar, aficionarse.** **5.** Un río, un riachuelo... nacen cuando salen al exterior. *¿Has visto la cascada que nace entre aquellas rocas?* SIN. **Brotar, surgir.** **6.** Un astro nace cuando comienza a verse en el horizonte. *Drácula debe volver a su ataúd antes de que nazca el sol.* SIN. **Aparecer.**

En *La Odisea* se narra
la historia de Ulises,
que navegó duante
años por el mar hasta
regresar a Ítaca con su
mujer Penélope.

narrar *v.* Narrar es contar un cuento, una historia... bien de forma oral, bien de forma escrita. ✡ SIN. **Relatar, referir.**

El adjetivo ***natal*** tiene la misma forma para masculino y femenino.

natal *adj.* Natal es lo que hace referencia al nacimiento o al lugar donde este se ha producido. *La escritora Nora Lago recibirá un homenaje en su pueblo natal.* SIN. **Nativo, originario.** ✔

natural *adj.* **1.** Es natural lo que no está manipulado, lo que está como se da en la naturaleza. *¿Quieres unos tomates naturales de los que obtengo en mi huerta?* SIN. **Sano, biológico.** **2.** También, lo que surge de un modo no forzado. *Sus gestos de cariño tan naturales me confortaron.* SIN. **Espontáneo, sencillo.** **3.** Lo que es propio de la esencia de una persona o de una cosa. *Su constancia natural le ha servido de gran ayuda.* SIN. **Innato, inherente.**

El adjetivo ***natural*** tiene la misma forma para masculino y femenino.

4. Lo que no resulta extraño o anómalo. *Con todo lo que he estudiado lo más natural es aprobar el examen sin dificultad.* SIN. **Normal, lógico. 5.** Y el nativo de un lugar. También s. m. y f. *Los naturales de Guadalajara se llaman arriacenses.* SIN. **Oriundo, originario.** ✔

navegar *v.* **1.** Una embarcación navega cuando se desplaza por el agua; y un avión, un helicóptero, un globo… navegan cuando se desplazan por el aire. *Para que este barco pueda seguir navegando es preciso repararle el motor.* SIN. **Surcar, zarpar, volar. 2.** Una persona navega cuando hace un viaje en barco o en avión. *Navegar en globo ha sido una experiencia alucinante.* SIN. **Viajar, embarcarse. 3.** También, cuando se desplaza por una red o un sistema informático. *Para navegar por internet es preciso tener un buen navegador.* SIN. **Bucear.**

necesario, necesaria *adj.* **1.** Son necesarias las personas o las cosas que nos hacen falta o sin las cuales no podemos llevar algo a cabo. ✲ SIN. **Preciso, indispensable. 2.** Es necesario lo que es recomendable. *Es necesario que practiques natación tres veces por semana.* SIN. **Conveniente, ventajoso.**

Torcuato siguió caminando con paso firme. Fue necesario que Marena y Jonás aceleraran un poco su ritmo para no distanciarse mucho de él. Se adentró en una calle bastante oscura y poco transitada, lo cual dificultaba la vigilancia. Los dos chicos se quedaron en una esquina y observaron con atención.

necesitar *v.* Necesitar es tener necesidad o falta de algo o de alguien. *Necesito tu ayuda para completar este crucigrama.* SIN. **Precisar, requerir.** ✔

El verbo ***necesitar*** se puede construir con la preposición *de*: *Necesito de tu ayuda para completar este crucigrama.*

negar *v.* **1.** Negar es decir que algo no existe o que no es cierto. *Negar lo evidente es de necios.* SIN. **Desmentir, rechazar. 2.** También, no conceder algo. *A Adelaida le han negado el permiso de* *residencia.* SIN. Prohibir, impedir. // **negarse** *v. prnl.* **3.** Negarse es no querer hacer o intervenir en algo. *Nos negamos a participar en las protestas porque no eran justificadas.* SIN. Rechazar, evitar.

negativo, negativa *adj.* **1.** Es negativo lo que expresa negación o está relacionado con ella. *Estoy harta de que mis propuestas obtengan respuesta negativa.* SIN. Contrario. **2.** También, lo que es perjudicial. ✩ SIN. Dañino, nocivo. **3.** Aplicado a pruebas, a controles…, son negativos si descartan la presencia de lo que se buscaba. *La prueba de la hepatitis ha dado negativo.* SIN. Nulo, inexistente. **4.** Una persona negativa es la que tiende al pesimismo. *He de reconocer que soy muy negativo, me cuesta ver el lado bueno de las cosas.* SIN. Pesimista, desmoralizado.

Mientras no lo uses, no creo que el Anillo tenga algún efecto negativo sobre ti, o en todo caso no durante un tiempo. Recuerda que hace nueve años, cuando te vi por última vez, yo no sabía mucho.

El señor de los anillos. La comunidad del anillo

negociar *v.* **1.** Negociar es comprar, vender o cambiar algo para obtener un beneficio. *Su trabajo consiste en comerciar con coches de lujo.* SIN. Comerciar, traficar. **2.** Negociar es también tratar varias personas sobre un asunto para llegar a un acuerdo. *Estamos negociando la venta de nuestra casa de vacaciones.* SIN. Convenir, pactar.

nervioso, nerviosa *adj.* Una persona o un animal están nerviosos cuando están alterados, inquietos. ✩ SIN. Excitado, intranquilo, histérico.

Estaban tan nerviosos que creían que lo único que se oía en esa silenciosa calle eran los acelarados latidos de sus corazones. Pero era imposible callarlos, y más cuando vieron que Torcuato se detenía ante un lugar un poco extraño. Parecía una capilla, o algo similar, y a su lado se adosaba una casa pequeña, con dos ventanas y una puerta de madera con un llamador en forma de serpiente enroscada.

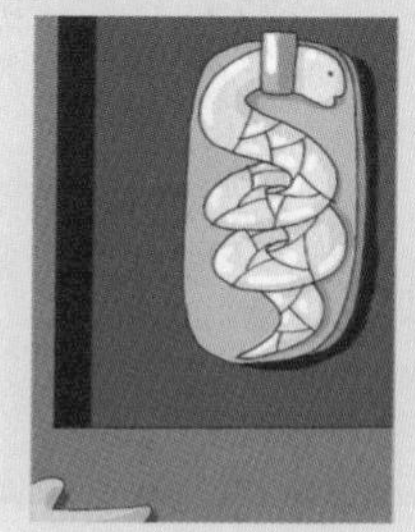

neutral *adj.* Algo o alguien es neutral si no se alía con ninguna de las partes que intervienen en un conflicto. Dicho de personas, también s. m. y f. *Ya sabéis que, en vuestras discusiones, yo prefiero mantenerme neutral.* SIN. Imparcial, objetivo. ✔

El adjetivo ***neutral*** tiene la misma forma para masculino y femenino.

nimiedad *s. f.* Una nimiedad es una cosa pequeña e insignificante. *Comparado con mis problemas, lo que me estás contando resulta una nimiedad.* SIN. **Banalidad, irrelevancia, minucia.**

El comentario de Kai le parecía demasiado importante como para ser casual. La imagen de Kai era mucho más real, más completa, más **nítida** *que la de la dama [...].*

El Valle de los Lobos

nítido, nítida *adj.* **1.** Es nítido lo que se ve o se percibe con claridad. ✪ SIN. **Evidente, claro.** **2.** Y lo que es limpio, transparente. *A la orilla del mar se respiraba un aire nítido y sano.* SIN. **Diáfano, cristalino.**

nivelar *v.* **1.** Nivelar es hacer lo necesario para que una superficie quede llana o en posición horizontal. *Pon un piedra bajo el banco para que quede nivelado.* SIN. **Allanar, alisar.** **2.** También, poner dos o más cosas a la misma altura, al mismo grado o en la misma categoría. También v. prnl. *Las zonas rurales exigen que su conexión a internet se nivele en calidad y rapidez con la de las ciudades.* SIN. **Equilibrar, equiparar.**

noble *adj.* **1.** Una persona, y lo relacionado con ella, es noble si pertenece a la nobleza, es decir, una clase social privilegiada por poseer un título concedido por el rey. *Toda la nobleza europea se reunió con motivo de la boda de la princesa heredera.* SIN. **Aristócrata, nobiliario.** **2.** Una persona, y lo relacionado con ella, también es noble si es leal e incapaz de hacer mal a nadie. ✪ SIN. **Honesto, honrado** **3.** Un animal noble es un animal fiel a su amo. *El pastor siempre va acompañado de su perro, un noble mastín.* SIN. **Leal.** **4.** Una cosa es noble si tiene una calidad superior. *Toda la escalera está forrada de madera noble.* SIN. **Destacado, selecto.** ✔

El susurro que salió de las bocas de los cazadores estaba lleno de admiración por aquel **noble** *gesto.*

El señor de las moscas

El adjetivo ***noble*** tiene la misma forma para masculino y femenino.

*El búho es un ave de presa **nocturna**. Tiene la cabeza grande y redonda y unos ojos enormes que miran hacia adelante por lo que tienen que girar toda la cabeza para mirar a los lados. Al caer la noche, el búho despierta de su sueño y utiliza su agudo sentido del oído para localizar a su presa.*

nocturno, nocturna *adj*. Decimos que es nocturno lo que está relacionado con la noche o tiene lugar por la noche. ✡ SIN. **Noctámbulo**

nombre *s. m.* 1. El nombre es la palabra o conjunto de palabras que sirven para designar seres animados e inanimados, concretos o abstractos. ✡ SIN. **Denominación, designación, nombre común.** 2. El nombre es también la palabra o conjunto de palabras que diferencia a un ser animado o inanimado de otros de su especie. *¿Qué nombre vas a poner a tu niño?* SIN. **Nombre propio.** 3. Nombre es también la reputación que tiene una persona. *Su buen nombre se verá perjudicado por este asunto.* SIN. **Renombre, fama.**

*Las horas del día en el Tíbet no se definen con números sino con los **nombres** de doce animales.*

Los cien ojos del pavo real

normal *adj*. 1. Decimos que es normal lo que sucede habitualmente. *El resultado del partido fue el normal, es decir, ganamos.* SIN. **Habitual, ordinario.** 2. Y lo que no tiene nada anómalo porque sus características son similares a las de la mayoría. *Para la impresión de estas fotos he utilizado papel normal.* SIN. **Corriente, común.** ✔

El adjetivo ***normal*** tiene la misma forma para masculino y femenino.

nuevo, nueva *adj*. 1. Es nuevo lo que se ve, se hace, se oye o aparece por primera vez. ✡ SIN. **Reciente, actual.** 2. También lo que se acaba de adquirir y se añade a lo que se tenía. *Me han regalado un nuevo búho de la suerte.* SIN. **Inédito, novedoso.** 3. Está nuevo lo que no está deteriorado. *No te compraré otro abrigo, el que tienes está nuevo.* SIN. **Impecable.** 4. Una persona nueva es la que se acaba de incorporar a un grupo, a una actividad… *El nuevo piloto de la escudería ha obtenido un tiempo excepcional.* SIN. **Novato, principiante.**

*Las huellas se habían borrado por completo. Parecía que alguien hubiese colocado un **nuevo** tapiz sobre el terreno. Pero Emilio se guiaba por los árboles.*

El alma del bosque

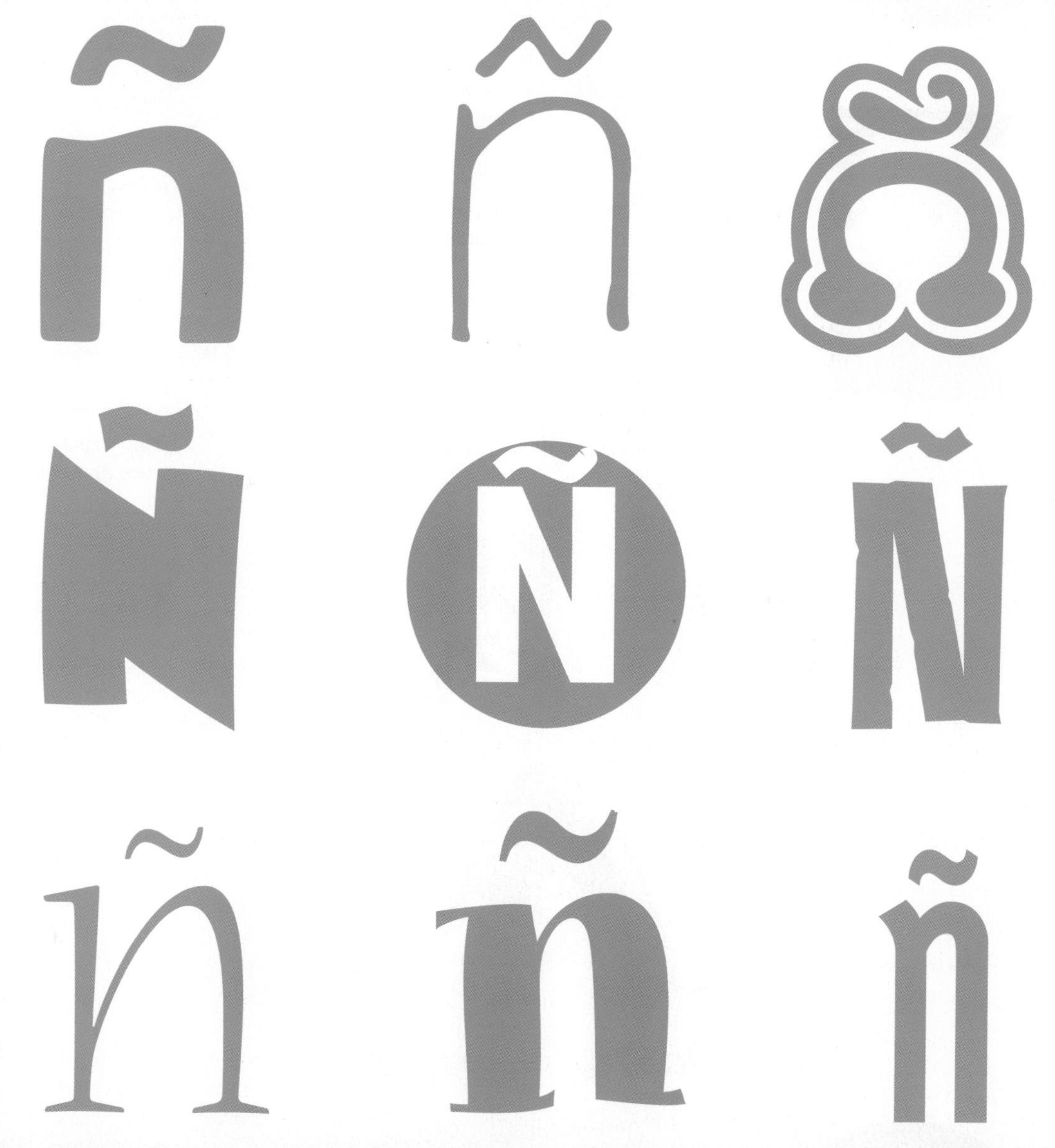

ñato, ñata *adj.* **AM.** Una persona ñata es la que tiene la nariz corta y aplastada. *Isaac es tan ñato como su padre.* **SIN.** Chato.

ñoñería *adj.* Una ñoñería es una actitud o un hecho cursi y ridículo. ✩ **SIN.** Cursilería, remilgo.

ñoño, ñoña *adj.* **1.** Una persona, y las cosas que hace, es ñoña si es exageradamente delicada. *En las películas de época las mujeres suelen ser muy ñoñas.* **SIN.** Ridículo, remilgado. **2.** Una persona ñoña también es una persona que se queja mucho. *Pero si solo es un rasguño, no seas tan ñoño.* **SIN.** Quejica.

[…] No comprendo esas ñoñerías de no pegar a los que se lo merecen. Una buena paliza es lo que haría falta en el noventa y nueve por ciento de los casos. ¿Te han sacudido con frecuencia?

Harry Potter y el prisionero de Azkaban

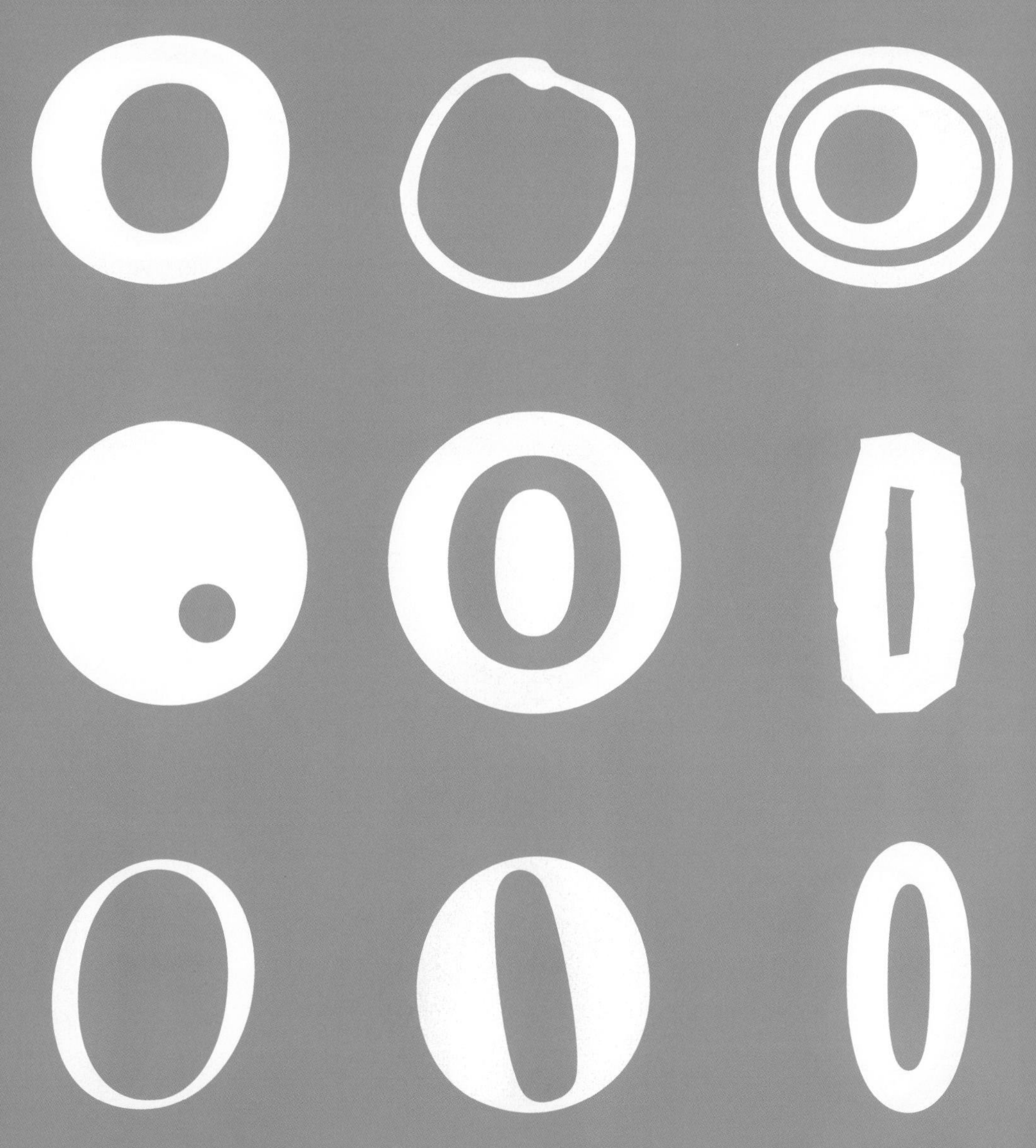

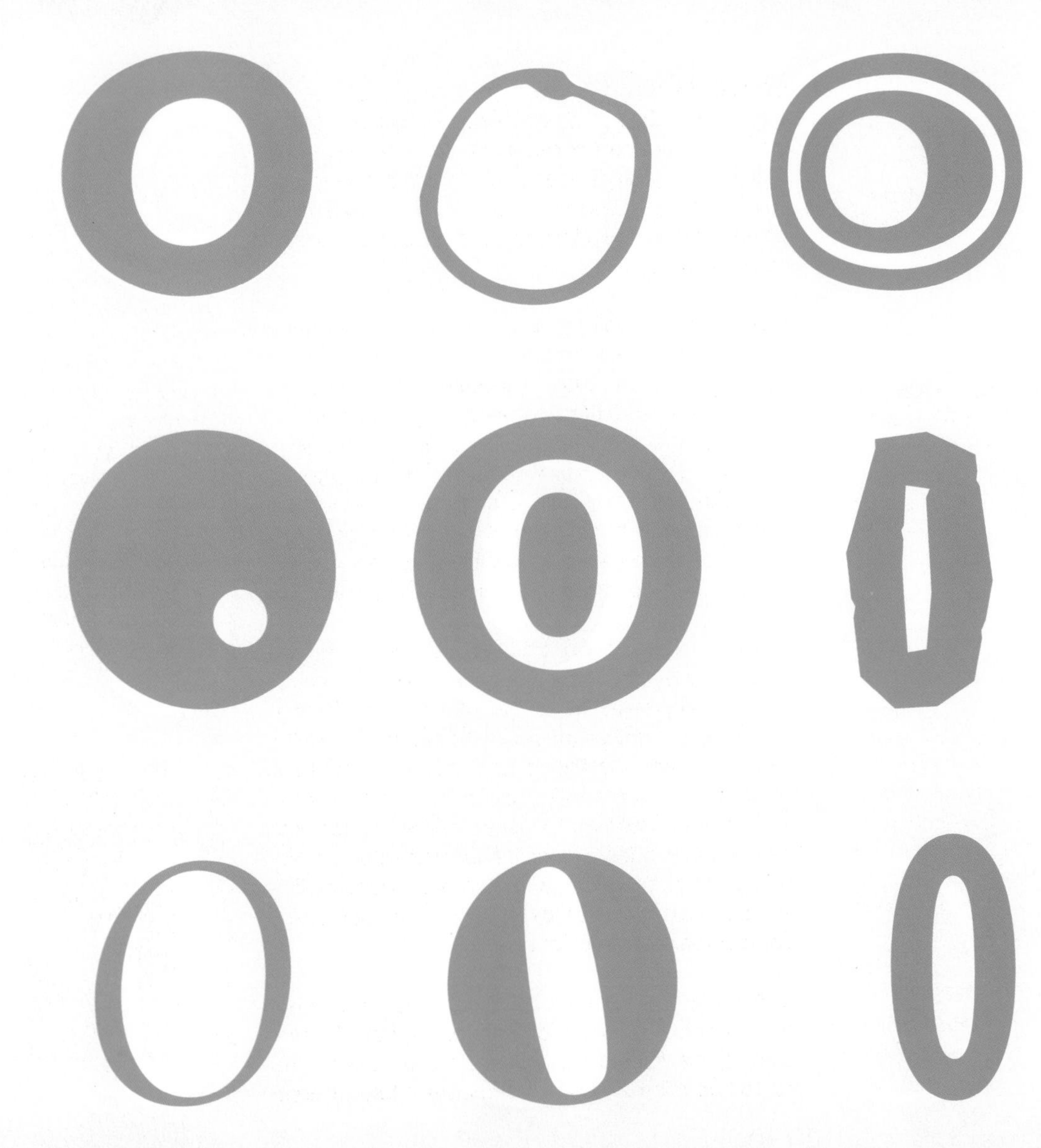

El hombre casi se cayó, preocupado por ***obedecer*** *lo antes posible la orden.*

Harry Potter y la Orden del Fénix

obedecer *v.* 1. Una persona obedece si hace lo que se le manda. ✪ SIN. **Acatar, cumplir.** 2. Un animal y una cosa obedecen si reaccionan ante algo. ✪ SIN. **Responder.** 3. Una cosa obedece a otra si tiene su origen en ella. *El fracaso escolar obedece a una inadecuada planificación.* SIN. **Proceder, provenir.**

Torcuato metió la llave en la cerradura y empujó suavemente la puerta. Esta ***obedeció*** *sin oponer resistencia y Torcuato entró. Inmediatamente se iluminó una de las ventanas. Marena y Jonás se acercaron un poco. Desde su posición pudieron ver cómo Torcuato sacaba algunos libros de su cartera y los colocaba en una vitrina. Después, salió de la habitación.*

obligar *v.* 1. Obligar es hacer que alguien haga algo contra su voluntad y sin darle la posibilidad de elegir. ✪ SIN. **Exigir, imponer.** 2. Obligar es también ejercer fuerza sobre algo para conseguir el efecto que se pretende. *El cajón no abre bien, hay que obligarlo un poco.* SIN. **Empujar, mover.** // **obligarse** *v. prnl.* 3. Obligarse es adquirir el compromiso de hacer algo. *Me he obligado a leer todos los días quince páginas para acabar antes el libro.* SIN. **Comprometerse, responsabilizarse.**

Los musulmanes están ***obligados*** *a visitar, al menos una vez en la vida, la Kaaba, lugar de adoración en la ciudad de La Meca.*

obra *s. f.* 1. Una obra es el resultado de lo que alguien hace, de un actividad. *De nada sirven los buenos propósitos si no se plasman en buenas obras.* SIN. **Fruto, producto.** 2. También, el resultado de una actividad literaria, pictórica... *La última obra del arquitecto suizo ha recibido críticas entusiastas.* SIN. **Creación.** 3. Una obra es el conjunto de tareas llevadas a cabo en una calle, en un edificio... para proceder a su arreglo, restauración, etc. *En todas las calles de la ciudad hay obras.* SIN. **Edificación, construcción.**

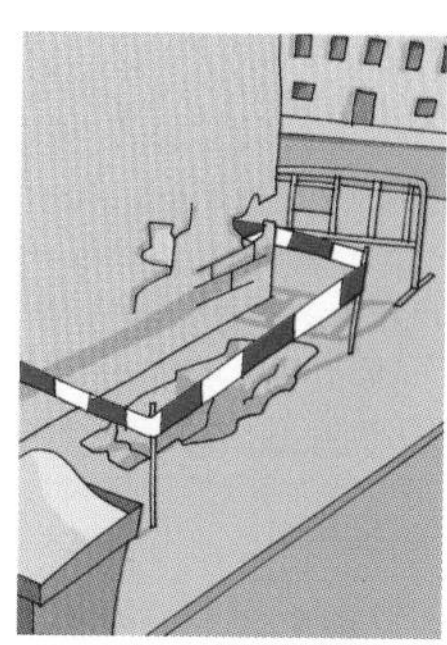

Lo que más le gustaba era pasear por las almenas y los patios del castillo y, sobre todo, por los frondosos bosques que lo rodeaban, para ***observar*** *a los bellos pájaros, admirar los colores de sus plumas [...].*

El mensaje de los pájaros

observar *v.* 1. Observar es mirar algo o a alguien con atención. ✪ SIN. **Contemplar, vigilar.** 2. También, darse cuenta de algo. *Observo cierto tono de indignación en tus palabras.* SIN. **Notar, descu-**

brir. 3. Y analizar algo atentamente. *Para hacer mi trabajo tengo que observar el comportamiento de las tortugas.* SIN. **Examinar, estudiar.**

En su acepción 2, el sustantivo ***obstáculo*** se usa en plural. Para designar el tipo de carrera, se coloca detrás de una expresión de longitud: *2000 metros obstáculos.*

obstáculo *s. m.* 1. Un obstáculo es algo que impide o dificulta el desarrollo de algo o el paso por un lugar. *Su ceguera nunca ha sido un obstáculo para que Selma alcance su objetivo.* SIN. **Estorbo, incoveniente.** 2. En algunos deportes, los obstáculos son cada uno de los elementos que deben ser saltados o esquivados por los participantes. ✪ SIN. **Valla, foso.** ✔

Las carreras con obstáculos en atletismo pueden ser de 2000 y 3000 metros. En la de 3000 metros, los obstáculos consistirán en veintiocho pasos de vallas y siete saltos sobre el foso de agua; en la carrera de 2000 metros se pasarán las vallas dieciocho veces y se harán cinco saltos sobre el foso.

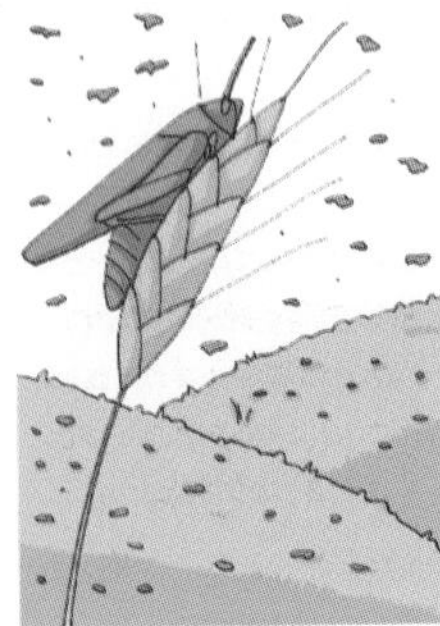

ocupar *v.* 1. Ocupar es situarse en un lugar. *Vayan ocupando sus asientos, el concierto va a comenzar.* SIN. **Instalarse, acomodarse.** 2. También, tomar posesión de un lugar. *La plaga de langostas ocupó los campos y destrozó los sembrados.* SIN. **Invadir, tomar.** 3. Estar en un lugar. *Los nuevos vecinos ocupan el 4.° derecha.* SIN. **Habitar, instalarse.** 4. Tener algo una determinada extensión en el espacio o en el tiempo. *Completar este máster me ocupará los próximos diez meses.* SIN. **Durar, llenar.** 5. Desempeñar un cargo. *A partir de enero, Sebas ocupará el cargo de encargado de personal.* SIN. **Ejercer, ostentar.** 6. Y proporcionar un trabajo o una tarea a alguien. *El Instituto de la Tecnología ocupará a más de trescientas personas.* SIN. **Colocar, emplear.** // **ocuparse** *v. prnl.* 7. Ocuparse de algo o de alguien es dedicarle atención, estar a su cuidado. ✪ SIN. **Dedicarse, responsabilizarse.**

Me ocupo también de la compra diaria, de mantener provista nuestra despensa y de acompañar a cualquiera de los miembros de nuestra familia al médico o practicante.

La casa de los diablos

Y el alma se me cayó a los pies, estableciendo así un nuevo récord personal (y posiblemente mundial): menos de cinco minutos para odiar un colegio.

Cómo escribir realmente mal

odiar *v.* Odiamos cuando sentimos odio, es decir, un fuerte rechazo, hacia algo o alguien. ✪ SIN. **Aborrecer, detestar.**

La incipiente noche *ofrecía* a los muchachos un amparo perfecto. Ellos veían perfectamente el interior iluminado de la vivienda. La habitación era bastante austera: un sillón de chenilla en color marrón oscuro, una lámpara de lectura, que en este momento estaba apagada, una pequeña mesita sobre la que se veía una taza y un pequeño plato, y la vitrina en la que Torcuato había guardado los libros y que... ¡qué curioso!... Torcuato había cerrado con llave antes de salir.

ofender *v.* **1.** Ofendemos a alguien cuando hacemos o decimos algo que le molesta. *Tus insultos y malos modales han conseguido ofenderme.* SIN. **Afrentar, agraviar.** **2.** Algo ofende cuando causa mala impresión. *Ver las faltas de ortografía que has escrito en tu redacción ha ofendido mi vista.* SIN. **Molestar, desagradar.** // **ofenderse** *v. prnl.* **3.** Ofenderse es sentirse agraviado o enfadado con alguien. *¿Te ofendes si no te acompaño a tu casa?* SIN. **Disgustarse, molestarse.**

oficial *adj.* **1.** Es oficial lo que procede del Estado o de un organismo público o está relacionado con ellos. *BOE significa Boletín Oficial del Estado.* SIN. **Estatal.** **2.** Un alumno oficial es el que estudia en un centro dependiente del Estado y costeado con fondos públicos y debe asistir a las clases para poder examinarse. *Para ser alumno oficial debe cumplimentar este impreso de matrícula.* SIN. **Legal, autorizado.** **3.** Es oficial lo que se da a conocer de forma autorizada. *El compromiso entre el príncipe y la duquesa se ha hecho oficial esta tarde.* SIN. **Público.** ✔

El adjetivo ***oficial*** tiene la misma forma para masculino y femenino.

ofrecer *v.* **1.** Ofrecer es poner algo a disposición de alguien de forma voluntaria. *Te ofrezco mi apartamento en la playa para pasar unos días.* SIN. **Presentar, ceder.** **2.** También, dar algo, a veces como muestra de cortesía. *El embajador francés ha ofrecido una recepción a los representantes españoles.* SIN. **Dedicar, celebrar.** **3.** Hacer una ofrenda a una divinidad, a un ser superior... ✲ SIN. **Consagrar, ofrendar.** **4.** Y decir la cantidad que se puede pagar por algo. *En la subasta se llegaron a ofrecer veinte millones por un cuadro.* SIN. **Expresar, fijar.**

Los griegos hacían sacrificios a los dioses como muestra de agradecimiento o súplica. En los ritos oficiales era normal el sacrificio de animales pero en la vida privada se ofrecían alimentos como miel o queso.

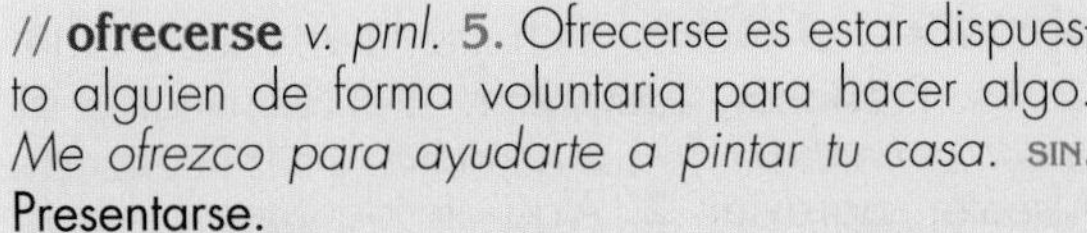

// **ofrecerse** *v. prnl.* **5.** Ofrecerse es estar dispuesto alguien de forma voluntaria para hacer algo. *Me ofrezco para ayudarte a pintar tu casa.* SIN. **Presentarse.**

La princesa se reía de alegría cuando la saqué de la jaula. Pero [...] dejó de reírse cuando empezamos a oír pasos que se arrastraban por la escalera.

El castillo de las ranas

oír *v.* **1.** Oír es percibir sonidos. ✧ SIN. **Sentir, percibir. 2.** También, prestar atención a lo que alguien dice. *Me gusta oír las historias que mi hermana me cuenta cuando me voy a la cama.* SIN. **Atender, escuchar.**

olvidar *v.* **1.** Olvidar algo o a alguien es dejar de tenerlo en la memoria. También v. prnl. ✧ SIN. **Ignorar. 2.** También, dejarlo en un lugar sin darnos cuenta. También v. prnl. *He olvidado mis llaves encima de la mesa.* SIN. **Extraviar, perder 3.** Olvidar a una persona es dejar de sentir interés o afecto por ella. También v. prnl. *Después de tantos años juntos, no consigo olvidar a Natalia.* SIN. **Ignorar, abandonar 4.** Olvidar algo, como una afrenta o una disputa, es no darle importancia. También v. prnl. *Olvida mis palabras, no pensé lo que decía.* SIN. **Perdonar.**

Tranquila Trabalenguas [...] se sumió en tan profundas reflexiones que se olvidó incluso de acabar su desayuno.

Los mejores cuentos de Michael Ende

oponer *v.* **1.** Oponer es poner una persona o una cosa contra otra para impedir su acción o su efecto. *Los intrusos que ocupaban la casa opusieron resistencia al ser desalojados.* SIN. **Contraponer, enfrentar. 2.** También, presentar un argumento en contra de lo que otro dice. También v. prnl. *Las explicaciones ofrecidas por Ana se oponían totalmente a las ofrecidas por Mateo.* SIN. **Rebatir, refutar.** // **oponerse** *v. prnl.* **3.** Oponerse es manifestar rechazo ante algo. *Mis padres se oponen a nuestra amistad.* SIN. **Rechazar, objetar. 4.** Y ser una cosa contraria a otra. *El día se opone a la noche.* SIN. **Contraponerse.** ✔

El participio de ***oponer*** es *opuesto.*

Sabía que por culpa de esos trastos a veces no podía respirar, algo le oprimía el pecho, se le encogían los hombros y se ponía a toser para intentar que le llegara un poco de aire a los pulmones y oxígeno a la sangre.

Lionboy

oprimir *v.* 1. Oprimir es hacer fuerza sobre algo. ✡ SIN. **Presionar, comprimir.** 2. Y dominar a alguien privándole de sus derechos y sus libertades. *Los más poderosos del poblado oprimían a los más indefensos.* SIN. **Someter, esclavizar.**

ordenado, ordenada *adj.* 1. Una persona es ordenada si hace las cosas con orden. *Si fueras más ordenada te resultaría más fácil encontrar tus cosas.* SIN. **Organizado, metódico.** 2. Un lugar está ordenado si todo está en su sitio. ✡ SIN. **Arreglado, colocado.**

orgullo *s. m.* 1. El orgullo es un sentimiento de satisfacción, a veces de superioridad, que se siente hacia uno mismo por considerarse digno de mérito. *El orgullo excesivo se convierte en soberbia.* SIN. **Agrado, vanidad.** 2. El orgullo es también el amor propio. ✡ SIN. **Honra, pundonor.**

Dana [...] deseaba echar a correr, pero no lo hizo: su orgullo se lo impedía. Se alejó lentamente, sintiendo los guijarros que golpeaban su cuerpo como agujas.

El Valle de los Lobos

Torcuato entró de nuevo. Abrió otra vez la vitrina, colocó algo detrás de los libros, volvió a cerrar la puerta con la llave y guardó esta en su bolsillo. Después apagó la luz y salió. Jonás y Marena ya no vieron nada más pues la habitación quedó tan oscura como la calle. Sigilosamente se separaron de la ventana y se fueron. Temían que Torcuato saliera y les encontrara allí.

oscuro, oscura *adj.* 1. Un lugar oscuro es un lugar con poca luz. ✡ SIN. **Sombrío, tenebroso.** 2. Un día es oscuro cuando no brilla el sol. SIN. **Nublado, cubierto.** 3. Un color, y las cosas que son de este color, es oscuro si se acerca más al negro que otros de su clase. *Los colores oscuros son más apropiados para el invierno.* SIN. **Apagado.** 4. Es oscuro lo que es difícil de entender. *Aunque estuve muy atento fui incapaz de entender su oscura disertación.* SIN. **Confuso, denso.** 5. Y lo que no nos ofrece seguridad. *El futuro de la minería en nuestro país es muy oscuro.* SIN. **Incierto, inseguro.**

p p p

p P p

p p p

p p p

p P p

p p p

Como sustantivo, en la acepción 2, ***paciente*** tiene la misma forma para masculino y femenino.

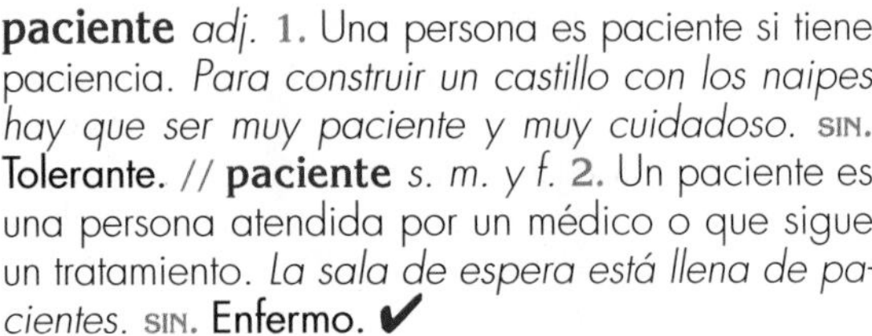

paciente *adj.* **1.** Una persona es paciente si tiene paciencia. *Para construir un castillo con los naipes hay que ser muy paciente y muy cuidadoso.* SIN. Tolerante. // **paciente** *s. m. y f.* **2.** Un paciente es una persona atendida por un médico o que sigue un tratamiento. *La sala de espera está llena de pacientes.* SIN. Enfermo. ✔

pacífico, pacífica *adj.* **1.** Una persona es pacífica si no le gustan los conflictos, ni las discusiones. SIN. Apacible, tranquilo. **2.** Es pacífico lo que se desarrolla en paz. *Las negociaciones entre los dos países se desarrollaron en un tono pacífico.* SIN. Cordial.

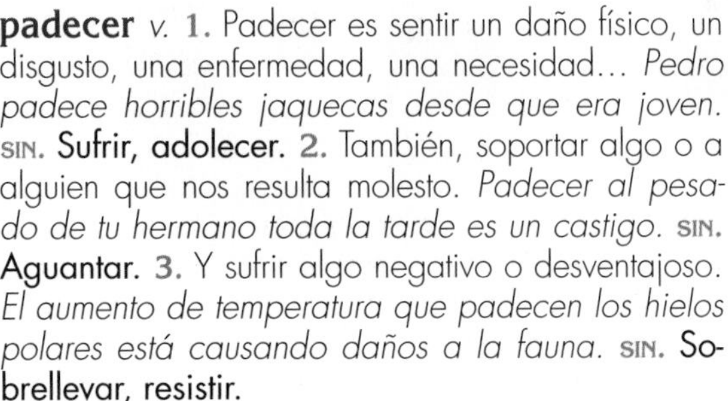

padecer *v.* **1.** Padecer es sentir un daño físico, un disgusto, una enfermedad, una necesidad... *Pedro padece horribles jaquecas desde que era joven.* SIN. Sufrir, adolecer. **2.** También, soportar algo o alguien que nos resulta molesto. *Padecer al pesado de tu hermano toda la tarde es un castigo.* SIN. Aguantar. **3.** Y sufrir algo negativo o desventajoso. *El aumento de temperatura que padecen los hielos polares está causando daños a la fauna.* SIN. Sobrellevar, resistir.

pagar *v.* **1.** Pagar es dar una cantidad de dinero por una cosa. SIN. Abonar. **2.** Pagar es también dar dinero a alguien por el trabajo que realiza. *¿Qué tal pagan en esta empresa?* SIN. Remunerar, retribuir. **3.** Sufrir el castigo o las consecuencias de algo malo que se ha hecho. ✪ SIN. Cumplir, enmendar. **4.** Y mostrar nuestro agradecimiento hacia alguien de algún modo. *Quiero pagar lo bien que te has portado conmigo invitándote a cenar.* SIN. Agradecer, corresponder.

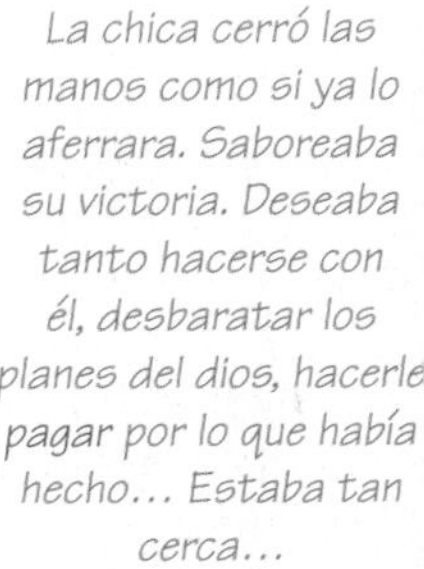

La chica cerró las manos como si ya lo aferrara. Saboreaba su victoria. Deseaba tanto hacerse con él, desbaratar los planes del dios, hacerle pagar por lo que había hecho... Estaba tan cerca...

El canto de la sirena

pálido, pálida *adj.* 1. Una persona pálida es la que tiene la piel menos rosada de lo normal. *Yo creo que tienes fiebre: estás pálido y tienes los ojos brillantes.* SIN. **Blanco, lívido.** 2. Un color pálido es un color poco intenso. *¿No crees que estas flores tienen un color un poco pálido?* SIN. **Apagado.** 3. Una cosa pálida es la que tiene poco color o poco brillo. ✡ SIN. **Apagado, descolorido.**

Una pálida y tímida luna comenzaba a iluminar el cielo. Se había hecho tarde.
—¡Madre mía! ¡Qué tarde es! Me va a caer una bronca… —se sorprendió Marena—. Pero, Jonás, ¿tú sabes dónde estamos? Yo no tengo ni idea.
—Creo que sí; estamos un poco lejos de casa. ¿Ves? Si hubiéramos venido en patines… Ahora tendremos que pegarnos una buena paliza corriendo, ¡vamos!

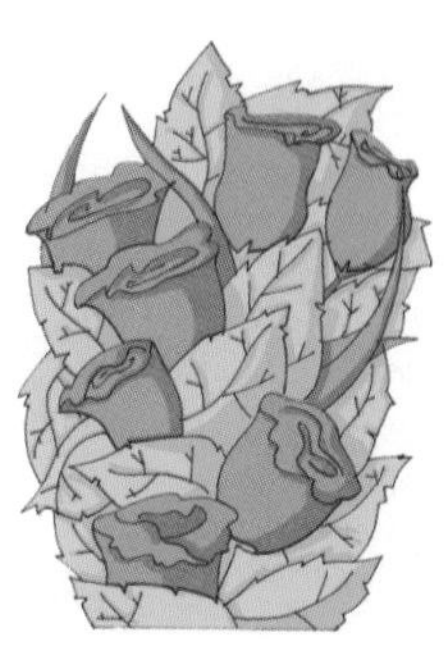

paliza *s. f.* 1. Una paliza es el conjunto de golpes que se da a una persona o a un animal. *El pobre animal estaba recibiendo una terrible paliza.* SIN. **Zurra, tunda.** AM. **Golpiza.** 2. Una paliza es también algo que nos deja muy cansados. ✡ SIN. **Trabajo, esfuerzo.** 3. Y una derrota muy amplia en una competición. *El golfista escocés ha dado una auténtica paliza a todos sus adversarios.* SIN. **Vapuleo.**

pandilla *s. f.* 1. Una pandilla es un grupo de amigos que se divierten juntos. ✡ SIN. **Basca, panda.** AM. **Mara.** 2. También, un grupo de personas que se reúnen para hacer daño o engañar a otros. *Todo el barrio conoce a la pandilla que se dedica a robar a los ancianos.* SIN. **Banda.** AM. **Mara.**

Todos los chicos de la pandilla estaban allí, apretados en un banco. Debajo de la chaqueta de Pelayo entreví la tela dorada de su disfraz de noble […].

Los caminos de Piedelagua

parado, parada *adj.* 1. Una persona es parada si es poco decidida. *Siendo tan parada, nunca serás capaz de tomar decisiones.* SIN. **Indeciso, retraído.** 2. Una persona está parada si no tiene empleo. *El número de parados desciende considerablemente en verano.* SIN. **Desempleado.** AM. **Cesante.** 3. AM. Una persona está parada si está de pie. *Llevo veinte minutos parada esperando el autobús.* SIN. **Derecho, erguido.**

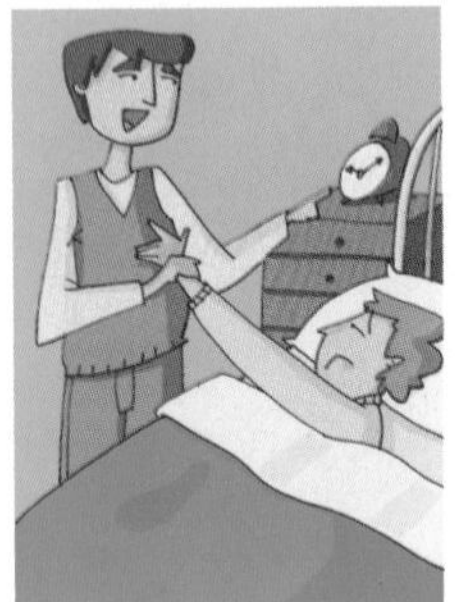

parar *v.* **1.** Parar es dejar de tener movimiento o actividad. ✡ SIN. **Detener, inmovilizar.** **2.** También, llegar algo a su fin. *La lluvia no paró en toda la noche.* SIN. **Terminar, acabar.** **3.** Vivir provisionalmente en un lugar. *Mientras estés en la ciudad, puedes parar en mi casa.* SIN. **Alojarte, residir.** **4.** Estar en una situación o en un lugar un tiempo. *Jesús es un trotamundos, no puede parar mucho tiempo en ningún sitio.* SIN. **Quedarse.** **5.** *Parar de* seguido de infinitivo es dejar de hacer lo expresado por este. *¿No paras de comer chucherías?* SIN. **Dejar, cesar.** **6.** **AM.** Y ponerse en pie. *Vamos, párate, que son más de las nueve.* SIN. **Levantarse, erguirse.** // **pararse** *v. prnl.* **7.** *Pararse a,* o *en,* seguido de infinitivo es dedicar tiempo para hacer lo expresado por este. *¿Por qué no te paras a pensar en lo que estás haciendo?* SIN. **Detenerse.**

El adjetivo ***parcial*** tiene la misma forma para masculino y femenino.

parcial *adj.* **1.** Es parcial lo que hace referencia solo a una parte. *Este artículo recoge un informe parcial sobre la evolución de la población.* SIN. **Incompleto, deficiente.** **2.** Es parcial la persona y el comportamiento que favorece a algo o a alguien sin tener en cuenta razones objetivas. *El árbitro fue muy parcial y favoreció al equipo grande.* SIN. **Arbitrario, subjetivo.** ✔

parecer *v.* **1.** Parecer es tener algo un determinado aspecto. *Sin los niños, la casa parece vacía.* SIN. **Aparecer, asemejar.** **2.** Parecer es también existir indicios de algo. *Parece que hoy va a nevar.* SIN. **Dar la impresión.** **3.** Y opinar. ✡ SIN. **Creer.** // **parecerse** *v. prnl.* **4.** Una persona se parece a otra si tienen semejanza. *En esta foto te pareces mucho a mí.* SIN. **Asemejarse.**

No pararon hasta llegar a su calle. Efectivamente era tarde, así que cruzaron los dedos para que sus padres no se enfadaran demasiado.
—Mañana hablamos sobre esto, ¿vale?
—De acuerdo, Marena. Hasta mañana.
Marena entró en casa. Santi no estaba y Sara estaba preparando algo de cena.
—¿Qué ha pasado? ¿Por qué llegas tan tarde? —preguntó Sara un poco enfadada—. Últimamente no sé en qué andas metida pero estás bastante rara. Entras, sales, no me cuentas nada… Me parece que voy a tener que controlarte algo más, aunque sabes que no me gusta. ¿No te habrás metido en algún lío?
—No, mamá. Tranquila. Tú sigue confiando en mí.

La segunda vez que Lúa parió, lo hizo en el armario de mamá. :llá fue a guardar una :amisa, y se encontró a Lúa y a los gatitos ue estaban encima de as sábanas bonitas.

El misterio de los hijos de Lúa

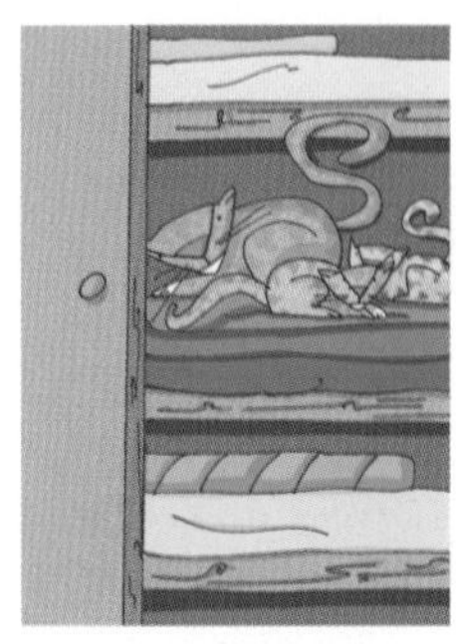

parir *v.* 1. Una hembra pare cuando expulsa de su vientre al feto al final de la gestación. ✱ SIN. Alumbrar, dar a luz. 2. Parir es también crear algo. *Parir mi segunda novela me llevó más de dos años.* SIN. Originar, idear.

paro *s. m.* 1. Paro es la acción de parar. *Todos los funcionarios han acordado un paro de cinco minutos para hoy a las doce.* SIN. Parada, detención. 2. Paro es la situación de las personas que no tienen o no encuentran trabajo. *La tienda ha cerrado sus puertas y sus empleados han quedado en el paro.* SIN. Desempleo. AM. Cesantía. 3. Y la cantidad de dinero que cobra o puede cobrar un desempleado. *Le despidieron hace dos meses pero está cobrando el paro.* SIN. Subsidio.

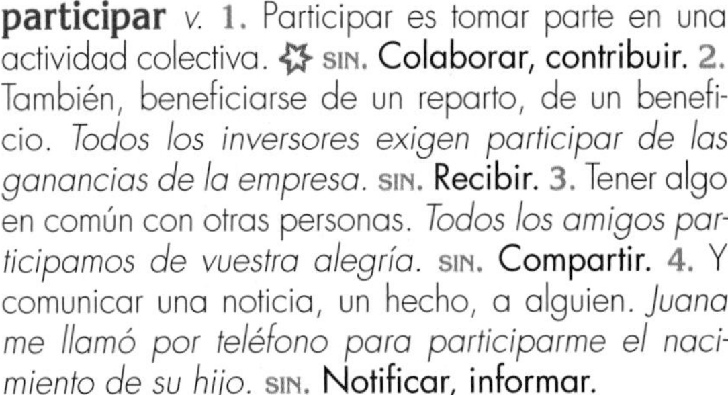

participar *v.* 1. Participar es tomar parte en una actividad colectiva. ✱ SIN. Colaborar, contribuir. 2. También, beneficiarse de un reparto, de un beneficio. *Todos los inversores exigen participar de las ganancias de la empresa.* SIN. Recibir. 3. Tener algo en común con otras personas. *Todos los amigos participamos de vuestra alegría.* SIN. Compartir. 4. Y comunicar una noticia, un hecho, a alguien. *Juana me llamó por teléfono para participarme el nacimiento de su hijo.* SIN. Notificar, informar.

El doctor Vogel decidió que las anoréxicas no solo podían, sino que debían participar en aquel carnaval. Según les comunicó en la última terapia de grupo, tener la mente entretenida en lo de los disfraces les podía venir muy bien.

Mi tigre es lluvia

particular *adj.* 1. Es particular lo que es característico de una persona o cosa. *El torero dejó clara su particular maestría en el ruedo.* SIN. Propio, exclusivo. 2. También, lo que no tiene carácter público, sino que es de una persona o o de unos pocos. *Si utilizamos el transporte público en vez de nuestro coche particular reduciremos la contaminación.* SIN.

El adjetivo ***particular*** tiene la misma forma para masculino y femenino.

Privado, propio. 3. Y lo que se sale de lo normal. *Mara tiene una forma muy particular de entender la moda.* SIN. **Peculiar, singular.** ✔

partir *v.* 1. Partir una cosa es dividirla en varias partes. *Los novios partieron la tarta con un sable.* SIN. **Trocear, cortar.** 2. Y romperla. También, v. prnl. *Me he partido una pierna patinando.* SIN. **Quebrar, fragmentar.** 3. Partir es salir de un lugar, ponerse en marcha. ✵ SIN. **Marchar, ir.** 4. Partir de algo es tomarlo como base, como referencia. *Para tomar las medidas oportunas hay que partir de la realidad social.* SIN. **Basarse, apoyarse.** // **partirse** *v. prnl.* 5. Partirse es reírse con muchas ganas. *Joao cuenta unos chistes tan buenos que todos nos partimos de risa.* SIN. **Troncharse, desternillarse.**

Pasar he visto a dos hombres
armados y con banderas;
el uno en caballo moro,
el otro en potranca negra.
Dejaran casa y mujer,
partieran a lueñes tierras;
el odio los acompaña,
la muerte en las manos llevan.

Nicolás Guillén para niños

Como siempre, el enfado de Sara fue pasajero. Y es que Sara no sabía, o no quería, enfadarse con Marena, y la niña lo sabía; pero lejos de aprovecharse de su aparente debilidad, prefería no defraudarla y no darle motivo para que se disgustara. Era una especie de pacto de no agresión entre ellas que había funcionado bien cuando Marena era pequeña y que ahora, con Marena en una edad un poco difícil, estaba pasando por algunos altibajos. Por eso, mientras cenaron, no se volvió a tocar el tema.

pasajero, pasajera *adj.* 1. Es pasajero lo que no perdura o dura poco. ✵ SIN. **Efímero, transitorio.** AM. **Temporario.** // **pasajero** *s. m. y f.* 2. El pasajero es la persona que viaja en un medio de transporte sin ser el conductor. *El brusco frenazo hizo que varios pasajeros cayeran al suelo.* SIN. **Viajero.**

pasar *v.* 1. Pasar es ir o hacer que alguien vaya de un lugar a otro. *Antes de ser consultados, la enfermera nos pasó a la sala de espera.* SIN. **Conducir, trasladar.** 2. También, ir de un lado a otro de un río, de una calle... *Pasamos el río por un pequeño puente de madera colgante.* SIN. **Atravesar, cruzar.** 3. Tener lugar, ocurrir. *Tengo el presentimiento de que hoy va a pasar algo.* SIN. **Suceder, producirse.** 4. Mover una cosa de un lugar a otro o dársela a alguien. *¿Me puedes pasar ese rotula-*

Me habría sentido mejor sabiendo que podía esperar a que se le pasara el efecto del hechizo en Buxton en vez de entre un montón de extraños.

Elías de Buxton

dor? SIN. **Trasladar, acercar.** **5.** Tener un sentimiento, una sensación… *El fin de semana que estuve en Escocia pasé un frío terrible.* SIN. **Sentir, notar.** **6.** Ir más allá de un determinado límite. También v. prnl. *La redacción no puede pasar de cinco folios.* SIN. **Superar, rebasar.** **7.** Penetrar a través de algo. *Este fino visillo deja pasar la luz del sol.* SIN. **Entrar, traspasar.** **8.** Ser permisivo o tolerante con algo. *Esta vez pasaré tu retraso, pero espero que no se repita.* SIN. **Superar, rebasar.** **9.** Llevar mercancías de un lugar a otro de forma ilegal. *Fueron detenidos cuando intentaban pasar tabaco de contrabando fuera del país.* SIN. **Traficar, trapichear.** **10.** En algunos deportes, dar un jugador el balón a otro jugador de su equipo. *Ningún jugador pasa el balón con tanta precisión como Andrés.* SIN. **Centrar, ceder.** **11.** Dejar de suceder algo. También v. prnl. ✩ SIN. **Cesar, acabar.** // **pasarse** *v. prnl.* **12.** Pasarse es superar el límite normal en una actividad, una actitud… *En esta ocasión creo que Alejandro se ha pasado de listo.* SIN. **Excederse, extralimitarse.** **13.** Un alimento se pasa cuando ya no está en buenas condiciones para ser consumido. *No pienso comer ese lenguado porque está pasado.* SIN. **Estropearse, pudrirse.** **14.** A una persona se le pasa algo si no lo recuerda. *Se me pasó la fecha de tu cumpleaños, por eso no te felicité.* SIN. **Olvidar.**

pausa *s. f.* **1.** Una pausa es una breve interrupción en un movimiento, en un actividad… ✩ SIN. **Parada, descanso.** **2.** Pausa es también la lentitud con que se hace una cosa. *La tortuga caminaba con pausa pero segura y por eso ganó a la liebre.* SIN. **Parsimonia, calma.**

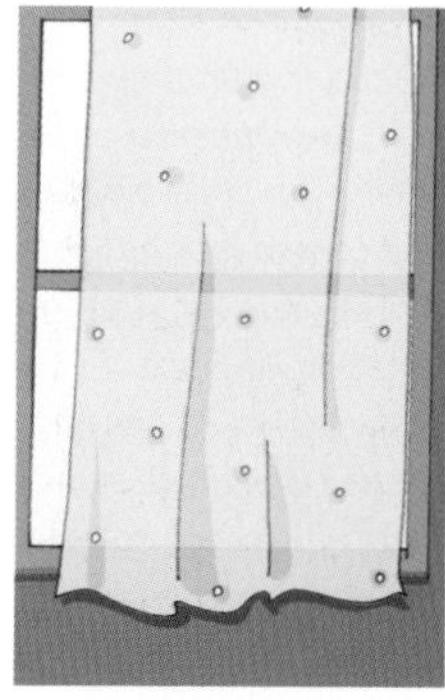

Harry terminó de escribir sobre Wendelin la Hechicera e hizo una pausa para volver a escuchar.

Harry Potter y el prisionero de Azkaban

Santi no había llegado aún. Parece que había pedido la tarde libre porque tenía que ir a recoger a un amigo al aeropuerto.
–¿Qué amigo? –preguntó Marena intrigada–.
-No sé, uno de Madrid –respondió Sara.
La verdad es que no sabía bien de quién se trataba. Había estado bastante ocupada los últimos días. Una galería de la ciudad iba a exponer algunos de sus cuadros: dos o tres, nada importante, pero ella estaba muy ilusionada con la idea de que su nombre empezase a sonar en los círculos culturales de la ciudad. Por eso no se había preocupado mucho de quién era el amigo de Santi. Solo sabía que iría a comer con ellos un día de estos. Entonces, ya se preocuparía de él. Mientras, aún tenía que meter las invitaciones de la exposición en los sobres y pegar los sellos.

pedir *v.* 1. Pedir es solicitar a una persona que haga algo. *Tengo que pedirte que recojas a la niña a la salida del colegio.* SIN. **Instar, requerir.** 2. También, querer una cosa. ✱ SIN. **Desear, solicitar.** 3. Poner precio a algo que se vende. *¿Cuánto vas a pedir por el coche?* SIN. **Tasar, valorar.** 4. Y solicitar una limosna. *Tengo que pedir limosna para poder alimentar a mis hijos.* SIN. **Mendigar, limosnear.**

pegar *v.* 1. Pegar dos cosas es unirlas con pegamento o una sustancia similar, o también con hilo, con cuerda... ✱ SIN. **Adherir, coser, atar.** 2. Pegar es también poner dos cosas muy juntas, hasta que se toquen. *Si pegas la mesa a la pared no podrás abrir la ventana.* SIN. **Juntar, arrimar.** 3. Pegar a una persona o a un animal es darle un golpe, una paliza, una bofetada... *El domador pegaba al perrito cuando no saltaba dentro del aro de fuego.* SIN. **Agredir, golpear.** 4. Pasar a otros una enfermedad, un virus... *No te acerques a mí, no quiero que me pegues la varicela.* SIN. **Contagiar, transmitir.** 5. Una cosa pega con otra si ambas no desentonan. ✱ SIN. **Armonizar, conjuntar.** // **pegarse** *v. prnl.* 6. Dos personas se pegan si se dan golpes mutuamente. *Los miembros de las dos bandas se pegaron en medio de la calle.* SIN. **Agredirse, pelearse.** 7. Dos cosas se pegan si quedan unidas. *Se me ha pegado un chicle al zapato y no puedo quitarlo.* SIN. **Adherirse.**

Quizá debiera instala en su cuarto una rued de tamaño humano, pegaría mucho con e resto de su vida: corr a lo loco y sin sentid para no llegar a ningu na parte.

El canto de la sire

pelar *v.* 1. Pelar es cortar o arrancar el pelo a una persona o a un animal. *Cuando llega el verano siempre pelo a mi perro para que no pase calor.* SIN. **Rapar, trasquilar.** 2. Y quitar la piel, las plumas...

La facultad de pensar es innata al ser humano y haciendo uso de esta facultad, los grandes filósofos tratan de explicar nuestra realidad interior y exterior. Estos son algunos de los grandes pensadores de la historia:

-Pitágoras (580-550 a. C): investiga sobre los números.
-Sócrates (470-399 a. C): pensaba acerca del bien y del mal.
-Platón (428-347 a. C): en Atenas fundó una universidad, la Academia.
-Aristóteles (384-322 a. C): es el filósofo griego más importante.
-Descartes (1596-1650): autor de la célebre frase «Pienso, luego existo».
-Kant (1724-1804): iguala experiencia y razón.
-Schopenhauer (1788-1860): defendía el arte.
-Nietzsche (1844-1900): con su idea del superhombre.

a un animal. *¿Me ayudas a pelar los langostinos?* SIN. **Despellejar, desplumar.** **3.** También, quitar la cáscara, la corteza... a algo, especialmente un fruto. *Mi robot de cocina tiene un accesorio para pelar patatas.* SIN. **Mondar.** **4.** Pelar a alguien es dejarle sin dinero. *No puedo ni invitarte a un café, estoy pelado.* SIN. **Desvalijar, despojar.** // **pelarse** *v. prnl.* **5.** Pelarse es perder la piel o el pelo. *Se me han pelado las piernas por las quemaduras producidas por el sol.* SIN. **Descamarse.**

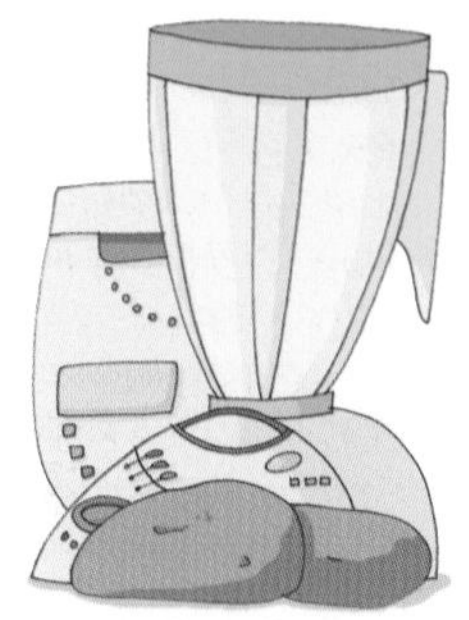

pena *s. f.* **1.** La pena es un sentimiento intenso de tristeza. ✪ SIN. **Aflicción, pesar.** **2.** También, un castigo impuesto por un juez o un tribunal a quien comete una falta. *Por una falta tan leve no creo que le impongan mucha pena.* SIN. **Condena, sanción.** **3.** Y los trabajos y dificultades que sufre una persona. *Todos los días Natalia me llama por teléfono para contarme sus penas.* SIN. **Disgusto, sinsabor.** **4.** AM. Pena es también vergüenza. *¿No te da pena pararte tan tarde?* SIN. **Bochorno, turbación.**

Se pusieron a charlar con animación, para hacer creer a Jorge que no se daban cuenta de su pena.

Los cinco en la isla de Kirrin

penetrar *v.* **1.** Penetrar es pasar dentro o a través de un cuerpo. También v. prnl. *Aplica una capa de barniz abundante para que penetre bien en la madera.* SIN. **Atravesar, meterse.** **2.** Penetrar también es sentir algo con mucha intensidad. *Tiene una voz tan chillona que penetra los oídos.* SIN. **Entrar, llegar.** **3.** Y entrar en un lugar. *No podemos penetrar en la cueva porque está cubierta de maleza.* SIN. **Acceder, adentrarse.**

Habló despacio, pensando cada frase; y en ningún momento apartó la vista del león mariposa.

El león mariposa

pensar *v.* **1.** Pensamos cuando formamos ideas en la mente. ✪ SIN. **Imaginar, discurrir.** **2.** Cuando reflexionamos sobre algo. ✪ SIN. **Meditar, exami-**

*Creo que aquí nunca me sentiré realmente en casa, con lo que no quiero decir en absoluto que me desagrade estar aquí; más bien me siento como si estuviera pasando unas vacaciones en una **pensión** muy curiosa.*

Diario de Ana Frank

nar. **3.** Cuando damos nuestra opinión. *Pienso que deberías leer el libro antes de ver la película.* SIN. **Opinar, considerar.** **4.** Y cuando tenemos intención de hacer algo. *Cuando sea mayor pienso viajar por todo el mundo.* SIN. **Pretender, planear.**

pensión *s. f.* **1.** Una pensión es una cantidad de dinero que una persona percibe, normalmente de forma periódica, por jubilación, viudedad, orfandad... *Con mi mísera pensión de viudo no llego a final de mes.* SIN. **Subsidio, jubilación.** **2.** Una pensión es también una casa con habitaciones donde se alojan huéspedes, especialmente para estancias largas. ✵ SIN. **Fonda.**

Hemos aprendido algo primordial,
algo que a los niños les hace mucho mal,
*y eso es que en el mundo no hay nada **peor***
que sentarles frente a a un televisor.

Poemas y canciones

El adjetivo ***peor*** tiene la misma forma para masculino y femenino.

peor *adj.* **1.** Algo o alguien son peores si son más malos que otros. ✵ SIN. **Inferior, pésimo.** **2.** Algo peor también es algo nada conveniente. *Es peor que conduzcas de noche porque te puede entrar el sueño.* SIN. **Desaconsejable.** ✔

pequeño, pequeña *adj.* **1.** Una persona o una cosa son pequeñas si tienen poco tamaño o poca estatura. *Para la ensalada prefiero tomates pequeños y maduros.* SIN. **Diminuto, bajo.** **2.** Una persona o un animal son pequeños si tienen pocos años. *Eres demasiado pequeño aún para ver este tipo de películas.* SIN. **Niño, bebé.** **3.** También se dice de la persona humilde o de poca categoría. *Es un pequeño comerciante que no puede competir con los grandes almacenes.* SIN. **Modesto, pobre.** **4.** Y de las cosas que duran poco o que son poco intensas. *Estos son los pequeños momentos que merecen la pena.* SIN. **Insignificante, breve.**

No sé si se habrán percatado ustedes de que la ballena es el único animal que no podemos en un zoo. Junto con el Yeti, claro está.

Hasta (casi) 100 bichos

percatarse *v. prnl.* Percatarse es darse cuenta de algo. ✪ SIN. **Captar, advertir.**

percibir *v.* **1.** Percibir es conocer algo por medio de los sentidos. *Si escuchas con atención, podrás percibir el sonido del viento entre las ramas de los árboles.* SIN. **Captar, apreciar. 2.** También, conocer algo por medio de la inteligencia. *No soy capaz de percibir el sentido de este poema.* SIN. **Comprender, entender. 3.** Percibir también es recibir algo, especialmente dinero. *En esta casilla tienes que anotar el dinero que has percibido a lo largo del año.* SIN. **Cobrar, obtener.**

Al día siguiente, Marena llamó a Jonás y quedaron a primera hora. No quería perder ni un minuto más.
—Jonás, ¿ves cómo tenía razón? ¿Ves cómo Torcuato oculta algo?
—Pues yo no vi nada raro, Marena, tienes una mente de lo más complicada.
—¿A ti te parece normal que una persona que vive sola guarde los libros bajo llave?
—Bueno, lo primero es que no sabemos si vive solo…
—Sí, seguro que vive solo. Esa casa es demasiado pequeña para más de una persona.

perder *v.* **1.** Perder es dejar de tener algo o no saber dónde está. *¿Has visto mi boli de seis colores? Creo que lo he perdido.* SIN. **Extraviar, traspapelar. 2.** También, no aprovechar algo. ✪ SIN. **Malgastar, desperdiciar. 3.** Sufrir la separación de una persona, normalmente por su muerte. *John perdió a su padre cuando aún era un niño.* SIN. **Separarse. 4.** No ganar en una competición. *Mi equipo perdió por cinco goles de diferencia.* SIN. **Ser derrotado. 5.** No conseguir algo que se deseaba. *Has perdido la ocasión de tu vida.* SIN. **Malograr, frustrar.** // **perderse** *v. prnl.* **6.** Perderse es equivocarse de camino al ir a un lugar; también ir a un lugar donde no ser visto o molestado. ✪ SIN. **Extraviarse, desorientarse. 7.** También, no seguir un razonamiento, una idea… *David, es la segunda vez que te pierdes cuando te mando seguir la lectura.* SIN. **Aturdirse, despistarse. 8.** Y dejar de usarse algo. *Es una pena que se hayan perdido las viejas tradiciones de nuestra provincia.* SIN. **Abandonar, olvidar.**

El líder religioso tibetano solía disfrutar de sus momentos de soledad perdiéndose en la espesura del bosque para leer o pensar.

Los cien ojos del pavo real

—¿Y qué sugieres que hagamos? Aunque fuese cierto que esconde algo, ¿qué podemos hacer? A mí no se ocurre nada, Marena.
—No sé, tendremos que trazar un plan.
—¿Quieres que nos acerquemos mañana hasta su casa y vigilemos sus pasos?
—Creo que no puedo. Ha venido un amigo de mi padre de Madrid y va a venir a casa a comer. Ya ves qué plan más divertido. No lo perdonaría por nada del mundo. Bueno, mis padres tampoco me lo permitirían.

perdonar *v.* 1. Perdonar es no tener en cuenta una ofensa que alguien nos ha hecho. *¿Qué puedo hacer para que me perdones?* SIN. **Disculpar, excusar.** 2. También, dejar sin efecto un castigo, una pena... *Por su buen comportamiento le han perdonado el último año de condena.* SIN. **Indultar, absolver.** 3. Y perder una oportunidad de hacer algo. ✡ SIN. **Renunciar, dejar.**

perfecto, perfecta *adj.* Decimos que es perfecto lo que no tiene errores, ni defectos, lo que no puede estar mejor. *Desde que estuvo en Irlanda habla un inglés perfecto.* SIN. **Excelente, inmejorable, insuperable.**

permitir *v.* 1. Permitir es dar permiso o consentimiento para hacer algo. ✡ SIN. **Autorizar, consentir.** 2. Permitir es hacer que algo sea posible. *La escasez de nieve no ha permitido que se dispute la competición de esquí.* SIN. **Posibilitar, favorecer.** // **permitirse** *v. prnl.* 3. Permitirse es atreverse a hacer algo. *¿Te has permitido el lujo de estar tres semanas de vacaciones en Chile?* SIN. **Decidirse, osar.**

pertenecer *v.* 1. Una cosa pertenece a alguien si es de su propiedad o de su competencia. *Este edificio pertenece a los monjes franciscanos.* SIN. **Corresponder, atañer.** 2. También, si forma parte de algo. ✡ SIN. **Integrar, adscribirse.**

perturbar *v.* 1. Perturbar es alterar el orden normal de algo. También v. prnl. *Sus estornudos perturbaron el silencio de la sala de estudio.* SIN. **Alborotar, desordenar** 2. Y hacer que alguien se ponga

Unas veces se unía a ellos algún joven que había presenciado una gloriosa acción; en otras ocasiones eran personas que penetraban en el bosque y pedían ser admitidas y, en todos los casos, eran gentes orgullosas de poder pertenecer al valeroso ejército de Robin Hood.

Robin Hood

nervioso o inquieto. También v. prnl. *Los ambientes ruidosos perturban fácilmente a los bebés.* SIN. **Inquietar, agitar.**

pesado, pesada *adj.* 1. Es pesada la persona o cosa que pesa mucho. *Coloca los paquetes pesados en la parte inferior y los más ligeros encima.* SIN. **Grande, gordo.** 2. Es pesada también la persona que tarda mucho en hacer las cosas. *Intenta comer un poco más rápido, eres una pesada.* SIN. **Lento, tranquilo.** 3. Decimos que es pesado algo o alguien que molesta o da la lata. ✧ SIN. **Latoso, cargante.**

Marena, Sara y Santi estaban esperando la llegada de su invitado. Marena no lo conocía ni sabía de qué se conocían. Solo sabía que venía de Madrid. Santi no había contado mucho más aunque sí se notaba que estaba ilusionado con su visita.
«Sería un antiguo compañero o algo así, un tío pesado de los que solo saben hablar de trabajo. ¡Qué rollo –pensaba Marena–, con todo lo que ella tenía que hacer!».

picar *v.* 1. Las aves pican cuando muerden con el pico y los insectos cuando clavan su aguijón. *Creo que me ha picado una abeja.* SIN. **Morder, pinchar.** 2. Las aves también pican cuando toman la comida con el pico. *Las gallinas pican los granos esparcidos por el patio.* SIN. **Picotear.** 3. Un pez pica cuando se engancha en el anzuelo. *Llevo dos horas en el río y no ha picado ni una trucha.* SIN. **Morder.** 4. Picar a una persona es incitarla para que haga algo. *Juan siempre me pica para convencerme de que lo acompañe en su expedición al Aconcagua.* SIN. **Provocar, alentar.** 5. Y hacer que alguien se ofenda. ✧ SIN. **Mosquear, irritar.** 6. Picar una cosa es cortarla en trozos pequeños. *Pica la cebolla muy menuda y añade el pimiento, también picado.* SIN. **Trocear, partir.** 7. Picar es también tomar comida en pequeñas porciones. *Cuando salgamos del cine podemos ir a picar algo por ahí.* SIN. **Picotear.** // **picarse** *v. prnl.* 8. Picarse es enfadarse con alguien. *Te toman el pelo porque saben que te picas rápidamente.* SIN. **Molestarse, ofenderse.**

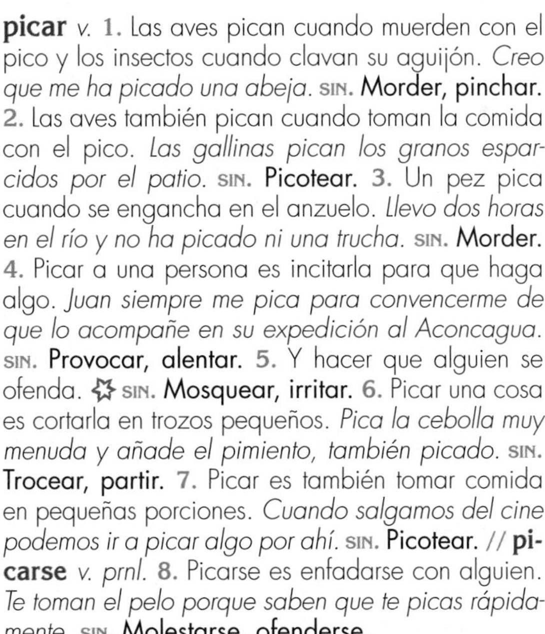

—Bah —dije, con intención de picarle—, no seas pedante, te sientas ahí a leer el periódico un domingo por la mañana porque es lo que haría aquí cualquier humano.

Misterioso asesinato en Oz

piratear *v.* **1.** Piratear es dedicarse al abordaje de barcos en el mar para robar. *Los corsarios pirateaban las naves enemigas.* SIN. **Saquear, atracar.** **2.** Y apropiarse de algo ajeno. *Jordan fue multado por piratear juegos de ordenador para venderlos.* SIN. **Aprovecharse, plagiar.**

placer *s. m.* **1.** El placer es una sensación agradable que produce algo bueno. ✪ SIN. **Agrado, deleite.** **2.** Un placer es también una diversión. *Por fin este otoño podré hacer un viaje de placer.* SIN. **Entretenimiento.**

Sonó el timbre y Santi y Sara se dirigieron hacia la puerta.
—Hola Alberto. Mira, ella es Sara, mi mujer.
—Es un placer conocerla —saludó educadamente el amigo de Santi.
—Encantada, pero, por favor, tutéame, ¿de acuerdo?
Los tres pasaron al interior de la casa y Santi también presentó a Alberto a su hija. Se estrecharon la mano, se miraron unos instantes y... ninguno tuvo la más mínima duda: se habían visto antes.

plagio *s. m.* **1.** Un plagio es una apropiación que alguien hace de las ideas, las palabras, los proyectos... de otra persona. *El cantante Dad Blom ha sido acusado de plagio por un compositor francés.* SIN. **Copia, imitación.** **2.** **AM.** Un plagio es también un secuestro. *La famosa empresaria fue plagiada el 10 de septiembre y liberada pocos días después.* SIN. **Rapto.**

plantar *v.* **1.** Plantar es meter en la tierra una semilla o un esqueje de una planta para que germine. *He dejado tres surcos para plantar las judías.* SIN. **Sembrar, cultivar.** **2.** También, poner muchas plantas en un lugar. ✪ SIN. **Poblar, repoblar.** **3.** Meter algo en el suelo. *Los niños han plantado unas estacas para improvisar las porterías.* SIN. **Clavar, introducir.** **4.** Dejar a alguien en contra de su voluntad. *Me dejó plantado sin darme una explicación.* SIN. **Abandonar.** // **plantarse** *v. prnl.* **5.** Una persona se planta si se coloca en un lugar y no se mueve de allí. *Jairo se plantó delante de la puerta para no dejarnos salir.* SIN. **Situarse, permanecer.** **6.** También, si decide

Habían derribado las viejas casas de los esclavos, y su mujer contrató jardineros que plantaron un jardín de azaleas; decían que era espléndido, y tan grande que hasta te podías perder.
Kira-Kira

no seguir soportando algo. *Mauro se ha plantado y no está dispuesto a tolerar más humillaciones.* SIN. **Rebelarse.**

*El **pobre** rey Gracián pensaba aquella noche que ya no tenía nada que hacer en la Tierra, pues ya había vivido todo lo que tenía que vivir, que en realidad no había sido mucho.*

El mensaje de los pájaros

pobre *adj.* **1.** Una persona pobre es la que tiene poco dinero o no tiene lo necesario para vivir. También s. m. y f. *Como eran muy pobres decidieron emigrar a otro país.* SIN. **Indigente, necesitado.** AM. **Pelado.** **2.** También, lo que es escaso o de poco valor. *¡Qué decoración tan pobre! Te podías haber esmerado un poco más.* SIN. **Falto, carente.** **3.** Pobre también se utiliza para expresar compasión. ✡ SIN. **Infeliz, desgraciado.** ✔

El adjetivo ***pobre*** tiene la misma forma para masculino y femenino. En la acepción 3, se coloca delante del sustantivo.

poder[1] *v.* **1.** Poder es tener la facultad, la oportunidad, la probabilidad de hacer algo. *Ganará el concurso quien pueda resolver el enigma en menos tiempo.* SIN. **Ser capaz, saber.** **2.** También, ser más fuerte que alguien. *Te echo un pulso, a ver quién puede más.* SIN. **Superar, vencer.** **3.** Poder con algo que supone una dificultad es llegar a tener dominio sobre ello. *No puedo con tanto trabajo.* SIN. **Dominar, controlar.** **4.** Poder con algo o con alguien que nos causa rechazo es soportarlo. *No puedo con Ignacio, es insoportable.* SIN. **Aguantar, tolerar.** **5.** Puede que... quiere decir que es probable. *Puede que llegue tarde a cenar.* SIN. **Quizá, tal vez.** ✔

*Sí, claro, cuando los olímpicos se hicieron con el **poder** tras derrocar a Cronos, todo el mundo pensó que había que repoblar la Tierra; las criaturas mortales proporcionaban cierta diversión, y uno quería ser dios de algo.*

El canto de la sirena

En la acepción 1, el verbo ***poder*** va seguido de infinitivo. En la acepción 4, aparece en oraciones negativas. En la acepción 5, solo se usa en tercera persona del singular.

poder[2] *s. m.* **1.** Poder es la facultad para dar órdenes o influir sobre los demás. *Solo yo tengo el poder para decidir quién se queda y quién se va.* SIN. **Dominio, influencia.** **2.** El poder de un país es su máximo órgano de gobierno. ✡ SIN. **Gobierno.** **3.** Un poder es la facultad que una persona da

a otra para que actúe en su nombre. *Leandro ha firmado un poder para que su abogado le represente.* SIN. **Autorización.** 4. El poder de algo es su capacidad para producir un determinado efecto. *El poder desengrasante de este producto es impresionante.* SIN. **Fuerza, eficacia.**

El adjetivo ***popular*** tiene la misma forma para masculino y femenino.

popular *adj.* 1. Decimos que es popular lo que está relacionado con el pueblo. *En mi libro recojo las leyendas populares más conocidas.* SIN. **Tradicional, folclórico.** 2. Y lo que está al alcance de personas con menos recursos económicos. *Ha sido un acierto poner las entradas a precios populares.* SIN. **Sencillo, económico.** 3. Una persona es popular si es conocida y admirada por mucha gente. *Paula quiere ser la alumna más popular de todo el instituto.* SIN. **Famoso, querido.** ✔

posar *v.* 1. Posamos algo cuando lo colocamos con cuidado en un lugar. *Si quieres dormir, posa tu cabeza sobre mi hombro.* SIN. **Poner, situar.** // **posarse** *v. prnl.* 2. Posarse en insecto, un ave… se posan cuando se ponen en un sitio después de haber volado. *Las moscas se posan sobre la miel.* SIN. **Pararse.** 3. Las partículas que están en suspensión se posan cuando se quedan en el fondo de un líquido o sobre una superficie. *Pasa el plumero sobre el polvo que se posa sobre los libros.* SIN. **Depositar, asentar.**

poseer *v.* 1. Una persona posee algo si es de su propiedad. ✧ SIN. **Tener, disponer.** 2. También, si algo forma parte de su carácter, de sus cualidades… *Adela posee un talento innato para los negocios.* SIN. **Constar, disponer.**

La comida fue más divertida de lo que Marena había supuesto. Alberto resultó ser un hombre de trato agradable y de conversación sencilla. Nada que ver con algunos compañeros de Santi que Marena había conocido, la mayoría preocupados solamente por su trabajo, por poseer el mejor coche, la mejor casa, la mejor familia, al menos ante los ojos de los demás, es decir, la típica estampa que vemos siempre en los anuncios de la tele y que rara vez se corresponde con la realidad, una realidad menos perfecta.

He creído posible amar a una criatura del mundo excluyendo a todas las demás.

David Copperfield

posible *adj.* Es posible lo que se puede ser, lo que puede suceder, lo que se puede realizar, lo que se puede conseguir... ✪ SIN. Probable, factible, viable. ✔

El adjetivo ***posible*** tiene la misma forma para masculino y femenino.

positivo, positiva *adj.* **1.** Es positivo lo que es seguro, cierto. ✪ SIN. Real, verdadero. **2.** También, lo que es conveniente. *Para tu salud sería positivo que consumieras alimentos más sanos.* SIN. Útil, bueno. **3.** Aplicado a pruebas, a controles..., son positivos si indican la presencia de lo que se buscaba. *Como el control de alcoholemia dio positivo le han retirado el carné de conducir.* SIN. Afirmativo. **4.** Una persona positiva es la que tiende al optimismo. *Nos gusta estar con Elena porque es una persona muy positiva.* SIN. Optimista, esperanzado.

Picaporte, despierto ya, miraba y no podía creer que atravesaba el país de los indios en un tren del Great Peninsular Railway. Esto le parecía inverosímil, y, sin embargo, nada más positivo.

La vuelta al mundo en 80 días

potente *adj.* **1.** Es potente lo que tiene fuerza, potencia o eficacia. *Sin ninguna duda, la moto de Valen es la más potente de todas.* SIN. Fuerte, intenso, enérgico. **2.** Se dice que es potente quien tiene mucho poder o mucha riqueza. *China se está convirtiendo en uno de los países más potentes del mundo.* SIN. Potentado, influyente. ✔

El adjetivo ***potente*** tiene la misma forma para masculino y femenino.

practicar *v.* **1.** Practicamos un deporte, una actividad... cuando lo hacemos de forma habitual. *Los fines de semana suelo practicar esquí acuático.* SIN. Acostumbrar, habituarse. **2.** Practicar es también llevar algo a cabo. *Tras practicar la autopsia el médico forense comunicará la causa de la muerte.* SIN. Realizar, ejecutar. **3.** Y repetir muchas veces algo que hemos aprendido para hacerlo mejor o para no olvidarlo. *Tienes que practicar más las divisiones con números decimales.* SIN. Ensayar, ejercitar.

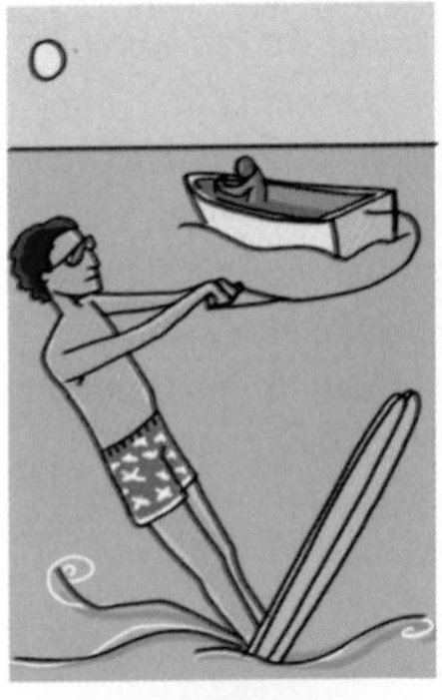

Después de comer, Alberto y Santi salieron a tomar el café al jardín. Era un día especialmente luminoso que invitaba a disfrutar de la suave brisa.
Sara decidió subir a su estudio pues precisaba ultimar algunos detalles de la exposición.
Así, Marena se vio libre de obligaciones familiares por lo que pensó en llamar a Jonás. Cuando estaba descolgando el teléfono para llamarle, y sin buscarlo ni pretenderlo, oyó la conversación que su padre y su amigo mantenían.
—Te digo que sí, que es ella. La recuerdo perfectamente.
—Pero ¿cuándo? Yo estuve con ellas y no recuerdo haber ido allí.
—Tú no, pero ella sí, con su madre. Cuando veníais para aquí.

precaución *s. f.* La precaución es el cuidado que ponemos para evitar o prevenir un posible daño o una posible dificultad. *Si tiene previsto hacer un viaje, es preciso extremar la precaución a causa del mal tiempo.* SIN. **Prudencia, prevención.**

precisar *v.* **1.** Precisar es describir algo de forma detallada y exacta. *Tienes que precisar las cantidades exactas de cada uno de los ingredientes.* SIN. **Determinar, fijar.** **2.** Y necesitar algo o a alguien. ✪ SIN. **Requerir, ser preciso.**

TORTILLA A LA FRANCESA
Ingredientes
2 huevos por persona
Aceite
Sal
Se baten bien los huevos, se les añade una cucharadita de agua o leche y un poco de sal. Se calienta aceite en una sartén y se cuajan en ella los huevos.

precoz *adj.* **1.** Algo es precoz si tiene lugar antes de lo normal. *Los precoces fríos han anticipado la recolección.* SIN. **Anticipado, adelantado.** **2.** Una persona precoz es la que desarrolla alguna de sus capacidades o aptitudes antes de lo normal. *Laura es una cantante precoz: aprendió a cantar antes que a hablar.* SIN. **Aventajado.** **3.** Es precoz lo que se realiza en fases iniciales de un proceso, de una enfermedad… *Los médicos insisten en la importancia de una detección precoz en la lucha contra el cáncer.* SIN. **Temprano, primero.**

preferir *v.* Preferimos una persona o una cosa si nos gustan más que otras. *Cada vez son más las personas que prefieren el turismo rural al turismo de costa.* SIN. **Escoger, elegir.**

Una y otra vez le preguntaba a su padre si podía ir con él para ayudarle a guardar el ganado.

El león mariposa

preguntar *v.* **1.** Preguntamos cuando pedimos a alguien información o que nos resuelva alguna duda. ✪ SIN. **Interrogar, indagar.** // **preguntarse** *v. prnl.* **2.** Preguntarse es tener dudas acerca de algo. *Me pregunto por dónde habrá conseguido escapar el perro.* SIN. **Cuestionarse, dudar.**

Marena también lo había reconocido. Solo lo había visto un momento, allí en aquella pequeña tienda, pero recordaba perfectamente su rostro y sus palabras. Y, sobre todo, recordaba aquella sala llena de libros a la que supuestamente solo podían acceder los socios pero donde ella se había colado empujada por su curiosidad.

Marena siguió escuchando la conversación aunque del resto no comprendió casi nada.

El amigo de Santi le contaba que todos los miembros del grupo, bueno todos menos el que ya no estaba, habían intentado localizar el paradero de no sé quién, Marena no entendió el nombre, pero que era como si se lo hubiera tragado la tierra, no había dejado rastro ni de él ni de lo que se había llevado. Sus compañeros no sabían nada, pero, en realidad, nunca lo habían sabido porque él no hablaba con nadie. Solo uno de ellos fue capaz de dar una pista, aunque no sabían cómo interpretarla: los días anteriores a su desaparición había hablado frecuentemente por teléfono en alemán, idioma que él dominaba a la perfección, igual que el francés, el inglés, el portugués… ¿Podían tener alguna relación estas conversaciones con su desaparición? Imposible saberlo.

Santi se mostraba muy preocupado; Marena le oyó hablar de posibles consecuencias, de efectos desastrosos, de que había que hacer algo, de que el tiempo corría en contra de ellos y que cada día que pasaba podía suponer una pérdida irreparable, una palabra perdida.

–Ago, ¿qué podemos hacer?

–Aquí no me llames Ago; recuerda, mi nombre es Santiago, Santi, como me llaman todos.

*Aquí donde lo veis, Vicente Martín ha ganado **premios** en varios colegios del mundo por leer, escribir e incluso por recitar mejor que nadie una canción de cuna armenia.*

Cómo escribir realmente mal

premio *s. m.* **1.** Un premio es algo que se le da a una persona como reconocimiento a su esfuerzo, a sus logros, a su labor... ✧ SIN. **Gratificación, recompensa.** **2.** También, lo que alguien obtiene por ganar un concurso, una competición, un sorteo... *El segundo premio de la lotería se ha vendido en la administración de lotería número 3.* SIN. **Galardón, medalla, condecoración.**

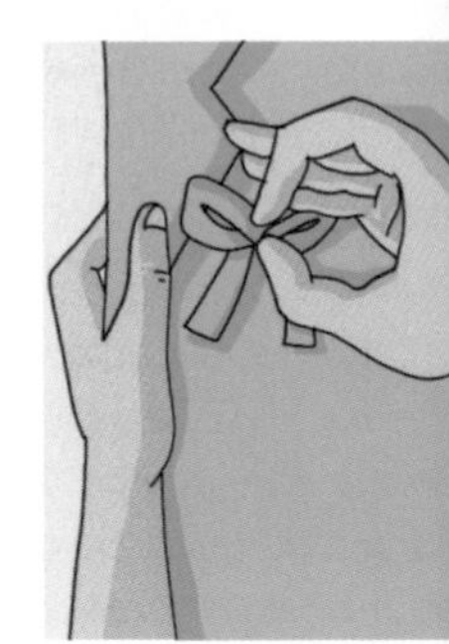

prender *v.* **1.** Prender es sujetar algo con alfileres, broches, pinzas, etc. *Para celebrar el Día Internacional del Medioambiente todos nos prendimos un lazo verde en la ropa.* SIN. **Unir, enlazar.** **2.** También, agarrar algo o a alguien. *La gata prendió a sus gatitos y los colocó en un lugar seguro.* SIN. **Asir, aferrar.** **3.** Capturar a una persona. *Los falsificadores fueron prendidos cuando intentaban huir del país.* SIN. **Apresar, capturar.** **4.** Encender el fuego, la luz... *En verano está prohibido prender barbacoas en el monte.* SIN. **Quemar, iluminar.** **5.** Una planta prende cuando echa raíces en la tierra. *He plantado diez rosales pero solo han prendido siete.* SIN. **Arraigar, enraizar.** **6.** **AM.** Hacer que empiece a funcionar un aparato eléctrico. *No prendas la tele ahora porque me molesta.* SIN. **Accionar, activar.**

*La cuestión que **preocupa** a todos, incluso a los policías, era saber cómo había podido introducirse el ladrón en la casa.*

Los cinco frente a la aventura

preocupar *v.* **1.** Algo preocupa cuando causa inquietud o intranquilidad. También v. prnl. ✧ SIN. **Inquietar, desvelar.** **2.** También, cuando despierta interés. También, v. prnl. *Solo se preocupa de su trabajo y no presta atención a nada más.* SIN. **Interesar, ocupar.**

preparar *v.* **1.** Preparar es hacer que algo o alguien esté en condiciones para ser utilizado. *Los músicos preparan sus instrumentos antes del concierto.* SIN. **Disponer, arreglar.** **AM.** **Alistar.** **2.** También, adquirir los conocimientos necesarios para pasar una prueba, un examen... También v. prnl. *Estoy preparando las pruebas físicas de acceso al cuerpo de policía.* SIN. **Estudiar, aprender.** 3. Y prevenir a una persona sobre algo que va a suceder. También v. prnl. ✪ SIN. **Apercibir, avisar.**

prescindir *v.* 1. Prescindir de algo o de alguien es dejar de contar con ellos. *Siento tener que prescindir de varios de mis colaboradores.* SIN. **Excluir, suprimir.** 2. También, no tener algo en cuenta. *Cuando leo un libro, siempre prescindo del prólogo.* SIN. **Silenciar, omitir.**

—Berto, o encontramos el libro o tendremos que prepararnos para lo peor.
Marena estaba totalmente confusa. ¿Quién era realmente ese hombre que se había presentado en su casa? ¿De qué conocía a su padre? ¿De qué demonios estaban hablando? ¿Por qué llamaba a su padre de esa forma tan rara? ¿Qué libro buscaba? Últimamente, la vida de Marena parecía una película de misterio.

presentar *v.* 1. Presentar algo o a alguien ante una persona es ponerlos ante ella para que los conozca o los vea. *El diseñador inglés presentó su nueva colección de primavera.* SIN. **Enseñar, exponer.** 2. Presentar una determinada cualidad, un determinado aspecto... es hacerlos visibles. *Francis presentaba mejor aspecto que la última vez que lo vi.* SIN. **Mostrar.** 3. También, proponer a alguien para que ocupe un puesto o un cargo. *El profesor ha presentado a cuatro alumnos al concurso de Matemáticas.* SIN. **Nominar.** 4. Conducir un programa de radio, de televisión... *Me hace mucha ilusión presentar los informativos.* SIN. **Dirigir, comentar.** // **presentarse** *v. prnl.* 5. Presentarse es ofrecerse alguien para algo. *Se han presentado más de mil candidatos.* SIN. **Prestarse.** 6. Ir alguien a un lugar donde se le espera. ✪ SIN. **Asistir, acudir.**

Poco a poco la presión de las manos sobre su cuerpo disminuyó, y sus ojos comenzaban a percibir algo de luz.
El cernícalo Porqué

presión *s. f.* 1. Presión es la fuerza que se ejerce sobre algo o sobre alguien. ✪ SIN. **Opresión, empuje.** 2. Presión es también la influencia que se ejerce sobre una persona o un grupo de personas para que se comporten de un modo determinado o hagan algo. *La presión ejercida por la prensa ha obligado al ministro a dimitir.* SIN. **Coacción, intimidación.**

prestar *v.* **1.** Prestar es dar algo a una persona para que lo utilice con la condición de que lo devuelva. ✩ SIN. **Dejar, fiar.** **2.** Prestar ayuda, colaboración... es darlas. *Suelo prestar mi colaboración en algunas asociaciones benéficas.* SIN. **Ofrecer, dispensar.** // **prestarse** *v. prnl.* **3.** Prestarse es ofrecerse o acceder a algo. *Todos los amigos nos prestamos a ayudarle con la mudanza.* SIN. **Presentarse, brindarse.**

Berta te ayudó a confeccionar el disfraz e Isabel te prestó algunos detalles adicionales de un traje de hada que le habían traído los Reyes Magos: unas alas transparentes y, por supuesto, la varita mágica.

La mirada

presumir *v.* **1.** Presumir es tener la sospecha de algo. *Se presume su inocencia mientras no se demuestre lo contrario.* SIN. **Sospechar, suponer.** **2.** Una persona presume cuando se muestra excesivamente orgullosa de sí misma y de sus cosas. ✩ SIN. **Alardear, jactarse.** **3.** Y cuando se preocupa mucho por su aspecto físico. *Sergio se pone tan guapo porque le gusta presumir delante de las chicas.* SIN. **Cuidarse.**

Cuando los mayores quieren hacerse los importantes siempre presumen de saber hacer tortitas y cosas así.

Lionboy

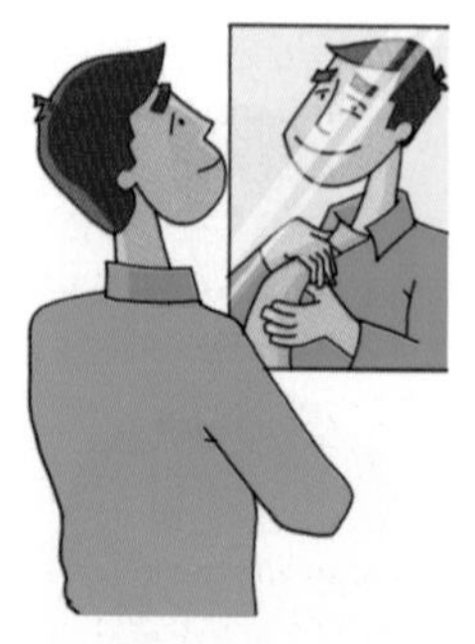

principio *s. m.* **1.** El principio es el momento o el lugar en el que comienza algo. *Me he leído el periódico desde el principio hasta el final.* SIN. **Comienzo, inicio.** **2.** También, la causa de algo. *Un malentendido fue el principio de toda la discusión.* **3.** Las ideas fundamentales en que se basa una ciencia, un estudio, una investigación... *Los principios de cualquier ciencia deben demostrarse con la experiencia.* SIN. **Fundamento, postulado.** **4.** Y las normas morales que rigen la conducta de una persona. *Mis principios me impiden estar de acuerdo contigo.* SIN. **Moral, ética.** ✔

En su acepción 2, el sustantivo ***principio*** se usa preferentemente en plural: *principios*.

probable *adj.* 1. Es probable lo que es fácil que suceda o que sea cierto. ✪ SIN. **Posible, factible.** 2. Y lo que se puede demostrar. *Para que yo me las crea, tus excusas tienen que ser probables.* SIN. **Demostrable, verificable.** ✔

El adjetivo ***probable*** tiene la misma forma para masculino y femenino.

Me saqué la cuerda por encima de la cabeza y probé a ver si encajaba en el candado de la cadena.

El castillo de las ranas

probar *v.* 1. Probar es dejar claro que algo existe o que es como nosotros decimos aportando argumentos, datos, testigos... *Ese rubor en tus mejillas prueba que me estás mintiendo.* SIN. **Demostrar, confirmar.** 2. Probar también es hacer que algo o alguien pase alguna prueba para demostrar sus aptitudes o si se adaptan a lo que se exige. *Ya he probado todos los remedios caseros para combatir el dolor de cabeza.* SIN. **Examinar, tantear.** 3. Probar la comida es tomar una pequeña cantidad para ver cómo sabe. *¿Puedes probar la sopa para saber si tiene suficiente sal?* SIN. **Degustar, catar.** 4. Probar es también intentar hacer o conseguir algo. ✪ SIN. **Tratar, procurar.**

Tras intentar poner un poco de orden en su cabeza llegó a la conclusión de que lo más probable es que lo que unía a este hombre y a su padre no fuese ningún proyecto laboral pasado, presente o futuro, sino más bien esa afición que Santi había heredado de su padre y que le había confesado días atrás, la afición por el lenguaje, las palabras y todo eso; sí, algo habían dicho de palabras perdidas. Vaya, esa idea le producía más inquietud aún porque le recordaba su sobre morado. Y no podía evitar asociar las palabras de ese sobre con Torcuato.

proceder *v.* 1. Proceder es tener origen en algo o en alguien. *La cerveza procede de la cebada o de otros cereales fermentados.* SIN. **Derivarse, descender.** 2. También, venir de un lugar. *Aunque Javier procede de León, ha vivido siempre en Zaragoza.* SIN. **Provenir.** 3. Actuar de un determinado modo. *Aunque el momento era delicado, procedió con entereza.* SIN. **Portarse, obrar.** 4. Y empezar a hacer algo. *Vamos a proceder a la lectura del testamento.* SIN. **Iniciar, comenzar.**

producir *v.* 1. Producir algo es hacer que exista o que tenga lugar. También v. prnl. ✪ SIN. **Provocar, ocasionar.** 2. También, dar fruto la naturaleza. *Los*

nuevos sistemas de regadío han conseguido que la tierra produzca excelentes cosechas. SIN. **Generar, rendir.** 3. Elaborar cosas útiles. *En la nueva fábrica producen el doble de coches que en la antigua.* SIN. **Fabricar, confeccionar.** 4. Y generar beneficios. *He invertido algún dinero en bonos porque produce más ganancias.* SIN. **Rentar, reportar.**

El lago Baikal, en Siberia, es el más profundo del mundo y el séptimo más grande.

profundo, profunda *adj.* 1. Es profundo lo que tiene el fondo a mucha distancia de la superficie o del borde. SIN. **Hondo, hundido.** 2. También, lo que va hasta muy adentro. *Se hizo un profundo corte con el cuchillo.* SIN. **Hondo.** 3. Y lo que se manifiesta con mucha intensidad. *Siento una profunda estima por toda tu familia.* SIN. **Intenso, agudo.** 4. Una persona o un razonamiento profundo es aquel difícil de entender por su complejo nivel intelectual. *Me resulta imposible seguir tus profundas reflexiones.* SIN. **Trascendente, reflexivo.**

El tiempo había transcurrido perezoso a lo largo de aquella última hora, como si las manecillas estuviesen quietas, en huelga, incapaces de moverse y progresar.

Kafka y la muñeca viajera

progresar *v.* 1. Algo o alguien progresa si consigue mejorar en lo que hace. *¡Cómo has progresado: empezaste de conserje y ahora eres el gerente del hotel!* SIN. **Prosperar, evolucionar.** 2. Progresar es también moverse hacia delante. SIN. **Avanzar.**

prohibir *v.* Prohibir es dar orden de que no se haga algo. *Esta señal significa que está prohibido adelantar.* SIN. **Impedir, desautorizar.**

El niño crecía, ya andaba, empezaba a pronunciar palabras, a jugar con rompecabezas, a relacionarse con amigos.

Mi tigre es lluvia

pronunciar *v.* 1. Pronunciar es emitir sonidos o palabras. SIN. **Decir, articular.** 2. También, decir un discurso en voz alta ante un público. *Has pronunciado un brillante discurso de despedida.* SIN. **Emitir.** 3. Hacer que algo se note más. También v. prnl. *Las* *gafas pronuncian aún más tu aspecto de intelectual.* SIN. Destacar, resaltar. // **pronunciarse** *v. prnl.* 4. Pronunciarse es dar una opinión a favor o en contra de algo. *Pronunciarse tan abiertamente puede ocasionarle algún problema.* SIN. Opinar, valorar.

*No podía, no pensaba pasarme la vida huyendo de ellos, tenía que ser fuerte, yo no había hecho nada, no me metía con ellos, no les **provocaba**, no hacía nada más que ir a mi bola, pero les molestaba el simple hecho de que yo existiese [...].*

Marioneta

provocar *v.* 1. Provocar es buscar la reacción de una persona molestándole con palabras o gestos. ✪ SIN. Desafiar, irritar. 2. Provocar es también ser causa, voluntaria o involuntaria, de algo. *Los tejidos sintéticos me provocan reacciones alérgicas.* SIN. Producir, originar.

próximo, próxima *adj.* 1. Está próximo lo que está cerca en el espacio o en el tiempo. *Según el vidente Fatum, el fin del mundo está próximo.* SIN. Cercano, contiguo. 2. También, lo que sigue inmediatamente en el espacio o en el tiempo. *Yo me bajo en la próxima estación.* SIN. Siguiente, posterior.

El adjetivo ***prudente*** tiene la misma forma para masculino y femenino.

*Mi padre, un hombre **prudente** y discreto, me dio sabios y excelentes consejos para disuadirme de llevar a cabo [...] mi proyecto.*

Robinson Crusoe

prudente *adj.* Una persona, y las cosas que hace, es prudente si se comporta de forma juiciosa y responsable. ✪ SIN. Precávido, cuidadoso. ✔

publicar *v.* 1. Publicar es poner algo en conocimiento del público. *El periódico del domingo publica una interesante noticia sobre la selectividad.* SIN. Divulgar, anunciar. 2. Publicar es también imprimir y sacar al mercado un libro, un disco, etc. *He mandado mi novela a varias editoriales pero ninguna va a publicarla.* SIN. Editar, difundir.

público, pública *adj.* 1. Es público lo que es sabido por todos. *El entrenador hizo pública su dimisión en una rueda de prensa.* SIN. Conocido,

Las Sombras aladas no volvieron a verse en todo el día, pero de vez en cuando, alto sobre la ciudad, se oía un grito lejano, que por un momento paralizaba de terror a muchos de los hombres; y los más pusilánimes se estremecían y sollozaban.

El señor de los anillos. El retorno del rey

sabido. **2.** También lo que puede ser usado o disfrutado por todos. *Todos los chalés de la urbanización disfrutan de un gimnasio público.* SIN. **Comunitario, común.** **3.** Y lo que pertenece al Estado. *La enseñanza pública es gratuita.* SIN. **Estatal, oficial.** **4.** Dicho de persona, la que es muy conocida. *Desde que es un personaje público siempre va acompañado de un guardaespaldas.* SIN. **Famoso, popular.** // **público** *s. m.* **5.** El público es un conjunto de personas que tienen algo en común, que asisten a un espectáculo o que hacen algo juntas. ✪ SIN. **Gente, espectadores.**

El mago paseaba la mirada por el público a paso de tortuga. Si se detenía en alguien, ese alguien soltaba alaridos o se reía o se echaba a llorar o se quedaba estupefacto.

Elías de Buxton

puro, pura *adj.* **1.** Se dice que es puro aquello que no ha sido mezclado con nada que pueda alterar su composción o su pureza. *Solo utilizo camisetas de algodón puro.* SIN. **Auténtico.** **2.** Una persona pura es la que no tiene malas ideas. *Los niños son puros porque no tienen maldad.* SIN. **Honrado, decente.**

pusilánime *adj.* Una persona pusilánime es la que no tiene valor ni energía para afrontar dificultades o para acometer proyectos. ✪ SIN. **Cobarde, inseguro.** ✔

El adjetivo ***pusilánime*** tiene la misma forma para masculino y femenino.

q q q

Q Q q

q q q

q q q

Q Q Q

q q q

Marena quería contarle todo a Jonás, aun a riesgo de estar quebrantando la confidencialidad que parecía exigir la conversación que acababa de escuchar. Le llamó y quedaron en casa de Jonás.
Marena salió al jardín, se excusó educadamente ante su padre y su invitado y se fue corriendo a casa de Jonás. No tuvo que llegar hasta allí pues su amigo, con su característica velocidad, ya había recorrido más de la mitad de la distancia que separaba su casa de la de Marena.

quebrantar *v.* **1.** Quebrantar una cosa dura es romperla con violencia o hacerle grietas o cortes para que se pueda romper más fácilmente. También v. prnl. *La fuerte riada quebrantó el muro de contención.* SIN. **Partir, quebrar, agrietar. 2.** Quebrantar la salud, la vitalidad, etc. de alguien es dañarlas. También v. prnl. *Los continuos achaques han quebrantado su salud de forma irreparable.* SIN. **Deteriorar, disminuir. 3.** Quebrantar una norma, una ley… es no respetarlas. ✪ SIN. **Infringir, transgredir.**

quedar *v.* **1.** Quedar es estar en un lugar. También v. prnl. *Este fin de semana me quedo en Madrid.* SIN. **Permanecer. 2.** También permanecer en un determinado estado o pasar a otro. También v. prnl. *Armando se quedó helado mientras esperaba el autobús.* SIN. **Terminar, resultar. 3.** Seguir existiendo parte de algo o algún elemento de un conjunto. ✪ SIN. **Restar, durar. 4.** Concertar una cita. ✪ SIN. **Citarse.** // **quedarse** *v. prnl.* **5.** Quedarse con algo es pasar a tenerlo. *Después de dudarlo mucho, he decidido quedarme con el coche más pequeño.* SIN. **Adquirir, poseer. 6.** Quedarse con alguien es reírse de él. *No te quedes conmigo, que ya sé de qué vas.* SIN. **Engañar, burlarse.**

Fue Molly quien trazó la raya. Lo hizo con tiza. Un gran trozo de tiza blanca que ***quedaba*** *en casa de cuando vivíamos en la ciudad […].*

Un verano para morir

Quiero tiempo pero tiempo no apurado, tiempo de jugar que es el mejor.
Por favor me lo da suelto y no enjaulado adentro de un despertador.

Canciones para mirar

queja *s. f.* **1.** Una queja es una palabra, un sonido, un gesto… con el que se expresa el dolor. *Cansada de oír mis quejas, la enfermera me dio un calmante.* SIN. **Lamento, quejido. 2.** También una expresión de disconformidad o enfado. *He recibido varias quejas de tu comportamiento.* SIN. **Protesta, reclamación.**

querer *v.* **1.** Querer algo es aspirar a poseerlo o a realizarlo. ✪ SIN. **Desear, ambicionar. 2.** Querer es también tener cariño a algo o a alguien. *Marcela quiere mucho a todos sus alumnos.* SIN. Amar, estimar, apreciar.

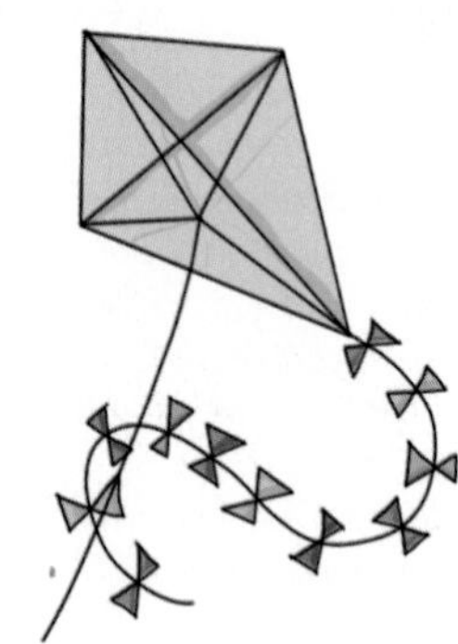

quieto, quieta *adj.* 1. Algo o alguien está quieto si no hace ningún movimiento. *La cometa quedó quieta en el aire unos segundos antes de caer al suelo.* SIN. Parado, inmóvil. 2. También, si está tranquilo, sosegado. *Me gusta bañarme en esta cala por sus quietas aguas.* SIN. Calmado, apacible.

Ni un rasguño en la piel,
ni una herida;
han querido quitarme
la vida
y han estado cerquita
de hacerlo,
pero ¡no vivirán para
verlo!
Poemas y canciones

quitar *v.* 1. Quitar es tomar una cosa para apartarla del lugar donde estaba. *Quita el coche del vado o te lo llevará la grúa.* SIN. Separar, retirar. 2. Quitar es también hacer desaparecer algo. *En los multicines han quitado la sesión de las 11 de la noche.* SIN. Eliminar, suprimir. 3. Dejar a una persona sin algo que tiene. ✿ SIN. Arrebatar. 4. Robar algo. *Cuando me robaron el bolso me quitaron la cartera, las llaves y el móvil.* SIN. Sustraer, hurtar. 5. Y prohibir. *No puedes quitarme de salir con mis amigos.* SIN. Impedir, restringir. // **quitarse** *v. prnl.* 6. Quitarse de un lugar es apartarse. *Quítate de ahí, que ese asiento es el mío.* SIN. Alejarse, separarse.

r r r

R R r

r r r

r r r

R R r

r r r

El adjetivo ***racional*** tiene la misma forma para masculino y femenino.

racional *adj.* 1. Es racional lo que hace referencia a la razón. *Tienes que ser más racional a la hora de tomar decisiones y no dejarte llevar tanto por los impulsos.* SIN. Inteligente, cerebral. 2. Y lo que está dotado de razón. *El ser humano es el único ser racional.* SIN. Intelectual. ✔

raro, rara *adj.* 1. Es raro algo o alguien que resulta sorprendente porque se sale de lo normal. ✪ SIN. Extraño, insólito. 2. Y lo que es poco frecuente. *Los abetos son muy raros en esta comarca.* SIN. Escaso. 3. Una persona es rara si tiene un comportamiento poco sociable y con manías. *¡Qué hombre tan raro, nunca habla con nadie y siempre va rodeado de perros!* SIN. Maniático, excéntrico.

Recluida en lo más alto, la Hermosura del Mundo, la hija del rey del País de Nunca Llegues, Epolénep, la tejedora de amor, sentía llegar el momento decisivo.

El bosque de los sueños

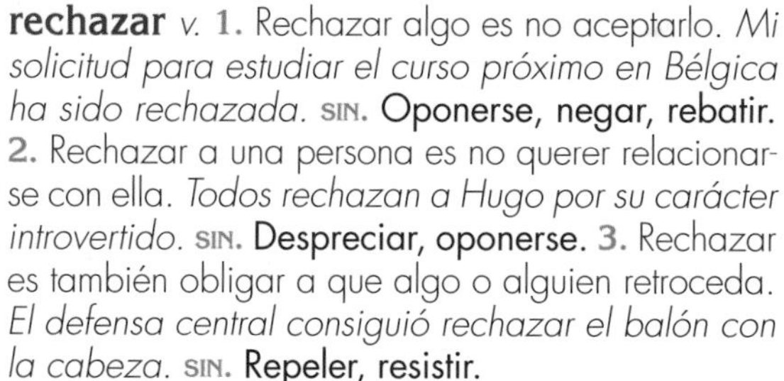

rechazar *v.* 1. Rechazar algo es no aceptarlo. *Mi solicitud para estudiar el curso próximo en Bélgica ha sido rechazada.* SIN. Oponerse, negar, rebatir. 2. Rechazar a una persona es no querer relacionarse con ella. *Todos rechazan a Hugo por su carácter introvertido.* SIN. Despreciar, oponerse. 3. Rechazar es también obligar a que algo o alguien retroceda. *El defensa central consiguió rechazar el balón con la cabeza.* SIN. Repeler, resistir.

recluir *v.* Recluir a alguien es encerrarlo en un lugar. ✪ SIN. Confinar, retener.

recoger *v.* 1. Recoger es coger algo que se ha caído. *Recoge ese boli que está en el suelo.* SIN. Alzar, levantar. 2. También, poner juntas personas o cosas que están dispersas. *He recogido diversos poemas populares para elaborar un cancionero.* SIN. Reunir, juntar. 3. Poner en su sitio las cosas que

Todo lo que Marena le estaba contando, a Jonás le parecía raro, raro. Estaba empezando a pensar que a su amiga se le estaba yendo un poco la cabeza, que se estaba obsesionando con el tema del papel y de Torcuato. ¿No podía ser una simple casualidad? Y ahora, por si eran pocos, aparece un amigo de Madrid para complicarlo todo un poco más.

ya no vamos a utilizar. *Si no vas a seguir pintando recoge las pinturas.* SIN. **Guardar, almacenar.** 4. Ir a buscar a una persona al lugar donde se encuentra. *Te recojo a las cinco en la puerta del gimnasio.* SIN. **Esperar.** 5. Hacerse cargo de una persona o un animal que necesita protección. *He recogido este periquito que encontré en la ventana.* SIN. **Acoger, albergar.** 6. Y poner algo de modo que ocupe menos espacio. *Para la competición de gimnasia es obligatorio recoger el pelo.* SIN. **Sujetar, ceñir.** // **recogerse** *v. prnl.* 7. Recogerse es irse a casa. *Yo hoy me recojo temprano porque mañana tengo que madrugar.* SIN. **Retirarse.**

recordar *v.* 1. Recordar algo es tenerlo en la memoria. *Aún recuerdo mi primer día de colegio.* SIN. **Rememorar, evocar.** 2. Recordarle algo a alguien es hacer que lo tenga presente. *Espero no tener que recordarte cuándo es mi cumpleaños.* SIN. **Avisar.** 3. Una persona o una cosa recuerdan a otra si tienen algún parecido. *Tu hermano me recuerda a un compañero que tuve en la facultad.* SIN. **Parecerse.**

Las cosechadoras han empezado a recorrer los campos, recogiendo el trigo, lo poco que consiguió crecer.

Lejos del polvo

recorrer *v.* Recorrer es hacer un trayecto yendo de un extremo a otro. ✡ SIN. **Atravesar, cruzar.**

Pero ahora sabía que, desde su casa, tenía que volar en línea recta por encima de seis edificios para llegar al parque.

El cuervo Pantuflo

recto, recta *adj.* 1. Algo es recto si no se desvía ni hace curvas. ✡ SIN. **Derecho, alineado, directo.** 2. Una persona es recta si es severa y firme en su conducta. *Margarita tiene fama de ser muy recta con sus alumnos.* SIN. **Disciplinado, justo.**

redondo, redonda *adj.* 1. Es redondo lo que tiene forma de esfera o de círculo o se asemeja a esta forma. *Las ventanas redondas se llaman ojo de buey.* SIN. **Esférico, circular, redondeado.** 2. Se dice que algo sale redondo cuando sale bien, cuando resulta ventajoso. *Has tenido suerte, el plan te ha salido redondo.* SIN. **Perfecto.**

reducir *adj.* 1. Reducir es hacer menor el tamaño, la intensidad, el volumen, etc. de algo. ✪ SIN. **Disminuir, acortar.** 2. También, hacer que algo dure menos. *O reduces tu discurso o los asistentes se aburrirán.* SIN. **Resumir, abreviar.** 3. Reducir a alguien es dominarlo por la fuerza. *Se puso tan violento que no lograban reducirlo.* SIN. **Someter, doblegar.**

Jíbaro es un pueblo amerindio que vive en Sudamérica. Los antiguos jíbaros eran expertos guerreros y se resistieron durante siglos a cambiar su estilo de vida. Una de sus costumbres características consistía en reducir *y enterrar las cabezas de sus enemigos porque creían que así evitaban que sus espíritus volvieran para vengarse.*

reflejar *v.* 1. Una superficie refleja cualquier radiación que llega hasta ella cuando la cambia de dirección. También v. prnl. *La luz se refleja sobre el cristal.* SIN. **Reflectar.** 2. Reflejar también es devolver una superficie lisa y brillante la imagen de algo o de alguien. También v. prnl. *El espejo de su cuarto refleja la ventana.* SIN. **Formar.** 3. Y manifestar algo. También v. prnl. *En las obras de Goya se refleja su atormentada existencia.* SIN. **Evidenciar, revelar.**

refrescar *v.* 1. Refrescar es disminuir el calor en alguien o en algo. También v. prnl. ✪ SIN. **Enfriar, refrigerar.** 2. También, recordar o hacer recordar algo. *Tendré que refrescarte la memoria para que no olvides nuestra cita.* SIN. **Acordarse, rememorar.** 3. El tiempo refresca cuando baja la temperatura. *Hoy no cenaremos en la terraza porque parece que está refrescando.* SIN. **Enfriar.**

Al llegar al arroyo, se detuvo para refrescarse. El agua arrastraba multitud de burbujas de aire, y Esteban las contempló pensativo.

La princesa manca

regalar *v.* Regalamos algo a alguien cuando se lo damos sin esperar nada a cambio, normalmente como muestra de cariño o de agradecimiento. *¿Me vas a regalar algo por haber sacado unas notas tan buenas?* SIN. **Obsequiar, gratificar.**

reluciente *adj.* Se dice que es o está reluciente lo que brilla o reluce. *Si limpias los cristales con papel de periódico, quedarán relucientes.* SIN. **Resplandeciente, brillante.** ✔

El adjetivo ***reluciente*** tiene la misma forma para masculino y femenino.

remoto, remota *v.* 1. Es remoto lo que está lejos en el espacio o en el tiempo. *Me gusta leer historias de aquellos tiempos remotos de damas y caballeros.* SIN. **Lejano, distante.** 2. Lo que no es fácil que suceda. *La posibilidad de ver osos por estos montes es muy remota.* SIN. **Improbable, difícil.** 3. Y lo que es confuso, poco preciso. ✡ SIN. **Incierto, dudoso.**

Pero Marena parecía dispuesta a seguir adelante. Sin duda, era una chica muy obstinada y cuando se le metía algo en la cabeza...
–¿Y si volvemos a casa de Torcuato? –sugirió Jonás–. Si no te he entendido mal, tú crees que él puede ser la clave de toda esta historia, una historia que, por otra parte, yo no tengo ni la más remota idea de cómo puede acabar.
–Yo tampoco, Jonás. Tienes razón. Volvamos a casa de Torcuato.

rendir *v.* 1. Rendir es vencer a alguien y obligarlo a someterse. También v. prnl. *Los colonizadores rindieron a los pueblos nativos.* SIN. **Conquistar, derrotar.** 2. Una persona o una cosa rinde si produce utilidad. *Nico ha sido despedido porque no rendía lo suficiente.* SIN. **Rentar, beneficiar.** 3. Rendir es causar cansancio a alguien. *Tantas horas al volante me han dejado rendido.* También v. prnl. SIN. **Cansar, agotar.** // **rendirse** *v. prnl.* 4. Rendirse es dejar de oponer resistencia ante algo o alguien. ✡ SIN. **Entregarse.** 5. Y verse obligado a admitir algo. *Vale, me rindo, admito que tienes razón.* SIN. **Claudicar, ceder.**

Unas veces me he rendido, y entonces no he crecido. Pero cuando escojo el camino hacia adelante, sí, crezco.

En un bosque de hoja caduca

renovar *v.* 1. Renovamos algo viejo o anticuado si lo cambiamos por otro nuevo de la misma clase. También v. prnl. *Creo que va siendo hora de renovar mi vieja televisión.* SIN. **Sustituir, actualizar.**

Es un milagro que todavía no haya renunciado a todas mis esperanzas, porque parecen absurdas e irrealizables.

Diario de Ana Frank

2. Renovar es también dar nueva fuerza o intensidad a algo. *Después de las vacaciones, he vuelto al trabajo con energías renovadas.* SIN. **Revitalizar, impulsar.** 3. Y volver a hacer algo que habíamos interrumpido. También v. prnl. *Se han renovado las movilizaciones para protestar contra las agresiones medioambientales.* SIN. **Retomar, reanudar.**

renunciar *v.* 1. Una persona renuncia a algo que posee o a lo que tiene derecho cuando lo deja de forma voluntaria. ✩ SIN. **Abandonar, dimitir.** 2. También, cuando por necesidad u obligación no puede hacer algo. *Mi lesión de rodilla me ha obligado a renunciar a jugar al baloncesto.* SIN. **Privarse, abstenerse.** 3. Y cuando no acepta algo que se le ofrece. *Si rechazas mi ayuda tendrás más dificultades para resolver los problemas.* SIN. **Rechazar, declinar.**

reparar *v.* 1. Reparar es arreglar algo que está roto o estropeado. *¿Tú sabrías reparar mi lavadora?* SIN. **Recomponer, restaurar.** 2. También, poner remedio a una falta o a un daño que se ha causado a alguien. *Me gustaría reparar el daño que te he hecho.* SIN. **Remediar, subsanar.** 3. Reparar en algo es darse cuenta de ello. ✩ SIN. **Notar, percibir.**

Los dos jóvenes llegaron a la calle en la que supuestamente vivía Torcuato. A la luz del día no parecía tan misteriosa. Se acercaron a la casa sin dejar de mirar en todas las direcciones. Las persianas estaban bajadas así que no podían ver nada del interior. ¡Qué chasco!

–¿Y ahora qué hacemos? ¿No vamos? –preguntó Jonás.

–Mira.

Marena había reparado en que la puerta de la capilla situada al lado de la casa estaba abierta.

–¿Entramos? –sugirió decidida.

–¿Estás loca?

–Entramos.

repetir *v.* 1. Repetir es volver a hacer o a decir algo que ya se ha dicho o ya se ha hecho. ✩ SIN. **Reiterar, rehacer, insistir.** 2. También, tomar más cantidad de una misma comida. *¿Puedo repetir más pizza? Me encanta.* SIN. **Servirse.** // **repetirse** *v. prnl.* 3. Repetirse es suceder algo de nuevo. *Las réplicas del terremoto se han repetido a lo largo de la mañana.* SIN. **Volver.**

Como toda respuesta, Garuda estiró su cuello y emitió un estridente grito que repitió tres veces.

Los cien ojos del pavo real

El participio de ***reponer*** es *repuesto.*

reponer *v.* 1. Reponer es poner en un sitio una cosa igual a otra que había con anterioridad. *Cada día es preciso reponer los productos que faltan en los expositores.* SIN. **Renovar, reemplazar.** 2. También, volver a poner algo o a alguien en un lugar o en un puesto que ya había ocupado antes. *Tras su baja por maternidad, no querían reponerla en su antiguo puesto.* SIN. **Restituir, restablecer.** 3. Volver a poner una película, un programa, una obra de teatro. *Esta noche reponen en la tele* Titanic, *una de mis películas favoritas.* SIN. **Repetir.** 4. Y contestar a alguien. SIN. **Responder, replicar.** // **reponerse** *v. prnl.* 5. Reponerse es recuperarse de algo que nos ha perjudicado. *He tardado varios meses en reponerme del accidente.* SIN. **Restablecerse, recobrarse.** ✔

Y a Jonás ya no le dio tiempo a reponer nada más porque, por una vez, Marena había sido más rápida que él y ya estaba deslizando suavemente el portón que daba acceso a la capilla. La madera emitió un quejido y Marena no pudo reprimir un estremecimiento.
–Sssssssshhhhhh, no hagas tanto ruido. Puede que Torcuato esté ahí dentro.

reprimir *v.* 1. Reprimir es evitar que un sentimiento se manifieste. SIN. **Contener, cohibir.** 2. Y contener por la fuerza una protesta, una manifestación… *Las fuerzas de seguridad reprimieron las manifestaciones más violentas.* SIN. **Sofocar, combatir.**

Ellos no tenían la culpa de que el tío Jacobo […] hubiera resbalado con los polvos de talco.
La casa de los diablos

repulsión *s. f.* La repulsión es un sentimiento de repugnancia o asco que nos produce algo o alguien. SIN. **Desagrado, aversión.**

No me cabe duda, queridos amigos, de que estáis en esto de acuerdo conmigo: no hay nada que más repulsión pueda dar que un niño que masca chicle sin cesar.
Poemas y canciones

resbalar *v.* 1. Resbalamos cuando nos desplazamos por una superficie cayéndonos y perdiendo el control de nuestros movimientos. SIN. **Deslizarse, patinar.** 2. Una cosa resbala cuando se desliza lentamente por una superficie. *Las gotas de sudor resbalaban por su rostro.* SIN. **Caer.** 3. Resbalar es también cometer un error. *Con estos dos hermanos gemelos siempre acabo resbalando.* SIN. **Equivocarse, meter la pata.**

En los sitios en donde habían parado, los aldeanos trataban al Maestro con **respeto** y algo de temor. Era evidente que aquel hombre tenía dinero, pero alcanzaban a adivinar que había algo más.

El Valle de los Lobos

reservar *v.* **1.** Reservar es hacer una reserva, es decir, destinar algo para una persona o indicar que pertenece a ella. *He reservado una mesa en el mejor restaurante de la ciudad.* SIN. **Apartar, guardar.** **2.** También, dejar algo para más adelante. *Reservo este dinero para las compras navideñas.* SIN. **Aplazar, retrasar.** // **reservarse** *v. prnl.* **3.** Una persona se reserva si no hace algo en un momento porque prefiere hacerlo en otra ocasión. *Ahora no quiero comer nada, me reservo para la cena.* SIN. **Conservarse, mantenerse.**

respeto *s. m.* **1.** Atención y cuidado con que se trata a una persona a la que se le reconoce un mérito especial. ✵ SIN. **Consideración, deferencia.** **2.** Respeto es también la aprensión o el miedo que se siente ante algo o ante alguien. *Viajar en avión me da mucho respeto.* SIN. **Temor, reparo.**

respirar *v.* **1.** Los seres vivos respiran cuando introducen aire en los pulmones para tomar algunas de sus sustancias y después lo expulsan. ✵ SIN. **Inspirar, espirar.** **2.** Una persona respira cuando, después de una situación difícil o de mucho esfuerzo, consigue descansar. *Tras varios días angustiosos, parece que por fin podemos respirar.* SIN. **Tranquilizarse, reconfortarse.** **3.** Algo que está cerrado respira si tiene ventilación. *Saca la fruta de la bolsa de plástico para que respire.* SIN. **Ventilar, airear.**

*No todos los seres vivos **respiran** del mismo modo. Algunos animales, como las lombrices, respiran por la piel (respiración cutánea); los peces respiran por branquias (respiración branquial); los insectos utilizan la tráquea para respirar (respiración traqueal); y los mamíferos, las aves y los reptiles respiran a través de los pulmones (respiración pulmonar).*

resquicio *s. m.* **1.** Un resquicio es una pequeña abertura por la que puede pasar una cosa. *La ventana deja un resquicio por donde entra el agua.* SIN. **Grieta, hendidura.** **2.** Y también una mínima posibilidad de que algo pueda darse. ✵ SIN. **Oportunidad.**

Imaginad un paraguas. ¿Dónde está la poesía de ese objeto? Así visto, con su color negro y su puño malencarado, no parece dejar ningún **resquicio** a la poesía.

El paraguas poético

La capilla era pequeña y la iluminación escasa. Solo el resplandor de unos cuantos cirios colocados en lugares estratégicos permitía vislumbrar el interior. Y el interior se reducía a dos o tres bancos, un altar y algunas figuras religiosas. No se veía a nadie, así que Marena y Jonás pasaron adentro.

resplandor *s. m.* El resplandor es una luz o un brillo intenso que emite un cuerpo. ✪ SIN. Luminosidad, fulgor.

retrasar *s. m.* 1. Retrasamos algo cuando hacemos que suceda más tarde o lo dejamos para después. *Hemos retrasado el examen para el jueves.* SIN. Aplazar, posponer. 2. Retrasamos un reloj cuando volvemos hacia atrás las agujas para que marque una hora anterior a la que es en realidad. *El último domingo de octubre hay que retrasar el reloj una hora.* SIN. Atrasar. // **retrasarse** *v. prnl.* 3. Retrasarse es llegar más tarde de lo que se debe. *El tren se está retrasando, ya debería estar aquí.* SIN. Tardar, entretenerse. AM. Demorar. 4. Y quedarse atrás. *Julia deberá estudiar más porque se está retrasando respecto al resto de la clase.* SIN. Descolgarse.

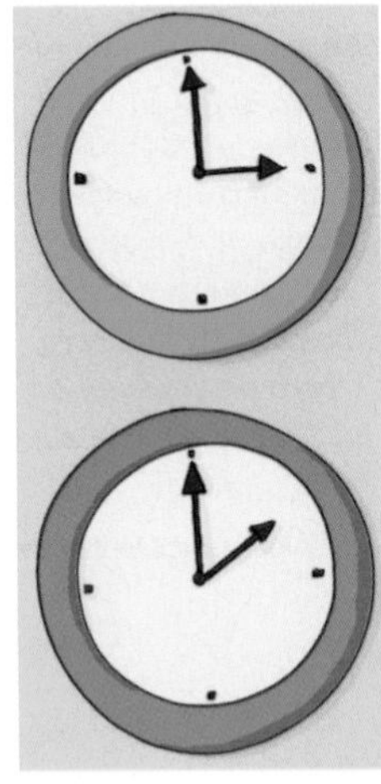

retroceder *v.* 1. Retroceder es moverse hacia atrás. *De no haber retrocedido a tiempo, el coche me habría atropellado.* SIN. Volver, regresar. 2. Y detenerse ante un obstáculo, una dificultad, o dejar un proyecto, una idea… *Aunque el negocio haya salido mal, no pienso retroceder, seguiré adelante.* SIN. Retirarse, flaquear.

reversible *adj.* 1. Es reversible lo que se puede cambiar para volver a su estado anterior. *Si las cosas no salen como nosotros esperamos, volveremos atrás porque la situación es reversible.* SIN. Alterable, variable. 2. Una prenda es reversible si se puede utilizar por el derecho y por el revés. *¿Te has fijado en que esta cazadora es reversible?* SIN. Transformable. ✔

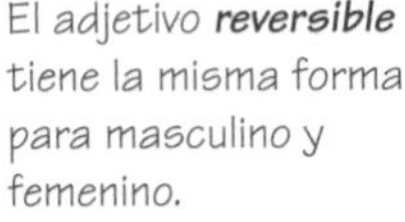
El adjetivo ***reversible*** tiene la misma forma para masculino y femenino.

La rumba
revuelve su música
espesa
con un palo.
Jengibre y canela...
¡Malo! [...].

Nicolás Guillén para niños

revivir *v.* **1.** Revivir es volver a la vida. *Cuando todos le daban por muerto, revivió y comenzó a ladrar y correr.* SIN. **Resucitar. 2.** También, volver a surgir algo con fuerza y vigor. *Cuando llega la primavera, el campo dormido revive y se llena de color.* SIN. **Renacer, resurgir. 3.** Y recordar algo. *Estos días en Menorca me han hecho revivir mi infancia.* SIN. **Evocar, rememorar.**

revolver *v.* **1.** Revolver es mover algo dando vueltas. ✪ SIN. **Remover, menear. 2.** También, desordenar cosas. *He revuelto todas mis carpetas pero no encuentro el informe anual.* SIN. **Descolocar, desarreglar. 3.** Alterar a alguien. *Los comentarios racistas me revuelven.* SIN. **Irritar, molestar. 4.** Sentir malestar en el estómago. También v. prnl. *El paseo en barca por el lago me ha revuelto el estómago.* SIN. **Descomponer.** // **revolverse** *v. prnl.* **5.** Revolverse es ir agitadamente de un lado a otro. *El puma se revolvía nervioso en una jaula tan pequeña.* SIN. **Moverse. 6.** Y hacer frente a alguien o a algo. *Cuando oyó el insulto, Mirta se revolvió e increpó a Claudio.* SIN. **Enfrentarse, encararse. 7.** El tiempo se revuelve cuando empeora. *Mejor nos vamos para casa, el tiempo parece que se revuelve.* SIN. **Estropearse, nublarse.** ✔

El participio de **revolver** es *revuelto.*

rezagarse *v. prnl.* Rezagarse es quedarse atrás. ✪ SIN. **Retrasarse, demorarse.**

rezar *v.* **1.** Una persona reza cuando dice una oración. *Uno de los pilares del Islam es rezar cinco veces al día.* SIN. **Orar. 2.** Rezar también es expresar un escrito algo. *En el boletín rezan las condiciones de la convocatoria.* SIN. **Decir.**

Yo me quedé un poco **rezagada** cuando íbamos de vuelta campo a través, ansiosa por grabar cada imagen en mi mente.

Un verano para morir

Los dos muchachos caminaron sigilosamente hasta el altar. Estaba cubierto por un mantel impoluto blanco con ricos brocados de hilo dorado. Sobre él, algunos objetos utilizados en la liturgia. Marena y Jonás no vieron nada que les sorprendiera, aunque los dos se extrañaron de que la puerta estuviera abierta y no hubiera nadie en su interior; cualquiera podría entrar y robar lo que quisiera.

rico, rica *adj.* 1. Una persona rica es la que tiene mucho dinero o muchas posesiones. *En esta casa vive un señor muy rico que vino de México.* SIN. **Acaudalado, adinerado.** 2. Es rico lo que tiene abundancia de algo. *Estas montañas son ricas en fósiles.* SIN. **Abundante, repleto.** 3. Y si está hecho con cosas lujosas o de gran valor. ✡ SIN. **Valioso, lujoso.** 4. Un terreno es rico si es muy productivo. *En esta tierra tan rica mis cultivos crecerán muy bien.* SIN. **Fértil.** 5. Lo que comemos está rico si tiene buen sabor. *¡Qué tarta tan rica ha elaborado Marisol!* SIN. **Sabroso, delicioso.** 6. Decimos que algo o alguien es rico si nos parece guapo, encantador, cariñoso… *Mira qué conejito tan rico.* SIN. **Simpático, bonito.**

robar *v.* 1. Alguien roba algo cuando se lo quita a su dueño en contra de su voluntad. *Los ladrones me esperaron a la salida del banco y me robaron el dinero.* SIN. **Hurtar, sustraer.** 2. Y cuando se lleva algo de un lugar, normalmente con violencia. ✡ SIN. **Desvalijar, saquear.**

rodar *v.* 1. Rodar es dar vueltas alrededor de un eje. *La gran noria, con sus luces de colores, no dejaba de rodar.* SIN. **Girar, rotar.** 2. Rodar también es caer por una pendiente, sobre todo si da vueltas. ✡ SIN. **Resbalar.** 3. Y moverse por medio de ruedas. *El cochecito del bebé no rueda bien.* SIN. **Circular.** 4. Ir de un sitio a otro sin rumbo fijo. *Llevo varios años rodando por ahí, sin parar mucho tiempo en ningún lugar.* SIN. **Vagabundear, vagar.** 5. Y tomar imágenes con una cámara de cine para hacer una película. *En la catedral se está rodando una película ambientada en la Edad Media.* SIN. **Filmar.**

Según la mitología griega, por traicionar a los dioses, Sísifo fue condenado a cargar hasta la cumbre de un monte con una pesada piedra que, una vez arriba, rodaba de nuevo ladera abajo obligándole a iniciar otra vez la ascensión.

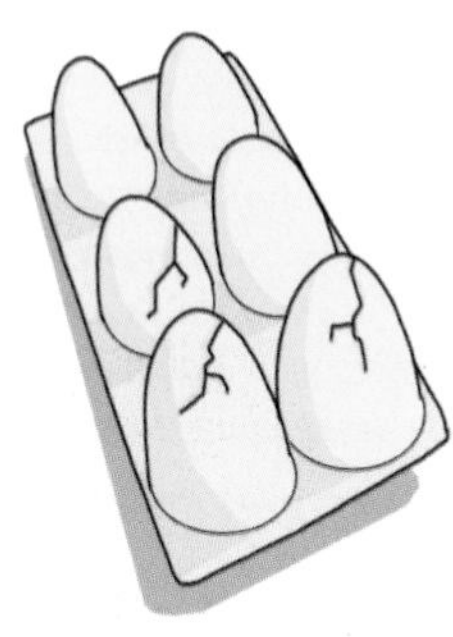

El participio de ***romper*** es *roto*.

romper *v.* 1. Romper es hacer trozos una cosa. También v. prnl. *De los seis huevos que compré, tres están rotos.* SIN. **Partir, cascar.** 2. Romper es también estropear algo. También v. prnl. *Se nos ha roto el motor del coche.* SIN. **Averiar, fastidiar.** 3. Deshacer la continuidad de algo. ✲ SIN. **Alterar, interrumpir.** 4. Poner fin a una relación. *Juan y Aurora han roto su relación laboral.* SIN. **Dejar, abandonar.** 5. Y no respetar algo previamente acordado. *¿Cómo eres capaz de romper nuestro compromiso dos días antes de la boda?* SIN. **Incumplir, infringir.** 6. *Romper a* seguido de infinitivo es empezar a hacer lo expresado por este. *Arancha rompió a llorar cuando se enteró del accidente.* SIN. **Comenzar.** ✔

De pronto, el sonido de una llave al girar dentro de la cerradura rompió el silencio. El sonido provenía de una puerta lateral de la capilla en la que Jonás y Marena no habían reparado. Jonás cogió por el brazo a su amiga y los dos se metieron en lo que parecía un confesionario cubierto de una espesa capa de polvo que delataba que hacía mucho tiempo que ningún pecador había liberado sus remordimientos entre aquellas cuatro paredes de madera.

rostro *s. m.* El rostro de una persona es la parte delantera de la cabeza. ✲ SIN. **Cara, faz.**

Cuando Atreyu [...] abrió de nuevo los ojos, no vio al principio más que un rostro muy extraño inclinado sobre el suyo.

La historia interminable

rozar *v.* 1. Rozar es tocar ligeramente algo o a alguien. *Rozó mi mejilla con su mano.* SIN. **Acariciar, tocar.** 2. También, estar muy próximo a algo. *El índice de paro roza el 15% de la población.* SIN. **Aproximarse, acercarse.** 3. Y producir un pequeño daño una cosa al tocar otra. También v. prnl. *La etiqueta del jersey me está rozando en el cuello.* SIN. **Rayar, arañar.**

rugir *v.* 1. Los animales salvajes rugen cuando emiten su sonido característico. *El león jefe ruge ferozmente para ganarse el respeto de la manada.* SIN. **Bramar.** 2. Una persona enfadada ruge cuando da gritos. *Cuando se enfada, Pedro ruge con tal ira que asusta.* SIN. **Chillar, gritar.** 3. Rugir es emitir algo un sonido ronco. *Este motor ruge de un modo extraño.* SIN. **Sonar.**

ruido *s. m.* El ruido es un sonido molesto y desagradable. ✿ SIN. **Estrépito, estruendo.**

Sin hacer ***ruido****, pero a toda velocidad, Arturo amontona una mesa auxiliar y unas sillas, lo suficiente para llegar a alcanzar el tragaluz y su esquina rota.*

Arturo y los minimoys

ruina *s. f.* **1.** Una ruina es una pérdida total de los bienes. *Su adicción al juego le ha llevado a la ruina.* SIN. **Quiebra, bancarrota.** **2.** Se dice que algo o alguien es una ruina cuando está en muy mal estado. *Este trabajo tan mal remunerado es una ruina.* SIN. **Piltrafa.** **3.** Ruinas son los restos de edificios destruidos. ✿ SIN. **Vestigios.** ✔

El viento y la lluvia, el frío y el calor han limado y excavado las piedras, de los grandes teatros no quedan más que ***ruinas****.*

Momo

En su acepción 3, el sustantivo **ruina** se usa preferentemente en plural: *ruinas*.

rumorear *v.* Rumorear es hacer que un rumor, es decir, una noticia falsa o sin confirmar, se difunda entre la gente. *Aunque nadie sabía si era cierta, todos rumoreaban la noticia.* SIN. **Cotillear, murmurar.** AM. **Rumorar.**

rústico, rústica *adj.* **1.** Es rústico lo que está relacionado con el campo y las personas que viven en él. *He decorado mi casa de campo con un estilo rústico muy acogedor.* SIN. **Rural, campestre.** **2.** Y lo que no es muy delicado o refinado. *Esta tela no es apropiada para este vestido, es demasiado rústica.* SIN. **Tosco, ordinario.**

S S S

S S S

S S S

S S S

S S S

S S S

saber *v.* **1.** Saber es estar informado sobre algo. ✪ SIN. **Conocer.** **2.** Y tener conocimientos de una o varias materias. *Aunque sé mucho de historia, no tengo la titulación exigida.* SIN. **Entender, dominar.** **3.** Saber es también tener capacidad para algo. *Sé caminar a la pata coja.* SIN. **Poder, ser capaz.** **4.** Saber es proporcionar algo, especialmente un alimento, una determinada sensación en el órgano del gusto, que puede resultar agradable (saber bien) o desagradable (saber mal). *Quiero un helado que sepa a leche merengada.* SIN. **Tener sabor.** // **saber** *s. m.* **5.** El saber es el conjunto de conocimientos que alguien tiene. *Como bien dice el refrán, el saber no ocupa lugar.* SIN. **Sabiduría, erudición.**

La puerta se abrió y tras ella apareció Torcuato. Jonás sujetaba fuertemente a Marena para que no se moviera pues cualquier movimiento podría hacer crujir la madera del confesionario y Torcuato los descubriría y querría saber qué demonios estaban haciendo allí. A través de la rejilla pudieron ver cómo Torcuato cerraba de nuevo la puerta, aunque esta vez sin llave, y se dirigía hacia la salida. Lo que ocurrió después solo pudieron oírlo: una puerta que se cierra, una llave que es introducida en la cerradura y… Marena y Jonás que quedan cerrados dentro de la capilla.

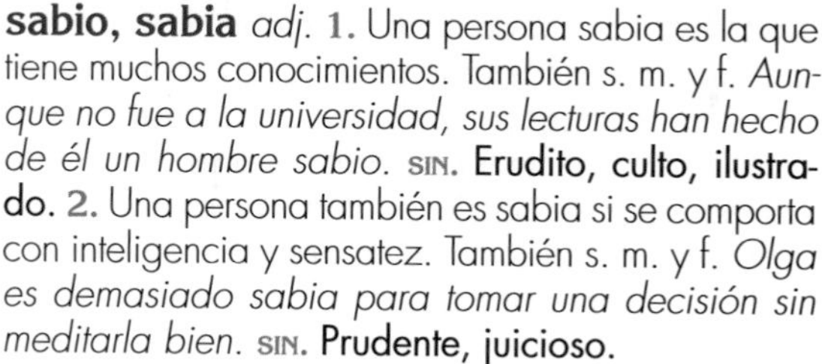

sabio, sabia *adj.* **1.** Una persona sabia es la que tiene muchos conocimientos. También s. m. y f. *Aunque no fue a la universidad, sus lecturas han hecho de él un hombre sabio.* SIN. **Erudito, culto, ilustrado.** **2.** Una persona también es sabia si se comporta con inteligencia y sensatez. También s. m. y f. *Olga es demasiado sabia para tomar una decisión sin meditarla bien.* SIN. **Prudente, juicioso.**

sabroso, sabrosa *adj.* **1.** Lo que comemos nos parece sabroso si tiene un sabor agradable. ✪ SIN. **Delicioso, suculento.** **2.** Es sabroso también algo interesante o entretenido. *Mañana la revista* Adiós *publicará una sabrosa exclusiva.* SIN. **Jugoso, importante.** **3.** **AM.** Y algo que resulta agradable. *¡Qué sabrosa tarde hemos pasado a la orillita del mar!* SIN. **Grato, bueno.**

He comido en mi vida
muchas cosas
y todas refinadas y
sabrosas.
He comido cebadas
tijeretas
y sapitos en salsa de
ajo y setas […].

Poemas y canciones

sacar *v.* **1.** Sacar es poner algo o sacar o hacer salir a alguien fuera del lugar en el que están. *El*

pescador sacó sus peces de la cesta para que todos los vieran. SIN. **Retirar, extraer.** 2. Sacar es también conseguir algo. *Por fin he conseguido sacar el carné de conducir.* SIN. **Lograr, obtener.** 3. Y obtener una cosa a partir de otra. *De la vendimia de este año sacaremos un vino excelente.* SIN. **Extraer.** 4. Comprar una entrada, un billete... ✪ SIN. **Adquirir.** 5. Tomar una fotografía. *¿Cuántas fotos puedes sacar con tu cámara?* SIN. **Fotografiar, retratar.** 6. Hacer más ancha o más larga una prenda. *¡Cómo has crecido! Tengo que sacar un poco esa falda.* SIN. **Ensanchar, alargar.** 7. Y tener ventaja en algo sobre otra persona. *En esta partida te saco tres tantos de diferencia.* SIN. **Superar, aventajar.**

Y en eso quedaron. Más tarde Charlotte fue a hurtadillas a ***sacar*** *un billete de los que facilitaba la compañía naviera. Zee se quedó impresionado, pero Charlotte le dijo que era difícil negarle algo a una chica con su aspecto.*

El canto de la sirena

sacrificar *v.* 1. Sacrificar es ofrecer una víctima a una divinidad como agradecimiento o para pedirle algo. *En muchas civilizaciones sacrificar animales formaba parte del culto a los dioses.* SIN. **Inmolar, ofrendar.** 2. Sacrificar a un animal es matarlo, bien para el consumo, bien porque está herido o enfermo. *La conocida como «enfermedad de las vacas locas» obligó a sacrificar muchas reses.* SIN. **Dar muerte.** 3. Y renunciar a algo en favor de una persona o una cosa. También v. prnl. ✪ SIN. **Resignarse, aguantarse.**

Habría que levantar un monumento a estos ***sacrificados*** *autores que en vez de escribir cosas trascendentes prefieren enseñarnos a leer.*

Mafalda

salir *v.* 1. Salir es ir desde dentro de un lugar hacia fuera. ✪ SIN. **Pasar.** 2. Salir es también abandonar un lugar para emprender un viaje o un camino. *Saldremos a primera hora de la mañana para evitar las retenciones.* SIN. **Partir, marchar.** 3. También, dejarse ver o darse a conocer una persona o una cosa. *Hoy saldrá en la tele el nombre del ganador del premio de narrativa.* SIN. **Aparecer, mostrarse.**

Cuando estuvieron bien seguros de que estaban solos, Marena y Jonás ***salieron*** *del confesionario. Los dos dieron un suspiro, no se sabe bien si de alivio o para intentar recuperar el aire que habían dejado de respirar ahí dentro, en parte para no hacer ruido, en parte para no mascar el polvo que allí se depositaba.*

4. Comenzar a aparecer algo. ✪ SIN. **Nacer, brotar.** 5. Estar una cosa por encima de otra. *Los nuevos edificios de la calle salen por encima de los antiguos.* SIN. **Sobresalir, destacar.** 6. Resultar algo de la manera adecuada. *No me sale la prueba de la división.* SIN. **Resolver.** 7. Un libro, un disco... salen cuando aparecen en el mercado. *El 15 de mayo sale el tercer libro de la trilogía* Vamp. SIN. **Publicar.** 8. Una persona sale a otra mayor de su familia si tiene algo en común con ella. *En su obsesión por el orden, Pablo sale a su padre.* SIN. **Parecerse.** 9. Una persona sale con otra si mantiene una relación con ella. *¿Desde cuándo sales con Irene?* SIN. **Relacionarse, frecuentar.** 10. Una cosa sale de otra si tiene su origen en ella. *El mosto sale de la uva antes de fermentar y convertirse en vino.* SIN. **Proceder, provenir.**

De los cinco días que estuvimos en Piedelagua, una tarde intentó salir el sol. Se escurrió entre las nubes, como el agua por las redes de pescar.

Los caminos de Piedelagua

saltar *v.* 1. Saltar es elevarse en el aire mediante un impulso. *Soy capaz de saltar la comba cien veces seguidas.* SIN. **Brincar, botar.** 2. También, pasar de un lugar a otro que está más bajo. ✪ SIN. **Arrojarse, lanzarse.** 3. Lanzarse sobre alguien o sobre algo. *El enorme perro saltó sobre mí poniendo sus patas delanteras sobre mi cuerpo.* SIN. **Abalanzarse, echarse.** 4. Salir lanzada una cosa desde el lugar en el que estaba. *El motor estaba tan caliente que saltaban chispas.* SIN. **Rebotar.** 5. Tener alguien una reacción espontánea ante algo. *Tus comentarios me hicieron saltar y mostrar mi indignación.* SIN. **Reaccionar.** 6. Pasar de un lado a otro dándose un impulso. *¿Necesitas ayuda para saltar el riachuelo?* SIN. **Cruzar, salvar.** // **saltarse** *v. prnl.* 7. Saltarse algo es omitirlo. *Me he saltado la introducción porque es demasiado larga.* SIN.

Saltó desde el respaldo de la cama al suelo y se acercó a la ventana andando patosamente.

El cuervo Pantuflo

Pasar, excluir. **8.** Y no hacer caso de algo o desobedecer. *¿No has visto que te has saltado una señal de stop?* SIN. **Quebrantar, infringir.**

–Nos *hemos salvado* por los pelos, Jonás.
–¡Qué optimista eres, Marena! –respondió Jonás–. ¿Tú te das cuenta de la situación en la que estamos? Estamos encerrados en una iglesia medio abandonada de la que solo podremos salir si nos saca una persona que sería preferible que no nos viera. ¿Y dices que nos hemos salvado? Nos habremos salvado cuando salgamos de aquí, ¿no te parece?

salvar *v.* **1.** Salvar a una persona, un animal o una cosa es alejarlos de un peligro o de la muerte. También v. prnl. ✪ SIN. **Librar, defender.** **2.** Desde el punto de vista religioso, salvar a alguien es dejarlo libre de pecado para así poder darle la vida eterna. También v. prnl. *El sacerdote dice que los hombres se salvarán gracias al sacrificio de Jesucristo.* SIN. **Redimir.** **3.** Salvar es pasar por encima de un obstáculo. *La ruta que vamos a hacer hoy es bastante complicada porque hay que salvar numerosos obstáculos.* SIN. **Saltar, cruzar.** **4.** Y excluir algo o alguien. *Salvando el final, el resto de la película no me ha gustado nada.* SIN. **Exceptuar, eludir.**

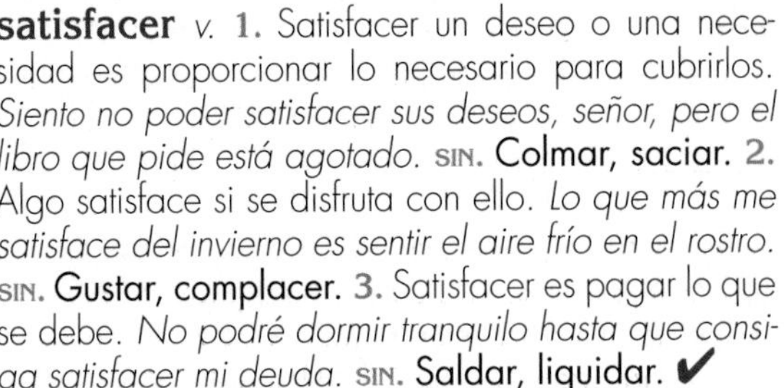

satisfacer *v.* **1.** Satisfacer un deseo o una necesidad es proporcionar lo necesario para cubrirlos. *Siento no poder satisfacer sus deseos, señor, pero el libro que pide está agotado.* SIN. **Colmar, saciar.** **2.** Algo satisface si se disfruta con ello. *Lo que más me satisface del invierno es sentir el aire frío en el rostro.* SIN. **Gustar, complacer.** **3.** Satisfacer es pagar lo que se debe. *No podré dormir tranquilo hasta que consiga satisfacer mi deuda.* SIN. **Saldar, liquidar.** ✔

El participio de **satisfacer** es satisfecho.

secar *v.* **1.** Secar es perder alguien o algo la humedad, el agua o cualquier otro líquido, o hacer que la pierdan. *Sécate el pelo con el secador.* SIN. **Absorber, escurrir.** // **secarse** *v. prnl.* **2.** Un líquido se seca si se evapora. ✪ SIN. **Disiparse, desaparecer.** **3.** Una planta se seca si se muere. *Olvidé regar mis petunias y se han secado.* SIN. **Marchitarse, agostarse.**

Después de la puesta del sol hacía frío y el sudor se *había secado* en su espalda, sus brazos y sus piernas.

El viejo y el mar

Cuando se encendió la luna, la pequeña Porque voló de la mano del niño a la rama, casi seca, de un viejo árbol.

El Cernícalo Porque

seco, seca *adj.* 1. Está seco lo que no tiene agua o humedad. *Cuando estén secos, recoge los platos.* SIN. **Reseco, árido.** 2. Un lugar o un clima son secos si apenas llueve. *El último otoño fue más seco de lo normal.* SIN. **Árido, estéril.** 3. Una planta está seca si está muerta. ✪ SIN. **Marchito.** 4. Una persona seca es una persona muy delgada. *Tienes que comer un poco más, te estás quedando seco.* SIN. **Enjuto, flaco.** 5. Y una persona poco amable o poco afectuosa. *Encarna es tan seca que ni siquiera dice: «Buenos días».* SIN. **Brusco, borde.**

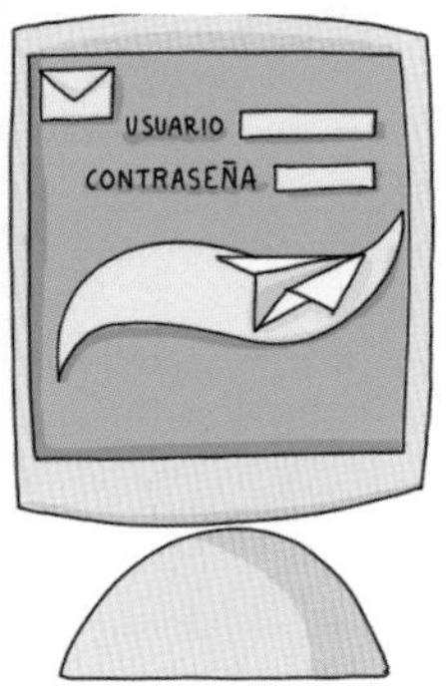

secreto, secreta *adj.* 1. Es secreto algo que no se conoce, que está oculto o que solo pueden conocer unos pocos. *Para acceder a tu cuenta de correo tienes que escribir la clave secreta.* SIN. **Reservado, confidencial, clandestino.** // **secreto** *s. m.* 2. Un secreto es un asunto reservado o que solo pueden conocer pocas personas. ✪ SIN. **Misterio, enigma.** 3. Secreto es también la prudencia o el silencio con que se trata un asunto. *Emilio y Estefanía han querido llevar su noviazgo en secreto.* SIN. **Reserva, sigilo.**

seguro, segura *adj.* 1. Está seguro algo o alguien que no corre ni presenta riesgo. *Por la noche estas calles no son muy seguras.* SIN. **Resguardado.** 2. Y algo o alguien que no falla. *Siempre tira Noel los penaltis porque es el más seguro.* SIN. **Infalible, fiable.** 3. Está seguro lo que está bien sujeto. *No te subas a ese columpio porque no está muy seguro.* SIN. **Firme, fijo.** 4. Es seguro lo que no ofrece dudas. *La fecha de las elecciones al Consejo escolar aún no es segura.* SIN. **Cierto, indudable.** 5. Una persona está segura si tiene convencimiento de algo. ✪ SIN. **Convencido.**

–Vale, tienes razón, Jonás, pero ¿no te parece una oportunidad única para descubrir, de una vez por todas, el secreto de Torcuato?
–Suponiendo que ese secreto existe, sí, es una buena oportunidad. ¿Qué se te ocurre?
–Tú sígueme.
Marena se dirigió con paso firme hacia la puerta lateral.
Jonás estaba sorprendido por la decisión de su amiga. Él no estaba seguro de que atravesar esa puerta fuera una buena idea.

El adjetivo ***semejante*** tiene la misma forma para masculino y femenino.

semejante *adj.* Dos o más cosas o personas son semejantes si se parecen o si tienen cualidades en común. *Por lo que veo, nuestros puntos de vista sobre este asunto son semejantes.* SIN. **Parecido, similar.** ✔

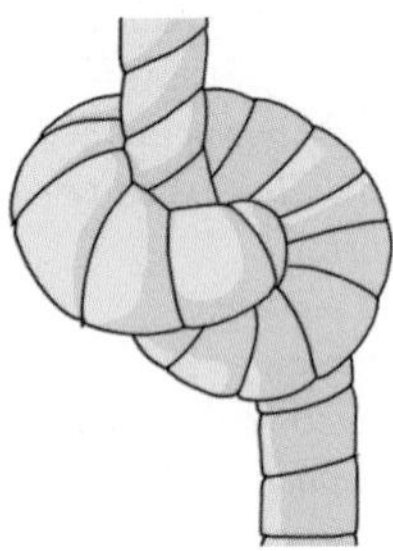

sencillo, sencilla *adj.* **1.** Una cosa es sencilla si no tiene complicación. ✿ SIN. **Fácil, simple. 2.** Si no tiene demasiados adornos ni lujos. *Se le rindió un homenaje sencillo y entrañable.* SIN. **Discreto, sobrio. 3.** Y si está formada por un elemento solamente. *¿Como hago el nudo, doble o sencillo?* SIN. **Simple, individual. 4.** Una persona es sencilla si tiene un carácter afable y cercano. *A pesar de su aspecto estirado, Nativel es una persona bastante sencilla.* SIN. **Espontáneo, natural.**

–Pero Marena, ¿qué pretendes?
–¡Ay, Jonás, qué corto eres! Pues es muy sencillo. Esta puerta tiene que dar a la casa en la que vimos a Torcuato el otro día, ¿no? Vale, pues entramos en la casa y echamos una ojeada. Después volvemos a escondernos, esperamos a que vuelva Torcuato y escapamos.
–Tú lo ves todo tan fácil…
–Vamos y deja de protestar.

sensación *s. f.* **1.** Una sensación es una impresión que algo nos produce y que captamos por medio de los sentidos. ✿ SIN. **Percepción. 2.** También, emoción o sorpresa que provoca un suceso o una noticia. *Este verano causarán sensación los sombreros de paja.* SIN. **Conmoción, impresión.**

Al cabo de un rato, Momo tuvo una sensación que no había tenido nunca antes. Y porque le era completamente nueva, tardó en darse cuenta de que era aburrimiento.

Momo

sensacional *adj.* **1.** Decimos que es sensacional algo o alguien que causa una fuerte impresión. *La versión roquera de la ópera de Verdi fue sensacional.* SIN. **Impresionante, chocante. 2.** Y algo o alguien que nos gusta mucho o nos parece muy bueno. *Las instalaciones del nuevo polideportivo son sensacionales.* SIN. **Extraordinario, magnífico.** ✔

El adjetivo ***sensacional*** tiene la misma forma para masculino y femenino.

sensibilidad *s. f.* **1.** La sensibilidad es la capacidad de experimentar sensaciones por medio de los sentidos. *Siento tanto frío que no tengo sensibilidad*

Nunca he sabido si esta tristeza que arrastro es común a todos los seres vivos o si es el precio de mi sensibilidad.

En un bosque de hoja caduca

en las manos. SIN. **Percepción.** 2. Y la tendencia a sentir las emociones de un modo muy intenso. ✪ SIN. **Emotividad.**

servir *v.* 1. Servir es atender a un cliente. *Camarero, por favor, ¿me puede servir?* SIN. **Despachar.** 2. Servir la comida o la bebida es ponerlas en el plato o en el vaso. *El anfitrión está obligado a servir la comida.* SIN. **Repartir, distribuir.** 3. Algo o alguien sirven si son útiles para algo. *¿Quieres este compás? A mí no me sirve para nada.* SIN. **Aprovechar, valer.** 4. Servir es trabajar en una casa como criado o estar a las órdenes de alguien. *Lázaro sirvió a muchos amos.* SIN. **Asistir.** // **servirse** *v. prnl.* 5. Servirse de algo es hacer uso de ello. ✪ SIN. **Utilizar, usar.**

Su abuelo le enseñó el oficio de leñador [...] y cómo servirse de cuanto el bosque les daba.

La princesa manca

La palabra tsunami procede del japonés y significa ola escondida.

significar *v.* 1. Significar es ser una cosa indicio de otra. *La tarjeta roja significa que el jugador ha sido expulsado.* SIN. **Representar, simbolizar.** 2. Y ser una palabra o una frase expresión de algo. ✪ SIN. **Connotar, denotar.**

silbar *v.* 1. Una persona o un animal silban cuando emiten un sonido agudo al hacer pasar el aire por la boca. ✪ SIN. **Chiflar.** 2. El público asistente a un espectáculo silba cuando quiere mostrar su desaprobación o su desagrado. *El concierto fue tan penoso que el público acabó silbando e increpando a los músicos.* SIN. **Pitar, abuchear.**

En la isla de La Gomera existe un lenguaje muy antiguo. Es el silbo gomero y consiste en silbar para comunicarse a grandes distancias. Los habitantes de esta isla han conservado la tradición desde sus primeros pobladores.

silencioso, silenciosa *adj.* 1. Un lugar es silencioso si no hay ruido. *Las bibliotecas son lugares muy silenciosos.* SIN. **Tranquilo.** 2. Una persona es silenciosa si habla poco. SIN. **Callado, reservado.**

3. Una persona o una cosa son silenciosos si no hacen ruido. *He comprado este lavavajillas porque era el más silencioso.* SIN. Insonoro.

El adjetivo **similar** tiene la misma forma para masculino y femenino.

similar *adj.* Son similares dos o más personas o cosas que tienen características comunes. *Nuestra forma de vestir es bastante similar.* SIN. Parecido, semejante. ✔

¡Oh, Mafalda, qué amiguita tan simpática tenés! Decime, nena, ¿a quién querés más: a tu mamá o a tu papá?

Mafalda

simpático, simpática *adj.* Una persona simpática es la que resulta agradable a los demás. ✪ SIN. Encantador, gracioso.

simular *v.* Simular es fingir algo. *Lucía simuló que se encontraba mal para no tener que ir al colegio.* SIN. Representar, aparentar.

soberbio, soberbia *adj.* 1. Una persona soberbia es la que se cree superior a los demás y por eso los trata con desprecio. ✪ SIN. Arrogante, engreído. 2. Decimos que algo es soberbio si destaca por su tamaño, por su calidad, por su valor… *Un soberbio reloj del siglo XVII presidía el vestíbulo.* SIN. Magnífico, extraordinario.

–Vale, pero no te pongas tan soberbia conmigo.
–Es que eres un miedica, Jonás.
Marena bajó la manilla suavemente y la puerta se abrió. Asomó la cabeza por el resquicio para asegurarse de que nada ni nadie pudiera sobresaltarlos. Todo estaba en silencio. Dio un paso adelante y entró en la casa. Jonás iba detrás.

sobresaltar *v.* Sobresaltar es causar miedo de forma repentina. ✪ SIN. Asustar, alarmar.

Aquellas pulseras que expresaban mi solidaridad con todas las causas habidas y por haber eran las que les estaban sirviendo para sujetarme allí en contra de mi voluntad.

Marioneta

solidaridad *s. f.* La solidaridad es una actitud de comprensión y adhesión a una causa y a las personas que la defienden. ✪ SIN. Apoyo, defensa.

sólido, sólida *adj.* 1. Un cuerpo sólido es el que tiene forma y volumen constantes. También s. m. *El hielo es agua en estado sólido.* SIN. Compacto. 2.

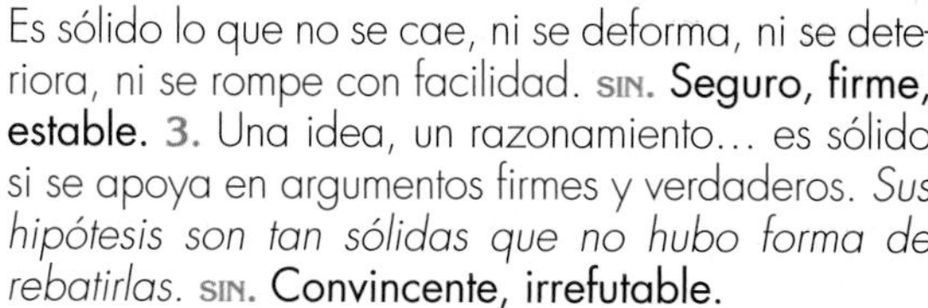

Es sólido lo que no se cae, ni se deforma, ni se deteriora, ni se rompe con facilidad. SIN. **Seguro, firme, estable.** 3. Una idea, un razonamiento… es sólido si se apoya en argumentos firmes y verdaderos. *Sus hipótesis son tan sólidas que no hubo forma de rebatirlas.* SIN. **Convincente, irrefutable.**

Así se aparecía la caravana a un solitario jinete que se dirigía hacia ella. Iba montado en un precioso caballo árabe, que tenía en el lomo una piel de tigre.

La caravana

solitario, solitaria *adj.* 1. Una persona solitaria es la que no tiene compañía o a la que le gusta la soledad. ✫ SIN. **Insociable, retraído.** 2. Un lugar solitario es aquel en el que no suele haber gente. *En aquella solitaria casa hacía tiempo que no vivía nadie.* SIN. **Abandonado, desierto.**

sonar *v.* 1. Sonar es producir algo un determinado sonido. *Para llamar a su criado, la señora duquesa hacía sonar una campanilla.* SIN. **Resonar, retumbar.** 2. Sonar es también tener una cosa la apariencia de algo. *Lo que me estás contando suena a broma de mal gusto.* SIN. **Resultar, parecer.** 3. Algo o alguien nos suena si nos resulta ligeramente conocido. *Tu cara me suena, ¿nos hemos visto antes?* SIN. **Recordar.** 4. Sonar los mocos es expulsarlos. También v. prnl. *Toma este pañuelo y suénate bien la nariz.* SIN. **Limpiar.**

soplar *v.* 1. Una persona sopla cuando expulsa el aire con impulso por la boca juntando los labios y dejando una pequeña abertura. ✫ SIN. **Espirar.** 2. Soplar es haber viento. *El viento soplaba con tal fuerza que no se podía andar por la calle.* SIN. **Moverse, correr.** 3. Soplar algo a alguien es decirle de forma disimulada lo que tiene que decir o lo que tiene que escribir. *En el examen de Lengua me pillaron soplando a mi compañero el análisis sintáctico.* SIN. **Chivar, apuntar.**

Era un chico de unos nueve o diez años, moreno, con pecas, y que soplaba con auténtica furia por un pedazo de caña, del que brotaban garbanzos duros como piedras.

La casa de los diablos

soportar *v.* **1.** Soportar es tener algo o alguien un peso encima. *El árbol está tan cargado de fruta que algunas de sus ramas no han podido soportar el peso.* SIN. **Sostener, aguantar.** **2.** Soportar también es tener paciencia para aguantar algo o a alguien que nos resulta molesto. ✲ SIN. **Tolerar, padecer.**

Calada hasta la camiseta,
no soporto la idea de traspasar
la puerta de la escuela:
solo quiero estar bajo la lluvia.

Lejos del polvo

El doctor había dado a su hijito una conferencia sobre los cordones de regaliz al sorprenderle comiéndose uno en la cama.

Boy: relatos de infancia

sorprender *v.* **1.** Sorprender es causar asombro o extrañeza a alguien. ✲ SIN. **Asombrar, admirar.** **2.** También coger a alguien desprevenido. *El profesor de Latín llegó a clase y nos sorprendió con un examen sorpresa.* SIN. **Pillar.** **3.** O haciendo algo a escondidas para que los demás no lo vean. ✲ SIN. **Descubrir, pillar.**

sospechar *v.* **1.** Una persona sospecha algo si, basándose en indicios, piensa que puede suceder. ✲ SIN. **Imaginar, figurarse.** **2.** Una persona sospecha de alguien o de algo si desconfía de ellos. *La limpieza del robo hace sospechar de algún trabajador del museo.* SIN. **Dudar, recelar.**

El interior de la casa no sorprendió a Jonás y Marena. Tenía los muebles imprescindibles y la decoración era de una austeridad casi monacal.
–Aquí no hay nada, Marena. Esta casa está casi vacía.
–Espera, vamos a mirar en las vitrinas donde le vimos meter los libros. Si cierra sus puertas con llave sospecho que es porque guarda algo importante dentro.

suave *adj.* **1.** Al tocar algo, se dice que es suave si no tiene asperezas ni rugosidades. *El anuncio dice que esta crema deja la piel tersa y suave.* SIN. **Terso, sedoso.** **2.** Es suave lo que no es fuerte ni intenso. *Tu perfume tiene un suave toque a mandarina.* SIN. **Ligero, débil.** **3.** Una persona o un animal son suaves si tienen un carácter dócil. *Amaia es mucho más suave que su hermano Ricardo.* SIN. **Tranquilo, calmado.** ✔

El adjetivo ***suave*** tiene la misma forma para masculino y femenino.

subir *v.* **1.** Subir es ir hacia un lugar que está más alto. *Subimos al último piso del edificio para ver la toda la ciudad.* SIN. **Ascender, trepar.** **2.** Subir es

también ponerse encima de algo. *Papá, súbeme a la moto.* SIN. **Aupar, montar.** 3. Pasar dentro un vehículo. *Sube rápido, que el tren está a punto de salir.* SIN. **Entrar, montar.** 4. Poner algo en un lugar más alto o dirigirlo hacia arriba. *Levanta la cabeza para que pueda verte los ojos.* SIN. **Levantar, elevar.** 5. Poner más alto el nivel de algo. *Hay que subir el termostato de la calefacción.* SIN. **Aumentar, elevar.** 6. Y alcanzar una posición superior a la que se tenía. *El año pasado jugaba en segunda división y este año ha subido a primera.* SIN. **Progresar, ascender.**

sucio, sucia *adj.* 1. Está sucio lo que tiene manchas, grasa, polvo... ✩ SIN. **Manchado, mugriento.** 2. Es sucio lo que produce suciedad o se mancha con mucha facilidad. *El color blanco es muy sucio, se mancha rápidamente.* SIN. **Guarro.** 3. Una persona sucia es la que no cuida su aseo. *No seas sucio, tienes que ducharte todos los días.* SIN. **Desaliñado, descuidado.** 4. Un negocio, un asunto... es sucio si es contrario a la ley o a la moral. *Sé que está metido en un asunto sucio pero no quiere contarme nada.* SIN. **Ilegal, ilícito.**

Lo peor que tiene el vivir en la misma habitación con otra persona es que es muy difícil tener algo oculto. No me refiero a los calcetines sucios o rotos [...].

Un verano para morir

suerte *s. f.* 1. La suerte es un conjunto de sucesos que no son intencionados ni evitables. *La suerte no quiso que siguiéramos más tiempo juntos.* SIN. **Azar, destino.** 2. La suerte es también la causa de que a alguien le vayan bien las cosas. ✩ SIN. **Fortuna, potra.**

–Igual tenemos suerte y ha olvidado cerrarlas. Marena tiró hacia ella pero la puerta de la vitrina no se abrió.
–Está cerrada.
Al mismo tiempo, Jonás intentó abrir otra . Esta sí estaba abierta. Y las otras dos también.
–Es decir, que si hay algo que esconder, está aquí –dedujo Marena–.
–Pero yo solo veo libros y más libros. Todos perfectamente colocados y alineados, bueno, todos menos esos de ahí, que están casi tirados.
–A ver.
Marena se estiró un poco y se puso de puntillas porque, al ser más baja que Jonás, sus ojos no llegaban donde llegaban los de este.

sujetar *v.* Sujetar es agarrar con fuerza algo o alguien para evitar que se mueva o se caiga. *Sujeta bien a tu perro para que no me ataque.* SIN. **Asegurar, aferrar, afianzar.**

El pez apareció sobre el agua en toda su longitud y luego volvió a entrar en ella dulcemente, como un buzo, y el viejo vio la gran hoja de guadaña de su cola sumergiéndose [...].

El viejo y el mar

sumergir *v.* 1. Sumergir es meter algo o a alguien por completo en el agua o en otro líquido. También v. prnl. SIN. Hundir, zambullir. // **sumergirse** *v. prnl.* 2. Sumergirse en algo es concentrarse totalmente en ello. *Me sumerjo tanto en la lectura que acabo formando parte de la historia.* SIN. Abstraerse.

suntuoso, suntuosa *adj.* Es suntuoso algo con mucho lujo y muy costoso. SIN. Fastuoso, ostentoso.

supervivencia *s. f.* La supervivencia es el hecho de sobrevivir, es decir, seguir viviendo tras la muerte de otra persona, o seguir vivo tras pasar una situación difícil. *Las autoridades se ocuparon de garantizar la supervivencia de todos los afectados por el desastre.* SIN. Subsistencia, conservación.

suspender *v.* 1. Suspender es mantener algo o a alguien en alto de forma que quede colgando. *Varios farolillos suspendidos de una cuerda alumbraban la terraza.* SIN. Colgar, pender. 2. También, dejar de hacer algo por un tiempo. *El árbitro ha decidido suspender el partido hasta que deje de llover.* SIN. Parar, detener. 3. No llegar al aprobado en un examen. *Es la tercera vez que suspendo este examen.* SIN. Catear. AM. Aplazar, reprobar. 4. Y dejar a alguien sin empleo y sueldo temporalmente. *Estás suspendido de empleo y sueldo durante una semana.* SIN. Apartar, inhabilitar.

Espléndido era también el aspecto del jinete: la capa y los pantalones eran de un rojo ardiente y el sable curvado colgaba de su costado en una suntuosa vaina.

La caravana

t t t

T T t

t t t

t t t

T T t

t t t

Cuando hablamos o escribimos, hay que tener en cuenta que hay palabras que se consideran poco elegantes e incluso ofensivas. Son las palabras *tabú* y, en un lenguaje cuidado, hay que procurar evitarlas. Suelen hacer referencia al sexo, a ciertas partes del cuerpo, a algunas funciones fisiológicas, a la enfermedad y la muerte y a la religión. Las palabras y expresiones que sustituyen a las palabras tabú se llaman eufemismos.

tabú *s. m.* Un tabú es algo que no se puede decir o que no se puede hacer porque está mal visto debido a prejuicios sociales o religiosos. SIN. **Prohibición, veto.** ✔

El plural de ***tabú*** es *tabúes* o *tabús.*

tacaño, tacaña *adj.* Una persona tacaña es aquella a la que le cuesta mucho dar o gastar dinero. *Rafael es tan tacaño que no va nunca a ningún sitio para no gastar dinero.* SIN. **Avaricioso, miserable, ruin.**

talento *s. m.* **1.** El talento es la capacidad que posee una persona para aplicar su inteligencia. *Su talento unido a su esfuerzo le han hecho llegar hasta donde está.* SIN. **Inteligencia, entendimiento.** **2.** También, la habilidad de una persona para hacer algo. *Lara tiene un talento especial para aprender idiomas.* SIN. **Aptitud, disposición.** **3.** Una persona es un talento si posee inteligencia o habilidad para algo. *Mi hijo es un talento: en tan solo tres años ha sacado la carrera de Ingeniería.* SIN. **Genio, portento.**

tallar *v.* **1.** Tallar es trabajar la madera, la piedra... con un instrumento para darle forma. *Estoy tallando con cincel un caballo de piedra.* SIN. **Esculpir, labrar.** **2.** Tallar es también comprobar la estatura de una persona. *El profesor ha tallado a sus alumnos para calcular la estatura media de la clase.* SIN. **Medir.**

tapar *v.* **1.** Tapar es poner una tapa o un tapón en una cazuela, en una botella... *Tapa la cazuela y deja que el arroz se haga lentamente.* SIN. **Cubrir, cerrar.** **2.** También, poner algo encima de una cosa para que no se vea o para protegerla. Tam-

—Sí, tienes razón, Jonás. Están descolocados pero de una forma un poco sospechosa. ¿No te parece que están ahí como para tapar algo? Yo no veo bien. ¿Ves tú algo?
—No sé, entre dos libros se ve como un trozo de papel, pero nada más.
—¡Qué rabia! —se quejó Marena.
—Creo que deberíamos intentar salir de aquí antes de que vuelva Torcuato —sugirió Jonás.
—Pero ¿por dónde? Tú oíste cómo cerraba la puerta con llave.
—Pues por la ventana. Estas ventanas son bajas. No hay peligro.
—¿Y si nos ve alguien?
—Nos aseguraremos de que no sea así.

bién v. prnl. ✪ SIN. **Ocultar, esconder, resguardar.** 3. Clocar algo que dificulte o impida el paso. *El fontanero tapó la grieta del conducto para evitar escapes de gas.* SIN. **Obstruir, taponar.** 4. Cubrir con ropa para no tener frío. También v. prnl. *¿Me puedes tapar los pies con una manta para que no se me enfríen?* SIN. **Abrigar, arropar.**

tardar *v.* 1. Tardar es necesitar un tiempo determinado para hacer algo. *El tren que va de París a Londres tarda dos horas.* SIN. **Emplear, invertir.** 2. Y también emplear mucho tiempo en hacer algo. *Eres un pesado, has tardado más de media hora en resolver este sencillo ejercicio.* SIN. **Demorarse, retrasarse.**

temblar *v.* 1. Algo o alguien tiembla cuando se mueve con sacudidas repetidas e involuntarias. *Tengo tanto frío que me tiemblan hasta los dientes.* SIN. **Tiritar, vibrar.** 2. Temblar es también sentir nerviosismo o miedo. ✪ SIN. **Estremecerse, asustarse.**

templar *v.* 1. Templar es quitar el frío de algo. *Acércate al calor para templar las manos.* SIN. **Caldear.** 2. Y que sea menos intenso o menos fuerte. ✪ SIN. **Moderar, suavizar.**

temporal *adj.* 1. Es temporal lo que tiene una duración limitada. *Mi trabajo en Madrid es temporal, solo hasta que tenga un destino definitivo.* SIN. **Provisional, transitorio.** // **temporal** *s. m.* 2. Un temporal es una tormenta muy fuerte. *El temporal obligó a los pescadores a volver al puerto.* SIN. **Tempestad, borrasca.** ✔

La comida me parecía exquisita (mucho mejor que el amargo caldo de pollo) y, con ayuda de un par de copas de vino, logré templar mis nervios.

Misterioso asesinato en Oz

Como adjetivo, en la acepción 1, ***temporal*** tiene la misma forma para masculino y femenino.

Jonás se acercó a una de las ventanas y la abrió solo un poco, lo justo para asomar la cabeza. Le temblaban las piernas, no por miedo al salto, ya que la distancia era mínima, más bien por miedo a que le viera alguien o a que llegara Torcuato. Mientras, Marena esperaba ansiosa sin parar de moverse de acá para allá; sin saber muy bien por qué, se acercó a la puerta por la que habían visto entrar a Torcuato la otra tarde y comprobó aliviada que no estaba cerrada con llave, por lo que podían perfectamente abrir desde dentro, salir y cerrar después.
—Jonás, vamos, podemos salir por aquí.
Y así lo hicieron no sin antes asegurarse de que nadie los veía.

tender *v.* 1. Tender es estirar algo que está doblado o encogido. *Tiende el mapa para que podamos ver bien la ruta.* SIN. Extender, desdoblar. 2. También, poner la ropa mojada a secar. *No tiendas ahora la ropa porque está lloviendo.* SIN. Colgar, extender. 3. Tumbar a alguien de forma que su cuerpo quede estirado. También v. prnl. ✵ SIN. Acostar, echar. 4. Y construir algo apoyándolo en dos o más puntos. *Se expropiarán varias parcelas para tender la línea férrea de alta velocidad.* SIN. Suspender. 5. Tender a algo es dirigirse hacia ello. *Los conflictos estudiantiles tienden a desaparecer.* SIN. Inclinarse, encaminarse. 6. Y tener alguna propiedad que le aproxima a ello. *No me gusta el color de tu tinte de pelo porque tiende a morado.* SIN. Tirar, aproximarse.

Marena llegó a casa, subió directamente a su cuarto y se tendió sobre su cama. Estaba agotada y sentía un peso terrible en sus piernas; todos y cada uno de sus músculos estaban tensos y agarrotados. Repasó mentalmente lo que había visto y vivido y no pudo evitar sorprenderse. Nunca hubiera imaginado que fuera capaz de meterse en semejantes líos. Y esto aún no había terminado…

tenso, tensa *adj.* 1. Una persona está tensa si se encuentra nerviosa e impaciente. ✵ SIN. Alterado, estresado. 2. Una cosa está tensa si está muy estirada. *Antes de soltar la flecha el arco debe estar tenso.* SIN. Tirante. 3. Una situación entre varias personas es tensa si hay hostilidad entre ellas. *La reunión resultó más tensa de lo que se esperaba.* SIN. Delicado, comprometido.

Cuando el tren se detiene, varios individuos uniformados suben al vagón con las caras arrasadas de furia y las manos tensas.

El paraguas poético

terminar *v.* 1. Terminar es poner fin a una tarea o hacerla completamente. ✵ SIN. Acabar, concluir. 2. Terminar es también usar algo hasta que ya no quede nada. También v. prnl. *Cuando termines la espuma de afeitar, compra otro envase.* SIN. Consumir, gastar. 3. Acabar con algo. *Ya no sé qué hacer para terminar con la plaga de gusanos que se comen mis plantas.* SIN. Destruir, eliminar. 4. Algo termina cuando llega o se acerca a su fin.

También v. prnl. *¡Qué rápido terminan los buenos momentos!* SIN. Finalizar, concluir. 5. Y tener un objeto su final o su extremo con una determinada forma. *Mi vestido de novia termina en un cola de dos metros.* SIN. Acabar.

Le aseguré que yo estaba formado como la mayor parte de los de mi edad, pero que los jóvenes y las hembras eran mucho más **tiernos** *y delicados, y la piel de las últimas tan blanca como la leche, por regla general.*

Los viajes de Gulliver

tierno, tierna *adj.* 1. Hablando de un alimento, se dice que es tierno cuando es fácil de cortar y fácil de masticar. *Se nota que esta carne es de buena calidad, está muy tierna.* SIN. Blando, esponjoso. 2. Un ser vivo es tierno si tiene poco tiempo de existencia o si tiene poca edad. ✧ SIN. Joven, nuevo. 3. Una persona es tierna si se muestra cariñosa en lo que hace o despierta cariño en los demás. *Marisa es muy tierna con sus padres.* SIN. Afectuoso, dulce.

Era una señora de aspecto más bien arrogante, muy **tiesa** *al hablar, jamás descuidada en su manera de vestir o en su forma de peinarse.*

La mirada

tieso, tiesa *adj.* 1. Está tieso lo que está erguido, levantado. *Cuando los perros están contentos llevan el rabo tieso.* SIN. Recto, derecho. 2. Lo que tiene poca o ninguna flexibilidad. *Este pantalón es muy tieso y me resulta incómodo.* SIN. Rígido, duro. 3. Una persona es tiesa si es orgullosa y engreída. ✧ SIN. Altivo, arrogante. 4. Una persona está tiesa si no tiene dinero. *Este mes aún no he cobrado mi salario y estoy tieso.* SIN. Sin blanca.

tirante *adj.* 1. Está tirante lo que está estirado porque fuerzas opuestas tiran de sus extremos. *Para que el equipaje quede bien sujeto, las cuerdas tienen que estar bien tirantes.* SIN. Tenso. 2. Una relación, y las personas que la mantienen, es tirante cuando va mal y está a punto de romperse. *Nuestra relación cada día es más tirante, ya casi ni nos hablamos.* SIN. Tenso, difícil. 3. Una situación tirante

El adjetivo ***tirante*** tiene la misma forma para masculino y femenino.

es aquella en la que no se sabe qué hacer ni qué decir, o en la que surgen discrepancias. *El debate se puso tan tirante que el moderador decidió suspenderlo.* SIN. **Embarazoso, violento.** ✔

tirar *v.* **1.** Tirar algo es dejarlo caer. *No tires la bolsa del bocadillo al suelo.* SIN. **Soltar, echar.** **2.** También, lanzarlo. *Tira el balón a la escuadra para que el portero no pueda pararlo.* SIN. **Arrojar.** **3.** Hacer que algo caiga al suelo. *¿Cuántos bolos crees que soy capaz de tirar?* SIN. **Derribar, abatir.** **4.** Deshacerse de algo que ya no sirve. *Esta impresora es mejor que la tires porque ya no funciona.* SIN. **Desechar, descartar.** **5.** Emplear mal el dinero o los bienes. *Comprar un coche tan caro y tan pequeño es tirar el dinero.* SIN. **Malgastar, despilfarrar.** **6.** Hacer fotografías. *Perdone, ¿me puede tirar una foto delante del anfiteatro?* SIN. **Sacar, fotografiar.** **7.** Ir en una dirección. *No tengo ni idea de por dónde tenemos que tirar ahora.* SIN. **Dirigirse, encaminarse.** **8.** Utilizar un arma de fuego. *El cazador tiró un solo disparo y abatió a su presa.* SIN. **Disparar, descargar.** **9.** Y suspender un examen. *Me tiraron en el examen teórico.* SIN. **Catear, tumbar.** **10.** Una persona o un animal tiran de algo si hacen fuerza para atraerlo hacia ellos. ✪ SIN. **Arrastrar.** **11.** A una persona le tira algo o alguien si le gusta. *Ahora que me he acostumbrado, me tira más la vida de la ciudad.* SIN. **Atraer, seducir.** **12.** Una prenda tira si queda demasiado justa. *No puedo ponerme esta blusa porque me tira.* SIN. **Apretar, oprimir.** // **tirarse** *v. prnl.* **13.** Tirarse es lanzarse desde un lugar o levantarse de él. ✪ SIN. **Arrojarse.** **14.** Y tenderse en un lugar. ✪ SIN. **Tumbarse, tenderse.**

No había transcurrido ni un minuto cuando vi dos caballos que tiraban de una gran carreta a cuya caja iba atado Jingle Boy.

Elías de Buxton

De repente, Marena recordó algo. Se tiró de la cama, buscó su caja secreta y sacó de ella, una vez más, el dichoso sobre morado, que cada día estaba más arrugado.
Salió de la habitación y llamó a su padre.
—¿Qué pasa, Marena? ¿Por qué gritas? —Sara había salido de su estudio sobresaltada.
—¿Y papá?
—Fue a acompañar a Alberto hasta el hotel. Estará a punto de volver.

¡La de gente que habrá haciendo cosas importantes mientras yo estoy aquí tirado!

Mafalda

Marena se sentó en el salón a esperar a su padre. Se puso a ojear una revista de decoración que había sobre la mesa más por entretenerse que por verdadero interés hacia las nuevas tendencias en telas y colores.

Apenas habían pasado diez minutos cuando Santi entró por la puerta.

–Papá, tenemos que hablar.

–Vale, Marena, pero déjame entrar en casa antes.

Santi se quitó su chaqueta, la colgó en el perchero y se sentó al lado de su hija.

–¿Qué pasa?

–Papá, un día estuvimos hablando del abuelo, de su afición por las palabras, de que te había dado el papel con esos versos misterioros... ¿recuerdas?

–Sí, mamá llegó e interrumpió la conversación.

–Sí. Papá, quiero saber más. Quiero saberlo todo porque sé que hay más. Oí la conversación que mantenías con tu amigo y creo que él también tiene algo que ver en esto, porque yo conocí a ese hombre el día que estuvimos en Madrid. Entré en su tienda y... bueno, ya sabes que soy bastante curiosa, me metí en una especie de biblioteca pero él me vio y me sacó de allí bastante molesto.

–Marena, eres una niña muy lista, demasiado curiosa, pero muy lista. Voy a contarte todo. Mi padre tenía contacto con otras personas que también estaban interesadas en los misterios del lenguaje. Se veían a menudo y ponían en común sus descubrimientos. Todos ellos empezaron a coleccionar libros antiguos que tratasen este tema. La mayoría de ellos hacían referencia a un libro muy especial, al libro de los libros, un libro que parecía tener todas las respuestas y también la clave, la única clave, que explicase el porqué de la comunicación humana.

Y buscando ese libro fueron ampliando su colección hasta el punto de necesitar un lugar donde depositar todos los volúmenes, así que consiguieron una sala y la convirtieron en su biblioteca particular. Después esas personas, al igual que tu abuelo, fueron falleciendo y durante mucho tiempo no se supo nada de esa magnífica colección de libros. Hasta que Alberto, Berto como nosotros lo llamamos, adquirió su pequeña tienda y descubrió, tras una pared, el tesoro que allí esperaba a ser descubierto. Lo siguiente fue más fácil. Berto contactó con un anticuario especialista en libros que yo había conocido por mediación de mi padre y él me llamó. Entre todos hemos puesto en pie esa especie de club de chiflados amantes de las palabras y siempre que podemos nos reunimos en esa sala que tú viste.

–¿Y el libro especial?

*A mí me encantaba ver los pollitos. Los trabajadores nos dejaban entrar en la sala donde se separaba los polluelos machos de los polluelos hembras, y podíamos **tocar** los pollitos machos, porque no le importaban a nadie.*

Kira-Kira

tocar *v.* **1.** Nuestra mano, u otra parte del cuerpo, toca algo si entra en contacto con ello. ✡ SIN. Palpar, tantear. **2.** Una cosa toca otra si está tan cerca de ella que en algún punto llegan a unirse. *Pon la mesa tocando la pared, así quedará espacio para la silla.* SIN. Chocar, rozar. **3.** Tocar un instrumento es hacer que suene. *Siéntate ante el arpa y toca esa melodía que tanto me gusta.* SIN. Interpretar, tañer. **4.** También, hacer sonar una campanilla, un timbre… para dar aviso de algo. *Todos los trabajadores de la fábrica deben salir cuando toca la sirena.* SIN. Pulsar. **5.** Tocar un asunto, un tema… es ocuparse de ellos. *En la asamblea no se tocó el tema del ajuste de horario.* SIN. Tratar, abordar. **6.** Tocar algo en un sorteo, en un reparto, etc. es resultar beneficiado con ello. *De la herencia de mi abuelo, a mí me ha tocado el huerto con árboles frutales.* SIN. Recibir, percibir. **7.** Tocar es ser de interés algo para alguien. *Debemos estar unidos porque este tema nos toca a todos.* SIN. Afectar, atañer. **8.** Tocar también es modificar algo. *El retrato te ha quedado perfecto, no se te ocurra tocarlo.* SIN. Cambiar, alterar. **9.** Y tener alguien el deber, la obligación de hacer algo. *Hoy te toca a ti sacar el perro a pasear.* SIN. Corresponder, competer.

tolerar *v.* **1.** Tolerar es permitir algo que no agrada o con lo que no se está de acuerdo. ✡ SIN. Consentir, admitir. **2.** También, ser respetuoso con las ideas de los demás. *La base de la convivencia es tolerar las opiniones y creencias de los demás.* SIN. Respetar, admitir. **3.** Tener paciencia con algo o alguien que nos desagrada. *Cada día me cuesta más tolerar a mi compañero de pupitre.* SIN. Sufrir,

*El inspector sonrió y no respondió. Pero, como se ve, míster Fogg pertenecía a esa raza de ingleses que, si no **toleran** el duelo en su país, se baten en el extranjero cuando se trata de defender su honra.*

La vuelta al mundo en 80 días

aguantar. 4. Y admitir un alimento, un medicamento, etc. sin que le cause daño. *Las personas celíacas no toleran el gluten.* SIN. Resistir.

El adjetivo ***torpe*** tiene la misma forma para masculino y femenino.

torpe *adj.* 1. Una persona o un animal son torpes si se mueven con dificultad o si tropiezan y se caen a menudo. *Tengo la impresión de que la tortuga es un animal bastante torpe.* SIN. Lento, patoso. 2. Una persona es torpe si le resulta difícil aprender o entender las cosas. *Me considero un poco torpe para estudiar datos históricos.* SIN. Corto, necio. 3. Y si actúa de forma poco hábil en situaciones comprometidas. *Debes reconocer que tus comentarios fueron bastante torpes.* SIN. Inoportuno, desafortunado. ✔

—Trae acá el papel que te di, Marena.
Marena lo sacó del sobre y se lo dio a su padre.
—Lee estas palabras e intenta comprenderlas porque ellas te explican por qué ese libro es especial.
—Pero ¿qué quieren decir, papá? Yo no entiendo su signficado. ¿Cuáles son esas palabras silenciadas? ¿Por qué el viento tiene que tener voz? Esto es como una adivinanza, pero yo no sé la solución.

trabajar *v.* 1. Trabajamos cuando realizamos una actividad que requiere un esfuerzo físico o intelectual y por la cual podemos percibir una retribución. ✿ SIN. Currar. AM. Laborar. 2. Trabajamos por algo cuando nos esforzamos por conseguirlo. *Todos deberíamos trabajar por el buen funcionamiento del centro.* SIN. Esforzarse, procurar. 3. Y cuando ensayamos o estudiamos algo para mejorarlo. *Mi entrenadora me ha dicho que debo trabajar los lanzamientos de tres puntos.* SIN. Ejercitar, practicar. 4. Trabajar la tierra es hacer las labores necesarias para prepararla para el cultivo. *Actualmente, se trabaja la tierra con moderna maquinaria.* SIN. Cultivar, labrar.

*A María le sorprendió que un monicaco como aquel, internado por algo del estómago, pudiera **trabajar** en algo, pero le siguió la corriente.*

Mi tigre es lluvia

traer *v.* 1. Traer es llevar algo o a alguien hasta el lugar en el que se encuentra la persona que habla. ✿ SIN. Acercar, trasladar. 2. Traer es también causar algo. *Algún día tu inconsciencia te va a* *traer problemas.* SIN. **Ocasionar, originar.** 3. Un periódico, una revista… trae algo si aparece entre sus páginas. *La revista de este mes trae un póster gigante de Harry Potter.* SIN. **Contener, incluir.** 4. Traer también es llevar puesta una prenda o llevar algo consigo. *¡Qué vestido tan bonito traes hoy!* SIN. **Vestir.**

Viendo su cara de preocupación, el Lama les tomó de la mano para tranquilizarles y la sonrisa afloró de nuevo a sus labios.

Los cien ojos del pavo real

tranquilizar *v.* Tranquilizar es hacer que alguien esté tranquilo, sosegado. ✪ SIN. **Calmar, apaciguar.**

tranquilo, tranquila *adj.* 1. Una persona es tranquila si se toma las cosas con calma, sin alterarse. *Natalia es un niña muy tranquila que solo llora cuando tiene hambre.* SIN. **Calmoso, reposado.** 2. Una persona está tranquila si no está nerviosa. ✪ SIN. **Sereno, relajado.** 3. Y si no tiene remordimientos. *Pueden acusarme de lo que quieran, yo estoy tranquilo porque no he hecho nada malo.* SIN. **Inocente.** 4. Una cosa tranquila es la que no se mueve, o no está agitada, o no tiene ruido. *El mar está tranquilo así que podemos salir a navegar.* SIN. **Apacible, quieto.**

transformar *v.* 1. Transformar algo o a alguien es hacer que cambie de forma, de aspecto. También v. prnl. *Ayer eras un niño y hoy te has transformado en un hombre.* SIN. **Alterar, variar.** 2. Transformar a una persona es hacer que cambien sus hábitos o su forma de ser. También v. prnl. *Los años que pasó en África le han transformado profundamente.* SIN. **Modificar, variar.** 3. Y hacer que una cosa pase a ser otra. También v. prnl. *Tras varios procesos, la madera se transforma en papel.* SIN. **Convertir.**

–Tranquila, Marena. Yo voy a hacer que lo entiendas y cuando lo hagas serás uno de los nuestros, una de las pocas personas que conoce este secreto, y tendrás la obligación de preservarlo, mantenerlo y transmitirlo a otras generaciones como yo he hecho contigo, aunque, por desgracia, puede que ya no sirva de nada.
–¿Por qué dices eso, papá?
–Porque ese libro ha desaparecido. Hace unos meses, uno de los nuestros traicionó la confianza del grupo y, sin saber por qué, robó el libro. No lo hemos encontrado aún y ya estamos perdiendo las esperanzas porque no sabemos dónde buscar.

El adjetivo ***transitable*** tiene la misma forma para masculino y femenino.

transitable *adj.* Un lugar es transitable si se puede transitar, es decir, si se puede pasar por él. *Las calles peatonales son las únicas transitables de la ciudad.* SIN. **Abierto, practicable.** ✔

Santi prosiguió:
–La verdad es que estamos desesperado porque ya no sabemos qué hacer. Por eso Berto se ha trasladado aquí estos días. Tratamos de encontrar una solución pero no la hallamos. Y encontrar ese libro es muy importante, más importante de lo que pudieras imaginar, Marena.
–¿Por qué, papá? ¿Qué contiene ese libro?
–Ese libro contiene todas las palabras –respondió Santi.
–O sea, ¿es un diccionario?

trasladar *v.* 1. Trasladar algo o a alguien es llevarlo de un lugar a otro. También v. prnl. ✿ SIN. **Transportar, mover.** 2. Trasladar a una persona es también cambiar su lugar de trabajo. *He solicitado que me trasladen a la sucursal de Barcelona.* SIN. **Desplazar.** 3. Trasladar la fecha en que debe celebrarse un acto, una reunión, etc. es cambiarla. *Han trasladado la fecha de mi intervención para el 15 de marzo.* SIN. **Variar.** 4. Trasladar un texto es pasarlo a otro idioma. *Traslada este texto al francés.* SIN. **Traducir.**

tratar *v.* 1. Tratar a una persona es portarse de una determinada manera con ella. *María trata muy bien a sus alumnos.* SIN. **Comportarse, atender.** 2. También, tener relación con ella. También v. prnl. *Tu familia y la mía se tratan desde hace muchos años.* SIN. **Relacionarse, frecuentar.** 3. Tratar una cosa es utilizarla de un determinado modo. *Trata bien tus libros porque son tu herramienta de trabajo.* SIN. **Manejar, manipular.** 4. Tratar un tema, un asunto es ocuparse de él. *Hoy vamos a tratar el tema de Mesopotamia.* SIN. **Considerar, debatir.** 5. Poner los medios para curar una enfermedad. *Me están tratando la infección con antibióticos.* SIN. **Asistir, cuidar.** 6. Y hacer lo posible por lograr algo. ✿ SIN. **Intentar, procurar.**

Desde que Molly trazó la raya de tiza, he procurado tener más limpia mi mitad de la habitación.

Un verano para mor

trazar *v.* 1. Trazar es dibujar líneas o figuras. ✿ SIN. **Marcar, tirar.** 2. También, hacer un proyecto. *Es preciso trazar un esquema para distribuir bien el trabajo.* SIN. **Planear, idear.**

Trepé sobre su espalda
y ¡aj, qué cosa!,
estaba fría, rígida y
viscosa.
Agárrate bien fuerte,
amigo mío,
porque voy a saltar con
todo brío.

Poemas y canciones

trepar *v.* 1. Trepar es subir a un lugar valiéndose solo de los pies y las manos. SIN. **Subir, escalar.** 2. Una planta trepa si crece hacia arriba agarrándose a los árboles o a algún soporte. *La hiedra trepa por la pared hasta casi ocultarla.* SIN. **Enredarse.** 3. Una persona trepa si utiliza cualquier medio para mejorar laboral o socialmente. *En poco tiempo ha conseguido trepar de telefonista a secretario de la directora.* SIN. **Progresar, ascender.**

Solo los flamencos
estaban tristes,
porque como tienen
poca inteligencia, no
habían sabido cómo
adornarse.

Cuentos de la selva

triste *adj.* 1. Está triste quien siente tristeza, es decir, quien se siente desanimado y con ganas de llorar. SIN. **Apenado, afligido.** 2. Es triste lo que produce tristeza. *Su triste final nos ha conmovido.* SIN. **Trágico, lúgubre.** 3. Triste indica que algo es poco importante o que está en poca cantidad. *No tengo ni un triste euro en el bolsillo.* SIN. **Humilde, insignificante, escaso.** ✔

El adjetivo **triste** tiene la misma forma para masculino y femenino. En la acepción 3, se coloca delante del sustantivo.

trivial *adj.* Resulta trivial algo que por ser habitual no tiene interés ni se le da importancia. *Hablar del tiempo resulta de lo más trivial.* SIN. **Banal, nimio.** ✔

El adjetivo **trivial** tiene la misma forma para masculino y femenino.

tropezar *v.* 1. Tropezamos cuando al andar nuestros pies encuentran un obstáculo que nos hace perder el equilibrio. SIN. **Trastabillar.** 2. Un proyecto, un plan… tropieza si surge un obstáculo que dificulta o impide su desarrollo. *El proyecto de salvar los bosques ha tropezado con las industrias madereras.* SIN. **Chocar, topar.** 3. Tropezar con alguien o con algo es dar con ellos por casualidad. *Cuando salía del trabajo me tropecé con Inés.* SIN. **Encontrarse.**

truco *s. m.* 1. Un truco es una forma hábil o astuta de conseguir algo. *Siempre te vales del truco de* *la adulación para conseguir lo que quieres.* SIN. **Engaño, trampa.** 2. Trucos son también las técnicas usadas en la magia, en el cine… para que parezca real algo que no lo es. SIN. **Trucaje, artificio.** 3. Y las habilidades que se adquieren con la práctica de un oficio o de una actividad. *Sé un truco para que la masa de la* pizza *salga más crujiente.*

Al pasar por la gran charca donde papá y yo solíamos tumbarnos boca abajo para cazar renacuajos, descubrí de repente un pequeño gnomo.

El castillo de las ranas

tumbar *v.* 1. Tumbar es hacer que algo o alguien caiga. *Tumbé tres muñecos en la caseta de la feria y me regalaron un oso de peluche.* SIN. **Derribar.** 2. También, poner algo o a alguien en posición horizontal. También v. prnl. ✪ SIN. **Tender, acostar.** 3. Algo tumba a alguien si le deja sin sentido. *Tu perfume es tan fuerte que casi me tumba.* SIN. **Noquear, marear.**

turbio, turbia *adj.* 1. Un líquido está turbio si no está claro y transparente. *No bebas el agua del grifo, sale bastante turbia.* SIN. **Sucio, revuelto.** 2. Un asunto, un negocio… es turbio si resulta poco claro o se duda de su legalidad. *No te apoyo para montar ese negocio porque lo veo turbio.* SIN. **Sospechoso, dudoso.**

–No, Marena. Es algo más, es el primer libro y también puede ser el último.
–Papá, sigo sin entender nada. Habla claro. Respondes a cada una de mis preguntas con frases misteriosas que no hacen más que confundirme.
–Voy a intentarlo, Marena. Este libro tiene algo especial: contiene todas las palabras pero esas palabras solo existen cuando los hombres las leen. Por eso el papel habla de «palabras silenciadas». Cuando solo estaban en el papel, en las «páginas calladas», esas palabras no eran sino secuencias de letras, dibujos sin sentido. Necesitan la voz para cobrar vida y asociarse a un objeto, a un sentimiento, a una emoción…

último, última *adj.* 1. Último es el que ocupa la posición final. ✪ SIN. **Postrero, final.** 2. Lo que es más reciente en el tiempo. *Los últimos años la ciudad ha crecido bastante.* SIN. **Cercano.** 3. Lo que resulta definitivo. *Ya he dicho mi última palabra y no pienso cambiar de opinión.* SIN. **Concluyente, terminante.** 4. Y lo que está más alejado. *Busqué al gato hasta en el último rincón de la casa.* SIN. **Remoto, recóndito.**

unánime *adj.* Es unánime un conjunto de personas que comparte la misma opinión, la misma decisión, el mismo parecer…, y también es unánime esa opinión, esa decisión y ese parecer. *Con el esfuerzo unánime de todos, la representación resultó un éxito.* SIN. **Generalizado, coincidente.** ✔

El adjetivo ***unánime*** tiene la misma forma para masculino y femenino.

uniforme *adj.* 1. Es uniforme lo que está formado por elementos de similares características. *Los colores de las diferentes estancias se complementaban y daban a la casa un aspecto uniforme.* SIN. **Homogéneo, parecido.** 2. También lo que no presenta variaciones. *A lo largo del curso tu rendimiento ha sido uniforme, sin altibajos.* SIN. **Constante, inalterable.** ✔

El adjetivo ***uniforme*** tiene la misma forma para masculino y femenino.

unir *v.* 1. Unir es hacer que dos o más personas o cosas estén juntas para que funcionen como una unidad, desarrollen una misma actividad, etc. También v. prnl. ✪ SIN. **Juntar, sumar, ensamblar.** 2. Unir también es hacer que dos o más personas tengan intereses comunes. *Lo único que les une es su pasión por los cómics.* SIN. **Relacionar, vincular.** // **unirse** *v. prnl.* 3. Dos personas o más personas se unen cuando se ayudan para conseguir algo.

En su mirada había cientos de árboles distintos, aguas dormidas de lagos, mares de espigas, cumbres de montañas, caminos y senderos que se unían y separaban.

El mensaje de los pájaros

Todos los antiguos alumnos se unieron para rendir un homenaje al profesor en el día de su jubilación. SIN. Apoyarse, solidarizarse.

El adjetivo ***universal*** tiene la misma forma para masculino y femenino.

universal *adj.* 1. Es universal lo que hace referencia al universo. *La inmensidad universal es impresionante.* SIN. Cósmico, espacial. 2. Universal también hace referencia a todo el mundo, todos los tiempos y todas las personas. *La Exposición Universal de 2008 se celebró en Zaragoza.* SIN. Global, total. ✔

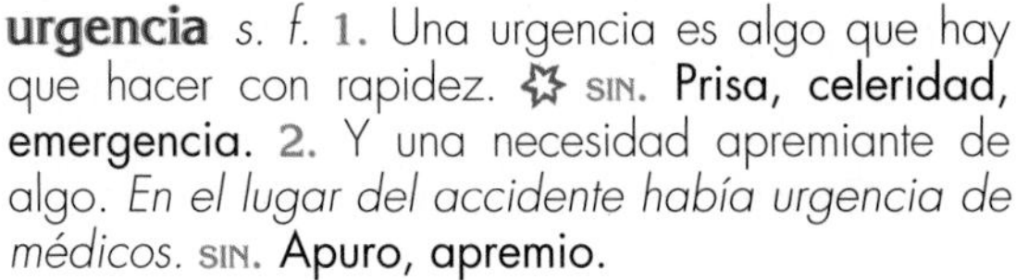

El móvil de Pascal seguía fuera de cobertura, y la vidente tenía que encontrarlo con urgencia para ponerlo al corriente de sus inquietantes presagios sobre Michelle.

La Puerta Oscura

urgencia *s. f.* 1. Una urgencia es algo que hay que hacer con rapidez. ✪ SIN. Prisa, celeridad, emergencia. 2. Y una necesidad apremiante de algo. *En el lugar del accidente había urgencia de médicos.* SIN. Apuro, apremio.

usar *v.* 1. Usar una cosa es servirse de ella para hacer algo. *Si no vas a usarlo, ¿puedes prestarme el Mp4?* SIN. Utilizar, emplear. 2. También, tener la costumbre de llevar una prenda, un complemento, etc. *En invierno me gusta usar sombreros.* SIN. Vestir, ponerse. 3. Y de consumir un producto. *Siempre uso el mismo perfume porque es muy fresco.* SIN. Gastar, utilizar.

Charlie se puso muy contento por haber sido más inteligente que sus padres en algo. Pero ahora..., bueno, sería muy útil que ellos demostraran su propio ingenio.

Lionboy

El adjetivo ***útil*** tiene la misma forma para masculino y femenino.

útil *adj.* 1. Una cosa es útil si sirve para algo concreto. *Este cuchillo es muy útil para cortar el pan.* SIN. Eficaz, servible. 2. Es útil lo que produce un beneficio. ✪ SIN. Productivo, beneficioso. 3. Tiempo útil o días útiles son aquellos que son aptos para realizar una actividad. *Los domingos no son días útiles.* SIN. Hábil, lectivo. ✔

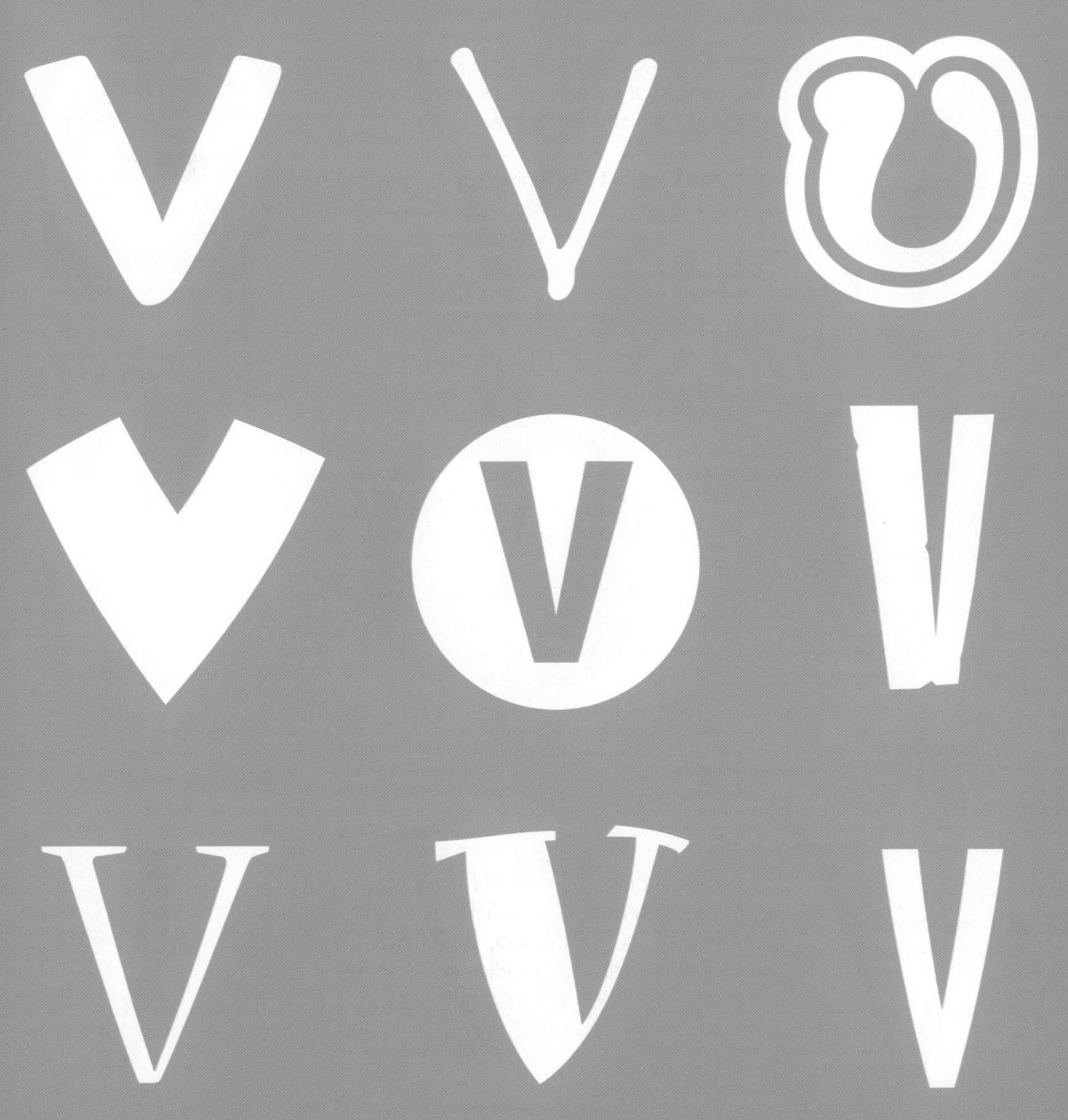

-Pero, papá, entonces... –Marena vacilaba como si dudara de sus palabras– si ese libro ha desaparecido, ¿quién va a leer esas palabras?
–Veo que has entendido bien dónde radica el problema. Si pasado un tiempo, ese libro no es leído por nadie, se producirá el fenómeno inverso, es decir, las palabras se disociarán de los objetos y de la vida real, volverán a ser palabras silenciadas, es decir, desaparecerán de nuestro lenguaje. Cuando Tor robó ese libro lo hizo movido por algún oscuro interés.
–¿Tor? ¡Qué nombre!
–Bueno, utilizamos variaciones de nuestros nombres. En nuestro grupo yo soy Ago, en vez de Santi, y Tor, pues supongo que vendrá de...

vaciar *v.* Vaciar un lugar, un recipiente... es sacar todo lo que hay dentro de él. También v. prnl. *¿A quién le toca hoy vaciar el lavavajillas?* SIN. **Desocupar, despejar.**

vacilar *v.* **1.** Una persona o una cosa vacilan si se mueven de forma inestable. *Antes de caer al suelo vaciló unos segundos.* SIN. **Tambalearse, balancearse.** **2.** También, si tienen dudas a la hora de hacer o decir algo. ✪ SIN. **Titubear, dudar.** **3.** Vacilar es también tomar el pelo a alguien. *No pienso hacerte caso porque sé que me estás vacilando.* SIN. **Burlarse, reírse.**

vacío, vacía *adj.* **1.** Un lugar está vacío si no hay nadie en su interior o si hay menos personas de las que suele haber. *Las gradas del estadio están casi vacías.* SIN. **Despejado, desierto.** **2.** Un recipiente está vacío si no contiene nada. ✪ SIN. **Libre, limpio.** // **vacío** *s. m.* **3.** El vacío es un espacio muy profundo que se ve desde un lugar alto. *Desde lo alto del acantilado el vacío se abría ante mí.* SIN. **Abismo.**

valer *v.* **1.** Valer significa tener algo un precio. *En rebajas, esta chaqueta vale la mitad que antes.* SIN. **Costar, importar.** **2.** Valer es tener una cosa el mismo valor que otra. *La suma de los catetos al cuadrado vale lo mismo que la hipotenusa al cuadrado.* SIN. **Equivaler.** **3.** También, ser algo o alguien apto o apropiado para algo. *Esta broca no vale para mi taladro.* **4.** Valer es también ser causa de algo. *Los dos suspensos me valieron una buena bronca.* SIN. **Suponer, ocasionar.** **5.** Algo, como una prenda, nos vale si tiene el tamaño adecuado.

Docenas de botellas vacías chocaban unas contra otras por todos los rincones del camarote.

La isla del tesoro

La talla 12 no me vale, yo llevo la 16. SIN. **Quedar bien.** // **valerse** *v. prnl.* 6. Valerse de alguien o de algo es servirse de ellos. ✪ SIN. **Utilizar, recurrir.** 7. Una persona se vale si es capaz de desenvolverse sin ayuda. *Aun con la pierna escayolada me valgo bien por mí mismo.* SIN. **Cuidarse, arreglarse.**

valiente *adj.* Una persona valiente es la que da muestras de valor y se enfrenta a situaciones arriesgadas y peligrosas. ✪ SIN. **Valeroso, atrevido.** ✔

vencer *v.* 1. Vencer es conseguir la victoria en una competición, en una lucha… ✪ SIN. **Ganar, derrotar.** 2. También, dominar algo a una persona sin que esta pueda resistirse. ✪ SIN. **Rendir.** 3. Controlar las pasiones, los sentimientos, normalmente haciendo uso de la razón. *Para vencer tu inseguridad debes confiar en ti mismo.* SIN. **Dominar.** 4. Hacer frente a dificultades, obstáculos… *Los médicos me ayudaron a vencer la enfermedad.* SIN. **Superar, imponerse.** 5. Doblarse o deformarse una cosa por culpa del peso. También v. prnl. *Las ramas más delgadas fueron vencidas por el peso de la nieve.* SIN. **Ladear, inclinar.** 6. Y llegar a su fin el plazo o el tiempo estimado para algo. *El plazo para la entrega de la solicitud vence mañana.* SIN. **Concluir, cumplir.**

ver *v.* 1. Ver es tener percepción de las cosas a través de los ojos. ✪ SIN. **Percibir, mirar.** 2. Ver también es tener percepción de las cosas a través de la inteligencia. *Es importante ver que todo tiene sus ventajas y sus inconvenientes.* SIN. **Captar, percibir.** 3. Y mirar, reconocer algo o a alguien con atención. *En la consulta de hoy he visto a más*

Marena sintió como un puñetazo en el estómago. ¡Ya lo tenía! Precipitó el final de la conversación con su padre alegando que se sentía muy cansada y se fue a su cuarto. Aunque pensó que iba a ser incapaz de dormir en toda la noche, lo cierto es que había sido un día demasiado intenso incluso para una valiente e intrépida como ella, así que el sueño la venció enseguida.

Tu piel se volverá rosada,
y lisa en vez de arrugada,
tus ojos se harán más brillantes,
y volverás a ver como antes.

Charlie y el gran ascensor de cristal

La astucia de los dioses era infinita y solían valerse de los más recónditos medios para alcanzar sus fines.

Colmillo Blanco

El adjetivo ***valiente*** tiene la misma forma para masculino y femenino.

Los Juegos Olímpicos se celebraban en Olimpia cada cuatro años. A los que vencían en las distintas competiciones se les premiaba con una corona de olivo.

Al día siguiente, Marena se despertó con la sensación de haber estado durmiendo durante varios días. Se sentó al borde de su cama e intentó pensar con claridad cuál de las dos opciones que barajaba sería la más acertada. La opción uno implicaba volver a la casa de Torcuato, vigilarle y, cuando no estuviera, sustraerle el libro, porque ella estaba segura de que lo que Torcuato escondía en su vitrina cerrada con llave era el libro robado del que le hablaba su padre; aunque también podían pedírselo directamente y no arriesgarse tanto.
La opción dos era más razonable: contarle todo a su padre y que fuese él quien solucionase el problema.
¿Cuál de las dos elegir?

de veinte pacientes. SIN. **Observar, examinar.** 4. Hacer una visita a una persona o reunirse con ella. *¿Quieres que nos veamos esta tarde para charlar un rato?* SIN. **Visitar, citarse.** 5. Y estimar que algo es de un determinado modo. *Yo veo muy acertada la decisión de abrir los colegios en verano.* SIN. **Considerar, juzgar.** // **verse** *v. prnl.* 6. Verse es encontrarse una persona en una determinada situación. *Me veo con fuerzas para iniciar nuevos proyectos.* SIN. **Estar, hallarse.**

viajar *v.* Viajar es ir a un lugar, normalmente lejano, en un medio de transporte. *Con el dinero que he ganado en la lotería voy a viajar por América.* SIN. **Desplazarse, recorrer.**

victoria *s. f.* La victoria es la acción de vencer, de ganar en una competición, en una disputa, en una elección... ✪ SIN. **Triunfo, éxito.**

La V de la victoria es un gesto que hizo famoso sir Winston Churchill durante la II Guerra Mundial.

viejo, vieja *adj.* 1. Una persona o un animal son viejos si tienen muchos años. También s. m. y f. *Mis abuelos son unos viejecitos encantadores.* SIN. **Anciano, abuelo.** 2. Una cosa es vieja si es de un tiempo pasado o si lleva mucho tiempo en el mismo lugar. *Las viejas casas del pueblo permanecen vacías desde hace años.* SIN. **Antiguo, remoto.** 3. Una cosa está vieja si está deteriorada por el uso. *Tendré que comprarme una raqueta nueva porque esta está ya vieja.* SIN. **Desgastado, estropeado.**

vigilar *v.* Vigilamos algo o a alguien cuando los observamos de cerca y con atención para que que no causen o sufran ningún daño o para saber lo que hacen. ✪ SIN. **Acechar, cuidar.**

[…] me asomo a la niñez de nuevo y entonces los aromas del bosque llegan hasta mí puros, vigorosos, casi ingenuos.

En un bosque de hoja caduca

vigoroso, vigorosa *adj*. Es vigoroso lo que muestra fuerza y vitalidad. ✿ SIN. **Enérgico, dinámico.**

vincular *v*. 1. Vincular es relacionar a una persona o una cosa con otra. *Lo lógico es vincular la escasa ocupación hotelera al mal tiempo.* SIN. **Conectar, unir.** 2. Y hacer depender a alguien de una obligación. *Todos los jugadores están vinculados a las normas de disciplina del equipo.* SIN. **Supeditar, someter.**

viscoso, viscosa *adj*. Decimos que es viscosa la sustancia espesa y pegajosa. *Los niños juegan con una pasta verde y viscosa que se pega en todos los sitios.* SIN. **Pringoso, gelatinoso.**

El ruiseñor sabía que no tenía que perder y, desoyendo la advertencia de la lechuza, cogió las bayas con el pico y voló decidido hacia la casa de Laura.

Tres cuentos de hadas

vivo, viva *adj*. 1. Está vivo quien tiene vida. También s. m. y f. ✿ SIN. **Viviente.** 2. Es vivo lo que se muestra con intensidad. *Los colores vivos de la primavera alegran la ciudad.* SIN. **Intenso, fuerte.** 3. Lo que se mantiene a lo largo del tiempo. *La tradición de saltar las hogueras la noche de san Juan se mantiene viva.* SIN. **Vigente, duradero.** 4. Y lo que tiene vitalidad. *Disfruto de su viva y animada conversación.* SIN. **Alegre, expresivo.** 5. Una persona viva es una persona despierta y que se comporta con astucia. *Nilo anduvo muy vivo para salir airoso del conflicto.* SIN. **Avispado, listo.**

La madre seguía viva; agotada y sudorosa, pero viva. A su lado la comadrona alzaba a la llorosa criatura entre sus brazos.

El Valle de los Lobos

volar *v*. 1. Volar es moverse flotando en el aire un animal por medio de sus alas o cualquier aparato por medios mecánicos o por la acción del viento. ✿ SIN. **Planear.** 2. Algo vuela si desaparece repentinamente. *En esta casa parece que las galletas vuelan.* SIN. **Evaporarse, esfumarse.** 3. También, si pasa o se extiende muy deprisa. *El tiempo pasa volando.* SIN. **Correr, apresurarse.** 4. Y si es destruido por medio de explosivos. *Varios coches volaron por los aires como consecuencia de la explosicón.* SIN. **Estallar, explotar.**

Volver a casa de Torcuato le parecía una locura, era arriesgarse demasiado. ¿Debería entonces contárselo todo a su padre y que él hiciera lo más conveniente?
–Tengo que preguntárselo a Jonás. Él está tan metido como yo en toda esta historia y también tendrá algo que decir.

volver *v.* 1. Volver es ir de nuevo a un lugar o al lugar del que se salió. ✧ SIN. **Regresar.** 2. También, decir o hacer de nuevo algo que se estaba diciendo o haciendo. *Volviendo al tema del que hablábamos antes…* SIN. **Retomar, reiniciar.** 3. Cambiar de dirección, dar la vuelta. *Al llegar al cruce tienes que volver a la derecha.* SIN. **Girar, torcer.** 4. Poner una prenda de modo que quede a la vista la parte del revés. *Vuelve el pantalón del revés antes de meterlo en la lavadora.* SIN. **Invertir, dar vuelta.** 5. Y hacer que una persona esté en un determinado estado. También v. prnl. *Tanta responsabilidad le está volviendo loco.* SIN. **Poner, convertir.** ✔

El participio de ***volver*** es *vuelto*.

vulgar *adj.* 1. Una persona, y las cosas que hace, es vulgar si no muestra educación ni cultura. *Tu forma de hablar resulta de lo más vulgar.* SIN. **Grosero, ordinario.** 2. Una cosa es vulgar si no tiene nada especial, ni destaca por nada. *La película me ha parecido vulgar, de las que se ven todos los días.* SIN. **Normal, corriente.** ✔

El adjetivo ***vulgar*** tiene la misma forma para masculino y femenino.

web *s. f.* La web es la abreviación de la expresión inglesa *world wide web*, el servicio de internet en el que podemos encontrar e intercambiar la información que ofrece esta red. SIN. Internet. // **web** *adj.* **3.** Web quiere decir relativo a la red y se usa en expresiones como página web o sitio web. *Voy a consultar el catálogo en la página web de la biblioteca.* SIN. Electrónico.

windsurf* o *windsurfing *s. m.* El *windsurf* es un deporte que consiste en deslizarse por el agua sobre una tabla que lleva incorporada una vela. *Hoy hay buenas olas para practicar* windsurf. SIN. Tablavela, surf.

El sustantivo ***windsurfista*** tiene la misma forma para masculino y femenino.

windsurfista *s. m. y f.* El windsurfista es la persona que practica el *windsurf. Los windsurfistas utilizan un traje especial para amortiguar el impacto de las olas.* SIN. Tablavelista, surfista. ✔

xenofobia *s. f.* La xenofobia es un odio hacia lo extranjero y hacia las personas extranjeras. *Los brotes de xenofobia detectados en el país preocupan al gobierno.* SIN. Racismo.

xenófobo, xenófoba *adj.* Es xenófoba la persona que muestra aversión hacia lo extranjero y hacia las personas extranjeras. *La policía detuvo a los aficionados que entonaban cantos xenófobos durante el partido.* SIN. Racista.

xilófono *s. m.* El xilófono es un instrumento musical formado por láminas de madera de diferentes tamaños que se golpean con dos pequeños mazos. ✿ SIN. Marimba, vibráfono.

El xilófono tiene su origen en Asia. En Europa es conocido a partir del siglo XVI y empezó a formar parte de la música culta gracias a Camille Saint-Saëns, que en 1874 lo incluyó en su Danza macabra.

y y y

Y Y y

y y y

y y y

Y Y y

y y y

La Sima de los Huesos es un pozo vertical de más de 10 metros situado en la Sierra de Atapuerca. Es uno de los **yacimientos** con más restos de humanos, ya que hay restos de al menos tres personas que vivieron hace 400 000 años.

yacer *s. f.* 1. Yacer es estar una persona acostada en un sitio. ✪ SIN. **Tenderse, tumbarse.** 2. Y estar un cadáver enterrado. *Aquí yacen los restos mortales de varios miembros de la familia.* SIN. **Reposar, sepultar.**

Desde el suelo, donde yacía maltrecho, al pobre Pantuflo la asistenta le parecía una montaña.

El cuervo Pantuflo

yacimiento *s. f.* Un yacimiento es un lugar en el que se hallan de forma natural rocas, minerales, fósiles y también restos arqueológicos. ✪ SIN. **Mina, filón.**

yanqui *s. m. y f.* Yanqui hace referencia a los Estados Unidos. *Al final de la película, los soldados yanquis no podían vencer a los vietnamitas.* SIN. Estadounidense. ✔

El sustantivo ***yanqui*** tiene la misma forma para masculino y femenino.

El timbre sonó un par de veces. ¡Qué raro! ¿Quién puede ser a estas horas? Es muy temprano.
Sara salió fuera y abrió la puerta del jardín. No había nadie. Miró la calle arriba y abajo pero no se veía a nadie.
Ya iba a cerrar la puerta cuando vio un paquete en el suelo. Lo tomó con sus manos y lo miró por todos los lados. No era muy grande pero pesaba. Estaba envuelto en un papel un poco tosco y atado con una cuerda.
Entró en la casa.
–¿Qué es eso? –preguntaron Marena y Santi al unísono.
–No lo sé. Lo han dejado en la puerta. –contestó Sara.
–¿Quién?
–No lo sé. No he visto a nadie.
Sara intentó quitar la cuerda pero el nudo estaba demasiado apretado. Buscó unas tijeras y cortó la cuerda. Fue separando el papel y lo que vio fue otro papel más que envolvía el paquete, aunque en este caso era un papel más refinado. Además, había una tarjeta. La abrió:

«Para Marena»

Marena cogió el paquete y rasgó el papel sin contemplaciones. Vio lo que había y miró inmediatamente a su padre.
–¿Es el libro, verdad, papá? –exclamó Marena, emocionada.
–Sí, Marena, sí. Pero… tú… sabías… pero…
Marena le pasó el libro a Santi, y un pequeño papel cayó de entre sus hojas:

Palabras silenciadas
entre páginas calladas
esperan pacientes tu aliento
para darle voz al viento.

Marena, quiero que sea tu voz la que lance la viento las palabras. Llevado por mi ambición, yo intenté silenciarlas para siempre pero me he dado cuenta de que las palabras son libres y así deben seguir.

Torcuato

Z Z Z

Z Z Z

Z Z Z

Z Z Z

Z Z Z

Z Z Z

A la izquierda, detrás de los invitados, había una espaciosa plataforma provisional, en la cual estaban sentados los alumnos que iban a tomar parte en los ejercicios: [...] filas de bigardones encogidos y zafios [...].

Las aventuras de Tom Sawyer

zafarse *v. prnl.* Zafarse de algo o de alguien es librarse de ellos. *La liebre consiguió zafarse del perro y se metió en la madriguera.* SIN. Esquivar, rehuir.

zafio, zafia *adj.* Es zafia la persona tosca y maleducada. ✪ SIN. Grosero, ordinario.

zalamero, zalamera *adj.* Una persona es zalamera si se muestra excesivamente cariñosa con una persona para conseguir algo de ella. *Seguro que te pones tan zalamero porque quieres algo de mí.* SIN. Adulador, pelotillero.

zambullir *v.* Zambullir a una persona es meterla debajo del agua. También v. prnl. *Me encanta zambullirme en las cálidas aguas del Mediterráneo.* SIN. Sumergir, hundir.

zampar *v.* Zampar es comer mucho y con muchas ganas. ✪ SIN. Engullir, tragar.

En lo profundo de las agus oscuras el peligroso Tiburón deambula. Está esperando allí para encontrar algo delicioso que poderse zampar.

Poemas y canciones

zanjar *v.* Zanjar es solucionar un problema, una discusión. SIN. Resolver, solventar.

zumbar *v.* **1.** Algo zumba si produce un ruido continuado y desagradable. *Ya me estoy cansando de oír a estas moscas zumbando por aquí.* SIN. Resonar, pitar. **2.** Una persona zumba a otra si le pega. *Como volváis a zumbaros os castigaré sin ver la tele.* SIN. Golpear, atizar.

Santi miraba a Marena con cara de incredulidad, asombro, estupefacción...

–Es una larga historia papá.

Así, Santí se enteró de que todo este tiempo Torcuato había estado ahí, casi a su lado, pero sin atreverse a acercarse. De que el libro que tanto habían buscado se encontraba a tan solo unas calles de distancia.

¡Era increíble!

Al tiempo que Marena recibía el libro, Berto leía una carta que Torcuato, antes de desaparecer para siempre, le había hecho llegar a su hotel. En ella se disculpaba por el daño que les había causado, a él y a todos sus amigos. También explicaba qué le había empujado a actuar así.

¿Su ambición?

El filólogo alemán que estaba trazando una nueva línea de investigación acerca del origen de las palabras necesitaba eliminar todas las pruebas que pudiesen entorpecer el asentamiento y la aceptación de su teoría. Y ese libro era una prueba irrefutable. Si conseguía que durante un tiempo ese libro no fuese leído por nadie estaría ganando la batalla porque las palabras irían desapareciendo misteriosamente, lo cual facilitaría la imposición de un nuevo lenguaje, objetivo al que él aspiraba para asegurarse el reconocimiento de todo el mundo. Y también el dominio.

Por eso se había puesto en contacto con Tor, Torcuato, al que consideró el eslabón más débil de la cadena, y le convenció para que colaborase con él. Solo tenía que sustraer el libro y esconderlo para siempre, asegurándose de que nadie podría leerlo.

Y Torcuato lo hizo. Aunque pronto comprendió el error que había cometido.

Por eso se fue acercando a Ago, Santiago para los demás. Y por eso se acercó a Marena. Aunque no había sido fácil porque la niña había estado a punto de descubrirlo. Por eso ahora le entregaba el libro y desaparecía para siempre, porque no soportaría ver los ojos de Marena recriminándole su comportamiento.

Nunca más, ni Ago, ni Berto, ni ninguno de los miembros de ese extraño club que formaban habían vuelto a tener noticias de Tor. Su lugar en la agrupación fue ocupado por un miembro mucho más joven: Marena.

Desde entonces, me ocupo de leer el libro cada día para que las palabras no desaparezcan, para que mi voz les dé vida y las susurre el viento y las propague con su eco. Porque las palabras no pueden quedarse dormidas entre las páginas calladas de un libro, porque necesitan aire, necesitan la magia de tu aliento para salir de los renglones y contarte una historia, y dibujarte un poema.

Este libro también está lleno de historias, de poemas, de palabras…Solo necesita que tú abras sus páginas y pases tus ojos y tu voz por cada párrafo, por cada línea, por cada letra, para que dejen de ser simples trazos en silencio y se conviertan en la música del lenguaje.

Bibliografía

BIBLIOGRAFÍA

Bibliografía

Bibliografía

BIBLIOGRAFÍA

Bibliografía

4 poemas de Antonio Machado y una tarde de lluvia. Valencia: Versos y trazos, 2006.

Baquedano Azcona, Lucía. *La casa de los diablos*. León: Everest, 1998.

Bécquer, Gustavo Adolfo. *Rimas y leyendas*. Madrid: Anaya, 2004.

Berrocal, Beatriz. *Marioneta*. León: Everest, 2007.

Blanco, Tina. *Los cien ojos del pavo real*. León: Everest, 2005.

Blyton, Enid. *Cuentos para irse a la cama*. Barcelona: Círculo de Lectores, 2003.

Blyton, Enid. *Los cinco en la isla de Kirrin*. Barcelona: Juventud, 1996.

Blyton, Enid. *Los cinco frente a la aventura*. Barcelona: Juventud, 1995.

Blyton, Enid. *Los cinco han de resolver un enigma*. Barcelona: Juventud, 1994.

Boyne, John. *El niño con el pijama de rayas*. Barcelona: Salamandra, 2007.

Cansino, Eliacer. *El paraguas poético*. León: Everest, 2005.

Casaderrey, Fina. *El misterio de los hijos de Lúa*. Barcelona: Círculo de Lectores, 2004.

Cervantes, Miguel de. *Don Quijote de la Mancha*. Barcelona: RBA, 1994.

Clements, Andrew. *Fríndel*. León: Everest, 2002.

Conan Doyle, A. *Las aventuras de Sherlock Holmes*. Madrid: Gaviota, 2005.

Corder, Zizou. *Lionboy*. Barcelona: Círculo de Lectores, 2004.

Cuentos de las mil y una noches. León: Everest, 2001.

Curtis, Christopher Paul. *Elías de Buxton*. León: Everest, 2008.

Dahl, Roald. *Charlie y el gran ascensor de cristal*. Madrid: Alfaguara, 2004.

Dahl, Roald. *Los Cretinos*. Madrid: Santillana, 2005.

Dahl, Roald. *Poemas y canciones*. Madrid: Alfaguara, 2006.

Dahl, Roald. *Boy: relatos de infancia*. Madrid: Alfaguara, 2006.

Defoe, Daniel. *Robinson Crusoe*. Madrid: Gaviota, 2001.

Dickens, Charles. *David Copperfield*. Madrid: Gaviota, 1989.

Dickens, Charles. *Oliver Twist*. Madrid: Gaviota, 2001.

Dumas, Alejandro. *Los tres mosqueteros*. León: Everest, 1999.

El Lazarillo de Tormes. Madrid: Montena, 1989.

Ende, Michael. *El ponche mágico*. Madrid: SM,1993.

Ende, Michael. *La escuela de magia y otros cuentos*. Madrid: SM,1996.

Ende, Michael. *La historia interminable*. Madrid: Alfaguara, 1991.

Ende, Michael. *Los mejores cuentos de Michael Ende*. León: Everest, 2005.

Ende, Michael. *Momo*. Madrid: Alfaguara, 2002.

Fine, Anne. *Cómo escribir realmente mal*. Barcelona: Círculo de Lectores, 2005.

Frabetti, Carlo. *El cuervo Pantuflo*. León: Everest, 2000.

Frank, Ana. *Diario*. Barcelona: Debolsillo, 1992.

Fuertes, Gloria. *El libro loco*. Madrid: Editorial Escuela Española, 1982.

Fuertes, Gloria. *La oca loca*. Madrid: Editorial Escuela Española, 1981.

Funke, Cornelia. *Corazón de tinta*. Madrid: Siruela, 2004.

Gaarder, Jostein. *El castillo de las ranas*. Madrid: Siruela, 1999.

Gallego, Laura. *Memorias de Idhún. La resistencia*. Madrid: SM, 2004.

Gallego, Laura. *El Valle de los Lobos*. Madrid: SM, 2000.

García Márquez, Gabriel. *Cuentos*. Madrid: Susaeta, 2001.

Garralón, Ana. *Si ves un monte de espumas y otros poemas. Antología de poesía infantil hispanoamericana*. Colección Sopa de libros. Madrid: Anaya, 2000.

Gisbert, Joan Manuel. *El mensaje de los pájaros*. Barcelona: Círculo de Lectores, 2001.

Golding, William. *El señor de las moscas*. Madrid: Alianza, 1998.

Gómez Yebra, Antonio y **Soler, Eduardo**. *Adivina adivinanzas: adivinanzas de hoy para niños*. Madrid: SM, 2002.

Guillén, Nicolás. *La paloma de vuelo popular*. Buenos Aires: Losada, 2006.

Guillén, Nicolás. *Nicolás Guillén para niños*. Ediciones de la Torre: Madrid, 1997.

Haggard, H. Rider. *Las minas del rey Salomón*. León: Everest, 1999.

Hemingway, Ernest. *El viejo y el mar.* Barcelona: Lumen, 2004.

Hesse, Karen. *Lejos del polvo.* León: Everest, 2002.

Iriarte, Tomás de. *Fábulas literarias.* Madrid: Cátedra, 1992.

Jiménez, Juan Ramón. *Platero y yo.* León: Everest, 2006.

Jiménez, Juan Ramón. *Juan Ramón Jiménez para niños.* Madrid: Ediciones de la Torre, 1984.

Kadohata, Cynthia. *Kira-Kira.* León: Everest, 2006.

Kipling, J. Rudyard. *El libro de la selva.* Madrid: SM, 2000.

Kipling, J. Rudyard. *Kim.* Madrid: Alianza, 2002.

Lewis, C. S. *Las Crónicas de Narnia. El león, la bruja y el armario.* Barcelona: Planeta, 2005.

Lewis, C. S. *Las Crónicas de Narnia. La silla de plata.* Barcelona: Planeta, 2005.

London, Jack. *Colmillo Blanco.* Madrid: SM, 2001.

London, Jack. *La llamada de la selva.* Madrid: Biblioteca Nueva, 2008.

López Gallego, Manuel. *El alma del bosque.* León: Everest, 2008.

López Narváez, Concha. *El cernícalo Porqué.* León: Everest, 2006.

Lowry, Lois. *En busca del azul.* León: Everest, 2003.

Lowry, Lois. *El mensajero.* León: Everest, 2006.

Lowry, Lois. *Un verano para morir.* León: Everest, 2004.

Lozano, David. *La Puerta Oscura.* Madrid: SM, 2008.

Machado, Antonio. *Poesías completas*. Madrid: Espasa-Calpe, 1983.

Martín Garzo, Gustavo. *Tres cuentos de hadas*. Madrid: Siruela, 2003.

Matute, Ana María. *Caperucita en Manhattan*. Madrid: Siruela, 1990.

Morpurgo, Michael. *El león mariposa*. León: Everest, 1998.

Moure, Gonzalo. *El vencejo que quiso tocar el suelo*. León: Everest, 2000.

Moure, Gonzalo. *En un bosque de hoja caduca*. Madrid: Anaya, 2006.

Nesquens, Daniel. *Hasta (casi) 100 bichos*. Madrid: Anaya, 2001.

Nostlingler, Christine. *De todas maneras*. León: Everest, 1998.

Pacheco Torres, Carmen. *Misterioso asesinato en Oz*. León: Everest, 2008.

Paolini, Christopher. *Eragon*. Barcelona: Roca, 2004.

Puerto, Carlos. *De la copa a la tumba*. León: Everest, 2008.

Puerto, Carlos. *La mirada*. León: Everest, 2003.

Puerto, Carlos. *Mi tigre es lluvia*. León: Everest, 2008.

Quevedo, Francisco de. *Antología poética*. Madrid: Espasa Calpe, 1984.

Quino. *Mafalda*. Barcelona: Círculo de Lectores, 2005.

Quiroga, Horacio. *Cuentos de la selva*. Madrid: Anaya, 2001.

Robin Hood. Madrid: Gaviota, 2001.

Rodari, Gianni. *La caravana*. León: Everest, 2006.

Rodari, Gianni. *El planeta de los árboles de Navidad*. Madrid: SM, 1994.

Rodríguez, Mónica. *Los caminos de Piedelagua*. León: Everest, 2007.

Rodríguez Almodóvar, Antonio. *El bosque de los sueños*. Madrid: Anaya, 2004.

Rowling, J. K. *Harry Potter y el cáliz de fuego*. Barcelona: Salamandra, 2001.

Rowling, J. K. *Harry Potter y el misterio del príncipe*. Barcelona: Salamandra, 2001.

Rowling, J. K. *Harry Potter y el prisionero de Azkaban*. Barcelona: Salamandra, 2001.

Rowling, J. K. *Harry Potter y la cámara secreta*. Barcelona: Salamandra, 2001.

Rowling, J. K. *Harry Potter y la Orden del Fénix*. Barcelona: Salamandra, 2004.

Saint-Exupéry, Antoine de. *El principito*. Barcelona: Salamandra, 2002.

Schwartz, Alvin. *Historias de miedo*. León. Everest, 2007.

Sierra i Fabra, Jordi. *Kafka y la muñeca viajera*. Madrid: Siruela. 2006.

Sierra i Fabra, Jordi. *La reina de los cielos*. León: Everest, 2005.

Stevenson, Robert Louis. *El Dr. Jekyll y Mr. Hyde*. Madrid: Alianza, 2008.

Stevenson, Robert Louis. *La isla del tesoro*. Madrid: Gaviota, 2008.

Swift, Jonhatan. *Los viajes de Gulliver*. Madrid: Gaviota, 2001.

Tolkien, J. R. R. *El hobbit*. Barcelona: Minotauro, 2004.

Tolkien, J. R. R. *El señor de los anillos*. Barcelona: Minotauro, 2001.

Tolkien, J. R. R. *El silmarillion*. Barcelona: Minotauro, 2001.

Twain, Mark. *Las aventuras de Huckleberry Finn*. Barcelona: Mondadori, 2006.

Twain, Mark. *Las aventuras de Tom Sawyer*. León: Everest, 1985.

Ursu, Anne. *El canto de la sirena*. León: Everest, 2008.

Valdés, Zoe. *Los aretes de la Luna*. León: Everest, 2004.

Verne, Julio. *Dos años de vacaciones*. Madrid: Susaeta, 1991.

Verne, Julio. *La vuelta al mundo en ochenta días*. Madrid: Gaviota, 2005.

Verne, Julio. *20 000 leguas de viaje submarino*. Madrid: Gaviota, 2001.

Verne, Julio. *Viaje al centro de la Tierra*. Madrid: Gaviota, 2005.

Walsh, María Elena. *Canciones para mirar*. Madrid: Alfaguara, 2001.

Wilde, Oscar. *El fantasma de Canterville*. Madrid: Anaya, 2006.

Friends of the
Houston Public Library

+SP
463.12 G

Gutierrez Gutierrez, Carmen.
Diccionario de sinonimos y
palabras afines
Montrose JUV CIRC
07/10